The Michelin Tourist Services present this new edition of the **PLAN DE PARIS no 11** which is intended to facilitate the visitor's stay in the capital.

Information in this section is the latest available at the time of going to press ; improvements and alterations may account for certain discrepancies, we hope our readers will bear with us.

KEY TO THE GUIDE

Streets of Paris : Index with references to the plan	6 to 50
Useful addresses	51 to 96
Plan of Paris : for greater convenience a plan of Paris (1 : 10 000) covering 60 pages	1 to 60
The **Bois de Boulogne** and **Bois de Vincennes**	61 to 64
The **Defense** : detailed plan of the quarter	65 and 66
Orly and **Charles-de-Gaulle** Airports and **Rungis**	67 to 70
Garonor and the port of **Gennevilliers**	71 and 72
Public transport : bus, metro and R.E.R. networks	174 to 181
Emergency telephone numbers	inside back cover

Die Touristikabteilung der Michelin-Reifenwerke stellt Ihnen ihre Veröffentlichung **PLAN DE PARIS n° 11** *vor, die eine praktische Hilfe für Ihren Parisaufenthalt sein soll.*

Die Ausgabe entspricht dem Stand zur Zeit der Drucklegung. Durch die Entwicklung der sich stetig wandelnden Hauptstadt können einige Angaben inzwischen veraltet sein. Wir bitten unsere Leser dafür um Verständnis.

ÜBERSICHT

Die **Straβen von Paris** : Ihre Lage auf dem Plan	6-50
Nützliche Adressen	51-96
Plan von Paris : auf 60 Seiten (1 cm = 100 m)	1-60
Bois de Boulogne und Bois de Vincennes	61-64
La Défense : Plan des Viertels	65, 66
Flughäfen Orly und Charles-de-Gaulle ; Groβmarkt Rungis	67-70
Garonor und Hafen Gennevilliers	71, 72
Autobusse — Metrolinien Regionales Schnellverkehrsnetz (R.E.R.)	174-181
Notruf	am Ende des Bandes

Los Servicios de Turismo del Neumático Michelin le presentan su **PLAN DE PARIS n° 11** *obra especialmente concebida para desenvolverse fácilmente en París.*

Esta edición corresponde a la situación actual, pero la evolución de la actividad de la capital puede hacer que determinadas informaciones caduquen. Esperamos que nuestros lectores lo comprendan.

LA CLAVE DE LA GUÍA

Las **calles de París**, su localización en el plano	6-50
Direcciones útiles	51-96
Un Plano de París : plano completo (1 cm = 100 m)	1-60
Los Bosques de Boulogne y de Vincennes	61-64
La Défense : plano del barrio	65-66
El aeropuerto de Orly y Charles-de-Gaulle ; el mercado de Rungis	67-70
Garonor y el puerto de Gennevilliers	71-72
Los Autobuses, el Metro y el R.E.R.	174-181
Los teléfonos de urgencia	Al final del volumen

Pa. At. 1

Tableau d'assemblage
Grands axes de circulation

Layout diagram
Main traffic artery

1 cm sur cette carte représente 600 m sur le terrain.
1 cm on this plan represents 600 m on the ground.

● Voir 🗺 sur page atlas correspondante.
● See 🗺 on the corresponding page of the plan of Paris.

1 cm auf diesem Plan entspricht 600 m.
1 cm sobre este plano representa 600 m sobre el terreno.

● Siehe 🗺 auf der entsprechenden Seite des Plans von Paris.
● Ver 🗺 en la página correspondiente del plano.

4

Seiteneinteilung des Plans   Plano general
Hauptverkehrsstraßen   Grandes vías de circulación

astille bd de la _____ 2	Lyon r. de _____ 8	St-Antoine r. _____ 14
eaubourg r. _____ 3	Madeleine bd de la _____ 9	St-Jacques bd _____ 15
hâteaudun r. de _____ 4	Pépinière r. de la _____ 10	St-Martin bd _____ 16
aubourg-St-Denis r. du _____ 5	Président-Kennedy av. du _____ 11	Sts-Pères r. des _____ 17
aubourg-St-Martin r. du _____ 6	Quatre-Septembre r. du _____ 12	Sébastopol bd de _____ 18
enri-IV bd _____ 7	Réaumur r. _____ 13	Turbigo r. de _____ 19

5

Les rues de Paris

Streets of Paris
Straßen von Paris
Calles de París

Index alphabétique des rues de Paris

Les deux premières colonnes renvoient à la page et au carroyage qui permettent de localiser la rue sur le plan *(découpage cartographique, p. 4 et 5)*. Dans certains cas, les lettres *N* (Nord) ou *S* (Sud) apportent une précision supplémentaire.

Les colonnes suivantes indiquent le nom de la rue, ainsi que le ou les arrondissements dont elle dépend.

L'Association Valentin Haüy, 5 rue Duroc 75007 Paris, diffuse (prix 85 F) *la liste alphabétique des rues de Paris, transcrite en écriture braille.*

Index to the streets of Paris

The first two columns giving the page of plan and square reference, enable you to locate a street on the map *(key map p. 4-5)*. In some cases the square references may be followed by the letters *N* (North) or *S* (South) indicating the position of the street more closely.
The following columns give the street's name and its arrondissement, or two if it overlaps into a second.

Alphabetisches Straßenverzeichnis

Die beiden ersten Spalten enthalten die Angabe der Seite sowie die der Koordinaten des Planquadrates und erlauben Ihnen, die Straße auf dem Plan zu finden *(Seiteneinteilung s. S. 4-5)*. Manchmal wurde ein *N* (Norden) oder *S* (Süden) hinzugefügt, wodurch die Lage noch genauer bestimmt ist.
In den folgenden Spalten sind der Name der Straße und die Nummer des bzw. der entsprechenden Arrondissements angegeben.

Índice alfabético de las calles de París

Las dos primeras columnas le remiten a la página del plano y a las coordenadas de la cuadrícula que permiten localizar con exactitud la calle en el plano *(división cartográfica pág. 4-5)*. En algunos casos las letras *N* (Norte) o *S* (Sur) proporcionan una precisión complementaria.
Las columnas siguientes indican el nombre exacto de la calle, asi como el o los distritos de que depende.

Plan nº	Repère	Nom	Arrondissement

a

Plan nº	Repère	Nom	Arrondissement
31	J13	Abbaye r. de l'	6
43-44	L14-L15	Abbé-Basset pl. de l'	5
53-54	P10-P11	Abbé-Carton r. de l'	14
43	L14-L13	Abbé-de-l'Epée r. de l'	5
56	R15	Abbé-G.-Henocque pl.	13
27	J6 N	Abbé-Gillet r. de l'	16
42	K11-L12	Abbé-Grégoire r. de l'	6
40	L7-N8	Abbé-Groult r. de l'	15
32	H16-J16	Abbé-Migne r. de l'	4
7	C14	Abbé-Patureau r. de l'	18
28	K8	Abbé-Roger-Derry r. de l'	15
26-27	K4-K5	Abbé-Roussel av. de l'	16
4	C8	Abbé-Rousselot r. de l'	17
42	N11	Abbé-Soulange-Bodin r. de	14
19	D13	Abbesses pass. des	18
19	D13	Abbesses pl. des	18
7-19	D13	Abbesses r. des	18
20	E15	Abbeville r. d' nos 1-17, 2-16	10
		nos 19-fin, 18-fin	9
45	L18-K18	Abel r.	12
38	N3 N	Abel-Ferry r.	16
44-56	N15 S	Abel-Hovelacque r.	13
46	L19	Abel-Leblanc pass.	12
21	G18 N	Abel-Rabaud r.	11
18	D11	Abel-Truchet r.	17
31-20	G14-G15	Aboukir r. d'	2
7	C13 S	Abreuvoir r. de l'	18
16	E7	Acacias pass. des	17
16	E7 S	Acacias r. des	17
31	K13 N	Acadie pl. d'	6
35	H21	Achille r.	20
54	R11	Achille-Luchaire r.	14
7	C13-B13	Achille-Martinet r.	18
44	M15	Adanson sq.	5
23-35	G22	Adjudant-Réau r.	20
24	F23 S	Adjudant-Vincenot pl.	20
32	J15	Adolphe-Adam r.	4
40	M8	Adolphe-Chérioux pl.	15
54	P12 S	Adolphe-Focillon r.	14
31	H14 N	Adolphe-Jullien r.	1
18	D12	Adolphe-Max pl.	9
10	C20	Adolphe-Mille r.	19
53	R9-R10	Adolphe-Pinard bd	14
26	H4-G4	Adolphe-Yvon r.	16
22	F20 N	Adour villa de l'	19
26	J4 S	Adrien-Hébrard av.	16
19	F13	Adrien-Oudin pl.	9
35	J22 N	Adrienne cité	20
54	N12 S	Adrienne villa	14
42	N12 N	Adrienne-Simon villa	14
8	D16-C16	Affre r.	18
27	K5	Agar r.	16
19	E14	Agent-Bailly r. de l'	9
32-33	K16-K17	Agrippa-d'Aubigné r.	4
18	F11 S	d'Aguesseau r.	8
42	N11	Aide-Sociale sq. de l'	14
7	B14 S	Aimé-Lavy r.	18
16	D8 S	Aimé-Maillart pl.	17
56	R15-S15	Aimé-Morot r.	13
10	C19 N	Aisne r. de l'	19
21	F17 S	Aix r. d'	10
41	M10-N10	Alain r.	14
40	M8 S	Alain-Chartier r.	15
53	P9	Alain-Fournier sq.	14
28	K8	Alasseur r.	15
27-26	H5-H4	Albéric-Magnard r.	16
57	R18-P18	Albert r.	13
52	P7-P8	Albert-Bartholomé av.	15
52	P7	Albert-Bartholomé sq.	15
56	P16-N16	Albert-Bayet r.	13
21	E17	Albert-Camus r.	10
41	K9	Albert-de-Lapparent r.	7
28	H7 N	Albert-de-Mun av.	16
7	B14	Albert-Kahn pl.	18
56	R17	Albert-Londres pl.	13
48	M23 N	Albert-Malet r.	12
29	G9 S	Albert-Ier cours	8
28	H7	Albert-Ier-de-Monaco av.	16
22	E20	Albert-Robida villa	19
4	D7-C7	Albert-Samain r.	17
54	R11	Albert-Sorel r.	14
21-20	G17-F16	Albert-Thomas r.	10
48	L24-K24	Albert-Willemetz r.	20
43	N14 S	Albin-Cachot sq.	13
56	R15	Albin-Haller r.	13
27	J6 N	Alboni r. de l'	16
27	J6 N	Alboni sq.	16
55	P13 N	d'Alembert r.	14
42	L11	Alençon r. d'	15
55-53	P14-N10	Alésia r. d'	14
54	P11	Alésia villa d'	14
23	D22-E22	Alexander-Fleming r.	19
41	M10	Alexandre pass.	15
40-41	K8-K9	Alexandre-Cabanel r.	15
16	D7	Alexandre-Charpentier r.	17
34-35	K20-J21	Alexandre-Dumas r.	
		nos 1-59, 2-72	11
		nos 61-fin, 74-fin	20
7	B14 N	Alexandre-Lécuyer imp.	18
21	E17 N	Alexandre-Parodi r.	10
23	D21 S	Alexandre-Ribot villa	19
29	H10 N	Alexandre III pont	8-7
20	G15 N	Alexandrie r. d'	2
34	J20	Alexandrine pass.	11
28	J8 S	Alexis-Carrel r.	15
27	J5	Alfred-Bruneau r.	16
26	K3	Alfred-Capus sq.	16
26	H4	Alfred-Dehodencq r.	16
26	H4	Alfred-Dehodencq sq.	16
17	E9	Alfred-de-Vigny r.	
		nos 1-9, 2-16	8
		nos 11-fin, 18-fin	17
53	P9 N	Alfred-Durand-Claye r.	14
57	S17	Alfred-Fouillée r.	13
4	C8 S	Alfred-Roll r.	17
19	D13 S	Alfred-Stevens pass.	9
19	D13 S	Alfred-Stevens r.	9
45	L17 N	Alger cour d'	12
30	G12 S	Alger r. d'	1
23	E22-D21	Algérie bd d'	19
21	F17	Alibert r.	10
53	P10 S	Alice sq.	14
46	K19 S	d'Aligre pl.	12
46	K19 S	d'Aligre r.	12
26	K3 N	Aliscamps sq. des	16
48	M23	Allard r. nos 29-fin, 30-fin	12
		autres nos	Saint-Mandé
30	J12 N	Allent r.	7
40-41	M8-M9	Alleray hameau d'	15
41	N9 N	Alleray pl. d'	15

7

Plan n°	Repère	Nom	Arrondissement
40-41	M8-N9	Alleray r. d'	15
10	A19	Allier quai de l'	19
28	H8 S	Alma cité de l'	7
28	G8 S	Alma pl. de l' n°s 1 et 1 bis	16
		n°s 2, 3-fin	8
28	H8	Alma pont de l'	16-8-7
32	H16-G16	Alombert pass.	3
22	E20	Alouettes r. des	19
56	N16 S	Alpes pl. des	13
15	F6 N	Alphand av.	16
56	P15	Alphand r.	13
23	E21 N	Alphonse-Aulard r.	19
33	H18	Alphonse-Baudin r.	11
41	N10	Alphonse-Bertillon r.	15
54	P12 S	Alphonse-Daudet r.	14
5-4	D9 N	Alphonse-de-Neuville r.	17
30	K12	Alphonse-Deville pl.	6
39	L6 N	Alphonse-Humbert pl.	15
10	B19	Alphonse-Karr r.	19
43	M14 N	Alphonse-Laveran r.	5
24-23	G23-G22	Alphonse-Penaud r.	20
27	J6	Alphonse-XIII av.	16
20	E16	Alsace r. d'	10
23	E21 N	Alsace villa d'	19
46	L20	Alsace-Lorraine cour d'	12
23-22	D21-D20	Alsace-Lorraine r. d'	19
22-23	D20-E21	Amalia villa	19
22-34	H20-G20	Amandiers r. des	20
19	F13	Amboise r. d'	2
20	D15 S	Ambroise-Paré r.	10
11-23	D21	Ambroise-Rendu av.	19
20	F15 N	Ambroise-Thomas r.	9
29	H9-J9	Amélie r.	7
23	F22	Amélie villa	20
33	J17-G17	Amelot r.	11
34	K20	Ameublement cité de l'	11
36	H23 S	Amiens sq. d'	20
15	F5-E6	Amiral-Bruix bd de l'	16
39	L5 N	Amiral-Cloué r. de l'	16
15	G6 N	Amiral-Courbet r. de l'	16
31	H14 S	Amiral-de-Coligny r. de l'	1
28	G7	Amiral-d'Estaing r. de l'	16
28	G8	Amiral de-Grasse pl.	20
48	N23 S	Amiral-La-Roncière-Le-Noury r. de l'	12
55	P14-R14	Amiral-Mouchez r. de l' n°s impairs 13e - n°s pairs	14
40	L8-M8	Amiral-Roussin r. de l'	15
8	B15	Amiraux r. des	18
5-4	D9-D8	Ampère r.	17
18	E12	Amsterdam imp. d'	8
18	E12	Amsterdam cour d'	8
18	E12-D12	Amsterdam r. d' n°s impairs	8
		n°s pairs	9
44-43	L15-L14	Amyot r.	5
16	F7-E7	Anatole-de-la-Forge r.	17
30	H12-H11	Anatole-France quai	7
31	J13-K13	Ancienne-Comédie r. de l'	6
32	H15-G15	Ancre pass. de l'	3
27-26	J5-H4	d'Andigné r.	16
19	D13	André-Antoine r.	18
7-19	D14	André-Barsacq r.	18
6	A12-A11	André-Bréchet r.	17
39-38	K6-M4	André-Citroën quai	15
26	K4 N	André-Colledbœuf r.	16
7	D14 N	André-del-Sarte r.	18
55	P14 S	André-Dreyer sq.	13
22	D19	André-Dubois r.	19
19	D14	André-Gill r.	18
43	L13	André-Honnorat pl.	6
53	P10	André-Lichtenberger sq.	14
31	H13 N	André-Malraux pl.	1
15	E5	André-Maurois bd	16
7	B14	André-Messager r.	18
26	H4	André-Pascal r.	16
55	S13 N	André-Rivoire av.	14
29	K10	André-Tardieu pl.	7
52	P8	André-Theuriet r.	15
8	B15 S	d'Andrezieux allée	18
18	E11-D11	Andrieux r.	8
7	D13 N	Androuet r.	18
7	B13 N	Angélique-Compoint r.	18
7	B13 N	Angers imp. d'	18
9	C18	Anglais imp. des	19
32	K15	Anglais r. des	5
33	G18	Angoulême cité d'	11
32	K16	Anjou quai d'	4
18	G11-F11	Anjou r. d'	8
27	J6 S	Ankara r. d'	16
23-35	G21	Annam r. d'	20
21	E18	Anne-de-Beaujeu allée	19
22	E20	Annelets r. des	19
55	P13 S	Annibal cité	14
27	J6-J5	Annonciation r. de l'	16
41	M10	Anselme-Payen r.	15
19	F13 N	d'Antin cité	9
29	G10-G9	d'Antin imp.	8
19	G13 N	d'Antin r.	2
27-26	J5-J4	Antoine-Arnauld r.	16
27-26	J5-J4	Antoine-Arnauld sq.	16
42-41	L11-L10	Antoine-Bourdelle r.	15
54	P11 S	Antoine-Chantin r.	14
31	K14-K13	Antoine-Dubois r.	6
39	L6 N	Antoine-Hajje r.	15
22	F20 S	Antoine-Loubeyre cité	20
38	L4 N	Antoine-Roucher r.	16
33	K18	Antoine-Vollon r.	12
52	P8	Antonin-Mercié r.	15
19	D14 S	Anvers pl. d'	9
6	C11 N	Apennins r. des	17
20-21	E16-D17	Aqueduc r. de l'	10
11	D21-C21	Aquitaine sq. d'	19
44-43	N15-N13	Arago bd n°s 1-73, 2-82	13
		n°s 75-fin, 84-fin	14
43	N14 N	Arago sq.	13
44-43	M15-14	Arbalète r. de l'	5
31	H14 S	Arbre-Sec r. de l'	1
53	P9	Arbustes r. des	14
18	F11	Arcade r. de l'	8
16	E7 S	Arc-de-Triomphe r. de l'	17
9	C18-B18	Archereau r.	19
32	K15	Archevêché pont de l'	4-5
32	K15 N	Archevêché quai de l'	4
32	J15-H16	Archives r. des n°s 1-41, 2-56	4
		n°s 43-fin, 58-fin	3
32	J15	Arcole pont d'	4
32	J15 S	Arcole r. d'	4
55	R13	Arcueil porte d'	14
55	R14-S14	Arcueil r. d'	14
10	C20	Ardennes r. des	19
44	L15	Arènes r. des	5
17	F10 N	d'Argenson r.	8
31	H13-G13	Argenteuil r. d'	1
15	G6 N	Argentine cité de l'	16
16	F7 N	Argentine r. d'	16
10	B19	Argonne pl. de l'	19
10	B20-B19	Argonne r. de l'	19
31	G14 S	Argout r. d'	2
37	M2 N	Arioste r. de l'	16
30	H11	Aristide-Briand r.	7

Plan n°	Repère	Nom	Arrondissement
7-19	D13 N	Aristide-Bruant r.	18
41	M10	Aristide-Maillol r.	15
16	E7	d'Armaillé r.	17
6	B12 S	Armand villa	18
22	D19 S	Armand-Carrel pl.	19
22-21	D19-D18	Armand-Carrel r.	19
22	E20 N	Armand-Fallières villa	19
7	C13	Armand-Gauthier r.	18
41-42	L10-M11	Armand-Moisant r.	15
48	N23-M23	Armand-Rousseau av.	12
7	C13 S	Armée-d'Orient r. de l'	18
15	D6-D5	Armenonville r. d'	
		n°s 1-11 bis, 2-10	17
		n°s 13-fin, 12-fin	Neuilly
41	M10	Armorique r. de l'	15
6	A11 S	Arnault-Tzanck pl.	17
33	H17 S	Arquebusiers r. des	3
44	L15 N	Arras r. d'	5
42	L11 S	Arrivée r. de l'	15
33-45	K17	Arsenal r. de l'	4
16	F8	Arsène-Houssaye r.	8
41	M10	d'Arsonval r.	15
46	L20	d'Artagnan r.	12
6	B12	Arthur-Brière r.	17
21	F18	Arthur-Groussier r.	10
7	A13 S	Arthur-Ranc r.	18
22	E20	Arthur-Rozier r.	19
55	P13 S	Artistes r. des	14
17	F9	Artois r. d'	8
15	D6 S	Arts av. des	17
47	L21 N	Arts imp. des	12
42	N11 N	Arts pass. des	14
31	H13-J13	Arts pont des	1-6
6	C12 S	Arts villa des	18
33	H18 S	Asile pass. de l'	11
33	H18 S	Asile-Popincourt r. de l'	11
4	B8-C8	Asnières porte d'	17
42-43	K12-M13	d'Assas r.	6
42	N11	Asseline r.	14
27-26	K5-J4	Assomption r. de l'	16
18	F11	d'Astorg r.	8
42	L11	Astrolabe imp. de l'	15
18	E12	Athènes r. d'	9
21	F18 N	Atlas pass. de l'	19
21	F18-E18	Atlas r. de l'	19
18	F12	Auber r.	9
9	C17-D17	Aubervilliers imp. d'	19
9	A18	Aubervilliers porte d'	19
9	D17-A18	Aubervilliers r. d'	
		n°s impairs 18e - n°s pairs	19
16	D7-D8	Aublet villa	17
32	J16 N	Aubriot r.	4

Plan n°	Repère	Nom	Arrondissement
35	J21 N	Aubry cité	20
32	H15 S	Aubry-le-Boucher r.	4
55	P13 S	Aude r. de l'	14
7-19	D13 N	Audran r.	18
35	K21	Auger r.	20
28-29	J8-J9	Augereau r.	7
21	G18	Auguste-Barbier r.	11
10	A20	Auguste-Baron pl.	19
28	K7-K8	Auguste-Bartholdi r.	15
56-55	P15-N14	Auguste-Blanqui bd	13
57	P17 N	Auguste-Blanqui villa	13
54	P11 S	Auguste-Cain r.	14
40	N7	Auguste-Chabrières cité	15
40	N7	Auguste-Chabrières r.	15
36	J23	Auguste-Chapuis r.	20
43	L13	Auguste-Comte r.	6
40	L8	Auguste-Dorchain r.	15
55	R14	Auguste-Lançon r.	13
34	J19 N	Auguste-Laurent r.	11
38	M4	Auguste-Maquet r.	16
34	H20	Auguste-Métivier pl.	20
42	M11 S	Auguste-Mie r.	14
56	R16 N	Auguste-Perret r.	13
53	P9	Auguste-Renoir sq.	14
16	F8-G7	Auguste-Vacquerie r.	16
39	L5	Auguste-Vitu r.	15
23	E21 S	Augustin-Thierry r.	19
19	E13	Aumale r. d'	9
56	P16 S	Aumont r.	13
16	D7	Aumont-Thiéville r.	17
34	H20 S	Aunay imp. d'	11
15	D6 S	d'Aurelle-de-Paladines bd	17
45-44	M17-M16	Austerlitz cité d'	5
45	L17	Austerlitz pont d'	12-5-13
45	M18-L17	Austerlitz port d'	13
45	M18-L17	Austerlitz quai d'	13
45	L18 N	Austerlitz r. d'	12
37	L2-L1	Auteuil bd d' n°s 1-7 et 4	16
		autres n°s	Boulogne
38	L4 N	Auteuil pl. d'	16
39-38	K5-M4	Auteuil port d'	16
37	K2	Auteuil porte d'	16
38	L4-K3	Auteuil r. d'	16
32	K16 N	Ave Maria r. de l'	4
34	G19 S	Avenir cité de l'	11
23	F21 S	Avenir r. de l'	20
16-15	F7-F6	Avenue-du-Bois sq. de l'	16
15	F5	Avenue-Foch sq. de l'	16
4	C8	Aveyron sq. de l'	17
40	K8 S	Avre r. de l'	15
35-36	K21-J23	Avron r. d'	20
7	D14 N	Azaïs r.	18

b

Plan n°	Repère	Nom	Arrondissement
30-29	K12-K10	Babylone r. de	7
30	H12-K11	Bac r. du	7
31	G14 S	Bachaumont r.	2
7	C14	Bachelet r.	18
36	G23	Bagnolet porte de	20
35-36	J21-H23	Bagnolet r. de	20
7	C14	Baigneur r. du	18
31	H14 S	Baillet r.	1
31	H14	Bailleul r.	1
54	P11	Baillou r.	14
32	G16 S	Bailly r.	3

Plan n°	Repère	Nom	Arrondissement
39	M5 S	Balard pl.	15
39	L5-M5	Balard r.	15
22-34	G19	Baleine imp. de la	11
35	H22	Balkans r. des	20
18	D12 S	Ballu r.	9
18	D12 S	Ballu villa	9
16	D8	Balny-d'Avricourt r.	17
16-17	F8-E9	Balzac r.	8
19-31	G14	Banque r. de la	2
44	N16-N15	Banquier r. du	13
57	P17	Baptiste-Renard r.	13

9

Plan n°	Repère	Nom	Arrondissement
10	C19-B19	Barbanègre r.	19
8	D15-C15	Barbès bd	18
30	J11-K11	Barbet-de-Jouy r.	7
32	J16-H16	Barbette r.	3
28	J8	Barbey-d'Aurevilly av.	7
39	K5-L5	Barcelone pl. de	16
53	P10 N	Bardinet r.	14
41	M9-M10	Bargue r.	15
6	B11	Baron r.	17
56	P15	Barrault pass.	13
56-55	P15-R14	Barrault r.	13
22	E19 S	Barrelet-de-Ricou r.	19
32	J16	Barres r. des	4
46	K19 S	Barrier imp.	12
32	H16-G16	Barrois pass.	3
21	D17	Barthélemy pass.	10
41	L10	Barthélemy r.	15
17	D9 S	Barye r.	17
32	G15 S	Basfour pass.	2
34	J19	Basfroi pass.	11
34	J19	Basfroi r.	11
23	F22-G22	Basilide-Fossard imp.	20
16	G8-F8	Bassano r. de	
		n°s 1-21, 2-32	16
		n°s 23-fin, 34-fin	8
44	K15 S	Basse-des-Carmes r.	5
33	K17	Bassompierre r.	4
21	E18-D18	Baste r.	19
38	K4 S	Bastien-Lepage r.	16
45-33	L17-K17	Bastille bd de la	12
33	J17-K17	Bastille pl. de la n°s impairs	4
		n°s 2, 4, 6	12
		n°s 8-14	11
33	J17	Bastille r. de la	4
46	M19	Bataillon-du-Pacifique pl. du	12
32	J16	Bataillon-Français-de-l'O.N.U.-en-Corée pl. du	4
18	D12-D11	Batignolles bd des n°s impairs 8e - n°s pairs	17
6-18	D11	Batignolles r. des	17
27	J5	Bauches r. des	16
8	B15 S	Baudelique r.	18
57	N17 S	Baudoin r.	13
32	J16	Baudoyer pl.	4
56	R16 N	Baudran imp.	13
57-56	R17-P16	Baudricourt imp.	13
57-56	P17-R16	Baudricourt r.	13
54	N11 S	Bauer cité	14
46	M20 N	Baulant r.	12
23	G22 N	Baumann villa	20
40	M8	Bausset r.	15
29	G9	Bayard r.	8
16	E8-D7	Bayen r.	17
44	M15	Bazeilles r. de	5
33	J17	Béarn r. de	3
28-40	K7	Béatrix-Dussane r.	15
32	H15	Beaubourg imp.	3
32	H15-G16	Beaubourg r.	
		n°s 1-19 et 2-20	4
		n°s 21-fin et 22-fin	3
32	H16 N	Beauce r. de	3
16-17	E8-E9	Beaucour av.	8
35	K22 N	Beaufils pass.	20
39	K6-L6	Beaugrenelle r.	15
34	J20	Beauharnais cité	11
31	G13 S	Beaujolais galerie de	1
31	G13	Beaujolais pass. de	1
31	G13	Beaujolais r. de	1
16	F8 N	Beaujon r.	8

Plan n°	Repère	Nom	Arrondissement
17	F10-E10	Beaujon sq.	8
33	J17-H17	Beaumarchais bd n°s 1-31	4
		n°s 33-fin	3
		n°s pairs	11
30	H12-J12	Beaune r. de	7
54	R12 N	Beaunier r.	14
20	G15 N	Beauregard r.	2
32	G15 S	Beaurepaire cité	2
21	G17-F17	Beaurepaire r.	10
26	J4 N	Beauséjour bd de	16
26	J4 N	Beauséjour villa de	16
33	K17-J17	Beautreillis r.	4
17	F10 S	Beauvau pl.	8
31	J13	Beaux-Arts r. des	6
46	L19-K19	Beccaria r.	12
7	C14	Becquerel r.	18
28-27	J7-H6	Beethoven r.	16
47	L21 S	Bel-Air av. du	12
33	K18	Bel-Air cour du	12
48	L23-M23	Bel-Air villa du	12
34	J19-J20	Belfort r. de	11
29-28	J9-J8	Belgrade r. de	7
35-36	G21-G23	Belgrand r.	20
20	D15	Belhomme r.	18
15	E6 N	Belidor r.	17
41	L9 N	Bellart r.	15
30	H12-J11	Bellechasse r. de	7
20-19	E15-E14	de Bellefond r.	9
15	G6 N	Belles-Feuilles imp. des	16
27-15	G6-F5	Belles-Feuilles r. des	16
22	G19-F19	Belleville bd de n°s impairs	11
		n°s pairs	20
22-23	F19-E22	Belleville r. de n°s impairs	19
		n°s pairs	20
23	E21	Bellevue r. de	19
23	E21 N	Bellevue villa de	19
7-6	B14-B12	Belliard r.	18
8	A15 S	Belliard r.	18
6	B12	Belliard villa	18
56	R15 N	Bellier-Dedouvre r.	13
45	M18 S	de Bellièvre r.	13
27	H6	Bellini r.	16
9	D17 N	Bellot r.	19
16	G7 N	de Belloy r.	16
20	E15	de Belzunce r.	10
31	G14 S	Ben-Aïad pass.	2
54	N11 S	Bénard r.	14
10	B19	Benjamin-Constant r.	19
27	G5 S	Benjamin-Godard r.	16
15	G5 N	Benouville r.	16
27	K5 N	Béranger hameau	16
33	G17 S	Béranger r.	3
33	J17 S	Bérard cour	4
44	N15 N	Berbier-du-Mets r.	13
45-46	M18-20	Bercy bd de	12
45	M18	Bercy pont de	12-13
58-45	P20-M18	Bercy pont de	12
58-59	P20-P21	Bercy porte de	12
58-45	P20-M18	Bercy quai de	12
46-45	N20-K17	Bercy r. de	12
35	J21-K21	Bergame imp. de	20
32-31	H15-H14	Berger r.	1
19	F14	Bergère cité	9
20-19	F15-F14	Bergère r.	9
39	L6-M6	Bergers r. des	15
42	K11-L11	Bérite r. de	6
15	F6-E6	Berlioz r.	16
32-44	K15	Bernardins r. des	5
32	H15	Bernard-de-Clairvaux r.	3
44	M15	Bernard-Halpern pl.	5

10

Plan n°	Repère	Nom	Arrondissement
48	L23-L24	Bernard-Lacache r.	12
30	K12 N	Bernard-Palissy r.	6
18	E11-D11	Berne r. de	8
18	E11 N	Bernouilli r.	8
17	F9	Berri r. de	8
18	G11 N	Berryer cité	8
17	F9-E9	Berryer r.	8
32	H15	Berthaud imp.	3
7	D14-D13	Berthe r.	18
5-4	B10-D7	Berthier bd	17
4	D7 N	Berthier villa	17
43	M14	Berthollet r.	5
16	F8-E8	Bertie-Albrecht av.	8
31	J14-H14	Bertin-Poirée r.	1
27	J6	Berton r.	16
34	H19 N	Bertrand cité	11
20	D15	Bervic r.	18
6	B11	Berzélius pass.	17
6	C11-B11	Berzélius r.	17
6	B11	Berzélius Prolongée r.	17
33	H18 N	Beslay pass.	11
6-5	B12-B10	Bessières bd	17
5	B10	Bessières r.	17
53	N9-P9	Bessin r. du	15
32	K16	Béthune quai de	4
18	D11 S	Beudant r.	17
55-54	P13-P12	Bezout r.	14
21	G17-F17	Bichat r.	10
35-22	G21-G20	Bidassoa r. de la	20
46	L19	Bidault ruelle	12
7	B13 N	Bienaimé cité	18
18-17	E11-E10	Bienfaisance r. de la	8
42	L11 S	Bienvenüe pl.	15
32-44	K15	Bièvre r. de	5
46	M20	Bignon r.	12
54	P12	Bigorre r. de	14
22	D19	Binder pass.	19
18	D12	Biot r.	17
33	J17 S	Birague r. de	4
27-28	J6-J7	Bir-Hakeim pont de	16-15
33-45	K18-K17	Biscornet r.	12
22	F19 S	Bisson r.	20
10	C19	Bitche pl. de	19
29	K10 N	Bixio r.	7
6-18	D11 N	Bizerte r. de	17
44	L15	Blainville r.	5
42	L12-L11	Blaise-Desgoffe r.	6
36	J23 N	Blanchard r.	20
53	P9 N	Blanche cité	14
19-18	D13-D12	Blanche r.	9
19-18	E13-D12	Blanche r.	9
22	D20 S	Blanche-Antoinette r.	19
32	J16-H15	Blancs-Manteaux r. des	4
20-19	E15-E14	Bleue r.	9
41-40	L9-M7	Blomet r.	15
20	G16-G15	Blondel r.	3
34	H19-G19	Bluets r. des	11
56	P15-R15	Bobillot r.	13
53	P9 N	Bocage r. du	15
29-28	G9-G8	Boccador r. du	8
19	E14-D14	Bochart-de-Saron r.	9
22	E20-D20	Boërs villa des	19
32	H15 S	Bœuf imp. du	4
44	K15	Bœufs imp. des	5
19	F13 S	Boïeldieu pl.	2
38	L3	Boileau hameau	16
38	L4-M3	Boileau r.	16
38	L3	Boileau villa	16
8	C15-B15	Boinod r.	18
23	E21-E22	Bois r. des	19

Plan n°	Repère	Nom	Arrondissement
16-15	F7-F6	Bois-de-Boulogne r. du	16
6	A11	Bois-le-Prêtre bd du	
		n°s 1-51, 2-42	17
		n°s 53-fin, 42 bis-fin	Clichy
27	J5 N	Bois-le-Vent r.	16
28-15	G7-G6	Boissière r.	16
28	G7 S	Boissière villa	16
20	D15	Boissieu r.	18
43-42	M13-12	Boissonade r.	14
18	G11-F11	Boissy-d'Anglas r.	8
15	P16 S	Boiton pass.	13
22	F19-E19	Bolivar sq.	19
31-43	J13-K13	Bonaparte r.	6
20	F16 N	Bonhoure cité	10
7	C14 S	Bonne r. de la	18
33	K18 N	Bonne-Graine pass.	11
20	G15-F15	Bonne-Nouvelle bd de	
		n°s impairs 2e - n°s pairs	10
20	F15 S	Bonne-Nouvelle imp. de	10
7	B13 N	Bonnet r.	18
34	J19	Bon-Secours pass.	11
31	H13 N	Bons-Enfants r. des	1
32	G16 S	Borda r.	3
23	F21-F22	Borrégo r. du	20
23	F22	Borrégo villa du	20
41	M9 N	Borromée r.	15
38	K4 S	Bosio r.	16
29	H9-J9	Bosquet av.	7
29	J9	Bosquet r.	7
29	H9	Bosquet villa	7
20	E15	Bossuet r.	10
22	F20 S	Botha r.	20
22	E19-E20	Botzaris r.	19
20	G16-F16	Bouchardon r.	10
31	H14 S	Boucher r.	1
41	L9-L10	Bouchut r.	15
39	L6 S	Boucicaut r.	15
9-8	B17-B16	Boucry r.	18
23	G22 N	Boudin pass.	20
26-38	K4 S	Boudon av.	16
18	F12	Boudreau r.	9
26-38	K3	Boufflers av. de	16
29	J9	Bougainville r.	7
39	M6-M5	Bouilloux-Lafont r.	15
27	J5 S	Boulainvilliers hameau	16
27	K5-J5	Boulainvilliers r.	16
44	L15	Boulangers r. des	5
42-54	N12	Boulard r.	14
6	B11	Boulay pass.	17
5-6	B10-B11	Boulay r.	17
33	K18 N	Boule-Blanche pass.	12
19	F14	Boule-Rouge imp. de la	9
19	F14	Boule-Rouge r. de la	9
34-46	K20	Boulets r. des	11
53-54	P10-P11	Boulitte r.	14
33	J18	Boulle r.	11
16	E8	Boulnois pl.	17
31	H14 N	Bouloi r. du	1
28	G7 S	Bouquet-de-Longchamp r.	16
32	K16-J15	Bourbon quai de	4
31	J13 S	Bourbon-le-Château r. de	6
19	E13 S	Bourdaloue r.	9
17-29	G9	Bourdin imp.	8
33-45	K17	Bourdon bd	4
31	H14 S	Bourdonnais imp. des	1
31	J14-H14	Bourdonnais r. des	1
21	E18-D18	Bouret r.	19
32	G15 S	Bourg-l'Abbé pass. du	2
32	H15 N	Bourg-l'Abbé r. du	3
30-29	H11-J10	Bourgogne r. de	7

Plan n°	Repère	Nom	Arrondissement
57	R17 N	Bourgoin imp.	13
57	R17 N	Bourgoin pass.	13
56	R16	Bourgon r.	13
32	J16	Bourg-Tibourg r. du	4
18	D11 S	Boursault imp.	17
6-18	D11	Boursault r.	17
19	G14 N	Bourse pl. de la	2
19	G14-G13	Bourse r. de la	2
41-40	M9-M8	Bourseul r.	15
55	R14-P14	Boussingault r.	13
32	K15 N	Boutarel r.	4
31	K14	Boutebrie r.	5
55	P14	Boutin r.	13
20-21	E16-E17	Boutron imp.	10
57	R18	Boutroux av.	13
43	K14 S	Bouvart imp.	5
34	K20 N	Bouvier imp.	11
35-47	K21	Bouvines av. de	11
35-47	K21	Bouvines r. de	11
35-22	G21-G20	Boyer r.	20
42-54	N11 S	Boyer-Barret r.	14
21	E17	Boy-Zelenski r.	10
20	F16-F15	Brady pass.	10
52	P8	Brancion porte	15
41-52	N9-P8	Brancion r.	15
52	P8	Brancion sq.	15
42	M11	Brancusi pl.	14
28	H8-J7	Branly quai n°s 1-71	7
		n°s 73-fin	15
32	H15	Brantôme pass.	3
32	H15	Brantôme r.	3
32	H16 S	Braque r. de	3
27	K6	Brazzaville pl. de	15
42	L12 S	Bréa r.	6
47	N21-M21	Brêche-aux-Loups r.	12
33	J18	Bréguet r.	11
17	D9	Brémontier r.	17
17	D9	Brésil pl. du	17
38	M3 S	Bresse sq. de la	16
33-32	H17-G16	Bretagne r. de	3
29-41	K10-L10	Breteuil av. de	
		n°s 1-69, 2-76	7
		n°s 71-fin, 78-fin	15
41	L10 N	Breteuil pl. de	
		n°s 1-11, 2 seulement	7
		n°s 13-fin, 4-fin	15
23-35	G22	Bretonneau r.	20
21	F18 S	Bretons cour des	10
32	K16	Bretonvilliers r. de	4
16	E8 S	Brey r.	17
54	P12-N12	Brézin r.	14
19	E14 S	Briare imp.	9
6	D11 N	Bridaine r.	17

Plan n°	Repère	Nom	Arrondissement
21	E18 N	Brie pass. de la	19
47	L22	Briens sentier	12
28	G8 S	Brignole r.	16
56-55	R15-R14	Brillat-Savarin r.	13
19	D14	Briquet pass.	18
19	D14	Briquet r.	18
53	P9 S	Briqueterie r. de la	14
32	H15	Brisemiche r.	4
45	K17 S	Brissac r. de	4
23	F21-G21	Brizeux sq.	20
44-43	M15-N14	Broca r.	
		n°s 1-49, 2-52	5
		n°s 51-fin, 54-fin	13
5-6	C10-C11	Brochant r.	17
19	G14 N	Brongniart r.	2
32	J15	de Brosse r.	4
7	C13	Brouillards allée des	18
55	P13	Broussais r.	14
41	M10 S	Brown-Séquard r.	15
45	N17 N	Bruant r.	13
55	P13	Bruller r.	14
34-46	K19	Brulon pass.	12
53-54	P9-R12	Brune bd	14
54	P11 S	Brune villa	14
16	E7	Brunel r.	17
58	R20-R19	Bruneseau r.	13
23	D21	Brunet porte	19
4	C8	Brunetière av.	17
45-46	L18-L19	Brunoy pass.	12
18	D12	Bruxelles r. de	9
18	E12 N	Bucarest r. de	8
32-31	K15-K14	Bûcherie r. de la	5
31	J13 S	de Buci carr.	6
31	J13 S	de Buci r.	6
18	E12	Budapest pl. de	9
18	E12 S	Budapest r. de	9
32	K16	Budé r.	4
28	J7	Buenos Aires r. de	7
19	F14-E14	Buffalt r.	9
45-44	L17-M16	Buffon r.	5
15	G6-F5	Bugeaud av.	16
38	L4 N	Buis r. du	16
21	F18	Buisson-St-Louis pass.	10
21	F18	Buisson-St-Louis r. du	10
33-34	J18-J19	Bullourde pass.	11
56	P15 S	Buot r.	13
35	K21 N	Bureau imp. du	11
35	J21 S	Bureau pass. du	11
21	F18-E18	Burnouf r.	19
7	D13-C13	Burq r.	18
56	P15	Butte-aux-Cailles r.	13
9	C17	Buzelin r.	18
47-35	K22-J21	Buzenval r. de	20

C

Plan n°	Repère	Nom	Arrondissement
55	P14-P13	Cabanis r.	14
55	R14 S	Cacheux r.	13
19	F14-E14	Cadet r.	9
40	N7	Cadix r. de	15
19	D14	Cadran imp. du	18
32-33	H16-H17	Caffarelli r.	3
56	R15-S15	Caffieri av.	13
11	D21 N	Cahors r. de	19
20	D16	Cail r.	10
33	J18 S	Caillard imp.	11

Plan n°	Repère	Nom	Arrondissement
56	R16	Caillaux r.	13
48	L23-M24	Cailletet r.	12
9-21	D17 N	Caillié r.	18
20	G15 N	Caire galerie du	2
20	G15	Caire pass. du	2
20	G15	Caire pl. du	2
32	G15	Caire r. du	2
18	D12 S	Calais r. de	9
7	B13	Calmels imp.	18
7	B14-B13	Calmels r.	18

12

Plan n°	Repère	Nom	Arrondissement
5	H4	Colombie pl. de	16
7	J5	Colonel-Bonnet av. du	16
6	L19	Colonel-Bourgoin pl. du	12
1	L9	Colonel-Colonna-d'Ornano r.	15
29	H9	Colonel-Combes r. du	7
31	H14-H13	Colonel-Driant r. du	1
21	E18-E17	Colonel-Fabien pl. du n°s impairs 10° - n°s pairs	19
16	E7	Colonel-Moll r. du	17
53	P9 S	Colonel-Monteil r. du	14
47-48	N22-M23	Colonel-Oudot r. du	12
51	N5-P5	Colonel-Pierre-Avia r. du	15
46	L20	Colonel-Rozanoff r. du	12
16	E7	Colonels-Renard r. des	17
55-56	N14-R15	Colonie r. de la	13
19	G13 N	Colonnes r. des	2
47	L21	Colonnes-du-Trône r. des	12
45	L18	Combattants-en-Afrique-du-Nord pl. des	12
29	H9-J9	Comète r. de la	7
30	K12-K11	Commaille r. de	7
18	D11	Cdt-Charles-Martel pass.	17
37	M2	Cdt-Guilbaud r. du	16
33	J18	Cdt-Lamy r. du	11
40	M7	Cdt-Léandri r. du	15
48	L24-K24	Cdt-L'Herminier r. du	20
15	E6 S	Cdt-Marchand r. du	16
21	E17	Cdt-Mortenol r. du	10
42	M11	Cdt-René-Mouchotte r. du n°s impairs	14
		n°s pairs	15
17	F10-F9	Cdt-Rivière r. du	8
27	H6	Cdt-Schlœsing r. du	16
10	A20	Commanderie bd de la	19
54	P12	Commandeur r. du	14
40	L7	Commerce imp. du	15
40	L7	Commerce pl. du	15
40	K8-L7	Commerce r. du	15
31	J13-K13	Commerce-St-André cour	6
32	H15	Commerce-St-Martin pass.	3
33	H17	Commines r.	3
23-22	E21-D20	Compans r.	19
20	E15 N	Compiègne r. de	10
6	C11 N	Compoint imp.	17
17	E9-E10	Comtesse-de-Ségur allée	8
30	G11 S	Concorde pl. de la	8
30	H11 N	Concorde pont de la	8-7
30	H11 N	Concorde port de la	8
31-43	K13	de Condé r.	6
34	H19 N	Condillac r.	11
19	E14 N	Condorcet cité	9
20-19	E15-E14	Condorcet r.	9
29	H9 N	Conférence port de la	8
35	J21-J22	Confiance imp. de la	20
46	M20 N	Congo r. du	12
27	H5 S	Conseiller-Collignon r.	16
18	F14	Conservatoire r. du	9
7	D13 N	Constance r.	18
22	F20 N	Constant-Berthaut r.	20
41-42	K10-K11	Constant-Coquelin av.	7
29	H10-J10	Constantine r. de	7
18-17	E11-D10	Constantinople r. de	8
7	C13	Constantin-Pecqueur pl.	18
32	G16 S	Conté r.	3
31	J13	de Conti imp.	6
31	J14-J13	de Conti quai	6
44	L15	Contrescarpe pl. de la	5
39-40	L5-N8	Convention r. de la	15
57	S17 N	Conventionnel-Chiappe r.	13

Plan n°	Repère	Nom	Arrondissement
18	E11 N	Copenhague r. de	8
16-15	G7-G6	Copernic r.	16
16	F7-G7	Copernic villa	16
41	L9-M9	Copreaux r.	15
18	E12-F12	Coq av. du	9
33	H17 S	Coq cour du	11
31	H14-G14	Coq-Héron r.	1
31	H14-G14	Coquillière r.	1
46	L19	Corbera av. de	12
46	M19	Corbineau r.	12
41	N9 N	Corbon r.	15
44	N15	Cordelières r. des	13
33	G17 S	Corderie r. de la	3
35	G21 S	Cordon-Boussard imp.	20
10	B19-B20	Corentin-Cariou av.	19
46	N20-M20	Coriolis r.	12
38	L3	Corneille imp.	16
43	K13 S	Corneille r.	6
38	L4 N	Corot r.	16
23	D21	Corrèze r. de la	19
32-31	J15-J14	Corse quai de la	4
27	H6-H5	Cortambert r.	16
7	C14 S	Cortot r.	18
17	E10	Corvetto r.	8
43-56	N14-P15	Corvisart r.	13
32	H15	Cossonnerie r. de la	1
27	J6 N	Costa-Rica pl. de	16
41	M10	Cotentin r. du	15
15	G5-F5	Cothenet r.	16
7	C13 N	Cottages r. des	18
45-46	K18-K19	de Cotte r.	12
7	C14 S	Cottin pass.	18
54	P12 S	Couche r.	14
55-54	P13-12	du Couëdic r.	14
54	R12-R11	Coulmiers r. de	14
35	J22	Courat r.	20
17-16	D10-E8	Courcelles bd de n°s impairs	8
		n°s pairs	17
4	C7-C8	Courcelles porte de	17
17-4	F10-C7	Courcelles r. de n°s 1-77, 2-94	8
		n°s 79-fin, 96-fin	17
35	H22-H21	Cour-des-Noues r. de la	20
40	M7	Cournot r.	15
22	G19-F20	Couronnes r. des	20
32	H15 S	Courtalon r.	1
48	L23-L24	Courteline av.	12
34	J20 N	Courtois pass.	11
30	H11	Courty r. de	7
19	D13	Coustou r.	18
32	J15 N	Coutellerie r. de la	4
33-32	H17-H16	Coutures-St-Gervais r. des	3
34	J19 S	Couvent cité du	11
44	N16 S	Coypel r.	13
6	C12 N	Coysevox r.	18
31-43	K13	Crébillon r.	6
5	C9	Crèche r. de la	17
55	R14 S	Crédit-Lyonnais imp. du	13
45	L18 N	Crémieux r.	12
34	G19 S	Crespin-du-Gast r.	11
19	D14 S	Cretet r.	9
15	F6 S	Crevaux r.	16
45	K17 S	Crillon r.	4
9	B18 S	Crimée pass. de	19
22-9	E20-B18	Crimée r. de	19
35	J21 S	Crins imp. des	20
36-48	K23	Cristino-Garcia r.	20
41	N10 N	Crocé-Spinelli r.	14
42	L11	Croisic sq. du	15
19	G14 N	Croissant r. du	2

16

Plan n°	Repère	Nom	Arrondissement
7	B13 S	Calmels prolongée r.	18
7	D14 N	Calvaire pl. du	18
7	D14 N	Calvaire r. du	18
18	F11	Cambacérès r.	8
23	E21	Cambo r. de	19
35	G21 S	Cambodge r. du	20
18-30	G12	Cambon r.	1
10	B19	Cambrai r. de	19
40	K8-L8	Cambronne pl.	15
40-41	L8-M9	Cambronne r.	15
53	P9	Camélias r. des	14
6	A12	Camille-Blaisot r.	17
34	J19-H19	Camille-Desmoulins r.	11
7	A13-A14	Camille-Flammarion r.	18
43	M13	Camille-Jullian pl.	6
6	D12 N	Camille-Tahan r.	18
27	H6 S	de Camoëns av.	16
43-42	M13-12	Campagne-Première r.	14
44	N16	Campo-Formio r. de	13
53	P9	Camulogène r.	15
29	G9-G10	Canada pl. du	8
9	C17	Canada r. du	18
48	L23	Canart imp.	12
34	K19	Candie r. de	11
44	M15	de Candolle r.	5
31	K13 N	Canettes r. des	6
41	N10	du Cange r.	14
31-43	K13	Canivet r. du	6
47	M21 S	Cannebière r.	12
57	P18 S	Cantagrel r.	13
33	J18 S	Cantal cour du	11
35-36	G22-G23	Capitaine-Ferber r. du	20
6	C12	Capitaine-Lagache r. du	17
6	C12	Capitaine-Madon r. du	18
23-35	G22	Capitaine-Marchal r. du	20
32	L6	Capitaine-Ménard r. du	15
26-38	K4 S	Capitaine-Olchanski r. du	16
28	J7 S	Capitaine-Scott r. du	15
36	G23 S	Capitaine-Tarron r. du	20
20	D15	Caplat r.	18
4	C7 S	Caporal-Peugeot r. du	17
47	N21 S	Capri r. de	12
6	D12 N	Capron r.	18
19-18	F13-F12	Capucines bd des	
		n^{os} impairs	2
		n^{os} pairs	9
18	G12 N	Capucines r. des	
		n^{os} impairs 1er - n^{os} pairs	2
40	M8	Carcel r.	15
6-5	B11-B10	Cardan r.	17
35-36	J22-J23	Cardeurs sq. des	20
31	J13 S	Cardinale r.	6
28	K8	Cardinal-Amette pl. du	15
7	D14 N	Cardinal-Dubois r. du	18
7	D14-C14	Cardinal-Guibert r. du	10
47	N22	Cardinal-Lavigerie pl.	12
44	K15 S	Cardinal-Lemoine cité du	5
44	K15-L15	Cardinal-Lemoine r. du	5
18	E12-D12	Cardinal-Mercier r.	9
5	D10 N	Cardinet pass.	17
16-6	D8-C11	Cardinet r.	17
22	E20	Carducci r.	19
38	M4-N4	Carlo-Sarrabezolles r.	15
44-43	K15-K14	Carmes r. des	5
16	F7-E7	Carnot av.	17
48	L23-M23	Carnot bd	12
6	B12 N	Carnot villa	17
18	D12-D11	Caroline r.	17
23	E22	Carolus-Duran r.	19

Plan n°	Repère	Nom	Arrondissement
33	J17	Caron r.	4
6-7	C12-C13	Carpeaux r.	18
41-40	L9-L8	Carrier-Belleuse r.	15
34	J20	Carrière-Mainguet imp.	11
27	J6 N	Carrières imp. des	16
23	D21	Carrières-d'Amérique r.	19
31	H13	Carrousel pl. du	1
31	H13-J13	Carrousel pont du	1-7
36	G23-H23	Cartellier av.	20
40	M7	Casablanca r. de	15
22	G20-F20	Cascades r. des	20
31-43	K13	Casimir-Delavigne r.	6
30	H11-J11	Casimir-Périer r.	7
42	K12	Cassette r.	6
43	M13 S	Cassini r.	14
41-53	N10-P9	Castagnary r.	15
35	J21 S	Casteggio imp. de	20
18	F12-F11	de Castellane r.	8
33	K17-J17	Castex r.	4
30	G12 S	Castiglione r. de	1
42	M11	Catalogne pl. de	14
31	G14 S	Catinat r.	1
4	D7-C7	Catulle-Mendès r.	17
7-19	D13 N	Cauchois r.	18
39	L5-M6	Cauchy r.	15
6-7	D12-C14	Caulaincourt r.	18
7	C13	Caulaincourt sq.	18
18	F12-E12	de Caumartin r.	9
28-40	K8	Cavalerie r. de la	15
6	D12 N	Cavallotti r.	18
8	C16-C15	Cavé r.	18
22	D19	Cavendish r.	19
7-19	D14 N	Cazotte r.	18
32	K16 N	Célestins port des	4
32	K16 N	Célestins quai des	4
42	N11 N	Cels imp.	14
42	N12-M11	Cels r.	14
34	G20	Cendriers r. des	20
42	M16-M15	Censier r.	5
41	L9 N	Cépré r.	15
33	K17	Cerisaie r. de la	4
17	G9 N	Cerisoles r. de	8
5	D9 N	Cernuschi r.	17
18	E11 S	César-Caire av.	8
41	L10-L9	César-Franck r.	15
34	K19-K20	Cesselin imp.	11
39	L5-M6	Cévennes r. des	15
31	G13	Chabanais r.	2
46	N19-N20	Chablis r. de	12
20	E15 S	Chabrol cité de	10
20	E16-E15	Chabrol r. de	10
48	L23-L24	du Chaffault r.	12
16-28	G8	Chaillot r. de	16
16	G8	Chaillot sq. de	16
30	J12-K12	Chaise r. de la	7
5	B10-C10	Chalabre imp.	17
21	F18	Chalet r. du	10
26	J4	Chalets av. des	16
16	F7 N	Chalgrin r.	16
46	L19-K19	Chaligny r.	12
45	L18	Chalon cour de	12
45	L18	Chalon imp.	12
46-45	L19-L18	Chalon r. de	12
46	M19	Chambertin r. de	12
53	N9-P9	Chambéry r. de	15
29	G9	Chambiges r.	8
26	K4	Chamfort r.	16
35	J22 S	Champagne cité	20
30	J11 N	Champagny r. de	7
28	K8	Champaubert av. de	15

13

Plan nº	Repère	Nom	Arrondissement
55	N14 S	**Champ-de-l'Alouette** r. du	13
29	J9	**Champ-de-Mars** r. du	7
4	D7	**Champerret** porte de	17
28	J8 S	**Champfleury** r.	7
7-8	B14-B15	**Championnet** pass.	18
8-6	B15-B12	**Championnet** r.	18
6	B12	**Championnet** villa	18
7	B13 N	**Champ-Marie** pass. du	13
31-43	K14 S	**Champollion** r.	5
17	F9 S	**Champs** galerie des	8
30-16	F11-G8	**Champs-Élysées** av. des	8
29	H10 N	**Champs-Élysées** port des	8
	G10-G9	**Champs-Élysées**	
		rd-pt des	8
30	K11 N	de **Chanaleilles** r.	7
15	F5 S	**Chancelier-Adenauer**	16
		pl. du	
40	M7	**Chandon** imp.	15
38	L3 N	**Chanez** r.	16
38	L3 S	**Chanez** villa	16
48	L23	**Changarnier** r.	12
31	J14	**Change** pont au	1-4
32	K15-J15	**Chanoinesse** r.	4
26	G4	**Chantemesse** av.	16
33	K18	**Chantier** pass. du	12
44	K16-K15	**Chantiers** r. des	5
19	E14	**Chantilly** r. de	9
32	J15	**Chantres** r. des	4
57	N18-P17	**Chanvin** pass.	13
34	K19-K20	**Chanzy** r.	11
15	E6-D6	**Chapelle** av. de la	17
21-20	D17-D15	**Chapelle** bd de la	
		nᵒˢ impairs	10
		nᵒˢ pairs	18
8	C16 S	**Chapelle** cité de la	18
8	B16 S	**Chapelle** imp. de la	18
20	D16	**Chapelle** pl. de la	18
8	A16	**Chapelle** porte de la	18
8	C16-A16	**Chapelle** r. de la	18
32	H16-H15	**Chapon** r.	3
19	D14	**Chappe** r.	18
19	E13-D13	**Chaptal** cité	9
19-18	E13-D12	**Chaptal** r.	9
38	M4 N	**Chapu** r.	16
55	R14	**Charbonnel** r.	13
20	D16-D15	**Charbonnière** r. de la	18
41	L9-L10	**Charbonniers** pass. des	15
57	N18-P17	**Charcot** r.	13
28	H7-J7	**Chardin** r.	16
38	L4-M3	**Chardon-Lagache** r.	16
10	B20-A19	**Charente** quai de la	19
59	P22	**Charenton** porte de	12
33-47	K18-N21	**Charenton** r. de	12
32	J16 S	**Charlemagne** pass.	4
32	J16 S	**Charlemagne** r.	4
6	B12 N	**Charles-Albert** pass.	18
45-34	K18-K19	**Charles-Baudelaire** r.	12
47	L22	**Charles-Bénard** villa	12
7	B14 S	**Charles-Bernard** pl.	18
46	L19 S	**Charles-Bossut** r.	12
33-32	K17-J16	**Charles-V** r.	4
24	E23 S	**Charles-Cros** r.	20
34-33	J19-J18	**Charles-Dallery** pass.	11
47	N22	**Charles-de-Foucauld** av.	12
16	F7-F8	**Charles-de-Gaulle** pl.	8-16-17
34	K19 N	**Charles-Delescluze** r.	11
27	J6	**Charles-Dickens** r.	16
27	J6 N	**Charles-Dickens** sq.	16
42	N12	**Charles-Divry** r.	14
19	D14	**Charles-Dullin** pl.	18

Plan nº	Repère	Nom	Arrondissement
36	K23-J23	**Charles-et-Robert** r.	20
5-6	C10-C11	**Charles-Fillion** pl.	17
28	J7-K8	**Charles-Floquet** av.	7
56	R15-P15	**Charles-Fourier** r.	13
23	F21	**Charles-Friedel** r.	20
18	F12 S	**Charles-Garnier** pl.	9
5	D9 N	**Charles-Gerhardt** r.	17
29	G10	**Charles-Girault** av.	8
19	E14	**Charles-Godon** cité	9
9	A17	**Charles-Hermite** r.	18
15	G5 N	**Charles-Lamoureux** r.	16
41	L9 S	**Charles-Laurent** sq.	15
9	A17	**Charles-Lauth** r.	18
40	M7-M8	**Charles-Lecocq** r.	15
54	R11	**Charles-Le-Goffic** r.	14
33	H17	**Charles-Luizet** r.	11
38	M3 N	**Charles-Marie-Widor** r.	16
39	L6 N	**Charles-Michels** pl.	15
23	E22	**Charles-Monselet** r.	19
57-56	P17-P16	**Charles-Moureu** r.	13
46	L20	**Charles-Nicolle** r.	12
19	D14 N	**Charles-Nodier** r.	18
34	K19-K20	**Charles-Petit** imp.	11
35	H21-H22	**Charles-Renouvier** r.	20
28	J8	**Charles-Risler** av.	7
21	E18 S	**Charles-Robin** r.	10
38	M3	**Charles-Tellier** r.	16
41	N9 N	**Charles-Vallin** pl.	15
41	N9	**Charles-Weiss** r.	15
32-33	H16-G17	**Charlot** r.	3
41-53	N9	**Charmilles** villa des	15
46	M20	**Charolais** pass. du	12
46	M20-L19	**Charolais** r. du	12
47-34	K21-J20	**Charonne** bd de	
		nᵒˢ impairs 11ᵉ - nᵒˢ pairs	20
33-35	K18-J21	**Charonne** r. de	11
18	F12	**Charras** r.	9
34	J19-K19	**Charrières** imp.	11
43	K14 S	**Chartière** imp.	5
20	D16-D15	**Chartres** r. de	18
43	M13 N	**Chartreux** r. des	6
17	F10	**Chassaigne-Goyon** pl.	8
41	K9-L9	**Chasseloup-Laubat** r.	15
5	C9 S	**Chasseurs** av. des	17
42	M11-N11	**Château** r. du	14
17-16	F9-F8	**Chateaubriand** r.	8
20	G16-F16	**Château-d'Eau** r. du	10
57-56	R18-N16	**Château-des-Rentiers** r.	13
19	E14-E13	**Châteaudun** r. de	9
21	E17-D17	**Château-Landon** r. du	10
8	C15 S	**Château-Rouge** pl. du	18
6	B11-B12	**Châtelet** pass.	17
32-31	J15-J14	**Châtelet** pl. du nᵒˢ impairs	1
		nᵒˢ pairs	4
53	R10	**Châtillon** porte de	14
54	P11	**Châtillon** r. de	14
54	P11 S	**Châtillon** sq. de	14
31	K14 N	**Chat-qui-Pêche** r. du	5
19	F13-F14	**Chauchat** r.	9
21	D17	**Chaudron** r.	10
21	E18	**Chaufourniers** r. des	19
11	D21 N	**Chaumont** porte	19
21	D18 S	**Chaumont** r. de	19
23-35	G22	**Chauré** sq.	20
19-18	F13-E12	**Chaussée-d'Antin** r. de la	9
47	M22	**Chaussin** pass.	12
21	F17-E17	**Chausson** imp.	10
18	F11 S	**Chauveau-Lagarde** r.	8
52-53	P8-P9	**Chauvelot** r.	15
17	E9 N	**Chazelles** r. de	17

14

Plan n°	Repère	Nom	Arrondissement
10-11	A20-A21	Chemin-de-Fer r. du	
		n°s 1-13, 2-12 bis	19
		n°s 15-fin, 14-fin	Pantin
11	C21 S	Cheminets r. des	19
33	H18 S	Chemin-Vert pass. du	11
33-34	J17-H20	Chemin-Vert r. du	11
33-45	K18	Chêne-Vert cour du	12
20	G15 N	Chénier r.	2
35	H22-G21	Cher r. du	20
53	N9-P9	Cherbourg r. de	15
30-42	K12-L11	Cherche-Midi r. du	
		n°s 1-121, 2-130	6
		n°s 123-fin, 132-fin	15
56	P15 S	Chéreau r.	13
27	J6 N	Chernoviz r.	16
18	D11 S	Chéroy r. de	17
19-31	G13	Chérubini r.	2
33	J18-K18	Cheval-Blanc pass. du	11
58-45	R19-N17	Chevaleret r. du	13
7	C14 S	Chevalier-de-la-Barre r.	18
23	F21	Chevaliers imp. des	20
29	J9	Chevert r.	7
18	E12 N	de Cheverus r.	9
21	G18 N	Chevet r. du	11
34-46	K20	Chevreul r.	11
42	M12 N	Chevreuse r. de	6
38	M3 N	Cheysson villa	16
23-35	G22-G21	Chine r. de la	20
19	G13	Choiseul pass.	2
19	G13-F13	de Choiseul r.	2
57-56	R17-P16	Choisy av. de	13
57	R17 S	Choisy porte de	13
30	K12 N	Chomel r.	7
27	J5	Chopin pl.	16
19	E14	Choron r.	9
6	B12	Christi imp.	17
47	L21 N	Christian-Dewet r.	12
8	D15 N	Christiani r.	18
31	J14-J13	Christine r.	6
5	C9	Christine de Pisan r.	17
16	F8-G8	Christophe-Colomb r.	8
42	L12 S	Cicé r. de	6
16	G7	Cimarosa r.	16
5	B9	Cimetière r. du	
		n° 2 seulement	17
		n°s 4-fin, n°s impairs	Clichy
5	B10	Cim.-des-Batignolles av. du	17
43	K14 S	Cimetière-St-Benoît r. du	5
3-15	D6	Cino-Del-Duca r.	17
56	P15	Cinq-Diamants r. des	13
41-42	M10-M11	Cinq-Martyrs-du-Lycée-Buffon pont des	15
17	G10-F10	Cirque r. du	8
31	K13 N	Ciseaux r. des	6
32-31	J15-J14	Cité r. de la	4
46	L19-K19	Cîteaux r. de	12
55	R14	Cité Florale	13
34	J19-H19	Cité Industrielle	11
55	R14 S	Cité-Universitaire r.	14
21	F18	Civiale r.	10
38	L3 S	Civry r. de	16
6	C11	Clairaut r.	17
18	D11 S	Clapeyron r.	8
17	F9	Claridge galerie du	8
44-43	M15-M14	Claude-Bernard r.	5
27	J6-H6	Claude-Chahu r.	16
16	D7 N	Claude-Debussy r.	17
17	D10	Claude-Debussy sq.	17
47	N22-M21	Claude-Decaen r.	12
37	L2 S	Claude-Farrère r.	16

Plan n°	Repère	Nom	
52	P8 S	Claude-Garamon	
38	M3 N	Claude-Lorrain r.	
38	M3 N	Claude-Lorrain vil	
22	D20 S	Claude-Monet vill	
17	D10	Claude-Pouillet r.	
57	R18 S	Claude-Regaud av	
38	M3 S	Claude-Terrasse r	
46	L20-K20	Claude-Tillier r.	
21	F17-E18	Claude-Vellefaux a	
19	E13	Clauzel r.	
22	F20-E19	Clavel r.	
44	M15-L15	Clef r. de la	
17-29	G10	Clemenceau pl.	
31	H14 N	Clémence-Royer r.	
31	K13 N	Clément r.	
27	K5	Clément-Ader pl.	
17-29	G9	Clément-Marot r.	
29	H9-J9	Cler r.	
20	G15 N	Cléry pass. de	
19-20	G14-G15	Cléry r. de	
6-5	D12-B10	Clichy av. de n°s 1-fin, 66- n°s 2-64	
19-18	D13-D12	Clichy bd de n°s impairs n°s pairs	
18	D12	Clichy pass. de	
18	D12	Clichy pl. de	
		n° 1 seulement, 2-10 bis	
		n° 3 seulement	
		n°s 5-fin (impairs)	
		n°s 12-fin (pairs)	
5	B10	Clichy porte de	
18	E12-D12	Clichy r. de	
7	A14	Clignancourt porte de	18
7-8	D14-B15	Clignancourt r. de	18
7	B14 S	Clignancourt sq. de	18
57	N17 S	Clisson imp.	13
45-57	N17-P17	Clisson r.	13
35	G21 S	Cloche r. de la	20
32	J16	Cloche-Perce r.	4
28	K7 N	Clodion r.	15
32	K15-J15	Cloître-Notre-Dame r. du	4
32	J15-H15	Cloître-St-Merri r. du	4
35	J22	Clos r. du	20
44	K15 S	Clos-Bruneau pass. du	5
40	M7-N7	Clos-Feuquières r. du	15
43	L14	Clotaire r.	5
43	L14	Clotilde r.	5
33	J17	Clotilde-de-Vaux r.	11
11	B21 N	Clôture r. de la	19
41	L9 N	Clouet r.	15
44	L15	Clovis r.	5
21	D18 S	Clovis-Hugues r.	19
7	B13-C13	Cloÿs imp. des	18
7	C13-B13	Cloÿs pass. des	18
7	B14-B13	Cloÿs r. des	18
31-43	K14	Cluny r. de	5
32-44	K15	Cochin r.	5
30-42	K12	Coëtlogon r.	6
54	P12 N	Cœur-de-Vey villa	14
29	H9	Cognacq-Jay r.	7
31	G13	Colbert gal.	2
19	G13	Colbert r.	2
31	H13 N	Colette pl.	1
17	F9-F10	Colisée r. du	8
44	M15 S	Collégiale r. de la	5
53	P10 S	Collet villa	14
6	B12 S	Collette r.	17
19	D13 S	Collin pass.	9
10	C19 S	Colmar r. de	19
32	J15 S	Colombe r. de la	4

15

Plan n°	Repère	Nom	Arrondissement
31	H13-G14	Croix-des-Petits-Champs r.	1
34	J20 N	Croix-Faubin r. de la	11
58	P19	Croix-Jarry r. de la	13
40	L8-N7	Croix-Nivert r. de la	15
40	L8	Croix-Nivert villa	15
30	K12 N	Croix-Rouge carr. de la	6
35-36	J22-23	Croix-St-Simon r. de la	20
41-40	N9-N8	Cronstadt r. de	15
22	E20-D20	Cronstadt villa de	19
44-56	N15	Croulebarbe r. de	13
46	K19 S	Crozatier imp.	12
46	L19-K19	Crozatier r.	12
33	H17 N	Crussol cité de	11

Plan n°	Repère	Nom	Arrondissement
33	H17-G18	Crussol r. de	11
9	C17-B17	Cugnot r.	18
43	L14-K14	Cujas r.	5
32	G15 S	Cunin-Gridaine r.	3
26	J4-K4	Cure r. de la	16
8	C16 N	Curé imp. du	18
9-10	C18-B19	Curial r.	19
4	C8	Curnonsky r.	17
8-7	C15-C14	Custine r.	18
44	L16	Cuvier r.	5
32	H15 N	Cygne r. du	1
27	K6-J6	Cygnes allée des	15
7	C14	Cyrano-de-Bergerac r.	18

d

Plan n°	Repère	Nom	Arrondissement
35	J22	Dagorno pass.	20
47	L21-L22	Dagorno r.	12
42	N12-N11	Daguerre r.	14
34	K19	Dahomey r. du	11
19-31	G13	Dalayrac r.	2
57	R18 S	Dalloz r.	13
41	L10 S	Dalou r.	15
6-17	D12-D10	Dames r. des	17
56	R16	Damesme imp.	13
56	P16-R16	Damesme r.	13
20-32	G15	Damiette r. de	2
33	J18 S	Damoye cour	11
10	B19	Dampierre r.	19
7	C13-B13	Damrémont r.	18
7	B13	Damrémont villa	18
19	D14	Dancourt r.	18
19	D14	Dancourt villa	18
26	K4 N	Dangeau r.	16
19-18	G13-12	Danielle-Casanova r.	
		n°s impairs	1
		n°s pairs	2
41-42	L10-K11	Daniel-Lesueur av.	7
28	K8-K7	Daniel-Stern r.	15
10	D19	Danjon r.	19
31	K14	Dante r.	5
31	K14 N	Danton r.	6
52	N8 S	Dantzig pass. de	15
40-52	N8-P8	Dantzig r. de	15
23	D21	Danube hameau du	19
23	D21 S	Danube villa du	19
42	N12	Danville r.	14
18	E11	Dany imp.	8
21	G18 N	Darboy r.	11
18	D12-D11	Darcet r.	17
23	G22-F22	Darcy r.	20
15	D6	Dardanelles r. des	17
55	P13 N	Dareau pass.	14
55	N13-P13	Dareau r.	14
57	R18	Darmesteter r.	13
16-17	E8-E9	Daru r.	8
7	C14-C13	Darwin r.	18
44	M16-M15	Daubenton r.	5
5-17	D9 N	Daubigny r.	17
45-48	K18-N24	Daumesnil av.	12
47	M22 S	Daumesnil villa	12
38	M3	Daumier r.	16
6	B12	Daunay pass.	18
19-18	G13-F12	Daunou r.	2
31	J13 S	Dauphine pass.	6

Plan n°	Repère	Nom	Arrondissement
31	J14	Dauphine pl.	1
15	F5	Dauphine porte	16
31	J14-J13	Dauphine r.	6
6	C11-C12	Dautancourt r.	17
33	J18 S	Daval r.	11
22-23	D20-D21	David-d'Angers r.	19
55	R13 S	David-Weill av.	14
55	P14	Daviel r.	13
55	P14 S	Daviel villa	13
26	J4	Davioud r.	16
48-36	L23-H23	Davout bd	20
6	C12-C11	Davy r.	17
16-15	E7-E6	Débarcadère r. du	17
33	H17	Debelleyme r.	3
47	L22	Debergue cité	12
23	D21 S	Debidour av.	19
34	J19	Debille cour	11
28	H8	Debilly passerelle	16-7
28	H8-H7	Debilly port	16
28	H8-G8	Debrousse r.	16
27	G6-H5	Decamps r.	16
31	H14 S	Déchargeurs r. des	1
41	N10 S	Decrès r.	14
6	D12 N	Défense imp. de la	18
39	K5 S	Degas r.	16
20	G15 N	Degrés r. des	2
21	G18	Deguerry r.	11
8	C15 S	Dejean r.	18
22-34	G20	Delaitre r.	20
42	M12 N	Delambre r.	14
42	M12 N	Delambre sq.	14
20	E16	Delanos pass.	10
35	J21	Delaunay cité	11
34	J20	Delaunay imp.	11
54	P11 N	Delbet r.	14
17	F10	Delcassé av.	8
40	L7 N	Delecourt av.	15
33	J18 S	Delépine cour	11
34	K20-J20	Delépine imp.	11
28-27	H7-J6	Delessert bd	16
21	E17	Delessert pass.	10
10	C20	Delesseux r.	19
6	B11 N	Deligny imp.	17
56	R16	Deloder villa	13
22	E20 S	Delouvain r.	19
20	D15 S	Delta r. du	9
20	E16-D16	Demarquay r.	10
20	E15	Denain bd de	10

17

Plan n°	Repère	Nom	Arrondissement
43	M13-N13	Denfert-Rochereau av.	14
42-43	N12-N13	Denfert-Rochereau pl.	14
16	E7 S	Denis-Poisson r.	17
22	F19	Dénoyez r.	20
29	J9-J10	Denys-Cochin pl.	7
5	D10 N	Déodat-de-Séverac r.	17
7	C13 S	Depaquit pass.	18
42	N12 N	Deparcieux r.	14
42	L11-M11	Départ r. du	
		n°s impairs	14
		n°s pairs	15
9-8	D17-C16	Département r. du	
		n°s 1-19 ter, 2-18	19
		n°s 21-fin, 20-fin	18
28	J8-K7	Desaix r.	15
28	K7 N	Desaix sq.	15
21	G18 N	Desargues r.	11
38	L4 N	Désaugiers r.	16
27	H5	Desbordes-Valmore r.	16
44	L15	Descartes r.	5
16	D7 N	Descombes r.	17
46	M20 N	Descos r.	12
29	H9-H10	Desgenettes r.	7
9	C18 N	Desgrais pass.	19
53	P10 S	Deshayes villa	14
20	F16	Désir pass. du	10
34	H20-G20	Désirée r.	20
23	F22	Désirée villa	20
7	B13	Désiré-Ruggieri r.	18
40-39	N7-N6	Desnouettes r.	15
39	N6	Desnouettes sq.	15
38	L3	Despréaux av.	16
41	N10	Desprez r.	14
57	R18-P18	Dessous-des-Berges r. du	13
31	J13	Deux-Anges imp. des	6
56	P16	Deux-Avenues r. des	13
31	H14 S	Deux-Boules r. des	1
16	D7 N	Deux-Cousins imp. des	17
31	H14 S	Deux-Ecus pl. des	1
20	E16	Deux-Gares r. des	10
6	D12 N	Deux-Nèthes imp. des	18
31	G13 S	Deux-Pavillons pass. des	1
32	K16	Deux-Ponts r. des	4
19	F14	Deux-Sœurs pass. des	9
23	F21	Devéria r.	20
23-35	G22	Dhuys r. de la	20
18	F12	Diaghilev pl.	9
22	F19	Diane-de-Poitiers allée	19
7	C14 N	Diard r.	18
45-47	L17-K21	Diderot bd	12
45	L18	Diderot cour	12
53	P10	Didot porte	14
42-53	N11-P10	Didot r.	14
38	M3	Dietz-Monnin villa	16
35	J22	Dieu pass.	20
21	F17 S	Dieu r.	10
57	R18-R17	Dieudonné-Costes r.	13
56	R16-R15	Dieulafoy r.	13
46	N19-N20	Dijon r. de	12
57	R17	Disque r. du	13
42	L11	18-Juin-1940 pl. du	6
15	D6	Dixmude bd de	17
15	D6	Dobropol r. du	17
21	F17	Dr-Alfred-Fournier pl.	10
34-46	K19	Dr-Antoine-Béclère pl.	12
47	M22-L22	Dr-Arnold-Netter av. du	12
7-6	A13-A12	Dr-Babinski r. du	18
26	J4-K3	Dr-Blanche r. du	16

Plan n°	Repère	Nom	Arrondissement
26	K4 N	Dr-Blanche sq. du	16
56	S16	Dr-Bourneville r. du	13
28	J8	Dr-Brouardel av. du	7
57	N17 S	Dr-Charles-Richet r.	13
6	C11 S	Dr-Félix-Lobligeois pl.	17
27-28	K6-K7	Dr-Finlay r. du	15
27	K6-J5	Dr-Germain-Sée r. du	16
24	E23	Dr-Gley av. du	20
47	M21	Dr-Goujon r. du	12
27	K5 N	Dr-Hayem pl. du	16
6	C11	Dr-Heulin r. du	17
40	L8-M8	Dr-Jacquemaire-Clemenceau r. du	15
28	G8	Dr-Jacques-Bertillon imp.	8
24	G23 N	Dr-Labbé r. du	20
9	C18	Dr-Lamaze r. du	19
17	E10-F9	Dr-Lancereaux r. du	8
56	R15	Dr-Landouzy r. du	13
54	S12 N	Dr-Lannelongue av. du	14
56	R16 N	Dr-Laurent r. du	13
56	R15	Dr-Lecène r. du	13
56	R16-R15	Dr-Leray r. du	13
56	R15-R16	Dr-Lucas-Championnière r.	13
56	P16 S	Dr-Magnan r. du	13
57	N17	Dr-Navarre pl. du	13
23	G22 N	Dr-Paquelin r. du	20
6	B11	Dr-Paul-Brousse r. du	17
37	M2	Dr-Paul-Michaux pl. du	16
23	E21 S	Dr-Potain r. du	19
41	M10	Dr-Roux r. du	15
36	J23	Drs-Déjérine r. des	20
56	R16-R15	Dr-Tuffier r. du	13
57	N17 S	Dr-Victor-Hutinel r. du	13
57	R18 S	Dr-Yersin pl. du	13
38	N3 N	Dode-de-la-Brunerie av.	16
16	E7	Doisy pass.	17
44	L15 S	Dolomieu r.	5
32-31	K15-K14	Domat r.	5
40	N8	Dombasle imp.	15
40	N8 N	Dombasle pass.	15
40	M8-N8	Dombasle r.	15
16	F7 S	Dôme r. du	16
57	P18-P17	Domrémy r. de	13
38	K4 S	Donizetti r.	16
4	C8	Dordogne sq. de la	17
11	C21 S	Dorées sente des	19
47	L21 N	Dorian av.	12
47	L21 N	Dorian r.	12
15	G6-F6	Dosne r.	16
19-18	D13-D12	Douai r. de	9
54	P12 S	Douanier-Rousseau r. du	14
5	B9	Douaumont bd de	17
32	K15 N	Double pont au	4-5
8	C16-C15	Doudeauville r.	18
30	J12-K12	Dragon r. du	6
34	G19 S	Dranem r.	11
15	E6	Dreux r. de	16
7-19	D14 N	Drevet r.	18
46	K19 S	Driancourt pass.	12
19	F14	Drouot r.	9
34-46	K19	Druinot imp.	12
20	F16	Dubail pass.	10
27	J5 N	Duban r.	16
22	D19	Dubois pass.	19
35	H22	Dubourg cité	20
46	M20	Dubrunfaut r.	12
7	C14-B14	Duc r.	18
57	N17 S	Duchefdelaville imp.	13
57	N18-N17	Duchefdelaville r.	13
34	H19	Dudouy pass.	11

Plan n°	Repère	Nom	Arrondissement
23	F21 S	Duée pass. de la	20
23	F21 S	Duée r. de la	20
27	G5 S	Dufrénoy r.	16
38	M3 S	Dufresne villa	16
46	M20	Dugommier r.	12
42	L12 N	Duguay-Trouin r.	6
7-8	B14-B15	Duhesme pass.	18
7	C13-B14	Duhesme r.	18
41	L10 S	Dulac r.	15
36	G23	Dulaure r.	20
18-5	D11-C10	Dulong r.	17
34-35	K20-K21	Dumas pass.	11
44	M16-N16	Duméril r.	13
16	G7-F8	Dumont-d'Urville r.	16
22	F19-E19	Dunes r. des	19
20-19	E16-D14	Dunkerque r. de	
		n°s 1-47, 2-36 bis	10
		n°s 49-fin, 38-fin	9
45-57	P18-N17	Dunois r.	13
45	N17	Dunois sq.	13
19	D13 S	Duperré r.	9
32-33	G16-G17	Dupetit-Thouars cité	3
33-32	G17-G16	Dupetit-Thouars r.	3
18	G12	Duphot r.	
		n°s 1-21, 2-26	1
		n°s 23-fin, 28-fin	8
42	K12	Dupin r.	6
15	E6 S	Duplan cité	16
28	K8	Dupleix pl.	15
28-40	K8	Dupleix r.	15
34	H19	Dupont cité	11
15	F6 N	Dupont villa	16
23-35	G22-G21	Dupont-de-l'Eure r.	20
28-29	H8-H9	Dupont-des-Loges r.	7
33	G17 S	Dupuis r.	3
8	C16	Dupuy imp.	18
57	R18	Dupuy-de-Lôme r.	13
31	K13	Dupuytren r.	6
29-41	J9-K10	Duquesne av.	7
47	M21	Durance r. de la	12
34	H19-H20	Duranti r.	11
7	D13-C13	Durantin r.	18
39-40	M6-M7	Duranton r.	15
18	F11 S	Duras r. de	8
7	B13 N	Durel cité	18
15	F6-E6	Duret r.	16
34	G20 S	Duris r.	20
34	G19	Durmar cité	11
41	K10-L10	Duroc r.	7
42-54	N12 S	Durouchoux r.	14
23	E22 S	Dury-Vasselon villa	20
32	G15	Dusoubs r.	2
53	P10	Duthy villa	14
41	M9	Dutot r.	15
29	G10	Dutuit av.	8
10-9	C19-C18	Duvergier r.	19
29	J9	Duvivier r.	7

e

27	J6 N	Eaux r. des	16
33	H18	Eaux-Vives pass. des	11
46	L20	Ebelmen r.	12
41	K10 S	Eblé r.	7
31	J13 S	Echaudé r. de l'	6
31	H13 N	Echelle r. de l'	1
20	F15	Echiquier r. de l'	10
21	E17 S	Ecluses-St-Martin r. des	10
19	E14	Ecole imp. de l'	9
31	J14 N	Ecole pl. de l'	1
31	K14	Ecole-de-Médecine r. de l'	6
29	J9 S	Ecole-Militaire pl. de l'	7
44	L15-K15	Ecole-Polytechnique r. de l'	5
35	G21 S	Ecoles cité des	20
44-43	L15-K14	Ecoles r. des	5
40	L7	Ecoliers pass. des	15
43	K14 S	Ecosse r. d'	5
32	J16	Ecouffes r. des	4
26	H4 S	Ecrivains-Combattants-Morts-pour-la-France sq.	16
35	J22 S	Ecuyers sentier des	20
22-21	E19-E18	Edgar-Poë r.	19
42	M12-M11	Edgar-Quinet bd	14
18	E11	Edimbourg r. d'	8
57-56	P17-P16	Edison av.	13
35	G22 S	Edith-Piaf pl.	20
27	H5	Edmond-About r.	16
45	M18 S	Edmond-Flamand r.	13
56	P15 N	Edmond-Gondinet r.	13
41	L10 S	Edmond-Guillout r.	15
32	H15	Edmond-Michelet pl.	4
40	L7	Edmond-Roger r.	15
43	L14 N	Edmond-Rostand pl.	6
54	R11	Edmond-Rousse r.	14
29-28	H9-H8	Edmond-Valentin r.	7
31	J14 N	Edouard-Colonne r.	1
17	D9	Edouard-Detaille r.	17
27-26	H5-H4	Edouard-Fournier r.	16
42	N11 N	Edouard-Jacques r.	14
48	M23	Edouard-Lartet r.	12
33	G18 S	Edouard-Lockroy r.	11
44	N16 S	Edouard-Manet r.	13
21-22	E18-D19	Edouard-Pailleron r.	19
44	M15	Edouard-Quénu r.	5
48	N23	Edouard-Renard pl.	12
47	N22-M21	Edouard-Robert r.	12
18	F12 S	Edouard-VII pl.	9
18	F12 S	Edouard-VII r.	9
37	M2-N1	Edouard-Vaillant av.	
		sans n°s	16
		n°s 23-fin, 18-fin	Boulogne
30-29	G11-G10	Edward-Tuck av.	8
23	D21-E21	Egalité r. de l'	19
32	J16 S	Eginhard r.	4
40	L7 S	Eglise imp. de l'	15
39-40	L6-L7	Eglise r. de l'	15
26	J4	Eglise-de-l'Assomption pl. de l'	16
48	L24	Elie-Faure r.	12
34	G20	Elisa-Borey r.	20
46	M20	Elisa-Lemonnier r.	12
28	J8 N	Elisée-Reclus av.	7

Plan nº	Repère	Nom	Arrondissement
29	K10	El-Salvador pl.	7
17-18	G10-F11	Elysée r. de l'	8
22	G20 N	Elysée-Ménilmontant r.	20
17	F9 S	Elysées-La Boétie galerie	8
17	F9-G9	Elysées-Rond-Point galerie	8
17	F9	Elysées 26 galerie	8
32	J16 N	Elzévir r.	3
10	C19	Emélie imp.	19
28-39	K7-K6	Emeriau r.	15
28	K8 N	Emile-Acollas av.	7
16	D7	Emile-Allez r.	17
27	J5-H5	Emile-Augier bd	16
27-26	K5-K4	Emile-Bergerat av.	16
9	A17	Emile-Bertin r.	18
7	B14	Emile-Blémont r.	18
6	A11	Emile-Borel r.	17
8	B15 S	Emile-Chaîne r.	18
28-29	J8-J9	Emile-Deschanel av.	7
44-56	N15 N	Emile-Deslandres r.	13
23	E21	Emile-Desvaux r.	19
55	R13	Emile-Deutsch-de-la-Meurthe r.	14
55	N13 S	Emile-Dubois r.	14
41	L9-M9	Emile-Duclaux r.	15
8	C16	Emile-Duployé r.	18
4	C8 S	Emile-et-Armand-Massard av.	17
54	R12 S	Emile-Faguet r.	14
45	L18 N	Emile-Gilbert r.	12
7	D13 N	Emile-Goudeau pl.	18
35	H22 N	Emile-Landrin pl.	20
35	H21 N	Emile-Landrin r.	20
48	M23	Emile-Laurent av.	12
34	J20	Emile-Lepeu r.	11
57	R17 S	Emile-Levassor r.	13
6	B11	Emile-Level r.	17
23	E21 N	Emile-Loubet villa	19
44	L15	Emile-Mâle pl.	5
15	G5 N	Emile-Ménier r.	16
38	M3	Emile-Meyer villa	16
35	G22 S	Emile-Pierre-Casel r.	20
28	J8 N	Emile-Pouvillon av.	7
10	A20	Emile-Reynaud r. nºs impairs / nºs pairs	19 / Aubervilliers
42	M12-N12	Emile-Richard r.	14
39-40	L5-L8	Emile-Zola av.	15
40	L7 N	Emile-Zola sq.	15
45	K18 S	Emilio-Castelar r.	12
5-17	D10	Emmanuel-Chabrier sq.	17
39	L5-L6	Emmanuel-Chauvière r.	15
22-23	F20-F21	Emmery r.	20
22	E20	Encheval r. de l'	19
41	L10	Enfant-Jésus imp. de l'	15
42	M12	Enfer pass. d'	14
20	F15	Enghien r. d'	10
40	L7	Entrepreneurs pass. des	15
39-40	L6-L7	Entrepreneurs r. des	15
39	L6 N	Entrepreneurs villa des	15
22	F20	Envierges r. des	20
44	M15 N	Epée-de-Bois r. de l'	5
31	K14 N	Eperon r. de l'	6
6	B11-B12	Epinettes imp. des	17
42	L12 S	Epinettes pass. des	14
6	B11	Epinettes pass. des	17
6	B11	Epinettes r. des	17
22	F19 N	Equerre r. de l'	19
46	L19	Erard imp.	12
46	L19-L20	Erard r.	12
43	L14 S	Erasme r.	5
8	D15 N	Erckmann-Chatrian r.	18
38	L3 N	Erlanger av.	16
38	L3	Erlanger r.	16
38	L3 N	Erlanger villa	16
38	L4 S	Ermitage av. de l'	16
22-23	G20-F21	Ermitage r. de l'	20
22-23	F2U-F21	Ermitage villa de l'	20
42-54	N12 S	Ernest-Cresson r.	14
43	M13 N	Ernest-Denis pl.	6
56	R16-R15	Ernest et H.-Rousselle r.	13
6	B11	Ernest-Goüin r.	17
26	H4	Ernest-Hébert r.	16
8	C15	Ernestine r.	18
47	N22	Ernest-Lacoste r.	12
48	M23 N	Ernest-Lavisse r.	12
48	M23 S	Ernest-Lefébure r.	12
23	G22 N	Ernest-Lefèvre r.	20
29	J9	Ernest-Psichari r.	7
52-51	N7-P6	Ernest-Renan av.	15
41	L9-L10	Ernest-Renan r.	15
54	R11	Ernest-Reyer av.	14
6	B11	Ernest-Roche r.	17
9	B18 S	Escaut r. de l'	19
7	B14 N	Esclandon r.	18
59	P21 S	Escoffier r.	12
56-55	P15-R14	Espérance r. de l'	13
44	N16	Esquirol r.	13
44	M16	Essai r. de l'	5
23	F21 S	Est r. de l'	20
57	R17	Este villa d'	13
48	K23 S	Esterel sq. de l'	12
18	E12 S	d'Estienne-d'Orves pl.	9
43	L14	Estrapade pl. de l'	5
44-43	L15-L14	Estrapade r. de l'	5
29	K10-K9	d'Estrées r.	7
16	G7-G8	Etats-Unis pl. des	16
6	C12	Etex r.	18
6	C12	Etex villa	18
35	J21	Etienne-Delaunay pass.	11
22-34	G19-G20	Etienne-Dolet r.	20
6	C12 S	Etienne-Jodelle r.	18
32-31	H15-G14	Etienne-Marcel r. nºs impairs 1er - nºs pairs	2
23-35	G22	Etienne-Marey r.	20
23-35	G22	Etienne-Marey villa	20
40	L7 S	Etienne-Pernet pl.	15
16	E8 S	Etoile r. de l'	17
33	K18 N	Etoile-d'Or cour de l'	11
26	J4	Eugène-Beaudoin pass.	16
6-7	C12-B13	Eugène-Carrière r.	18
27	H5 N	Eugène-Delacroix r.	16
4	C8 S	Eugène-Flachat r.	17
7	A14 S	Eugène-Fournière r.	18
40	N7-N8	Eugène-Gibez r.	15
11-10	D21-C20	Eugène-Jumin r.	19
26	H4	Eugène-Labiche r.	16
23	E21 N	Eugène-Leblanc villa	19
27	H6 N	Eugène-Manuel r.	16
27	H6 S	Eugène-Manuel villa	16
40	M7 S	Eugène-Millon r.	15
57	P18-R18	Eugène-Oudiné r.	13
42	N12 N	Eugène-Pelletan r.	14
27	K5	Eugène-Poubelle r.	16
36	J23	Eugène-Reisz r.	20
32-33	H16-G17	Eugène-Spuller r.	3
7-8	C14-C15	Eugène-Sue r.	18
21	E17	Eugène-Varlin r.	10
23	E21	Eugénie-Cotton r.	19
46	L20	Eugénie-Eboué	12

Plan n°	Repère	Nom	Arrondissement
35	H21	**Eugénie-Legrand r.**	20
16	F8 S	**Euler r.**	8
22	G20 N	**Eupatoria r. d'**	20
42-54	N11 S	**Eure r. de l'**	14
18	E11	**Europe pl. de l'**	8
10	D19 N	**Euryale-Dehaynin r.**	19
8-9	C16-B18	**Evangile r. de l'**	18
24	F23	**Evariste-Galois r.**	20
35	G22 S	**Eveillard imp.**	20
10	C19	**Evette r.**	19
38	M4-L3	**Exelmans bd**	16
29	J9 N	**Exposition r. de l'**	7
27	H6-G6	**Eylau av. d'**	16
16	F7 S	**Eylau villa d'**	16

f

Plan n°	Repère	Nom	Arrondissement
29	H10-J10	**Fabert r.**	7
47	L21 N	**Fabre-d'Eglantine r.**	12
33	G18	**Fabriques cour des**	11
44-56	N16 S	**Fagon r.**	13
34	K19-J19	**Faidherbe r.**	11
15-27	F5-G5	**Faisanderie r. de la**	16
7	B13 N	**Falaise cité**	18
35	G22	**Falaises villa des**	20
7	C14 S	**Falconet r.**	18
41	M10 N	**Falguière cité**	15
41	N10 N	**Falguière pl.**	15
42-41	L11-M10	**Falguière r.**	15
40	K7 S	**Fallempin r.**	15
38	M4	**Fantin-Latour r.**	16
16	D7 S	**Faraday r.**	17
21	G17-F18	**Faubourg-du-Temple r. du** n^{os} impairs 10e - n^{os} pairs	11
19	F14-E13	**Faubg-Montmartre r. du**	9
20	F15-D15	**Faubg-Poissonnière r. du** n^{os} impairs 9e - n^{os} pairs	10
33-47	K18-K21	**Faubourg-St-Antoine r. du** n^{os} impairs 11e - n^{os} pairs	12
20	F15-D16	**Faubourg-St-Denis r. du**	10
18-16	G11-E8	**Faubourg-St-Honoré r. du**	8
43	M13-N13	**Faubourg-St-Jacques r. du**	14
20-21	G16-D17	**Faubourg-St-Martin r. du**	10
22	F20	**Faucheur villa**	20
32	K16-J16	**Fauconnier r. du**	4
27	H5 S	**Faustin-Hélie r.**	16
6	C12	**Fauvet r.**	18
19	F13 S	**Favart r.**	2
41	M9	**Favorites r. des**	15
47	N21-M22	**Fécamp r. de**	12
28	J7-K8	**Fédération r. de la**	15
31	K13	**Félibien r.**	6
27-39	K5 S	**Félicien-David r.**	16
56	S15 N	**Félicien-Rops av.**	13
5	D9-C10	**Félicité r. de la**	17
37	N2 N	**Félix d'Hérelle av.**	16
47	M21	**Félix-Eboué pl.**	12
40-39	L7-M5	**Félix-Faure av.**	15
39	M6	**Félix-Faure r.**	15
23	E21 N	**Félix-Faure villa**	19
47	K22 S	**Félix-Huguenet r.**	20
6	B12	**Félix-Pécaut r.**	17
36	J23 N	**Félix-Terrier r.**	20
34	J20 N	**Félix-Voisin r.**	11
7	C13	**Félix-Ziem r.**	18
19	E14	**Fénelon cité**	9
20	E15	**Fénelon r.**	10
40	M8	**Fenoux r.**	15
44	M16-M15	**Fer-à-Moulin r. du**	5
42-54	N12 S	**Ferdinand-Brunot pl.**	14
37	N2-M2	**Ferdinand-Buisson av.**	16
59	N21 S	**Ferdinand-de-Béhagle r.**	12
32	J16	**Ferdinand-Duval r.**	4
40	M8	**Ferdinand-Fabre r.**	15
7	C14 N	**Ferdinand-Flocon r.**	18
35	K22-J22	**Ferdinand-Gambon r.**	20
17	E9	**Ferdousi av.**	8
16	E7	**Férembach cité**	17
42	N12-M11	**Fermat pass.**	14
42	N12 N	**Fermat r.**	14
20	E16-E15	**Ferme-St-Lazare cour**	10
20	E16 S	**Ferme-St-Lazare pass.**	10
31	H14 N	**Fermes cour des**	1
5	C10 S	**Fermiers r. des**	17
5-4	C9-C8	**Fernand-Cormon r.**	17
5-17	D10	**Fernand-de-la-Tombelle sq.**	17
39	K6	**Fernand-Forest pl.**	15
48	L23 N	**Fernand-Foureau r.**	12
41	N10	**Fernand-Holweck r.**	14
7	A14 S	**Fernand-Labori r.**	18
34	H20 N	**Fernand-Léger r.**	20
6	A11 S	**Fernand-Pelloutier r.**	17
56	S16 N	**Fernand-Widal r.**	13
43	K13	**Férou r.**	6
32-31	H15-H14	**Ferronnerie r. de la**	1
55	N14-P14	**Ferrus r.**	14
22	E20-E19	**Fessart r.**	19
23	E21 S	**Fêtes pl. des**	19
22	E20	**Fêtes r. des**	19
43	M14 S	**Feuillantines r. des**	5
7	D14-C14	**Feutrier r.**	18
19	F14 S	**Feydeau galerie**	2
19	F14-G13	**Feydeau r.**	2
20	F16 N	**Fidélité r. de la**	10
32	J16 S	**Figuier r. du**	4
33	H17	**Filles-du-Calvaire bd des** n^{os} impairs	3
		n^{os} pairs	11
33	H17	**Filles-du-Calvaire r. des**	3
19	G13 N	**Filles-St-Thomas r. des**	2
9	A17	**Fillettes imp. des**	18
9	B17	**Fillettes r. des**	18
29	H10	**Finlande pl. de**	7
6	B12	**Firmin-Gémier r.**	18
40-52	N7 S	**Firmin-Gillot r.**	15
53	N9-P9	**Fizeau r.**	15
9	C18 S	**Flandre pass. de**	19
9-10	D17-B19	**Flandre r. de**	19
27-15	G5-F5	**Flandrin bd**	16
43	M14 S	**Flatters r.**	5
19	E13 S	**Fléchier r.**	9
6	C11-B11	**Fleurs cité des**	17
6	B12 N	**Fleurs imp. des**	17
32	K15-J15	**Fleurs quai aux**	4
42	L12 N	**Fleurus r. de**	6
19	D15	**Fleury r.**	18
55	R14	**Florale cité**	13
26-38	K4	**Flore villa**	16

21

Plan n°	Repère	Nom	Arrondissement
6	A11	Floréal r.	17
18	D12 S	Florence r. de	8
27-39	K5	Florence-Blumenthal r.	16
22	E20	Florentine cité	19
38	L4 N	Florentine-Estrade cité	16
35	J22-H22	Florian r.	20
53	N10 S	Florimont imp.	14
6	B12 N	Flourens pass.	17
16-15	F7-F5	Foch av.	16
33	J17	Foin r. du	3
33-21	H18-G17	Folie-Méricourt r. de la	11
34	H20	Folie-Regnault pass.	11
34	J20-H20	Folie-Regnault r. de la	11
40	K7-L8	Fondary r.	15
40	L8 N	Fondary villa	15
33	G18	Fonderie pass. de la	11
46	M20 S	Fonds-Verts r. des	12
19	E13-D13	Fontaine r.	9
56	R15	Fontaine-à-Mulard r. de la	13
21-22	G17-G19	Fontaine-au-Roi r. de la	11
10-11	D20	Fontainebleau allée de	19
7	C13	Fontaine-du-But r. de la	18
32	G16 S	Fontaines-du-Temple r. des	3
35	J22 N	Fontarabie r. de	20
22	E20 N	Fontenay villa de	19
29	K9	Fontenoy pl. de	7
10	A20	Forceval r.	19
6	D12 N	Forest r.	18
33	H17 N	Forez r. du	3
34	K19	Forge-Royale r. de la	11
20-32	G15	Forges r. des	2
5-4	B9-B8	Fort-de-Vaux bd du	17
17	F9	Fortin imp.	8
17	D9 S	Fortuny r.	17
31	H14	Forum-des-Halles	1
		Arc-en-Ciel r. de l'	
		Basse pl.	
		Basse r.	
		Berger porte	
		Bons-Vivants r. des	
		Brève r.	
		Equerre-d'Argent r. de l'	
		Grand-Balcon	
		Lescot porte	
		Orient-Express r. de l'	
		Pirouette r.	
		Poquelin r.	
		Rambuteau porte	
		Réale pass. de la	
		St-Eustache balcon	
		Verrières pass. des	
44	K16-L15	Fossés-St-Bernard r. des	5
43	L14	Fossés-St-Jacques r. des	5
44	M16	Fossés-St-Marcel r. des	5
32	K15	Fouarre r. du	5
56	R15-P15	Foubert pass.	13
28	H8 N	Foucault r.	16
24	F23	Fougères r. des	20
31-30	K13-K12	Four r. du	6
40	M8 S	Fourcade r.	15
16	E8-D8	Fourcroy r.	17
32	J16 S	Fourcy r. de	4
6	C11	Fourneyron r.	17
21	E18	Fours-à-Chaux pass. des	19
19	D14	Foyatier r.	18
5	B10	Fragonard r.	17
32	H15-G15	Française r. nºˢ 1-5, 2-6	1
		nºˢ 7-fin, 8-fin	2

Plan n°	Repère	Nom	Arrondissement
33	G17 S	Franche-Comté r. de	3
34	J19 S	Franchemont imp.	11
8	C16	Francis-Carco r.	18
7	A14	Francis-de-Croisset r.	18
56	S15	Francis-de-Miomandre r.	13
41	N10	Francis-de-Pressensé r.	14
6	A12 S	Francis-Garnier r.	17
43	K13 S	Francis-Poulenc sq.	6
31	K14 N	Francisque-Gay r.	6
27	H6 S	Francisque-Sarcey r.	16
57	R18 S	Franc-Nohain r.	13
7	C14	Francœur r.	18
41	L9	François-Bonvin r.	15
40	M7	François-Coppée r.	15
34	J19	François-de-Neufchâteau r.	11
38	K4 S	François-Gérard r.	16
27-39	K5	François-Millet r.	16
32	J15-J16	François-Miron r.	4
40	M7	François-Mouthon r.	15
22	D20 S	François-Pinton r.	19
27	J5-H5	François-Ponsard r.	16
29	G9 S	François-Iᵉʳ pl.	8
29-16	G9-F8	François-Iᵉʳ r.	8
40	M8 S	François-Villon r.	15
28	H8	Franco-Russe av.	7
33-32	J17-H16	Francs-Bourgeois r. des nºˢ impairs 4ᵉ - nºˢ pairs	3
27	H6 S	Franklin r.	16
29-17	G10-F10	Franklin-D.-Roosevelt av.	8
41	N9	Franquet r.	15
27-26	H5-H4	Franqueville r. de	16
20	E15	Franz-Liszt pl.	10
23	D21 S	Fraternité r. de la	19
17	F9	Frédéric-Bastiat r.	8
6	A12 S	Frédéric-Brunet r.	17
22-23	F20-F21	Frédérick-Lemaître r.	20
29	J9 S	Frédéric-Le-Play av.	7
47	K22 S	Frédéric-Loliée r.	20
40	L7-M7	Frédéric-Magisson r.	15
39	M6	Frédéric-Mistral r.	15
23	E21-E22	Frédéric-Mourlon r.	19
32	K15	Frédéric-Sauton r.	5
7	A13 S	Frédéric-Schneider r.	18
41	N9 N	Frédéric-Vallois sq.	15
40	L8-K8	Frémicourt r.	15
27	J6 N	Frémiet av.	16
35	J22	Fréquel pass.	20
57	R17	Frères-d'Astier-de-la Vigerie r. des	13
24	F23-E23	Frères-Flavien r. des	20
40	L7-M7	Frères-Morane r. des	15
28	H8-G8	Frères-Périer r. des	16
50-51	P4-P5	Frères-Voisin allée des	15
50-51	P4-P5	Frères-Voisin bd des	15
28	H8-H7	Fresnel r.	16
28	G8 S	Freycinet r.	16
54	P12-R11	Friant r.	14
17-16	F9-F8	Friedland av. de	8
19	E13-D13	Frochot av.	9
19	E13-D13	Frochot r.	9
42	N12-M11	Froidevaux r.	14
33	H17	Froissart r.	3
33	J18 N	Froment r.	11
19	D13 S	Fromentin r.	9
45	M18 S	Fulton r.	13
31	J13 S	de Furstemberg r.	6
54	P11 N	Furtado-Heine r.	14
43	M13-M14	Fustel-de-Coulanges r.	5

Plan nº	Repère	Nom	Arrondissement
48	L23	Gabon r. du	12
30-17	G11-G10	Gabriel av.	8
17	D10	Gabriel-Fauré sq.	17
46	N20 N	Gabriel-Lamé r.	12
20	F15	Gabriel-Laumain r.	10
7	D14-D13	Gabrielle r.	18
42	L11 S	Gabrielle villa	15
22	F19	Gabrielle-d'Estrées allée	19
18	F11 N	Gabriel-Péri pl.	8
32	G16 S	Gabriel-Vicaire r.	3
41	M9 S	Gager-Gabillot r.	15
23	F22-E22	Gagliardini villa	20
19	G13 N	Gaillon pl.	2
19	G13 N	Gaillon r.	2
42	M11-M12	Gaîté imp. de la	14
42	M11	Gaîté r. de la	14
32-31	K15-K14	Galande r.	5
16	G7-F8	Galilée r. nos 1-53 - 2-50	16
		nos 55-fin - 52-fin	8
35	J22-H22	Galleron r.	20
28	G8 S	Galliera r. de	16
17	D7	Galvani r.	17
34-23	H20-E22	Gambetta av.	20
23	F22	Gambetta pass.	20
23	F22	Gambetta petite-imp.	20
35	G21 S	Gambetta pl.	20
33	G18 S	Gambey r.	11
56	R16-S16	Gandon r.	13
56	R16-S16	Gandon ruelle	13
6	D12-C12	Ganneron r.	18
31-43	K13	Garancière r.	6
8	D15-C15	Gardes r. des	18
46-45	N19-M18	Gare port de la	13
58	P19-20	Gare porte de la	13
58-45	P19-M18	Gare quai de la	13
9	A18	Gare r. de la	19
47	M21-L21	Gare-de-Reuilly r. de la	12
41	L9	Garibaldi bd	15
38	M4	Garigliano pont du	16-15
42	L11	Garnier imp.	15
7	D13 N	Garreau r.	18
36	J23 S	Gascogne sq. de la	20
35	G21 S	Gasnier-Guy r.	20
42	N12	Gassendi r.	14
53	P10	Gaston-Bachelard allée	14
16	E7	Gaston-Bertandeau sq.	17
52	P8-P7	Gaston-Boissier r.	15
7	C14	Gaston-Couté r.	18
9	A18-A17	Gaston-Darboux r.	18
27-39	K6	Gaston-de-Caillavet r.	15
28	H8-G8	Gaston-de-St-Paul r.	16
22	D20 S	Gaston-Pinot r.	19
9	B18	Gaston-Tessier r.	19
9	A17	Gaston-Tissandier r.	18
46	L19	Gatbois pass.	12
35	G21 S	Gâtines r. des	20
34	G19 S	Gaudelet imp.	11
55	P13 S	Gauguet r.	14
4	C8	Gauguin r.	17
6	C11-B11	Gauthey r.	17
22	F19-E19	Gauthier pass.	19
27	J6-H6	Gavarni r.	16
43	L14-M14	Gay-Lussac r.	5
55	R14	Gazan r.	14
17	D10-D11	Geffroy-Didelot pass.	17

Plan nº	Repère	Nom	Arrondissement
15	E5-F5	Général-Anselin r. du	16
15	G5 N	Général-Appert r. du	16
48	M23	Général-Archinard r. du	12
27	J5	Général-Aubé r. du	16
38	L3	Général-Balfourier av. du	16
28	K8	Général-Baratier r. du	15
41	K10-L10	Général-Bertrand r. du	7
41	M9 N	Général-Beuret pl. du	15
41-40	M9-M8	Général-Beuret r. du	15
34	H19	Général-Blaise r. du	11
17	E9	Général-Brocard pl. du	8
22-23	E20-D21	Général-Brunet r. du	19
28	H8 S	Général-Camou r. du	7
17	D10	Général-Catroux pl. du	17
38	N3 N	Général-Clavery av. du	16
15	G6-F6	Général-Clergerie r. du	16
11	D21 N	Général-Cochet pl. du	19
28-40	K8	Général-de-Castelnau r. du	15
59-58	P21-P20	Gén.-de-Langle-de-Cary r.	13
28-40	K8	Général-de-Larminat r. du	15
38-37	L3-M2	Général-Delestraint r. du	16
53	R10 N	Général-de-Maud'huy r. du	14
28	J8-K8	Général-Détrie av. du	7
47	N22	Général-Dodds av. du	12
26	J4 S	Général-Dubail av. du	16
29	G10	Général-Eisenhower av. du	8
39	L6	Général-Estienne r. du	15
18-17	E11-E10	Général-Foy r. du	8
28	J8 N	Général-Gouraud pl. du	7
38	M3 S	Général-Grossetti r. du	16
34	H19	Général-Guilhem r. du	11
52	P7	Général-Guillaumat r. du	15
6	B12 N	Général-Henrys r. du	17
53	P9 S	Général-Humbert r. du	14
21	F18-F19	Général-Ingold pl. du	19
15	D6-E6	Général-Koenig pl. du	17
28	J8-J7	Général-Lambert r. du	7
27	H5 N	Général-Langlois r. du	16
16	E7 S	Général-Lanrezac r. du	17
47-48	N22-N23	Général-Laperrine av. du	12
38	K4 S	Général-Largeau r. du	16
22	F19 N	Général-Lasalle r. du	19
42-54	N12-R12	Général-Leclerc av. du	14
30	H12	Général-Lemonnier av. du	1
38-39	M4-N5	Général-Lucotte r. du	15
53	R10 N	Général-Maistre av. du	14
38	M3-N3	Général-Malleterre r. du	16
27	J6 S	Général-Mangin av. du	16
48	M23 S	Général-Messimy av. du	12
47	N21-M22	Général-Michel-Bizot av.	12
41	N9	Général-Monclar pl. du	15
48	L23-K23	Général-Niessel r. du	20
38	M3 S	Général-Niox r. du	16
15-16	E6-E7	Général-Patton pl. du	16
34	H19	Général-Renault r. du	11
37	M2	Général-Roques r. du	16
22	E19	Général-San-Martin av. du	19
37	L2	Général-Sarrail av. du	16
53	P10 S	Gén.-Séré-de-Rivières r. du	14
37	M2	Général-Stéfanik pl. du	16
36	K23	Gén.-Tessier-de-Margueritttes pl. du	20
28	J8 S	Général-Tripier r. du	7
24	E23	Général-Zarapoff sq. du	19
46	K20 S	Génie pass. du	12

23

Plan n°	Repère	Nom	Arrondissement
55	S14	Gentilly porte de	13
36-35	G23-G22	Géo-Chavez r.	20
32	H15	Geoffroy-l'Angevin r.	4
32	J16 S	Geoffroy-l'Asnier r.	4
19	F14	Geoffroy-Marie r.	9
44	M16-L16	Geoffroy-St-Hilaire r.	5
28-16	G8-F8	George-V av.	8
56	P16	George-Eastman r.	13
36	J23 S	Georges-Ambroise-Boisselat-et-Blanche cité	20
26-38	K4 S	George-Sand r.	16
26-38	K4	George-Sand villa	16
17	E10-D10	Georges-Berger r.	17
43	M13	Georges-Bernanos av.	5
18	F12 N	Georges-Berry pl.	9
16-28	G8	Georges-Bizet r.	16
55	R13	Georges-Braque r.	14
40	K7 S	Georges-Citerne r.	15
47	M21-N21	Georges-Contenot sq.	12
54	R12 S	Georges-de-Porto-Riche r.	14
44	M15 N	Georges-Desplas r.	5
16-17	F8-F9	Georges-Guillaumin pl.	8
53	P10-R9	Georges-Lafenestre av.	14
37	M2-N2	Georges-Lafont av.	15
21-22	E18-E19	Georges-Lardennois r.	19
41	M10	Georges-Leclanche r.	15
45	L17 N	Georges-Lesage sq.	12
26	H4	Georges-Leygues r.	16
27	H6-H5	Georges-Mandel av.	16
41	L10 N	Georges-Mulot pl.	15
41	N10	Georges-Pitard r.	15
32	H15	Georges-Pompidou r.	4
38-58	M4-P20	Georges-Pompidou voie	16
21	E18	Georges-Récipon allée	19
38	M3	Georges-Risler av.	16
22	G19 N	Georges-Rouault allée	20
54	N11 S	Georges-Saché r.	14
16	F7 S	Georges-Ville r.	16
7	B13	Georgette-Agutte r.	18
23	F21	Georgina villa	20
19	D14 S	Gérando r.	9
56	P15 N	Gérard pass.	13
56	P15	Gérard r.	13
7	A13	Gérard-de-Nerval r.	18
26	G4	Gérard-Philipe r.	16
40	M8	Gerbert r.	15
34	J20 N	Gerbier r.	11
41	N10	Gergovie pass. de	14
41-54	N10-P11	Gergovie r. de	14
38	K3 S	Géricault r.	16
19	D13	Germain-Pilon cité	18
19	D13	Germain-Pilon r.	18
4	C8 S	Gervex r.	17
32	J15	Gesvres quai de	4
45	M18 S	Giffard r.	13
7	A14	Ginette-Neveu r.	18
39-40	K6-L7	Ginoux r.	15
54	P11 S	Giordano-Bruno r.	14
7	C13 S	Girardon imp.	18
7	C13	Girardon r.	18
38	K3 S	Girodet r.	16
10	B20-A19	Gironde quai de la	19
31	J14 S	Gît-le-Cœur r.	6
43-55	M14-P14	Glacière r. de la	13
24	E23	Glaïeuls r. des	20
19-18	F13-F12	Gluck r.	9
55	R14	Glycines r. des	13
44-56	M15-N16	Gobelins av. des	
		n°s 1-23 - 2-22	5
		n°s 25-fin - 24-fin	13

Plan n°	Repère	Nom	Arrondissement
44	N16-N15	Gobelins cité des	13
44	N15 N	Gobelins r. des	13
44	N15	Gobelins villa des	13
34	J19	Gobert r.	11
56	N16 S	Godefroy r.	13
34	J19	Godefroy-Cavaignac r.	11
35	H22 S	Godin villa	20
18	F12 S	Godot-de-Mauroy r.	9
28	G8 S	Gœthe r.	16
9-21	D17 N	Goix pass.	19
18	G12	Gomboust imp.	1
19-31	G13	Gomboust r.	1
21	G18 N	Goncourt r. des	11
34-46	K20	Gonnet r.	11
37	L2 N	Gordon-Bennett av.	16
47	M22	Gossec r.	12
35-47	K22 S	Got sq.	20
10-22	D20	Goubet r.	19
16	D8	Gounod r.	17
4	D8-C8	Gourgaud av.	17
56	R15 S	Gouthière r.	13
8-20	D15	Goutte-d'Or r. de la	18
16-15	D7-E6	Gouvion-St-Cyr bd	17
15-16	D6-D7	Gouvion-St-Cyr sq.	17
31	J13 S	Gozlin r.	6
21	F18	Grâce-de-Dieu cour de la	10
44	M15-L15	Gracieuse r.	5
16-15	D7-D6	Graisivaudan sq. du	17
40	L8	Gramme r.	15
19	G13-F13	de Gramont r.	2
42	N12	de Grancey r.	14
32	G15 S	Grand-Cerf pass. du	2
28	K8	Grande-Allée	15
16-15	F7-E6	Grande-Armée av. de la	
		n°s impairs 16e - n°s pairs	17
16	E7 S	Grande-Armée villa de la	17
42	L12-M12	Grande-Chaumière r. de la	6
32	H15 N	Grande-Truanderie r. de la	1
28	K8	Grand'Place	15
33	G17 S	Grand-Prieuré r. du	11
31	J14	Grands-Augustins quai des	6
31	J14 S	Grands-Augustins r. des	6
35-36	K21-K23	Grands-Champs r. des	20
32	K15	Grands-Degrés r. des	5
43	N14 N	Grangé sq.	13
21	F17-E18	Grange-aux-Belles r. de la	10
19	F14	Grange-Batelière r. de la	9
47	N21 N	Gravelle r. de	12
32	H16 N	Gravilliers pass. des	3
32	H16-G15	Gravilliers r. des	3
18	F12	Greffulhe r.	8
31	J13-K13	Grégoire-de-Tours r.	6
11	C21	Grenade r. de la	19
28-40	J7-K8	Grenelle bd de	15
27-39	K5-K6	Grenelle pont de	16-15
28-27	J7-K6	Grenelle port de	15
28-27	J7-K6	Grenelle quai de	15
30-29	K12-J9	Grenelle r. de n°s 1-7 - 2-10	6
		n°s 9-fin - 12-fin	7
40	K7 S	Grenelle villa de	15
32	G15 S	Greneta cour	2
32	G15 S	Greneta r. n°s 1-15 - 2-10	2
		n°s 17-fin - 12-fin	2
32	H15 N	Grenier-St-Lazare r. du	3
32	J16 S	Grenier-sur-l'Eau r. du	4
35	H22 S	Grès pl. des	20
10	C19 N	Gresset r.	19
19	F13 S	Grétry r.	2
27	H6-G6	Greuze r.	16
30	J12	Gribeauval r. de	7

24

Plan nº	Repère	Nom	Arrondissement
44	M16-M15	Gril r. du	5
22	D20 S	Grimaud imp.	19
41	K9 S	Grisel imp.	15
34	G19	Griset cité	11
35	J22	Gros imp.	20
27-39	K5	Gros r.	16
29	H9 N	Gros-Caillou port du	7
29	J9 N	Gros-Caillou r. du	7
7	B14-B13	Grosse-Bouteille imp.	18
23	G22-F22	Groupe-Manouchian r. du	20
9-8	C17-C16	Guadeloupe r. de la	18
18	E11 S	Guatemala pl. du	8
38	M3 S	Gudin r.	16
8	B16 N	Gué imp. du	18
24	F23	de Guébriant r.	20
19	D13	Guelma imp. de	18
33	J17 N	Guéménée imp.	4
31	J13	Guénégaud r.	6
34	K20	Guénot pass.	11
35-34	K21-K20	Guénot r.	11
32	G15	Guérin-Boisseau r.	2
16	E7-D7	Guersant r.	17
28	K8 N	du Guesclin pass.	15
28	K8 N	du Guesclin r.	15
27	H5	Guibert villa	16
23	J5-H5	Guichard r.	16
23	F21 S	Guignier pl. du	20
23	F21 S	Guignier r. du	20
34	H19	Guilhem pass.	11
31	J13 S	Guillaume-Apollinaire r.	6
34	H19 N	Guillaume-Bertrand r.	11

Plan nº	Repère	Nom	Arrondissement
16	D7-D8	Guillaume-Tell r.	17
46-45	L19-L18	Guillaumot r.	12
42-41	N11-N10	Guilleminot r.	14
32	J16 N	Guillemites r. des	4
31	K13 N	Guisarde r.	6
16	E7	Guizot villa	16
15	D6-E6	Gustave-Charpentier r.	17
28	H7	Gustave-V-de-Suède av.	16
27	G6	Gustave-Courbet r.	16
5	D9-C9	Gustave-Doré r.	17
28	J7-J8	Gustave-Eiffel av.	7
16	D8 S	Gustave-Flaubert r.	17
44	N15 N	Gustave-Geffroy r.	13
20	F16 S	Gustave-Goublier r.	10
40	L8 S	Gustave-Larroumet r.	15
54	R11	Gustave-Le Bon r.	14
34	J20	Gustave-Lepeu pass.	11
27	H5 S	Gustave-Nadaud r.	16
7	B14 N	Gustave-Rouanet r.	18
19	E13	Gustave-Toudouze pl.	9
27	J5	Gustave-Zédé r.	16
39	L6-M5	Gutenberg r.	15
5	B10	Guttin r.	17
48	N23-M23	Guyane bd de la	12
44	L16	Guy-de-la-Brosse r.	5
27	H5 N	Guy-de-Maupassant r.	16
36	J23	Guyenne sq. de la	20
6	C11-B12	Guy-Môquet r.	17
43	K13-L13	Guynemer r.	6
20	D15 S	Guy-Patin r.	10
56	R15 N	Guyton-de-Morveau r.	13

h

Plan nº	Repère	Nom	Arrondissement
9	A18	Haie-Coq r. de la	19
35	J22 S	Haies pass. des	20
35	K21-J22	Haies r. des	20
10	D20-C20	Hainaut r. du	19
19	F13	Halévy r.	9
55-54	P13-P12	Hallé r.	14
54	P12-N12	Hallé villa	14
31	H14 N	Halles r. des	1
40-39	N7-N6	Hameau r. du	15
16-28	G7	Hamelin r.	16
19	F13 S	Hanovre r. de	2
35	H22	Hardy villa	20
31	J14	de Harlay r.	1
53	N9 S	Harmonie r. de l'	15
31	K14 N	Harpe r. de la	5
36	J23 N	Harpignies r.	20
22	E19	Hassard r.	19
32	H16	Haudriettes r. des	3
19-17	F13-F9	Haussmann bd	
		nºs 1-53 - 2-70	9
		nºs 55-fin - 72-fin	8
31	K14 N	Hautefeuille imp.	6
31	K14 N	Hautefeuille r.	6
22	D20 S	Hauterive villa d'	19
57	P17	Hautes-Formes imp. des	13
20	E15 S	d'Hauteville cité	10
20	F15-E15	d'Hauteville r.	10
32	K15	Haut-Pavé r. du	5
22	D20 N	d'Hautpoul imp.	19
10-22	E20-C20	d'Hautpoul r.	19
18	E12 S	Havre cour du	8
18	F12 N	Havre pass. du	9
18	E12-F12	Havre pl. du nºs impairs	8
		nºs pairs	9
18	F12 N	Havre r. du nºs impairs	8
		nºs pairs	2
23-24	G22-G23	Haxo imp.	20
23	G22-E22	Haxo r. nºs 1-113, 2-110	20
		nºs 115-fin, 112-fin	19
9	B17	Hébert pl.	18
21	F18	Hébrard pass.	10
46	L19 S	Hébrard ruelle des	12
22	F19	Hector-Guimard r.	19
45	L18	Hector-Malot r.	12
6	C12 S	Hégésippe-Moreau r.	18
19	F13	Helder r. du	9
6	D12-D11	Hélène r.	17
16-4	D7 N	Héliopolis r. d'	17
46	L19	Hennel pass.	12
19	E13 N	Henner r.	9
54	R12	Henri-Barboux r.	14
43	L13-M13	Henri-Barbusse r.	
		nºs 1-53, 2-60	5
		nºs 55-fin, 62-fin	14
55	R14 N	Henri-Becque r.	13
18	E11 S	Henri-Bergson pl.	8
40	M7 N	Henri-Bocquillon r.	15
7	A13 S	Henri-Brisson r.	18
22	G20-F20	Henri-Chevreau r.	20
26	H4	Henri-de-Bornier r.	16
54	N12 S	Henri-Delormel sq.	14
23	F22	Henri-Dubouillon r.	20
40	L7 N	Henri-Duchêne r.	15
16	F8-G8	Henri-Dunant pl.	8

25

Plan nº	Repère	Nom	Arrondissement
5-17	D10	Henri-Duparc sq.	17
36	H23	Henri-Duvernois r.	20
21	F18 N	Henri-Feulard r.	10
15	F5	Henri-Gaillard pass.	16
26	K4 N	Henri-Heine r.	16
7-6	A13-A12	Henri-Huchard r.	18
27-26	H5-H4	Henri-Martin av.	16
29	H9	Henri-Moissan r.	7
31	K13 N	Henri-Mondor pl.	6
19	E13 N	Henri-Monnier r.	9
21	E18	Henri-Murger r.	19
56	R16-R15	Henri-Pape r.	13
23	G22-F22	Henri-Poincaré r.	20
32-33	K16-K17	Henri-IV bd	4
31	H13 N	Henri-IV pass.	4
45-32	L17-K16	Henri-IV port	4
45-32	L17-K16	Henri-IV quai	4
41	L10	Henri-Queuille pl.	15
34	J20-H20	Henri-Ranvier r.	11
54	R12 N	Henri-Regnault r.	14
23	E21	Henri-Ribière r.	19
31	J14	Henri-Robert r.	1
17	D9 S	Henri-Rochefort r.	17
40	N7 N	Henri-Rollet pl.	15
36	K23	Henri-Tomasi r.	20
21	E18 S	Henri-Turot r.	19
26	J3	Henry-Bataille sq.	16
53	R10 N	Henry-de-Bournazel r.	14
31	K13	Henry-de-Jouvenel r.	6
38	N3	Henry-de-La-Vaulx r.	16
30	H12	Henry-de-Montherlant pl.	7
38-39	K4-K5	Henry-Paté sq.	16
6	A11	Hérault-de-Séchelles r.	17
39	K6 S	Héricart r.	15
8	B15	Hermann-Lachapelle r.	18
7	C14 N	Hermel cité	18
7	C14-B14	Hermel r.	18
31	G14 S	Herold r.	1

Plan nº	Repère	Nom	Arrondissement
21	F17 N	Héron cité	10
27	G6 S	Herran r.	16
27	G5 S	Herran villa	16
43	L13 S	Herschel r.	6
41	M9 S	Hersent villa	15
19	E14-E13	Hippolyte-Lebas r.	9
42-54	N11-P11	Hippolyte-Maindron r.	14
31	J14 S	Hirondelle r. de l'	6
20	F16 S	Hittorff cité	10
20	F16	Hittorff r.	10
21-22	E18-E19	Hiver cité	19
17-16	E9-F8	Hoche av.	8
43-42	K13-K12	Honoré-Chevalier r.	6
45-44	L17-N16	Hôpital bd de l'	
		nºs 1-fin, 44-fin	13
		nºs 2-42	5
21	F17 N	Hôpital-St-Louis r. de l'	10
31	J14	Horloge quai de l'	1
32	H15	Horloge-à-Automates pass. de l'	3
32	J16 N	Hospitalières-St-Gervais r.	4
32	J16	Hôtel-d'Argenson imp.	4
32	K15	Hôtel-Colbert r. de l'	5
32	J15	Hôtel-de-Ville pl. de l'	4
32	K16-J15	Hôtel-de-Ville port de l'	4
32	J16-J15	Hôtel-de-Ville quai de l'	4
32	J16-J15	Hôtel-de-Ville r. de l'	4
33	J17 S	Hôtel-St-Paul r. de l'	4
34	H20 N	Houdart r.	20
40	M7	Houdart-de-Lamotte r.	15
19	D13	Houdon r.	18
40	M8	Hubert-Monmarché pl.	15
31	K14 N	Huchette r. de la	5
20	E16 S	Huit-Mai-1945 r. du	10
31	G13 S	Hulot pass.	1
28	K7	Humblot r.	15
42	M12 N	Huyghens r.	14
42	L12 N	Huysmans r.	6

i

36	G23	Ibsen av.	20
28-16	H7-F8	Iéna av. d'	16
28	G7	Iéna pl. d'	16
28	H7	Iéna pont d'	16-7
32	H15	Igor-Stravinsky pl.	4
35	J22-J21	Ile-de-France imp. de l'	20
43	N13	Ile-de-Sein pl. de l'	14
35-47	K21 S	Immeubles-Industriels r.	11
23-11	D21-C21	Indochine bd d'	19
35	H22	Indre r. de l'	20
34	G19 S	Industrie cité de l'	11
34	K20	Industrie cour de l'	11
20	F16-F15	Industrie pass. de l'	10
56	R16	Industrie r. de l'	13
34	J19-H19	Industrielle cité	11
39	K6-L6	Ingénieur-Robert-Keller r.	15
26	J4 N	Ingres av.	16
32-31	H15-H14	Innocents r. des	1
23	E21	Inspecteur-Allès r. de l'	19
31	J13 N	Institut pl. de l'	6
52	P7	Insurgés-de-Varsovie pl.	15
18	E12 S	Intérieure r.	8
56	R15	Interne-Loeb r. de l'	13
29-41	J10-L10	Invalides bd des	7

29	H10	Invalides esplanade des	7
29	J10 N	Invalides pl. des	7
29	H10 N	Invalides pont des	8-7
35-36	G22-G23	Irénée-Blanc r.	20
55	R14	Iris r. des	13
23	E22	Iris villa des	19
43	L14	Irlandais r. des	5
38	K3 S	Isabey r.	16
20	D15	Islettes r. des	18
18	F12 N	Isly r. de l'	8
5	D9 N	Israël pl. d'	17
38	N4	Issy quai d'	15
39	N6	Issy-l.-Moulineaux pte d'	15
38	M4-N4	Issy-l.-Moulineaux qu. d'	15
56	P16-S16	Italie av. d'	13
56	N16 S	Italie pl. d'	13
56	S16	Italie porte d'	13
56	R16-R15	Italie r. d'	13
19	F13	Italiens bd des nºs impairs	2
		nºs pairs	9
19	F13	Italiens r. des	9
57-56	R17-P16	Ivry av. d'	13
57	S18 N	Ivry porte d'	13
58	P20 S	Ivry quai d'	13

j

Plan n°	Repère	Nom	Arrondissement
31	J13	Jacob r.	6
33	G18 *S*	Jacquard r.	11
6	C11 *S*	Jacquemont r.	17
6	C11 *S*	Jacquemont villa	17
30	H11-J11	Jacques-Bainville pl.	7
53	P9	Jacques-Baudry r.	15
17	D10	Jacques-Bingen r.	17
20	F16 *S*	Jacques-Bonsergent pl.	10
31	J13	Jacques-Callot r.	6
6	B12	Jacques-Cartier r.	18
33	K17 *N*	Jacques-Cœur r.	4
31	K13-J13	Jacques-Copeau pl.	6
6	C12 *N*	Jacques-Froment pl.	18
3-4	C6-C7	Jacques-Ibert r.	17
9-8	D17-D16	Jacques-Kablé r.	18
6	B12-B11	Jacques-Kellner r.	17
21	F17-F18	Jacques-Louvel-Tessier r.	10
40	M7 *S*	Jacques-Mawas r.	15
27	J5	Jacques-Offenbach r.	16
19	F13	Jacques-Rouché pl.	9
28	J8	Jacques-Rueff pl.	7
33	K18 *N*	Jacques-Viguès cour	11
54-53	P11-P10	Jacquier r.	14
17	E9-D9	Jadin r.	17
53	P10	Jamot villa	14
22	F19-E19	Jandelle cité	19
23	E21	Janssen r.	19
35	G22-G21	Japon r. du	20
34	J19	Japy r.	11
31	K14-K13	Jardinet r. du	6
34	K20 *N*	Jardiniers imp. des	11
47	N21	Jardiniers r. des	12
32	K16-J16	Jardins-St-Paul r. des	4
33	J17	de Jarente r.	4
20	F16	Jarry r.	10
26	K4 *N*	Jasmin cour	16
26	K4 *N*	Jasmin r.	16
26	K4 *N*	Jasmin sq.	16
47	L21 *N*	Jaucourt r.	12
39-38	K6-M4	Javel port de	15
39-40	L5-M7	Javel r. de	15
57	P17-R17	Javelot r. du	13
34	G19 *S*	Jean-Aicard av.	11
58	P20-P19	Jean-Baptiste-Berlier r.	12
7	C13 *S*	Jean-Baptiste-Clément pl.	18
16	D7	Jean-Baptiste-Dumas r.	17
22	F20 *N*	Jean-Baptiste-Dumay r.	20
23	D22-D21	Jean-Baptiste-Semanaz r.	19
42	K12-L12	Jean-Bart r.	6
33	J17	Jean-Beausire imp.	4
33	J17 *S*	Jean-Beausire pass.	4
33	J17 *S*	Jean-Beausire r.	4
27	J6	Jean-Bologne r.	16
45	L18	Jean-Bouton r.	12
44	M15 *N*	Jean-Calvin r.	5
28	K8 *N*	Jean-Carriès r.	7
8	A15	Jean-Cocteau r.	18
57	P18-P17	Jean-Colly r.	13
8	B16	Jean-Cottin r.	18
41	L9	Jean-Daudin r.	15
44-43	K15-K14	Jean-de-Beauvais r.	5
43	N14-N13	Jean-Dolent r.	14
7	B13 *N*	Jean-Dollfus r.	18
32	K15-J15	Jean-du-Bellay r.	4

Plan n°	Repère	Nom	Arrondissement
21	E18-E17	Jean-Falck sq.	10
42	L11 *N*	Jean-Ferrandi r.	6
40	M8 *N*	Jean-Formigé r.	15
42	L12-L11	Jean-François-Gerbillon r.	6
8	D16 *N*	Jean-François-Lépine r.	18
16	F7-G8	Jean-Giraudoux r.	16
47	N22 *N*	Jean-Godard villa	12
29	G9	Jean-Goujon r.	8
7	A14-A13	Jean-Henri-Fabre r.	18
15	G5 *N*	Jean-Hugues r.	16
31	H14-G14	Jean-Jacques-Rousseau r.	1
9-11	D18-C21	Jean-Jaurès av.	19
31	J14-H14	Jean-Lantier r.	1
6	B12	Jean-Leclaire r.	17
38	K3-K4	Jean-Lorrain pl.	16
4	C8	Jean-Louis-Forain r.	17
34	K19	Jean-Macé r.	11
39-40	M6-M7	Jean-Maridor r.	15
56	P15	Jean-Marie-Jégo r.	13
22	E19 *N*	Jean-Ménans r.	19
17	G10-F10	Jean-Mermoz r.	8
21	F18	Jean-Moinon r.	10
4	C7 *S*	Jean-Moréas r.	17
54	P12-R11	Jean-Moulin av.	14
57	P17	Jeanne-d'Arc pl.	13
57-44	P17-M16	Jeanne-d'Arc r.	13
40	M8 *N*	Jeanne-Hachette r.	15
29	H9-J9	Jean-Nicot pass.	7
29	H9	Jean-Nicot r.	7
4	C7-D7	Jean-Ostreicher r.	17
26	J4 *S*	Jean-Paul-Laurens sq.	16
33	G17-G19	Jean-Pierre-Timbaud r.	11
21	F17	Jean-Poulmarch r.	10
23	E21	Jean-Quarré r.	19
28	J7	Jean-Rey r.	15
27	H5	Jean-Richepin r.	16
8	C16	Jean-Robert r.	18
21	F18	Jean-Rostand pl.	19
57	P17-N17	Jean-Sébastien-Bach r.	13
52	P8	Jean-Sicard r.	15
40	L8 *N*	Jean-Thébaud sq.	15
31	H14 *S*	Jean-Tison r.	1
7	A13 *S*	Jean-Varenne r.	18
36	H23	Jean-Veber r.	20
42	M11	Jean-Zay r.	14
21	G17-E17	Jemmapes quai de	10
45-44	N17-N16	Jenner r.	13
4	D7	Jérôme-Bellat sq.	17
8-20	D16 *N*	de Jessaint r.	18
33	G17 *S*	Jeu-de-Boules pass. du	11
19	G14 *N*	Jeûneurs r. des	2
53	P10	Joanès pass.	14
54-53	P11-P10	Joanès r.	14
40	N8	Jobbé-Duval r.	15
27	G5 *S*	Jocelyn villa	16
29-28	J9-K8	Joffre pl.	7
20	G16	Johann-Strauss pl.	10
10	C19 *N*	de Joinville imp.	19
10	C19	de Joinville pl.	19
10	C19	de Joinville r.	19
42	M11 *N*	Jolivet r.	14
34	H19	Joly cité	11
10	C19	Jomard r.	19
56	P15 *N*	Jonas r.	13
39	M5-M6	Jongkind r.	15

27

Plan nº	Repère	Nom	Arrondissement
53	P9 N	Jonquilles r. des	14
53	P10	Jonquoy r.	14
41	K9-L9	José-Maria-de-Heredia r.	7
27	H6	José-Marti pl.	16
43	L13-M13	Joseph-Bara r.	6
57	R18 S	Joseph-Bédier av.	13
28	J8	Joseph-Bouvard av.	7
47	N22	Joseph-Chailley r.	12
7-6	D13-B12	Joseph-de-Maistre r.	18
7	B14	Joseph-Dijon r.	18
15	E5	Joseph-et-Marie-Hackin r.	16
29	J9 S	Joseph-Granier r.	7
7	B13	Joséphine r.	18
40	L8	Joseph-Liouville r.	15
36	G23-H23	Joseph-Python r.	20
18	F11-E11	Joseph-Sansbœuf r.	8
35	J22 S	Josseaume pass.	20
33	K18 N	Josset pass.	11
19-18	F13-F12	Joubert r.	9
35	J21 S	Joudrier imp.	11
19	F14	Jouffroy pass.	9
5-16	C10-D8	Jouffroy r.	17
31	H14 N	Jour r. du	1
22	F20 N	Jourdain r. du	20
55-54	S14-R12	Jourdan bd	14
38	M4-L3	Jouvenet r.	16
38	L4 S	Jouvenet sq.	16
32	J16	de Jouy r.	4
22	F19	Jouye-Rouve r.	20
6	B11 N	Joyeux cité	17
28-40	K7	Juge r.	15
40	K7 S	Juge villa	15
32	J15-H15	Juges-Consuls r. des	4
22-34	G20	Juillet r.	20
4	C8 S	Jules-Bourdais r.	17
44	M16 S	Jules-Breton r.	13
45	K17-K18	Jules-César r.	12
42	L12 S	Jules-Chaplain r.	6
36	J23	Jules-Chéret sq.	20
27	H5	Jules-Claretie r.	16
6-7	B12-B13	Jules-Cloquet r.	18
33	K17	Jules-Cousin r.	4
23	G22 N	Jules-Dumien r.	20
52	P8 N	Jules-Dupré r.	15
21-23	G17	Jules-Ferry bd	11
42	M11-N11	Jules-Guesde r.	14
54	R12 N	Jules-Hénaffe pl.	14
27	H5 S	Jules-Janin av.	16
7	B14 S	Jules-Joffrin pl.	18
7	C14 N	Jules-Jouy r.	18
18	E12 N	Jules-Lefebvre r.	9
48	L23 S	Jules-Lemaître r.	12
47	N21	Jules-Pichard r.	12
16	D7	Jules-Renard pl.	17
22	F19	Jules-Romains r.	19
27-26	H5-H4	Jules-Sandeau bd	16
23	E22	Jules-Senard r.	19
35-36	G22-G23	Jules-Siegfried r.	20
40	M7 N	Jules-Simon r.	15
34	K20-J20	Jules-Vallès r.	11
21	F18 S	Jules-Verne r.	11
53	P9-R9	Julia-Bartet r.	14
22	F19-F20	Julien-Lacroix pass.	20
22	G20-F19	Julien-Lacroix r.	20
43-44	N15-N14	de Julienne r.	13
21	F18-E17	Juliette-Dodu r.	10
5	C9	Juliette-Lamber r.	17
7	C13	Junot av.	18
44	M16 S	Jura r. du	13
31	G14 S	Jussienne r. de la	2
44	L16-L15	Jussieu pl.	5
44	L16-L15	Jussieu r.	5
7	C13	Juste-Métivier r.	18
23-24	G22-G23	Justice r. de la	20

k

21	D17	Kabylie r. de	19
33	J18	Keller r.	11
56-55	S16-S14	Kellermann bd	13
56	R16 S	Kellermann villa	13
16	F8-G8	Keppler r.	16
56	R16 S	Keufer r.	13
16-28	F7-H7	Kléber av.	16
16	G7	Kléber imp.	16
19	E14 S	Kossuth pl.	9
8	B15	Kracher pass.	18
56	R15	Küss r.	13

Echelle

1 cm sur l'atlas représente 100 m sur le terrain.

Scale

1 cm on the map represents 100 m on the ground (1 in. : 278 yards approx.).

Maßstab

1 cm auf dem Atlas entspricht 100 m.

Escala

1 cm sobre el atlas representa 100 m sobre el terreno.

Plan n°	Repère	Nom	Arrondissement
8-7	C15-C14	Labat r.	18
17	F10	La Baume r. de	8
16	E7	Labie r.	17
18-17	F11-F9	La Boétie r.	8
9	B18 S	Labois-Rouillon r.	19
18-17	E11-F10	de Laborde r.	8
28-29	H8-J9	de La Bourdonnais av.	7
28	H8-H7	de La Bourdonnais port	7
53	P9	Labrador imp. du	15
41-53	N9	Labrouste r.	15
19-18	E13-E12	La Bruyère r.	9
19	E13	La Bruyère sq.	9
34	G20	Labyrinthe cité du	20
55	R13-R14	Lac allée du	14
6	B12 S	Lacaille r.	17
54	R12 N	Lacaze r.	14
44	L15 S	Lacépède r.	5
46	N20 N	Lachambeaudie pl.	12
33-34	H18-H19	Lacharrière r.	11
57	S17-R17	Lachelier r.	13
6-18	C11-D11	La Condamine r.	17
39	L6-M6	Lacordaire r.	15
40	N7	Lacretelle r.	15
6	C11	Lacroix r.	17
45	K17-K18	Lacuée r.	12
19-21	F13-D17	La Fayette r.	
		n°s 1-91, 2-92	9
		n°s 93-fin, 94-fin	10
19	E13	Laferrière r.	9
31	G14 S	La Feuillade r. n^{os} impairs	1
		n^{os} pairs	2
19	F13-E13	Laffitte r.	9
27	K5 N	La Fontaine hameau	16
38	L3 S	La Fontaine rd-pt	16
27-38	K5-K4	La Fontaine r.	16
26-27	K4-K5	La Fontaine sq.	16
22	D20 S	Laforgue villa	16
38	M3 N	La Frillière av. de	16
44	M15 N	Lagarde r.	5
44	M15 N	Lagarde sq.	5
8	C16-C15	Laghouat r. de	18
6	B12	Lagille r.	18
48	K23	Lagny pass. de	20
47-48	K22-K24	Lagny r. de	20
32	K15	Lagrange r.	5
57	P17 N	Lahire r.	13
5	B10	de La Jonquière imp.	17
6-5	B12-B10	de La Jonquière r.	17
40	L7-L8	Lakanal r.	15
42	N12	Lalande r.	14
19	D14 S	Lallier r.	9
21	D18 S	Lally-Tollendal r.	19
15	F6-F5	Lalo r.	16
6	D11-C11	Lamandé r.	17
7-6	D14-C12	Lamarck r.	18
7	C13 N	Lamarck sq.	18
19	E13-E14	Lamartine r.	9
19	E13	Lamartine sq.	9
27	G5 S	de Lamballe av.	16
7	C14	Lambert r.	18
47	M21	Lamblardie r.	12
17	F9 N	Lamennais r.	8
19	G13-F13	de La Michodière r.	2
34	J20 N	Lamier imp.	11

Plan n°	Repère	Nom	Arrondissement
48	L23	Lamoricière av.	12
29-28	J10-K8	de La Motte-Picquet av.	
		n°s 1-43, 2-46	7
		n°s 45-fin, 48-fin	15
28	K8	de La Motte-Picquet sq.	15
46-47	M20-M21	Lancette r. de la	12
38	M4 N	Lancret r.	16
20-21	G16-F17	Lancry r. de	10
29	H9 S	Landrieu pass.	7
40	N7 N	Langeac r. de	15
43	K14 S	de Lanneau r.	5
15-26	F5-H4	Lannes bd	16
6	B11-B12	Lantiez r.	17
6	B11	Lantiez villa	17
23	E21 N	Laonnais sq. du	19
28-40	K8	Laos r. du	15
16	G7-F8	La Pérouse r.	16
7	C14-B14	Lapeyrère r.	18
44-43	L15-L14	Laplace r.	5
30	J12-K12	de La Planche r.	7
33	J18-K18	de Lappe r.	11
41	M9	La Quintinie r.	15
32	H15 S	de La Reynie r. n°s 1-19, 2-22	4
		n°s 21-fin, 24-fin	1
27	J5 N	Largillière r.	16
19	E13	de La Rochefoucauld r.	9
30	J11-K11	de La Rochefoucauld sq.	7
42	M11	Larochelle r.	14
43	L14	Laromiguière r.	5
44	M15-L15	Larrey r.	5
18	E11 N	Larribe r.	8
30	J11-H11	Las-Cases r.	7
30-31	G12-G13	de La Sourdière r.	1
47	L22 S	Lasson r.	12
22	F20-E20	Lassus r.	19
15	F6	de Lasteyrie r.	16
6-18	D12	Lathuille pass.	18
19	E14 N	de La Tour-d'Auvergne imp.	9
19	E14	de La Tour-d'Auvergne r.	9
29	H10-J9	de La Tour-Maubourg bd	7
29	J9 N	de La-Tour-Maubourg sq.	7
43	K14 S	Latran r. de	5
28-29	G8-G9	de La Trémoille r.	8
16	E8-D7	Laugier r.	17
16	D8 S	Laugier villa	17
22	D19	de Laumière av.	19
23	G21	Laurence-Savart r.	20
39	L5 N	Laure-Surville r.	15
15	F6	Laurent-Pichat r.	16
16-27	F7-G6	Lauriston r.	16
22	F19-E19	Lauzin r.	19
34	J20-J19	de La Vacquerie r.	11
31	J14-H14	Lavandières-Ste-Opportune r.	1
19	D13-D14	de La Vieuville r.	18
18	F11	Lavoisier r.	8
31	G14 S	La Vrillière r.	1
7	C13	Léandre villa	18
39	M5-N6	Leblanc r.	15
16	E7-D7	Lebon r.	17
42	M11 S	Lebouis imp.	14
42	M11-N11	Lebouis r.	14
17	D10	Lebouteux r.	17
54	R12	Le Brix-et-Mesmin r.	14

29

Plan n°	Repère	Nom	Arrondissement
44	M16-N15	Le Brun r.	13
23-35	G22	Le Bua r.	20
6	D12 N	Lechapelais r.	17
4	D8 N	Le Châtelier r.	17
33	H18 N	Léchevin r.	11
35	H22 S	Leclaire cité	20
43	N13	Leclerc r.	14
18	D12	Lécluse r.	17
6	C11	Lecomte r.	17
37	L2 S	Lecomte-du-Noüy r.	16
38	K4 S	Leconte-de-Lisle r.	16
38	K4 S	Leconte-de-Lisle villa	16
37	L2	Le Corbusier pl.	16
41-39	L10-N6	Lecourbe r.	15
40	M7 S	Lecourbe villa	15
54	P11 N	Lecuirot r.	14
7	C14	Lecuyer r.	18
55-56	P14-P15	Le Dantec r.	13
53	P10 S	Ledion r.	14
45-34	L17-J19	Ledru-Rollin av.	
		n°s 1-87, 2-88	12
		n°s 89-fin, 90-fin	11
52-53	N7-P9	Lefebvre bd	15
52	N7 S	Lefebvre r.	15
6	C12 N	Legendre pass.	17
17-6	D10-B12	Legendre r.	17
5	D10-D9	Léger imp.	17
54	R12-R11	Légion-Etrangère r. de la	14
43	L14 N	Le Goff r.	5
21-20	F17-F16	Legouvé r.	10
21	E18 S	Legrand r.	19
45	L18 N	Legraverend r.	12
7-6	B13-B12	Leibnitz r.	18
6-7	B12-B13	Leibnitz sq.	18
27	J5	Lekain r.	16
55	R14 N	Lemaignan r.	14
23	E22	Léman r. du	19
38	M3 S	Le Marois r.	16
6	C11 S	Lemercier cité	17
6	D12-C11	Lemercier r.	17
20	G15 N	Lemoine pass.	2
22	F19 S	Lémon r.	20
54	P12 S	Leneveux r.	14
18	E11-D12	Léningrad r. de	8
28	H7 S	Le Nôtre r.	16
20	E15 N	Lentonnet r.	9
28	G7	Léo-Delibes r.	16
8	D15 N	Léon pass.	18
8	C15	Léon r.	18
15	F6	Léonard-de-Vinci r.	16
34	J19 N	Léon-Blum pl.	11
57-56	S17-S16	Léon-Bollée av.	13
26	K4	Léon-Bonnat r.	16
28	G8 S	Léonce-Reynaud r.	16
19	G14 N	Léon-Cladel r.	2
17	E9-D9	Léon-Cogniet r.	17
17	D10	Léon-Cosnard r.	17
39	N6	Léon-Delagrange r.	15
40	M8 S	Léon-Delhomme r.	15
38	M3 S	Léon-Deubel pl.	16
52	P8	Léon-Dierx r.	15
18	D11 S	Léon-Droux r.	17
53	P10 S	Léone villa	14
24	F23	Léon-Frapié r.	20
34	J20-J19	Léon-Frot r.	11
36-48	J24-K24	Léon-Gaumont av.	20
10	C19 S	Léon-Giraud r.	19
40	N8	Léon-Guillot sq.	15
38	K4-L4	Léon-Heuzey av.	16
54	P11-N11	Léonidas r.	14

Plan n°	Repère	Nom	Arrondissement
17-16	E9-D8	Léon-Jost r.	17
21	G17 N	Léon-Jouhaux r.	10
40	L8	Léon-Lhermitte r.	15
43	N14	Léon-Maurice-Nordmann r.	13
41	L10 N	Léon-Paul-Fargue pl.	6-7
40	M8 N	Léon-Séché r.	15
39	L5	Léontine r.	15
41	K9-L9	Léon-Vaudoyer r.	7
31	G14	Léopold-Bellan r.	2
26-27	K5-K4	Léopold-II av.	16
42	M12 N	Léopold-Robert r.	14
21	E18 N	Lepage cité	19
19	F13-E14	Le Peletier r.	9
19	D13	Lepic pass.	18
7	D13-C13	Lepic r.	18
57	P18	Leredde r.	13
32	K15-K16	Le Regrattier r.	4
40	N7-N8	Leriche r.	15
16-15	F7-F6	Leroux r.	16
23	F21 S	Leroy cité	20
26	J4 S	Leroy-Beaulieu sq.	16
47	L22 S	Leroy-Dupré r.	12
22	F19	Lesage cour	20
22	F19	Lesage r.	20
33	K17-J17	de Lesdiguières r.	4
34-35	J20-J21	Lespagnol r.	20
35	J22-H21	de Lesseps r.	20
16	F7-E7	Le Sueur r.	16
27	H6	Le Tasse r.	16
40	K7-L8	Letellier r.	15
40	K8 S	Letellier villa	15
7	B14	Letort imp.	18
7	B14	Letort r.	18
35	H22 N	Leuck-Mathieu r.	20
36-24	G23-F23	Le Vau r.	20
43	L13-M13	Le Verrier r.	6
22	F20	Levert r.	20
17	D10 S	Lévis imp. de	17
17	D10	Lévis pl. de	17
17	D10	Lévis r. de	17
33	K18 N	Lhomme pass.	11
43-44	L14-M15	Lhomond r.	5
40	N8	Lhuillier r.	15
42	N12-N11	Liancourt r.	14
34	J20 S	Liandier cité	11
55	R14 S	Liard r.	14
22	G20 N	Liban r. du	20
23	E21 N	Liberté r. de la	19
17	F9	Lido arcades du	8
18	E12-E11	Liège r. de n°s 1-19, 2-18	9
		n°s 21-fin, 20-fin	8
48	M23 N	Lieutenance sentier de la	12
23-35	G22	Lieutenant-Chauré r. du	20
7	A14-A13	Lieutenant-Colonel-Dax r.	18
37	M2	Lieutenant-Colonel-Deport r. du	16
53	P10 S	Lieutenant-Lapeyre r. du	14
53-54	N10-11	Lieutenant-Stéphane-Piobetta pl. du	14
53	N9-P9	Lieuvin r. du	15
35	J21 N	Ligner r.	20
23-24	E22-E23	Lilas porte des	20
23	E21	Lilas r. des	19
23	E21 N	Lilas villa des	19
18	D12 S	Lili-Boulanger pl.	9
31-30	J13-H11	Lille r. de	7
57	R18	Limagne sq. de la	13
57	R18	Limousin sq. du	13
17	G9-F9	Lincoln r.	8
31	H14	Lingerie r. de la	1

30

Plan nº	Repère	Nom	Arrondissement
44	L16-L15	Linné r.	5
39	K6-L6	Linois r.	15
33-32	K17-K16	Lions-Saint-Paul r. des	4
48	K23 S	Lippmann r.	20
33-34	J18-J19	Lisa pass.	11
18-17	E11-E9	Lisbonne r. de	8
55	R14	Liserons r. des	13
35	H22	Lisfranc r.	20
42	L11	Littré r.	6
19	D14	Livingstone r.	18
32	J15	Lobau r. de	4
31	K13 N	Lobineau r.	6
17	D9 S	Logelbach r. de	17
35	J22 S	Loi imp. de la	20
54	P12 S	Loing r. du	14
9-10	D18-C19	Loire quai de la	19
58	P19 S	Loiret r. du	13
8	C16 N	L'Olive r.	18
32	H15 S	Lombards r. des	
		nºs 1-25, 2-28	4
		nºs 27-fin, 30-fin	1
18	E12 S	Londres cité de	9
18	E12-E11	Londres r. de	
		nºs 1-37, 2-38	9
		nºs 39-fin, 40-fin	8
28-15	G7-G5	Longchamp r. de	16
28	G7 S	Longchamp villa de	16
56-55	R15-R14	Longues-Raies r. des	13
16	F8	Lord-Byron r.	8
10	D19 N	Lorraine r. de	19
23	D21-E21	Lorraine villa de	19
10	A19	Lot quai du	19
27	G5	Lota r. de	16
45	L18	Louis-Armand cour	12
39-51	N6-N5	Louis-Armand r.	15
26	G4-H4	Louis-Barthou av.	16
21-20	E17-D16	Louis-Blanc r.	10
39-38	K5-M4	Louis-Blériot quai	16
26	H4 S	Louis-Boilly r.	16
21	F18 S	Louis-Bonnet r.	11
47	M22	Louis-Braille r.	12
29	J9	Louis-Codet r.	7
27	H6	Louis-David r.	16
48	K23 S	Louis-Delaporte r.	20
54	P12 S	Louise-et-Tony sq.	14
22	F19-E19	Louise-Labé allée	19
23	E21	Louise-Thuliez r.	19
36	H23 N	Louis-Ganne r.	20
47	N22	Louis-Gentil sq.	12

Plan nº	Repère	Nom	Arrondissement
9	C17 N	Louisiane r. de la	18
18-19	G12-F13	Louis-le-Grand r.	2
32	J15	Louis-Lépine pl.	4
6	A12 S	Louis-Loucheur r.	17
36	J23-H23	Louis-Lumière r.	20
43	L13	Louis-Marin pl.	5
54	P11	Louis-Morard r.	14
17	E9 S	Louis-Murat r.	8
7-6	A13-A12	Louis-Pasteur-Vallery-Radot r.	18
55-56	S14-S15	Louis-Pergaud r.	13
33	J18 S	Louis-Philippe pass.	11
32	J15 S	Louis-Philippe pont	4
22	F20	Louis-Robert imp.	20
43	L14 S	Louis-Thuillier r.	5
52	P8-P7	Louis-Vicat r.	15
40-39	K7-M6	de Lourmel r.	15
42	N12	Louvat villa	14
19	G13 N	Louvois r. de	2
31	H14 S	Louvre pl. du	1
31-30	H13-H12	Louvre port du	1
31	J14-H13	Louvre quai du	1
31	H14-G14	Louvre r. du	
		nºs 1-25, 2-52	1
		nºs 27-fin, 54-fin	2
29-41	J10-K9	de Lowendal av.	
		nºs1-23, 2-14	7
		nºs25-fin, 16-fin	15
41	K9 S	Lowendal sq.	15
28	G8-H7	Lübeck r. de	16
38-39	M4-M5	Lucien-Bossoutrot r.	15
55-54	S13-S12	Lucien-Descaves av.	14
47	K22 S	Lucien-et-Sacha-Guitry r.	20
7	C13	Lucien-Gaulard r.	18
44	M15 N	Lucien-Herr pl.	5
36	J23 N	Lucien-Lambeau r.	20
35	H22	Lucien-Leuwen r.	20
20	F16	Lucien-Sampaix r.	10
19	G13	Lulli r.	2
54	P12 S	Lunain r. du	14
20	G15-F15	Lune r. de la	2
10	C20-D20	Lunéville r. de	19
31	J14	Lutèce r. de	4
30	J12	de Luynes r.	7
30	J12	de Luynes sq.	7
35	H22 N	Lyanes r. des	20
35	H22 N	Lyanes villa des	20
27	J6	Lyautey r.	16
45-33	L18-K17	Lyon r. de	12
43	M14	Lyonnais r. des	5

Au-delà des limites du plan de Paris
utilisez la carte Michelin nº 101 " Banlieue de Paris "

Beyond the area covered by the plan of Paris
use the Michelin map no. 101 " Outskirts of Paris "

Benutzen Sie für den Großraum Paris
die Michelin-Karte Nr. 101 " Paris und Vororte "

Más allá de los límites del plano de París
utilice el mapa Michelin nº 101 " Aglomeración de París "

Plan n°	Repère	Nom	Arrondissement

Plan n°	Repère	Nom	Arrondissement
31	K13 N	Mabillon r.	6
11-9	B21-A18	Macdonald bd	19
16	F8-E7	Mac-Mahon av.	17
47	N21	Madagascar r. de	12
30-42	K12-L12	Madame r.	6
18	G12 N	Madeleine bd de la	
		n°s 1-23	1
		n°s 25-fin, 14-fin	8
		n°s 2-12	9
18	G11 N	Madeleine galerie de la	8
18	F11 S	Madeleine pass. de la	8
18	F12-G11	Madeleine pl. de la	8
40	L7-L8	Mademoiselle r.	15
8	B16 S	Madone r. de la	18
18	E11	Madrid r. de	8
28	H7-G7	Magdebourg r. de	16
16	G8-F8	Magellan r.	8
43	N14	Magendie r.	13
21-20	G17-D15	Magenta bd de	
		n°s 1-153, 2-fin	10
		n°s 155-fin	9
20	F16 S	Magenta cité de	10
10-11	A20-A21	Magenta r. n°s 2-8	19
		autres n^{os}	Pantin
35	K22	Maigrot-Delaunay pass.	20
31	G14	Mail r. du	2
34	J20 N	Maillard r.	11
15	E6	Maillot porte	8-16
34	K19	Main-d'Or pass. de la	11
34	K19	Main-d'Or r. de la	11
42-54	L11-P12	Maine r. du	
		n°s 1-39, 2-58	15
		n°s 41-fin, 60-fin	14
42	M11 N	Maine r. du	14
42	L11	Maintenon allée	6
32	G16 S	Maire r. au	3
19	D14	Mairie cité de la	18
56	P16 S	Maison-Blanche r. de la	13
33	K18 N	Maison-Brûlée cour de la	11
42	N11 N	Maison-Dieu r.	14
32	K15	Maître-Albert r.	5
15	F6-E6	Malakoff av. de	16
15	E6 S	Malakoff imp. de	16
		Malakoff villa	16
27-28	G6-G7	Malakoff villa	16
31	J13 N	Malaquais quai	6
29	H9	Malar r.	7
40	N7	Malassis r.	15
43	L14 N	Malebranche r.	5
18-5	F11-C9	Malesherbes bd	
		n°s 1-121, 2-92	8
		n°s 123-fin, 94-fin	17
19	E14-E13	Malesherbes cité	9
17	D9-D10	Malesherbes villa	17
17	E10	Maleville r.	8
32	J16	Malher r.	4
38	K3 S	Malherbe sq.	16
53	P10	Mallebay villa	14
26	J4 S	Mallet-Stevens r.	16
57-56	R17-R16	Malmaisons r. des	13
33	H17-G17	Malte r. de	11
35	H21-G21	Malte-Brun r.	20
44	L15 S	Malus r.	5
31	G14 S	Mandar r.	2
22-23	E19-D21	Manin r.	19
23	D21	Manin villa	19
19	D13-D12 S	Mansart r.	9
19	E14	Manuel r.	9
28	H8-G8	Manutention r. de la	16
24	E23	Maquis-du-Vercors pl.	19-20
48-35	K23-J22	Maraîchers r. des	20
20	F16	Marais pass. des	10
15	F6-F5	Marbeau bd	16
15	F6 N	Marbeau r.	16
16-17	G8-G9	Marbeuf r.	8
8-6	C15-B12	Marcadet r.	18
28-16	G8-F8	Marceau av. n^{os} impairs	16
		n^{os} pairs	8
22	E20 N	Marceau villa	19
21	F18	Marcel-Achard pl.	19
38	M3-N3	Marcel-Doret av.	16
47	N22	Marcel-Dubois r.	12
33	H17	Marcel-Gromaire r.	11
43	K14	Marcelin-Berthelot pl.	5
27	J6	Marcel-Proust av.	16
16	E7 N	Marcel-Renault r.	17
7	A13 S	Marcel-Sembat r.	18
40	N8 N	Marcel-Toussaint sq.	15
33	H18-J18	Marcès imp.	11
23	D21	Marchais r. des	19
20	F16 S	Marché pass. du	10
44	M16	Marché-aux-Chevaux imp.	5
32	J16 N	Marché-des-Blancs-Manteaux r.	4
44	M15 N	Marché-des-Patriarches r.	5
31	J14 S	Marché-Neuf quai du	4
7	B13	Marché-Ordener r. du	18
33	H18 N	Marché-Popincourt r. du	11
33-32	J17-J16	Marché-Ste-Catherine pl. du	4
30-31	G12-G13	Marché-St-Honoré pl. du	1
30-18	G12	Marché-St-Honoré r. du	1
53	P9-R10	Marc-Sangnier av.	14
9-8	C17-C16	Marc-Séguin r.	18
22	G20 N	Mare imp. de la	20
22	G20-F20	Mare r. de la	20
15	F5	Maréchal-de-Lattre-de-Tassigny pl. du	16
15-26	F5-G4	Maréchal-Fayolle av. du	16
26	J3	Mar.-Franchet-d'Espérey av. du	16
29	H10-J10	Maréchal-Gallieni av. du	7
28	J8 N	Maréchal-Harispe r. du	7
16	D8	Maréchal-Juin pl. du	17
26-38	K3	Maréchal-Lyautey av. du	16
26	H4-J3	Maréchal-Maunoury av. du	16
31	H13	Marengo r. de	1
54	P12 S	Marguerin r.	14
16	E8 N	Margueritte r.	17
48	L23 S	Marguettes r. des	12
6	B12	Maria-Deraismes r.	17
6	B11	Marie cité	17
32	K16 N	Marie pont	4
47	L21 N	Marie-Benoist r.	12
7	D13 N	Marie-Blanche imp.	18
54	P12 S	Marié-Davy r.	14
36	J23	Marie-de-Miribel pl.	20
21	F17 S	Marie-et-Louise r.	10
35-47	K22	Marie-Laurent allée	20
54	P12 S	Marie-Rose r.	14
32-31	G15-G14	Marie-Stuart r.	2

Plan n°	Repère	Nom	Arrondissement
27	J5	**Marietta-Martin r.**	16
17	G9 N	**Marignan pass.**	8
17	G9	**Marignan r. de**	8
17	G10-F10	**Marigny av. de**	8
53	P10 S	**Mariniers r. des**	14
28	J8	**Marinoni r.**	7
41	K9 S	**Mario-Nikis r.**	15
18	D11	**Mariotte r.**	17
19	F13 S	**de Marivaux r.**	2
40	M8 S	**Marmontel r.**	15
44	N15 N	**Marmousets r. des**	13
10	C19-C20	**Marne quai de la**	19
10	C19	**Marne r. de la**	19
9	C17 S	**Maroc imp. du**	19
9	D17 N	**Maroc pl. du**	19
9	D18-C17	**Maroc r. du**	19
22	G19-G20	**Maronites r. des**	20
4	C8	**Marquis-d'Arlandes r. du**	17
27	J5 S	**Marronniers r. des**	16
11	C21-D21	**Marseillaise r. de la**	19
21	F17 S	**Marseille r. de**	10
19	G13	**Marsollier r.**	2
47	L22	**Marsoulan r.**	12
20	F15 N	**Martel r.**	10
30	J11	**Martignac cité**	7
30	H11-J11	**de Martignac r.**	7
56	P15 S	**Martin-Bernard r.**	13
35	H22-G22	**Martin-Garat r.**	20
20	G16-F16	**Martini imp.**	10
8	C16 N	**Martinique r. de la**	18
35	G21 S	**Martin-Nadaud pl.**	20
6	B12 N	**Marty imp.**	17
19	E13-D13	**Martyrs r. des**	
		nos 1-67, 2-fin	9
		nos 69-fin	18
8	D16-C16	**Marx-Dormoy r.**	18
57	R18 S	**Maryse-Bastié r.**	13
36-48	K23	**Maryse-Hilsz r.**	20
27-26	H5-H4	**Maspéro r.**	16
58-56	P20-S16	**Masséna bd**	13
57	R18	**Masséna sq.**	13
27	J6-H5	**Massenet r.**	16
41	K10 S	**Masseran r.**	7
47-59	N21-N22	**Massif-Central sq. du**	12
32	J15-K15	**Massillon r.**	4
8	B15	**Massonnet imp.**	18
9	C18 N	**Mathis r.**	19
21	E18	**Mathurin-Moreau av.**	19
41	M9	**Mathurin-Régnier r.**	15
18	F12-F11	**Mathurins r. des**	
		nos 1-21, 2-28	9
		nos 23-fin, 30-fin	8
17	G10-F10	**Matignon av.**	8
32	K15	**Maubert imp.**	5
32-44	K15	**Maubert pl.**	5
19-20	E14-D16	**Maubeuge r. de** nos 1-65, 2-84	9
		nos 67-fin, 86-fin	10
19	E14	**Maubeuge sq. de**	9
40	M8	**Maublanc r.**	15
32-31	H15-H14	**Mauconseil r.**	1
32	H15	**Maure pass. du**	3
45	L17 S	**Maurel pass.**	5
30	G12	**Maurice-Barrès pl.**	1
24	G23	**Maurice-Berteaux r.**	20
53	P9-P10	**Maurice-Bouchor r.**	14
27	K5	**Maurice-Bourdet r.**	16
22	G20	**Maurice-Chevalier pl.**	20
46	L20	**Maurice-de-Fontenay pl.**	12
41	K10-L10	**Maurice-de-la-Sizeranne r.**	7
53	R10 N	**Maurice-d'Ocagne av.**	14

Plan n°	Repère	Nom	Arrondissement
55	P13 S	**Maurice-Loewy r.**	14
41	M10	**Maurice-Maignen r.**	15
53	P9 S	**Maurice-Noguès r.**	14
31	H14	**Maurice-Quentin pl.**	1
48	M23-L23	**Maurice-Ravel av.**	12
42	N11	**Maurice-Ripoche r.**	14
22	D20 S	**Maurice-Rollinat villa**	19
53	P10-N9	**Maurice-Rouvier r.**	14
7	D14 N	**Maurice-Utrillo r.**	18
32	J16	**Mauvais-Garçons r. des**	4
36	J23	**Mauves allée des**	20
23	E22	**Mauxins pass. des**	19
41-42	M10-M11	**Max-Hymans sq.**	15
56	S16-R15	**Max-Jacob r.**	13
4	C8	**Mayenne sq. de la**	17
42	L11 N	**Mayet r.**	6
19	E14 S	**Mayran r.**	9
55	S14 S	**Mazagran av. de**	14
20	F15 S	**Mazagran r. de**	10
31	J13	**Mazarine r.**	6
45	L17	**Mazas pl.**	12
31	J13 S	**Mazet r.**	6
21-22	E18-D19	**Meaux r. de**	19
43	N14-N13	**Méchain r.**	14
17	E9-D9	**Médéric r.**	17
43	K13 S	**Médicis r. de**	6
31	J14 N	**Mégisserie quai de la**	1
19-31	G13	**Méhul r.**	2
40	L8	**Meilhac r.**	15
17	D9	**Meissonier r.**	17
21	F20-E20	**Melingue r.**	19
21	D18	**Melun pass. de**	19
19	G13 N	**Ménars r.**	2
36	J23	**Mendelssohn r.**	20
32	H15	**Ménétriers pass. des**	3
34	H20-G19	**Ménilmontant bd de**	
		nos impairs 11e - nos pairs	20
34	G19 S	**Ménilmontant pass.**	11
22	G20 N	**Ménilmontant pl. de**	20
24	F23	**Ménilmontant porte de**	20
22-23	F19-F21	**Ménilmontant r. de**	20
34	J19-J20	**Mercœur r.**	11
15	G6-G5	**Mérimée r.**	16
48	L23 S	**Merisiers sentier des**	12
34	H20-H19	**Merlin r.**	11
37	L2	**Meryon r.**	16
20	G16	**Meslay pass.**	3
21-20	G17-G16	**Meslay r.**	3
15	G6	**Mesnil r.**	16
20	E15 S	**Messageries r. des**	10
47	M22	**Messidor r.**	12
43	N13	**Messier r.**	14
17	E10 S	**Messine av. de**	8
17	E10 S	**Messine r. de**	8
10	C20	**Metz quai de**	19
20	F16-F15	**Metz r. de**	10
47	N21	**Meuniers r. des**	12
10	C19	**Meurthe r. de la**	19
27	G6 S	**Mexico pl. de**	16
19	F13	**Meyerbeer r.**	9
22	D19	**Meynadier r.**	19
31-30	K13-K12	**Mézières r. de**	6
56	P15 S	**Michal r.**	13
38	M3	**Michel-Ange hameau**	16
38	L3-M3	**Michel-Ange r.**	16
38	K4 S	**Michel-Ange villa**	16
57	R18	**Michel-Bréal r.**	13
45	L18-K18	**Michel-Chasles r.**	12
35	J22 S	**Michel-de-Bourges r.**	20
43	L13 S	**Michelet r.**	6

33

Plan n°	Repère	Nom	Arrondissement
32	H16-H15	**Michel-le-Comte r.**	3
44	M15-N15	**Michel-Peter r.**	13
19	D13	**Midi cité du**	18
27	H5 N	**Mignard r.**	16
38	K4 S	**Mignet r.**	16
31	K14 N	**Mignon r.**	6
27	H6	**Mignot sq.**	16
22	E20 N	**Mignottes r. des**	19
22	D20 S	**Miguel-Hidalgo r.**	19
18	E12	**Milan r. de**	9
27-26	J5-K4	**Milleret-de-Brou av.**	16
16	D7 S	**Milne-Edwards r.**	17
6	B12 N	**Milord imp.**	18
19	E14	**Milton r.**	9
55	R14	**Mimosas sq. des**	13
33	J17 N	**Minimes r. des**	3
41	L9 N	**Miollis r.**	15
39	L5	**Mirabeau pont**	16-15
39-38	L5-L4	**Mirabeau r.**	16
44	M15 N	**de Mirbel r.**	5
55	R13-R14	**Mire allée de la**	14
7	D13-C13	**Mire r. de la**	18
17	F10-E10	**de Miromesnil r.**	8
26-38	K4	**Mission-Marchand r. de la**	16
41	M10 N	**Mizon r.**	15
22	D19	**Moderne av.**	19
54	P11 N	**Moderne villa**	14
39	M5-M6	**Modigliani r.**	15
42	M11	**Modigliani terrasse**	15
18	F12-E12	**Mogador r. de**	9
6	C11-B11	**Moines r. des**	17
38	L3 S	**Molière av.**	16
32	H15	**Molière pass.**	3
31	G13 N	**Molière r.**	1
9	C17	**Molin imp.**	18
37	L2	**Molitor porte**	16
38	L4-L3	**Molitor r.**	16
38	L4	**Molitor villa**	16
17	E10	**Mollien r.**	8
5	C9 S	**Monbel r. de**	17
17	F9-E10	**Monceau r. de**	8
18	D11 S	**Monceau sq.**	17
16	D8	**Monceau villa**	17
6	C12	**Moncey pass.**	17
18	E12 N	**Moncey r.**	9
18	E12 N	**Moncey sq.**	9
32	H15 N	**Mondétour r.**	1
30	G11	**Mondovi r. de**	1
44	L15 S	**Monge pl.**	5
44	K15-M15	**Monge r.**	5
48	L24-L23	**Mongenot r.** n°s 29-fin, 12-fin	12
		autres n°s	St-Mandé
21	E18 S	**Monjol r.**	19
31	H14 S	**Monnaie r. de la**	1
34	G20 S	**Monplaisir imp.**	12
17	D9	**Monseigneur-Loutil pl.**	17
21	E17	**Monseigneur-Rodhain r.**	10
29	K10	**Monsieur r.**	7
31-43	K13-K14	**Monsieur-le-Prince r.**	6
19	G13 N	**Monsigny r.**	2
35	J21	**Monsoreau sq. de**	20
44	K15-L15	**Montagne-Ste-Geneviève r.**	5
17-29	G9	**Montaigne av.**	8
30	J12	**Montalembert r.**	7
18	F11 S	**Montalivet r.**	8
40	N8	**Montauban r.**	15
39	K5 S	**Mont-Blanc sq. du**	16
54	P12	**Montbrun pass.**	14
54	P12	**Montbrun r.**	14
7	C13-B14	**Montcalm r.**	18

Plan n°	Repère	Nom	Arrondissement
7	B13 S	**Montcalm villa**	18
7	B14 N	**Mont-Cenis pass. du**	18
7	C14-B14	**Mont-Cenis r. du**	18
18	D11	**Mont-Dore r. du**	17
32	K15	**Montebello port de**	5
32	K15	**Montebello quai de**	5
53	P9 N	**Montebello r. de**	15
35	J21	**Monte-Cristo r.**	20
48	M23	**Montempoivre porte de**	12
47-48	M22-M23	**Montempoivre r. de**	12
47	M22	**Montempoivre sentier de**	12
23	E22 S	**Montenegro pass. du**	19
16	E8	**Montenotte r. de**	17
48	L23	**Montéra r.**	12
27	G5 S	**de Montespan av.**	16
31	H13 N	**Montesquieu r.**	1
48	N23	**Montesquiou-Fezensac r.**	12
15-27	G5	**Montevideo r. de**	16
31	K13 N	**de Montfaucon r.**	6
46	L20	**Montgallet pass.**	12
46	L20 S	**Montgallet r.**	12
32	G16	**Montgolfier r.**	3
18	E12 N	**Monthiers cité**	9
20-19	E15-E14	**de Montholon r.**	9
35	G22	**Montibœufs r. des**	20
54	R12 S	**Monticelli r.**	14
34	J20 N	**Mont-Louis imp. de**	11
34	J20 N	**Mont-Louis r. de**	11
19	F14	**Montmartre bd** n°s impairs	2
		n°s pairs	9
31	G14 S	**Montmartre cité**	2
19	F14 S	**Montmartre galerie**	2
7	A13-B13	**Montmartre porte de**	18
31-19	H14-F14	**Montmartre r.**	
		n°s 1-21, 2-36	1
		n°s 23-fin, 38-fin	2
38	K4-K3	**de Montmorency av.**	16
26	J3-K3	**de Montmorency bd**	16
32	H16-H15	**de Montmorency r.**	3
26-38	K3	**de Montmorency villa**	16
31	H14-G14	**Montorgueil r.**	
		n°s 1-35, 2-40	1
		n°s 37-fin, 42-fin	2
42-43	L11-M13	**Montparnasse bd du**	
		n°s impairs	6
		n°s 2-66	15
		n°s 68-fin	14
42	L12-M12	**Montparnasse r. du**	
		n°s 1-35, 2-40	6
		n°s 37-fin, 42-fin	14
31	G13 S	**de Montpensier galerie**	1
31	H13-G13	**de Montpensier r.**	1
36	J23-J24	**Montreuil porte de**	20
34-35	K19-K21	**Montreuil r. de**	11
54	R11	**Montrouge porte de**	14
55	R13	**Montsouris allée de**	14
55	R13	**Montsouris sq. de**	14
28	H8 S	**de Monttessuy r.**	7
30	G12 S	**Mont-Thabor r. du**	1
42	L11	**Mont-Tonnerre imp. du**	15
19	F14	**de Montyon r.**	9
27	G5	**Mony r.**	16
21	G18 N	**Morand r.**	11
45	K18	**Moreau r.**	12
54	R11 N	**Morère r.**	14
22-34	G19	**Moret r.**	11
28	J8-K8	**Morieux cité**	15
40-53	N8-N9	**Morillons r. des**	15
33-45	K17	**Morland bd**	4
45	L17 N	**Morland pont**	12-4

Plan n°	Repère	Nom	Arrondissement
35-47	K21	Morlet imp.	11
18	E12	Morlot r.	9
45	K17	Mornay r.	4
42	N11	de Moro-Giafferi pl.	14
36-23	G23-E22	Mortier bd	20
34	H19 S	Morvan r. du	11
18	E12-D11	Moscou r. de	8
22	D19	Moselle pass. de la	19
9-21	D18 N	Moselle r. de la	19
7	B13 N	Moskowa cité de la	18
44	L15-M15	Mouffetard r.	5
33	H18 S	Moufle r.	11
45	L18	Moulin pass.	12
56	R16	Moulin-de-la-Pointe r. du	13
41-53	N10 S	Moulin-de-la-Vierge r. du	14
56	P15 N	Moulin-des-Prés pass.	13
56	P15-R16	Moulin-des-Prés r. du	13
56	P15 S	Moulinet pass. du	13
56	P16-P15	Moulinet r. du	13
22	G19-F19	Moulin-Joly r. du	11
31	G13	Moulins r. des	1
54	P11 N	Moulin-Vert imp. du	14
54	P12-N11	Moulin-Vert r. du	14
47	K22 S	Mounet-Sully r.	20

Plan n°	Repère	Nom	Arrondissement
36	J23	Mouraud r.	20
46	L20	Mousset imp.	12
47	L22 S	Mousset-Robert r.	12
32	J16 N	de Moussy r.	4
54	N12 S	Mouton-Duvernet r.	14
23-22	E21-E20	Mouzaïa r. de	19
46	L20 S	Moynet cité	12
27-26	J5-K4	Mozart av.	16
26	J4	Mozart sq.	16
26	J4-K4	Mozart villa	16
27-26	J5-J4	Muette chaussée de la	16
26	H4	Muette porte de la	16
19	G14	Mulhouse r. de	2
38	M3	Mulhouse villa	16
7	C14-D14	Muller r.	18
38	L3-M4	Murat bd	16
38	M3 S	Murat villa	16
34	H20-G20	Mûriers r. des	20
17	E9	Murillo r.	8
38	M4-M3	de Musset r.	16
44	K15 S	Mutualité sq. de la	5
8	C16-D15	Myrha r.	18
17	F10	Myron-Timothy-Herrick av.	8

n

Plan n°	Repère	Nom	Arrondissement
6	B11	Naboulet imp.	17
20	F16	Nancy r. de	10
34	H19-G19	Nanettes r. des	11
55	R13 S	Nansouty imp.	14
55	R13	Nansouty r.	14
10	C19-B19	Nantes r. de	19
41	N9	Nanteuil r.	15
18-17	E11-E10	Naples r. de	8
39	M5 N	Napoléon-Chaix r.	15
30	K12 N	Narbonne r. de	7
38	L4 N	Narcisse-Diaz r.	16
17	E10 S	Narvik pl. de	8
47	K21 S	Nation pl. de la n°s impairs	11
		n°s pairs	12
57	R18-R17	National pass.	13
58	P20	National pont	12-13
57	R17 N	Nationale imp.	13
57	P17	Nationale pl.	13
57	R17-N17	Nationale r.	13
28	H7	Nations-Unies av. des	16
7	C13	Nattier pl.	18
19	E13 N	Navarin r. de	9
44	L15	Navarre r. de	6
6	B12-B11	Navier r.	17
33	J17	Necker r.	4
29	J9 N	Négrier cité	7
28	J7-K7	Nélaton r.	15
33	G18 S	Nemours r. de	11
31	J13	de Nesle r.	6
31	J14	Neuf pont	1-6
15	E6	Neuilly av. de	16-17
8	B15	Neuve-de-la-Chardonnière r.	18
34	J20 S	Neuve-des-Boulets r.	11
33	G18-H18	Neuve-Popincourt r.	11
33	J17	Neuve-St-Pierre r.	4

Plan n°	Repère	Nom	Arrondissement
16	E8	Néva r. de la	8
31	J13	Nevers imp. de	6
31	J13	Nevers r. de	6
16	F8 S	Newton r.	16
28	H8-J7	New-York av. de	16
9-6	A17-B12	Ney bd	18
5-17	D9 N	Nicaragua pl. du	17
34	J20 S	Nice r. de	11
47	N21-M21	Nicolaï r.	12
36	J23 N	Nicolas imp.	20
41	L10-M10	Nicolas-Charlet r.	15
5	C9	Nicolas-Chuquet r.	17
32	J15-H15	Nicolas-Flamel r.	4
56	P16 N	Nicolas-Fortin r.	13
45-44	M17-M16	Nicolas-Houël r.	5
44	N15 N	Nicolas-Roret r.	13
54	R11	Nicolas-Taunay r.	14
6	C11 S	Nicolay sq.	17
7	C14	Nicolet r.	18
27	J6-H5	Nicolo r.	16
16	E8-D8	Niel av.	17
16	D8 S	Niel villa	17
42	N11	Niepce r.	14
57	R18 N	Nieuport villa	13
48	L23	Niger r. du	12
20-32	G15	Nil r. du	2
7	C14	Nobel r.	18
28	J7 S	Nocard r.	15
32	H15-H16	Noël cité	3
48	K23 S	Noël-Ballay r.	20
15	G5 N	Noisiel r. de	16
24	F23-E24	Noisy-le-Sec r. de n°s 1-47, 2-72	20
6	D11-C11	Nollet r.	17
6	C11	Nollet sq.	17
7	B13	Nollez cité	18

35

Plan n°	Repère	Nom	Arrondissement
33	K18 N	Nom-de-Jésus cour du	11
32	J16 S	Nonnains-d'Hyères r. des	4
10-22	D19	Nord pass. du	19
8	B15 S	Nord r. du	18
33	H17 N	Normandie r. de	3
7	C14-C13	Norvins r.	18
32	J15	Notre-Dame pont	4
20	G15-F15	Notre-Dame-de-Bonne-Nouvelle r.	2

Plan n°	Repère	Nom	Arrondissement
19	E13	N.-D.-de-Lorette r.	9
20-32	G16-G15	N.-D.-de-Nazareth r.	3
20	G15-F15	N.-D.-de-Recouvrance r.	2
42-43	L12-M13	N.-D.-des-Champs r.	6
19-31	G14	N.-D.-des-Victoires r.	2
22	G19	Nouveau-Belleville sq. du	20
16	E8 S	Nouvelle villa	8
48	M23 S	Nouvelle-Calédonie r.	12
11	D21-C21	Noyer-Durand r. du	19
37	L2	Nungesser-et-Coli r.	16

O

Plan n°	Repère	Nom	Arrondissement
33-34	H17-G19	Oberkampf r.	11
43	L13-M13	Observatoire av. de l'	
		n°s 1-27, 2-20	6
		n°s 29-47	5
		n°s 49-fin, 22-fin	14
35	G22	Octave-Chanute pl.	20
27-26	H5-H4	Octave-Feuillet r.	16
28	J7	Octave-Gréard av.	7
31	K13 N	Odéon carr. de l'	6
31-43	K13	Odéon pl. de l'	6
31-43	K13	Odéon r. de l'	6
42	L11-M12	Odessa r. d'	14
17	F9	Odiot cité	8
10	C19-C20	Oise quai de l'	19
10	C19	Oise r. de l'	19
32	H16 N	Oiseaux r. des	3
40	N7 N	Olier r.	15
42	K11	Olivet r. d'	7
40	N8 N	Olivier-de-Serres pass.	15
40-52	M8-N7	Olivier-de-Serres r.	15
23	F21	Olivier-Métra r.	20
23	F21	Olivier-Métra villa	20
54	P11-N11	Olivier-Noyer r.	14
34	H19	Omer-Talon r.	11
56	R16 N	Onfroy imp.	13
20	E16 S	Onze-Novembre-1918 pl.	10
-19-31	H13-G13	Opéra av. de l'	
		n°s 1-31, 2-26	1
		n°s 33-fin, 28-fin	2
19-18	F13-F12	Opéra pl. de l'	
		n°s 1-3, 2-4	2
		n°s 5, 6-8	9
18	F12	Opéra-Louis-Jouvet sq.	9
51	P6-N6	Oradour-sur-Glane r. d'	15
8	C15	Oran r. d'	18
31	H14	Oratoire r. de l'	1
7	D13-C13	d'Orchampt r.	18
55	R14	Orchidées r. des	13
8-7	C16-B13	Ordener r.	18
7	B14 S	Ordener villa	18

Plan n°	Repère	Nom	Arrondissement
31	J14	Orfèvres quai des	1
31	J14 N	Orfèvres r. des	1
35	G21	Orfila imp.	20
23-35	G21-G22	Orfila r.	20
20	G16	Orgues pass. des	3
9	C18	Orgues-de-Flandre allée des	19
21-22	G18-F19	Orillon r. de l'	11
31	H13 N	Orléans galerie d'	1
54	R12	Orléans porte d'	14
54	N12 S	Orléans portiques d'	14
32	K16-K15	Orléans quai d'	4
19	E13	Orléans sq. d'	9
54	P12	Orléans villa d'	14
23	E22	Orme r. de l'	19
35	K21-K22	Ormeaux r. des	20
33-32	J17-J16	d'Ormesson r.	4
8-7	C15-B14	Ornano bd	18
8	B15 S	Ornano sq.	18
7	B14 N	Ornano villa	18
30-29	H11-H9	Orsay quai d'	7
19	D14	Orsel cité d'	18
19	D14	Orsel r. d'	18
35	J21	Orteaux imp. des	20
35-36	J21-J23	Orteaux r. des	20
44	L15 S	Ortolan r.	5
39-40	L6-M7	Oscar-Roty r.	15
6	C12-B12	Oslo r. d'	18
26	J4	Oswaldo-Cruz r.	16
26	J4	Oswaldo-Cruz villa	16
23	F22 N	Otages villa des	20
22	F19	Ottoz villa	20
30	K11	Oudinot imp.	7
42-41	K11-K10	Oudinot r.	7
44	M16	Oudry r.	13
28-40	K8	Ouessant r. d'	15
42	M11 S	Ouest imp. de l'	14
42-41	M11-N10	Ouest r. de l'	14
10-9	C19-B18	Ourcq r. de l'	19
33	K18 N	Ours cour de l'	11
32	H15 N	Ours r. aux	3
42	L12 S	Ozanam pl.	6

Participez à notre effort permanent de mise à jour.
Adressez-nous vos remarques et vos suggestions :

Cartes et guides Michelin
46, avenue de Breteuil - 75341 Paris Cedex 07

Plan n°	Repère	Nom	Arrondissement
42	M12	Pablo-Picasso pl.	14
34	J19-H19	Pache r.	11
26	K3 N	Padirac sq. de	16
36	K23	Paganini r.	20
43	L14 N	Paillet r.	5
18	G12 N	Paix r. de la	2
8-9	D16-B17	Pajol r.	18
27	J5	Pajou r.	16
31	J14	Palais bd du n^{os} pairs	1
		n^{os} impairs	4
30	H11	Palais-Bourbon pl. du	7
31	H13	Palais-Royal pl. du	1
22	E20 S	Palais-Royal-de-Belleville cité du	19
31	K13	Palatine r.	6
22	F20-E20	Palestine r. de	19
32	G15	Palestro r. de	2
22	G19-F19	Pali-Kao r. de	20
8	C15 S	Panama r. de	18
33	K18 N	Panier-Fleuri cour du	11
19	F14 S	Panoramas pass. des	2
19	F14 S	Panoramas r. des	2
34	G19-G20	Panoyaux imp. des	20
22-34	G19-G20	Panoyaux r. des	20
43	L14	Panthéon pl. du	5
11	C21	Pantin porte de	19
30	K12	Pape-Carpentier r.	6
20-19	E15-E14	Papillon r.	9
32	G15	Papin r.	3
20	F15 N	Paradis cité	10
20	F16-E15	Paradis r. de	10
15	F5 S	Paraguay pl. du	16
22	E19 S	Parc villa du	19
35	H22	Parc-de-Charonne chemin du	20
55	R13	Parc-de-Montsouris r. du	14
55	R13	Parc-de-Montsouris villa	14
27	J6	Parc-de-Passy av. du	16
37	L2-M2	Parc-des-Princes av. du	16
33	K18 N	Parchappe cité	11
31	K14	Parcheminerie r. de la	5
33	J17 N	Parc-Royal r. du	3
38	M3	Parent-de-Rosan r.	16
18	D12 S	Parme r. de	9
34-21	J19-F18	Parmentier av.	
		n°s 1-135, 2-150	11
		n°s 137-fin, 152-fin	10
45	L18 N	Parrot r.	12
34-35	G20-G21	Partants r. des	20
32	J15-J16	Parvis-Notre-Dame pl. du	4
7	D14 N	Parvis-du-Sacré-Cœur pl.	18
44	M15-N15	Pascal r. n°s 1-25, 2-30	5
		n°s 27-fin, 32-fin	13
33	J17	Pas-de-la-Mule r. du n^{os} impairs 4e - n^{os} pairs	3
33	H17 N	Pasdeloup pl.	11
18	F11	Pasquier r.	8
29	H9	Passage commun	7
29	G9 S	Passage commun	8
17	F10 N	Passage commun	8
17	F10	Passage commun	8
18	E12	Passage commun	8
17	E10	Passage commun	8
22-34	G19	Passage commun	11
33	H18	Passage commun	11
45	K18 S	Passage commun	12
45	L18 N	Passage commun	12

Plan n°	Repère	Nom	Arrondissement
46	L20	Passage commun	12
38	K4 S	Passage commun	16
27	H5 S	Passage commun	16
15-27	G6	Passage commun	16
6	B12 N	Passage commun	18
35	J22 S	Passage commun	20
35	J22 S	Passage commun	20
27	J5 N	Passy pl. de	16
28-27	J7-K6	Passy port de	16
26	J3 N	Passy porte de	16
27	J6-J5	Passy r. de	16
41	L10-M10	Pasteur bd	15
33	H18	Pasteur r.	11
27	H6	Pasteur-Marc-Bœgner r. du	16
33	J17-J18	Pasteur-Wagner r. du	11
32	H16	Pastourelle r.	3
57	R18-P18	Patay r. de	13
35-47	K22	Patenne sq.	20
44	M15 N	Patriarches pass. des	5
44	M15 N	Patriarches r. des	5
27	K5	Patrice-Boudart villa	16
36	K23	Patrice-de-la-Tour-du-Pin r.	20
39	K5	Pâtures r. des	16
53	P9 N	Paturle r.	14
4	C8 S	Paul-Adam av.	17
7	D14-C14	Paul-Albert r.	18
54	R12 S	Paul-Appell av.	14
41	M9	Paul-Barruel r.	15
17	F9	Paul-Baudry r.	8
38	K4 S	Paul-Beauregard pl.	16
34	K19	Paul-Bert r.	11
47	N22	Paul-Blanchet sq.	12
5-6	B10-B11	Paul-Bodin r.	17
17	D9	Paul-Borel r.	17
56	S16	Paul-Bourget r.	13
17	F9 N	Paul-Cézanne r.	8
40	L8	Paul-Chautard r.	15
43	K13 S	Paul-Claudel pl.	6
47	M22 N	Paul-Crampel r.	12
23	E21	Paul-de-Kock r.	19
27	J5-H5	Paul-Delaroche r.	16
40	N7-N8	Paul-Delmet r.	15
28-40	K8	Paul-Déroulède av.	15
27	H6-J5	Paul-Doumer av.	16
32	G16 S	Paul-Dubois r.	3
27-39	K5	Paul-Dupuy r.	16
8	C16	Paul-Eluard pl.	18
18-19	E12-E13	Paul-Escudier r.	9
7	C14	Paul-Féval r.	18
54	R12	Paul-Fort r.	14
56-55	N15-P14	Paul-Gervais r.	13
39	L6 N	Paul-Hervieu r.	15
56-57	S16-S17	Paulin-Enfert r.	13
56	P15 N	Paulin-Méry r.	13
19-31	G14	Paul-Lelong r.	2
30	J11	Paul-Louis-Courier imp.	7
30	J12-J11	Paul-Louis-Courier r.	7
24	F23-E23	Paul-Meurice r.	20
31-43	K14	Paul-Painlevé pl.	5
5	C9	Paul-Paray sq.	17
38	M3	Paul-Reynaud pl.	16
27	H6 S	Paul-Saunière r.	16
42	M12 N	Paul-Séjourné r.	6

37

Plan nº	Repère	Nom	Arrondissement
23-35	G22	Paul-Signac pl.	20
35-36	G22-G23	Paul-Strauss r.	20
55	S14-S13	P.-Vaillant-Couturier av.	
		nºs pairs 142-156	14
		autres nºs	Gentilly
16	G7-F7	Paul-Valéry r.	16
56	P15	Paul-Verlaine pl.	13
22	D20 S	Paul-Verlaine villa	19
53	P10 N	Pauly r.	14
32	J16	Pavée r.	4
16	D7 S	Pavillons av. des	17
7	B13 N	Pavillons imp. des	18
23	F21	Pavillons r. des	20
32-33	J16-J17	Payenne r.	3
57	R18	Péan r.	13
40	L8-M8	Péclet r.	15
32	H16 S	Pecquay r.	4
38	N4 N	Pégoud r.	15
42	L12 S	Péguy r.	6
32	H15 N	Peintres imp. des	2
22	F19 S	Pékin pass. de	20
33	H17-H18	Pelée r.	11
5	B10	Pèlerin imp. du	17
31	H14-H13	Pélican r. du	1
35-23	H22-F21	Pelleport r.	20
23	F21	Pelleport villa	20
18	D11 S	Pelouze r.	8
7	B14	Penel pass.	18
47	L21 N	Pensionnat r. du	12
18-17	F9-F10	Penthièvre r. de	8
18	F11 N	Pépinière r. de la	8
38	K4 S	Perchamps r. des	16
32	H16	Perche r. du	3
17	F10 N	Percier av.	8
20	D16	Perdonnet r.	10
26-38	K4	Père-Brottier r. du	16
54	P12-R12	Père-Corentin r. du	14
56	P15 N	Père-Guérin r. du	13
34	J19	Père-Chaillet pl. du	11
5-15	C10-E6	Pereire bd	17
35	H21 N	Père-Lachaise av. du	20
27	J6	Père-Marcellin-Champagnat pl. du	16
33	K17	Père-Teilhard-de-Chardin pl. du	4
44	M15 N	Père-Teilhard-de-Chardin r.	5
15	E6-F6	Pergolèse r.	16
52	P8 N	Périchaux r. des	15
41	K10-L9	Pérignon r. nºs 2-28	7
		nºs impairs, 30-fin	15
36	J23 S	Périgord sq. du	20
23	D21	Périgueux r. de	19
32	H16 S	Perle r. de la	3
32	J15 N	Pernelle r.	4
21	F18	Pernette-du-Guillet allée	19
42-41	N11-N10	Pernety r.	14
17	E9 S	Pérou pl. du	8
31	H14 S	Perrault r.	1
33-32	H17-G16	Perrée r.	3
23-35	G22 N	Perreur pass.	20
23	G22 N	Perreur villa	20
39	K5 S	Perrichont av.	16
30	J12	Perronet r.	7
7	C14	Pers imp.	18
15	D6-E6	Pershing bd	17
44	L15-M15	Pestalozzi r.	5
40	M8 N	Petel r.	15
16	D7 S	Péterhof av. de	17
6	B12	Petiet r.	17

Plan nº	Repère	Nom	Arrondissement
23	E21	Pétin imp.	19
34	J19-H19	Pétion r.	11
22-11	D19-D21	Petit r.	19
5	B10 S	Petit-Cerf pass.	17
38	N3 N	Petite-Arche r. de la	16
31	J13 S	Petite-Boucherie pass.	6
34	J20 S	Petite-Pierre r. de la	11
20	F15	Petites-Ecuries cour des	10
20	F15	Petites-Ecuries pass. des	10
20	F15	Petites-Ecuries r. des	10
32	H15 N	Petite-Truanderie r. de la	1
44-56	N16 S	Petit-Modèle imp. du	13
44	M15 S	Petit-Moine r. du	5
33	K17-J17	Petit-Musc r. du	4
23	E21 S	Petitot r.	19
31	J14-K14	Petit-Pont	4-5
31	K14 S	Petit-Pont pl. du	5
31	K14 N	Petit-Pont r. du	5
31-20	G14-G15	Petits-Carreaux r. des	2
31	G13	Petits-Champs r. des	
		nºs impairs 1ᵉʳ - nºs pairs	2
20	E15	Petits-Hôtels r. des	10
31	E14	Petits-Pères pass. des	2
31	G14	Petits-Pères pl. des	2
31	G14	Petits-Pères r. des	2
11	C21-B21	Petits-Ponts rte des	19
27	H6	Pétrarque r.	16
27	H6	Pétrarque sq.	16
20-19	E15-E14	Pétrelle r.	9
20	E15 N	Pétrelle sq.	9
38	K3 S	Peupliers av. des	16
56	R15	Peupliers poterne des	13
56	R15	Peupliers r. des	13
56	P15-R15	Peupliers sq. des	13
34	J19-J20	Phalsbourg cité de	11
17	D9 S	Phalsbourg r. de	17
4-5	C8-C9	Philibert-Delorme r.	17
57-56	R17-R16	Philibert-Lucot r.	13
36-48	K23	Philidor imp.	20
36	K23	Philidor r.	20
47-34	K21-J20	Philippe-Auguste av.	11
35	K21	Philippe-Auguste pass.	11
44-56	N16 S	Philippe-de-Champagne r.	13
20-8	E16-C16	Philippe-de-Girard r.	
		nºs 1-33, 2-34	10
		nºs 35-fin, 36-fin	18
22-21	E19-E18	Philippe-Hecht r.	19
22	F20 S	Piat pass.	20
22	F20-F19	Piat r.	20
33	H17 N	Picardie r. de	3
15	F6 N	Piccini r.	16
15	F6 S	Picot r.	16
47	M22-L21	Picpus bd de	12
48	N23	Picpus porte de (Pte Dorée)	12
46-47	K20-N22	Picpus r. de	12
19	D13	Piémontési r.	18
32	H15	Pierre-au-Lard r.	4
34	J20-H20	Pierre-Bayle r.	20
46	L20 N	Pierre-Bourdan r.	12
28	G8 S	Pierre-Brisson pl.	16
44-43	M15-M14	Pierre-Brossolette r.	5
8	C15	Pierre-Budin r.	18
20	F16 S	Pierre-Bullet r.	10
16-17	G8-F9	Pierre-Charron r.	8
20	F16 S	Pierre-Chausson r.	10
38	N3 N	Pierre-de-Coubertin pl.	16
16	E7-D8	Pierre-Demours r.	17
21	E17	Pierre-Dupont r.	10

Plan n°	Repère	Nom	Arrondissement
43	L14	Pierre-et-Marie-Curie r.	5
24	F23 S	Pierre-Foncin r.	20
6	C12 S	Pierre-Ginier r.	18
6	C12 S	Pierre-Ginier villa	18
10	D19 N	Pierre-Girard r.	19
57	N18-P18	Pierre-Gourdault r.	13
26-38	K4	Pierre-Guérin r.	16
18	D12	Pierre-Haret r.	9
42	L12	Pierre-Lafue pl.	6
43	M14 N	Pierre-Lampué pl.	5
53	P10	Pierre-Larousse r.	14
16	E8	Pierre-le-Grand r.	8
20-8	D16 S	Pierre-l'Ermite r.	18
42	K11 S	Pierre-Leroux r.	7
53	P10	Pierre-Le-Roy r.	14
32	H15	Pierre-Lescot r.	1
21-33	G18	Pierre-Levée r. de la	11
27-39	K5	Pierre-Louÿs r.	16
55	S13	Pierre-Masse av.	14
40-52	N7	Pierre-Mille r.	15
24-36	G23	Pierre-Mouillard r.	20
43	M14-M13	Pierre-Nicole r.	5
7-19	D14	Pierre-Picard r.	18
16-28	G8	Pierre-1er-de-Serbie av.	
		n°s 1-33, 2-28	16
		n°s 35-fin, 30-fin	8
36	G23	Pierre-Quillard r.	20
6-5	A11-B10	Pierre-Rebière r.	17
9-10	D18-D19	Pierre-Reverdy r.	19
31	K14	Pierre-Sarrazin r.	6
19-20	E14-E15	Pierre-Semard r.	9
24	F23	Pierre-Soulié r.	20
29	H9 S	Pierre-Villey r.	7
19	E13 N	Pigalle cité	9
19	D13 S	Pigalle pl.	9
19	E13-D13	Pigalle r.	9
33	H18 N	Pihet r.	11
19	F13	Pillet-Will r.	9
6	C12	Pilleux cité	18
44	N16	Pinel pl.	13
44	N16	Pinel r.	13
44	M16-N16	Pirandello r.	13
4	C8	Pissarro r.	17
21	F18 S	Piver imp.	11
21	F18 S	Piver pass.	11
23	F21	Pixérécourt imp.	20
23	F21	Pixérécourt r.	20
52	P7	Plaine porte de la	15
35-47	K21-K22	Plaine r. de la	20
52	P8	Plaisance porte de	15
42-54	N11 S	Plaisance r. de	14
23	F22 S	Planchart pass.	20
35	K21-J21	Planchat r.	20
20	G16 N	Planchette imp. de la	3
46	M20	Planchette ruelle de la	12
54	N11-R11	Plantes r. des	14
54	P11 N	Plantes villa des	14
22	F20 S	Plantin pass.	20
19	D13	Platanes villa des	18
31	H14 S	Plat-d'Étain r. du	1
22	E20	Plateau pass. du	19
22	E20-E19	Plateau r. du	19
41	M10 S	Platon r.	15
32	H16-H15	Plâtre r. du	4
22-34	G20	Plâtrières r. des	20
40-39	M7-M6	Plélo r. de	15
46	M20	Pleyel r.	12
34	H20	Plichon r.	11
41	M9	Plumet r.	15
42	M11 N	Poinsot r.	14

Plan n°	Repère	Nom	Arrondissement
38	M3	Point-du-Jour porte du	16
35	J22	Pointe sentier de la	20
57	R17	Pointe-d'Ivry r. de la	13
17	F9 S	Point-Show galerie	8
41	L9	Poirier villa	15
54	R12-R11	Poirier-de-Narçay r.	14
33	J17	Poissonnerie imp. de la	4
19	F14 S	Poissonnière bd n°s impairs	2
		n°s pairs	9
20	G15-F15	Poissonnière r.	2
8	D15 N	Poissonnière villa	18
8	A15-B15	Poissonniers porte des	18
8	D15-B15	Poissonniers r. des	18
44	K15	Poissy r. de	5
31	K14 N	Poitevins r. des	6
30	H12-J12	Poitiers r. de	7
33-32	H17-H16	Poitou r. de	3
7	B13	Pôle-Nord r. du	18
44	M16	Poliveau r.	5
15	G5 N	Pologne av. de	16
8	D15	Polonceau r.	18
15	G5	Pomereu r. de	16
46	N20-M19	Pommard r. de	12
27-15	J5-F6	Pompe r. de la	16
20-32	G15	Ponceau pass. du	2
32	G15	Ponceau r. du	2
16	E8 N	Poncelet pass.	17
16	E8	Poncelet r.	17
28-40	K8	Pondichéry r. de	15
58-47	P20-N22	Poniatowski bd	12
57	P17 S	Ponscarme r.	13
6	A11 S	Pont-à-Mousson r. de	17
20-32	G16	Pont-aux-Biches pass. du	3
33	H17	Pont-aux-Choux r. du	3
31	J14 S	Pont-de-Lodi r. du	6
17	F10-F9	Ponthieu r. de	8
32	J16	Pont-Louis-Philippe r. du	4
39	L5 N	Pont-Mirabeau rd-pt du	15
31	J14	Pont-Neuf pl. du	1
31	H14 S	Pont-Neuf r. du	1
44	K15	Pontoise r. de	5
33	H18	Popincourt cité	11
33	H18 S	Popincourt imp.	11
34-33	J19-H18	Popincourt r.	11
18	E11	Portalis r.	8
57	S17 N	Port-au-Prince pl. de	13
52	P8	Pte-Brancion av. de la	15
23	D21	Pte-Brunet av. de la	19
11	D21 N	Pte-Chaumont av. de la	19
5-4	C9-B8	Pte-d'Asnières av. de la	17
9	A18	Pte-d'Aubervilliers av.	
		n°s impairs 18 - n°s pairs	19
38	K3 S	Pte-d'Auteuil av. de la	16
36	G23 S	Pte-de-Bagnolet av. de la	20
36	G23-H23	Pte-de-Bagnolet pl. de la	20
3-4	D7-D6	Pte-de-Champerret av.	17
4	D7 N	Pte-de-Champerret pl. de la	17
59	N21-P22	Pte-de-Charenton av. de la	12
54-53	R11-R10	Pte-de-Châtillon av. de la	14
54	R11 N	Pte-de-Châtillon pl. de la	14
57	S17	Pte-de-Choisy av. de la	13
5	B10	Pte-de-Clichy av. de la	17
7	A14	Pte-de-Clignancourt av.	18
55	S14	Pte-de-Gentilly av. de la	
		n°s impairs 13e - n°s pairs	14
8	A16	Pte-de-la-Chapelle av.	18
52	P7	Pte-de-la-Plaine av. de la	15
10	A20	Pte-de-la-Villette av. de la	19
24	F23 S	Pte-de-Ménilmontant av.	20

39

Plan n°	Repère	Nom	Arrondissement
7	A13	Pte-de-Montmartre av.	18
36	J23 S	Pte-de-Montreuil av. de la	20
36	J23 S	Pte-de-Montreuil pl. de la	20
54	R11	Pte-de-Montrouge av.	14
11	C21	Pte-de-Pantin av. de la	19
11	C21	Pte-de-Pantin pl. de la	19
26	J3 N	Pte-de-Passy pl. de la	16
52	P8	Pte-de-Plaisance av. de la	15
37	M2	Pte-de-St-Cloud av. de la	16
37-38	M2-M3	Pte-de-St-Cloud pl. de la	16
6	A12	Pte-de-St-Ouen av. de la	
		n°s impairs 17e - n°s pairs	18
39	N5	Pte-de-Sèvres av. de la	15
23-24	E22-E23	Pte-des-Lilas av. de la	
		n°s impairs	19
		n°s pairs	20
8	A15	Pte-des-Poissonniers av.	18
15	D6 S	Pte-des-Ternes av. de la	17
53	P9-R9	Pte-de-Vanves av. de la	14
53	P9 S	Pte-de-Vanves pl. de la	14
53	P9-R9	Pte-de-Vanves sq. de la	14
40-52	N7 S	Pte-de-Versailles pl. de la	15
3-15	D6	Pte-de-Villiers av. de la	17
48	L24-L23	Pte-de-Vincennes av.	
		n°s 2-24, 143-151	12
		n°s 1-23, 198	20
58	R19	Pte-de-Vitry av. de la	13
53	P10 S	Pte-Didot av. de la	14
39	N6	Pte-d'Issy r. de la	15
56	S16	Pte-d'Italie av. de la	13
57	S18-R17	Pte-d'Ivry av. de la	13
54	R12 S	Pte-d'Orléans av. de la	14
23	E22-D22	Pte-du-Pré-St-Gervais av. de la	19
32	H16 N	Portefoin r.	3
15	E6	Pte-Maillot pl. de la	16-17
37	L2	Pte-Molitor av. de la	16
37-38	L2-L3	Pte-Molitor pl. de la	16
6	B11-A11	Pte-Pouchet av. de la	17
8	C15 N	Portes-Blanches r. des	18
19	G13 N	Port-Mahon r. de	2
44-43	M15-M13	Port-Royal bd de	
		n°s 1-93	13
		n°s 95-fin	14
		n°s pairs	5
43	M14 S	Port-Royal cité de	13
53	M14 S	Port-Royal sq. de	13
16	F7 S	Portugais av. des	16
27	H5 S	Possoz pl.	16
44	M15 N	Postes pass. des	5
44	L15 S	Pot-de-Fer r. du	5
7	B13 N	Poteau pass. du	18
7	B14-B13	Poteau r. du	18
56	R15-S15	Poterne-des-Peupliers r.	13
31	G13 S	Potier pass.	1
9	B18-C18	Pottier cité	19
6	B11	Pouchet pass.	17
6	A11-B11	Pouchet porte	17
6	C11-B11	Pouchet r.	17
7	C13-D14	Poulbot r.	18
35	J21-K21	Poule imp.	20
8	C15 S	Poulet r.	18
32	K16	Poulletier r.	4
38	K4-K3	Poussin r.	16
56	P15 S	Pouy r. de	13
22	F19-E19	Pradier r.	19
20	G15-F15	Prado pass. du	10
33-45	K18 S	Prague r. de	12

Plan n°	Repère	Nom	Arrondissement
35	H22	Prairies r. des	20
8	B16 N	Pré r. du	18
22	E19	Préault r.	19
30	J12	Pré-aux-Clercs r. du	7
32	H15	Prêcheurs r. des	1
23	D21-D15	Pré-St-Gervais porte du	19
23	E21 S	Pré-St-Gervais r. du	19
16	F8-F7	Presbourg r. de n°s 1-2	8
		n°s 3-fin, 4-fin	16
22-21	F19-F18	Présentation r. de la	11
30	H11	Président-Ed.-Herriot pl.	7
28-27	J7-K5	Président-Kennedy av. du	16
29	K10	Président-Mithouard pl.	7
28	G8-H7	Président-Wilson av. du	
		n°s impairs, n°s 8-fin	16
		n°s 2-6	8
28	K8 N	Presles imp. de	15
28	K8 N	Presles r. de	15
22	G19 N	Pressoir r. du	20
27	G6 S	Prêtres imp. des	16
31	H14 S	Prêtres-St-Germain-l'Auxerrois r. des	1
31	K14 N	Prêtres-St-Séverin r. des	5
53	P9 S	Prévost-Paradol r.	14
32	J16 S	Prévôt r. du	4
22-23	D20-D21	Prévoyance r. de la	19
44-56	N16	Primatice r.	13
33	J17-H18	Primevères imp. des	11
19	F13 S	Princes pass. des	2
31	K13 N	Princesse r.	6
5	C9 S	Printemps r. du	17
54	R12-P12	Prisse-d'Avennes r.	14
41	M9-N10	Procession r. de la	15
36	J24-J23	Prof.-André-Lemierre av. du	
		n°s impairs	20
		n°s pairs	Montreuil-Bagnolet
8-7	A15-A14	Professeur-Gosset r. du	18
54	R12-S12	Professeur-Hyacinthe-Vincent r. du	14
56	R16-R15	Prof.-Louis-Renault r. du	13
23	E21 N	Progrès villa du	19
17-16	E9-D8	de Prony r.	17
17	D10 S	Prosper-Goubaux pl.	
		n°s impairs	8
		n°s pairs	17
34	K20 N	Prost cité	11
46	M20 S	Proudhon r.	12
31	H14	Prouvaires r. des	1
19	F13 N	Provence av. de	9
19-18	F14-F12	Provence r. de	
		n°s 1-125, 2-118	9
		n°s 127-fin, 120-fin	8
35	J22 S	Providence imp. de la	20
56-55	R15-P14	Providence r. de la	13
26	J4-H4	Prudhon av.	16
34	H20	Pruniers r. des	20
19	D13	Puget r.	18
55	R13	Puits allée du	14
44	L15 S	Puits-de-l'Ermite pl. de	5
44	L15-M15	Puits-de-l'Ermite r. du	5
5	C10 S	Pusy cité de	17
18	F11	Puteaux pass.	8
18	D11	Puteaux r.	17
4	D8 N	Puvis-de-Chavannes r.	17
35	H22-G22	Py r. de la	20
31-30	H13-H12	Pyramides pl. des	1
31	H13-G13	Pyramides r. des	1
47-22	K22-F20	Pyrénées r. des	20
35	J22-K22	Pyrénées villa des	20

40

Plan n°	Repère	Nom	Arrondissement
44	L15 S	de Quatrefages r.	5
32	H16	Quatre-Fils r. des	3
7	C13	Quatre-Frères-Casadesus pl. des	18
39	L6 N	Quatre-Frères-Peignot r.	15
19	G13-F13	Quatre-Septembre r. du	2
31	K13 N	Quatre-Vents r. des	6
31	J13 S	Québec pl. du	6

Plan n°	Repère	Nom	Arrondissement
33	J18 S	Quellard cour	11
16-17	G8-F9	Quentin-Bauchart r.	8
36	K23 N	Quercy sq. du	20
22	G19	Questre imp.	11
40	L8	Quinault r.	15
32	H15	Quincampoix r.	
		n°s 1-63, 2-64	4
		n°s 65-fin, 66-fin	3

r

Plan n°	Repère	Nom	Arrondissement
17	F10 S	Rabelais r.	8
38	K3	Racan sq.	16
18	D12	Rachel av.	18
38	L3 S	Racine imp.	16
31-43	K14-K13	Racine r.	6
31	G13 S	Radziwill r.	1
37	L2 S	Raffaëlli r.	16
26	K4	Raffet imp.	16
26	K4-K3	Raffet r.	16
46	L19	Raguinot pass.	12
47	M22 N	Rambervillers r. de	12
45-46	L18-L19	Rambouillet r. de	12
32-31	H16-H14	Rambuteau r.	
		n°s 1-73	4
		n°s 2-66	3
		n°s 75-fin, 68-fin	1
19	G13	Rameau r.	2
7-8	C14-C15	Ramey pass.	18
8-7	C15-C14	Ramey r.	18
22	F19	Rampal r.	19
33	G17	Rampon r.	11
22	F19	Ramponeau r.	20
35	H21	Ramus r.	20
35	J22	Rançon imp.	20
26	J4 N	Ranelagh av. du	16
27-26	K6-J4	Ranelagh r. du	16
26	J4	Ranelagh sq. du	16
47	M21	Raoul r.	12
42	M11 N	Raoul-Dautry pl.	15
21	E17	Raoul-Follereau pl.	10
45	M18-L17	Rapée port de la	12
45	M18-L17	Rapée quai de la	12
26	H4-J4	Raphaël av.	16
28	H8-J8	Rapp av.	7
28	J8 N	Rapp sq.	7
30-42	J12-N12	Raspail bd	
		n°s 1-41, 2-46	7
		n°s 43-147, 48-136	6
		n°s 201-fin, 202-fin	14
36	J23	Rasselins r. des	20
43	L14-M14	Rataud r.	5
34	J19 S	Rauch pass.	11
7	D13 N	Ravignan r.	18
56	R16 S	Raymond pass.	13
42-53	M11-P9	Raymond-Losserand r.	14
4	C8	Raymond-Pitet r.	17
27-15	H6-F6	Raymond-Poincaré av.	16
27	J6-K5	Raynouard r.	16

Plan n°	Repère	Nom	Arrondissement
27	J6 N	Raynouard sq.	16
32-19	G16-G14	Réaumur r. n°s 1-49, 2-72	3
		n°s 51-fin, 74-fin	2
21-22	F18-F19	Rébeval r.	19
30	K12 N	Récamier r.	7
20	F16 N	Récollets pass. des	10
21-20	F17-F16	Récollets r. des	10
27-26	K5-J4	Recteur-Poincaré av. du	16
56	N15 S	Reculettes r. des	13
4-5	C8-C9	Redon r.	17
42	K12 S	Regard r. du	6
42	K11 S	Régis r.	6
36	J23	Réglises r. des	20
31-43	K13	Regnard r.	6
58-57	P19-R17	Regnault r.	13
20	F15-F16	Reilhac pass.	10
55	P14-R13	Reille av.	14
55	P14-P13	Reille imp.	14
4	C8	Reims bd de	17
57	P18	Reims r. de	13
30-29	G11-G10	Reine cours la	8
29	G9 S	Reine-Astrid pl. de la	8
44	M15-N15	Reine-Blanche r. de la	13
31	H14 N	Reine-de-Hongrie pass.	1
17	E9	Rembrandt r.	8
39-38	K5-K4	de Rémusat r.	16
10	D19	Rémi-Belleau villa	19
22-21	E19-E18	Rémy-de-Gourmont r.	19
55-54	P13-P12	Remy-Dumoncel r.	14
29-17	G9	Renaissance r. de la	8
23	E21 N	Renaissance villa de la	19
32	J15-H15	Renard r. du	4
16	E8-D8	Renaudes r. des	17
47	L22	Rendez-vous cité du	12
47	L22	Rendez-vous r. du	12
26	J4-K4	René-Bazin r.	16
7	A14-A13	René-Binet r.	18
20	G16 N	René-Boulanger r.	10
27	J6	René-Boylesve av.	16
31	H14	René-Cassin pl.	1
43-55	N13-R13	René-Coty av.	14
24	E23	René-Fonck av.	19
44	M16	René-Panhard r.	13
34	H20	René-Villermé r.	11
16	E8-D8	Rennequin r.	17
31-42	J13-L11	Rennes r. de	6
34	J20-H20	Repos r. du	20
33-34	G17-H20	République av. de la	11

41

Plan n°	Repère	Nom	Arrondissement
21-33	G17	**République pl. de la**	
		n⁰ˢ impairs	3
		n⁰ˢ 2-10	11
		n⁰ˢ 12-16	10
17	E9	**Rép.-de-l'Equateur pl. de la**	8
17	E9 N	**Rép.-Dominicaine pl. de la**	
		n⁰ˢ impairs 8ᵉ - n⁰ˢ pairs	17
57	P18 S	**Résal r.**	13
28	H8	**Résistance pl. de la**	7
18	G11 N	**Retiro cité du**	8
23	G21 N	**Retrait pass. du**	20
23-35	G21	**Retrait r. du**	20
46-47	M20-M21	**Reuilly bd de**	12
47	N22	**Reuilly porte de**	12
46-47	K20-M21	**Reuilly r. de**	12
35	J22	**Réunion pl. de la**	20
35	K22-J21	**Réunion r. de la**	20
38	L4 S	**Réunion villa de la**	16
36-48	K23	**Reynaldo-Hahn r.**	20
22	D19	**Rhin r. du**	19
11-23	D21 S	**Rhin-et-Danube pl. de**	19
4	C8	**Rhône sq. du**	17
26	K4	**Ribera r.**	16
35	J21 N	**Riberolle villa**	20
40	L8 N	**Ribet imp.**	15
35	H22 S	**Riblette r.**	20
22-34	G19	**Ribot cité**	11
19	E14 S	**Ribouté r.**	9
56	P16 N	**Ricaut r.**	12
41	N9	**Richard imp.**	15
18	D11	**Richard-Baret pl.**	17
16	F8	**Richard-de-Coudenhove-Kalergi pl.**	16
33	J17-G17	**Richard-Lenoir bd**	11
34	J19	**Richard-Lenoir r.**	11
31	G13-H13	**Richelieu pass. de**	1
31-19	H13-F14	**Richelieu r. de**	
		n⁰ˢ 1-53, 2-56	1
		n⁰ˢ 55-fin, 58-fin	2
57	P17	**Richemond r. de**	13
18	G11-G12	**Richepance r.** n⁰ˢ impairs	8
		n⁰ˢ pairs	1
20-19	F15-F14	**Richer r.**	9
21	F17	**Richerand av.**	10
8	D15 N	**Richomme r.**	18
53	N10 S	**Ridder r. de**	14
18	F11 N	**Rigny r. de**	8
23-22	F21-F20	**Rigoles r. des**	20
22	D20 S	**Rimbaud villa**	19
54	P12 N	**Rimbaut pass.**	14
17	E10	**Rio-de-Janeiro pl. de**	8
9-8	C18-C16	**Riquet r.** n⁰ˢ 1-53, 2-64	19
		n⁰ˢ 65-fin, 66-fin	18
20	F16-G16	**Riverin cité**	10
34	G20	**Rivière pass.**	20
32-30	J16-G11	**Rivoli r. de** n⁰ˢ 1-39, 2-96	4
		n⁰ˢ 41-fin, 98-fin	1
7	B13	**Robert imp.**	18
21	E17	**Robert-Blache r.**	10
27-39	K6	**Robert-de-Flers r.**	15
21	E17	**Robert-Desnos pl.**	10
29	H10	**Robert-Esnault-Pelterie r.**	7
17	G9 N	**Robert-Estienne r.**	8
58	P20	**Robert-Etlin r.**	12
40	L8	**Robert-Fleury r.**	15
21	F18 S	**Robert-Houdin r.**	11
27	J5 S	**Robert-Le-Coin r.**	16
40	N8	**Robert-Lindet r.**	15

Plan n°	Repère	Nom	Arrondissement
40	N8	**Robert-Lindet villa**	15
19	D13	**Robert-Planquette r.**	18
29	H9	**Robert-Schuman av.**	7
26	K4 N	**Robert-Turquan r.**	16
6	B11	**Roberval r.**	17
29	J9 N	**Robiac sq. de**	7
35	G21 S	**Robineau r.**	20
42	L12 S	**Robiquet imp.**	6
26	K3 N	**Rocamadour sq. de**	16
28	G8 S	**Rochambeau pl.**	16
19	E14	**Rochambeau r.**	9
34	H19	**Rochebrune pass.**	11
34	H19	**Rochebrune r.**	11
20-19	D15-D14	**de Rochechouart bd**	
		n⁰ˢ impairs	9
		n⁰ˢ pairs	18
19	E14-D14	**de Rochechouart r.**	9
18	E11	**Rocher r. du**	8
20	E15-D15	**Rocroy r. de**	10
43	N13	**Rodenbach allée**	14
19	E14	**Rodier r.**	9
27	H5 N	**Rodin av.**	16
26	J4 S	**Rodin pl.**	16
42	N12 N	**Roger r.**	14
16	D7 S	**Roger-Bacon r.**	17
33	J17	**Roger-Verlomme r.**	3
31	K13 N	**Rohan cour de**	6
31	H13 N	**Rohan r. de**	1
8	B15	**Roi-d'Alger pass. du**	18
7-8	B14-B15	**Roi-d'Alger r. du**	18
32	J16	**Roi-de-Sicile r. du**	4
33	H17 S	**Roi-Doré r. du**	3
32	G15	**Roi-François cour du**	2
7	C13-C14	**Roland-Dorgelès carr.**	18
24-36	G23	**Roland-Garros sq.**	20
55	R14 S	**Roli r.**	14
35	J21-K21	**Rolleboise imp.**	20
44	L15	**Rollin r.**	5
54-53	S12-R12	**Romain-Rolland bd**	14
23	E21-E22	**Romainville r. de**	19
32	H16 N	**Rome cour de**	3
18	E11 S	**Rome cour de**	8
18-5	F12-C10	**Rome r. de** n⁰ˢ 1-73, 2-82	8
		n⁰ˢ 75-fin, 84-fin	17
35	G21 S	**Rondeaux pass. des**	20
35	H21-G21	**Rondeaux r. des**	20
46	L20 N	**Rondelet r.**	12
35	H21 N	**Rondonneaux r. des**	20
7	D14 N	**Ronsard r.**	18
41	L10 S	**Ronsin imp.**	15
18	F11	**Roquépine r.**	8
33	J18	**Roquette cité de la**	11
33-34	J18-H20	**Roquette r. de la**	11
41	L10-L9	**Rosa-Bonheur r.**	15
41-53	N9	**Rosenwald r.**	15
9-8	B17-B16	**Roses r. des**	18
8	B16 S	**Roses villa des**	18
40	L7	**Rosière r. de la**	15
32	J16	**Rosiers r. des**	4
56	S16	**Rosny-Aîné sq.**	13
19	F14-F13	**Rossini r.**	9
6	C12 S	**Rothschild imp.**	18
43	K13 S	**Rotrou r.**	6
47-48	M22-23	**Rottembourg r.**	12
20	E15-E16	**Roubaix pl. de**	10
34-46	K20	**Roubo r.**	11
28-40	K7	**Rouelle r.**	15
9	C18 S	**Rouen r. de**	19
54	P12 S	**Rouet imp. du**	14
19	F14	**Rougemont cité**	9

42

Plan n°	Repère	Nom	Arrondissement
19	F14	**Rougemont r.**	9
30	G12 S	**Rouget-de-l'Isle r.**	1
31	H14 S	**Roule r. du**	1
16	E8 S	**Roule sq. du**	8
42	K11 S	**Rousselet r.**	7
34	G20 S	**Routy-Philippe imp.**	20
10	B20-B19	**Rouvet r.**	19
38	L4-L3	**Rouvray av. de**	16
16	D8 S	**Roux imp.**	17
18	F11 N	**Roy r.**	8
30	H12 S	**Royal pont**	1-7

Plan n°	Repère	Nom	Arrondissement
18	G11	**Royale r.**	8
43	L14	**Royer-Collard imp.**	5
43	L14	**Royer-Collard r.**	5
44	N16	**Rubens r.**	13
16	F7 N	**Rude r.**	16
8	C16 S	**Ruelle pass.**	18
15	D6 S	**Ruhmkorff r.**	17
7	C13-B14	**Ruisseau r. du**	18
55	R14	**Rungis pl. de**	13
55	R14	**Rungis r. de**	13
17	E10	**Ruysdaël av.**	8

S

54	N12-N11	**Sablière r. de la**	14
27	G6-H6	**Sablons r. des**	16
15	E6-E5	**Sablonville r. de**	17
30	K12 N	**Sabot r. du**	6
7	C14 S	**Sacré-Cœur cité du**	18
23	E21 N	**Sadi-Carnot villa**	19
21	E18 N	**Sadi-Lecointe r.**	19
47-48	M22-M23	**Sahel r. du**	12
47	M22 N	**Sahel villa du**	12
15	F6-F5	**Saïd villa**	16
52	N7-N8	**Saïda r. de la**	15
16	F7 N	**Saïgon r. de**	16
54	N12 S	**Saillard r.**	14
54	R12	**St-Alphonse imp.**	14
41	N9	**Saint-Amand r.**	15
34-33	H19-H18	**St-Ambroise pass.**	11
33-34	H18-H19	**St-Ambroise r.**	11
31	K14 N	**St-André-des-Arts pl.**	6
31	J14-J13	**St-André-des-Arts r.**	6
6	B12 N	**Saint-Ange imp.**	17
6	B12 N	**Saint-Ange pass.**	17
33	K18 S	**St-Antoine pass.**	11
33-32	J17-J16	**St-Antoine r.**	4
18	F11 N	**St-Augustin pl.**	8
19	G13 N	**St-Augustin r.**	2
31	J13 S	**St-Benoît r.**	6
34	K19	**St-Bernard pass.**	11
45-44	L17-K16	**St-Bernard port**	5
45-44	L17-K16	**St-Bernard quai**	5
34	K19	**St-Bernard r.**	11
35	H22 S	**St-Blaise pl.**	20
35-36	H22-J23	**St-Blaise r.**	20
32	J15 N	**St-Bon r.**	4
8	D16-D15	**St-Bruno r.**	18
39	L6 S	**St-Charles imp.**	15
40	K7 S	**St-Charles pl.**	15
39	L6-M6	**St-Charles rd-pt**	15
28-39	K7-M5	**St-Charles r.**	15
46	L20 N	**St-Charles sq.**	12
21	F18-E18	**St-Chaumont cité**	19
39	L5-L6	**St-Christophe r.**	15
33	H17 S	**St-Claude imp.**	3
33	H17 S	**St-Claude r.**	3
37	M2-N2	**St-Cloud porte de**	16
20	G16-G15	**St-Denis bd**	
		n°s 1-9	3
		n°s 11-fin	2
		n^{os} pairs	10

20-32	G15	**St-Denis galerie**	2
32	G15 S	**St-Denis imp.**	2
31-20	J14-G15	**St-Denis r.**	
		n°s 1-133, 2-104	1
		n°s 135-fin, 106-fin	2
28-27	G7-G6	**St-Didier r.**	16
30-28	J11-J8	**St-Dominique r.**	7
7	D14 S	**St-Eleuthère r.**	18
46	L20 N	**St-Eloi cour**	12
34	K19	**St-Esprit cour du**	11
44	L15 N	**St-Etienne-du-Mont r.**	5
31	H14 N	**St-Eustache imp.**	1
38	M4-N3	**Saint-Exupéry quai**	16
23	F22 S	**St-Fargeau pl.**	20
23-24	F21-F23	**St-Fargeau r.**	20
16	E7	**St-Ferdinand pl.**	17
16-15	E7-E6	**St-Ferdinand r.**	17
32	H15 S	**St-Fiacre imp.**	4
19	G14-F14	**St-Fiacre r.**	2
18-30	G11	**St-Florentin r.** n^{os} pairs	1
		n^{os} impairs	8
7	B14 N	**St-François imp.**	18
19	E13	**St-Georges pl.**	9
19	F13-E13	**St-Georges r.**	9
44-30	K16-H11	**St-Germain bd**	
		n°s 1-73, 2-100	5
		n°s 75-175, 102-186	6
		n°s 177-fin, 188-fin	7
31	J13 S	**St-Germain-des-Prés pl.**	6
31	J14 N	**St-Germain-l'Auxerrois r.**	1
32	J15	**St-Gervais pl.**	4
33	J17 N	**St-Gilles r.**	3
55	P13	**St-Gothard r. du**	14
30	J12	**St-Guillaume r.**	7
44-43	N15-N14	**St-Hippolyte r.**	13
31-18	H14-G11	**St-Honoré r.**	
		n°s 1-271, 2-404	1
		n°s 273-fin, 406-fin	8
15-27	G6	**St-Honoré-d'Eylau av.**	16
34	H19 N	**St-Hubert r.**	11
30	G12 S	**St-Hyacinthe r.**	1
33	H18	**St-Irénée sq.**	11
43-55	N14-N13	**St-Jacques bd**	14
33	J18 S	**St-Jacques cour**	11
43	N13	**St-Jacques pl.**	14
31-43	K14-M14	**St-Jacques r.**	5
55	N13 S	**St-Jacques villa**	14
6	C11-C12	**St-Jean r.**	17

43

Plan n°	Repère	Nom	Arrondissement
42	L11 N	St-Jean-Baptiste-de-la-Salle r.	6
8	D16-C16	St-Jérôme r.	18
31	H14	St-John Perse Allée	1
33	K18 N	St-Joseph cour	11
19	G14 N	St-Joseph r.	2
7	B13 N	St-Jules pass.	18
32-31	K15-K14	St-Julien-le-Pauvre r.	5
5	B10 N	Saint-Just r.	17
40	M7-N7	St-Lambert r.	15
20	E16 S	St-Laurent r.	10
		St-Lazare r.	
19-18	E13-F12	n°s 1-109, 2-106	9
		N°s 111-fin, 108-fin	8
33	K18-J18	St-Louis cour	11
32	K15 N	St-Louis pont	4
32	K16-K15	St-Louis-en-l'Ile r.	4
8	D15 N	St-Luc r.	18
47-48	L21-L23	St-Mandé av. de	12
48	L23	St-Mandé porte de	12
47	L22-L21	St-Mandé villa de	12
19	F14 S	St-Marc galerie	2
19	F14-F13	St-Marc r.	2
4	C8	de Saint-Marceaux r.	17
44	M16-M15	St-Marcel bd n°s impairs	13
		n°s pairs	5
20	G16	St-Martin bd	
		n°s impairs	3
		n°s pairs	10
20	F16	St-Martin cité	10
32-20	J15-G16	St-Martin r.	
		n°s 1-143, 2-152	4
		n°s 145-fin, 154-fin	3
8	D16-D15	St-Mathieu r.	18
34	H19 N	St-Maur pass.	11
34-21	H19-F18	St-Maur r.	
		n°s 1-175, 2-176	11
		n°s 177-fin, 178-fin	10
44	L15 S	St-Médard r.	5
32	H15	St-Merri r.	4
31-43	K14-M13	St-Michel bd n°s impairs	5
		n°s pairs	6
6	C12	St-Michel pass.	17
31	J14 S	St-Michel pl. n°s 1-7	5
		n°s 2-10, 9-13	6
31	J14	St-Michel pont	4-5
31	K14-J14	St-Michel quai	5
6	C12	St-Michel villa	18
34	K20	St-Nicolas cour	11
33	K18	St-Nicolas r.	12
6	C12-B12	St-Ouen av. de	
		n°s impairs	17
		n°s pairs	18
6	B12 S	St-Ouen imp.	17
6	A12	St-Ouen porte de	17-18
35	J22	St-Paul imp.	20
32	J16 S	St-Paul pass.	4
32-33	K16-J17	St-Paul r.	4
20	G15 N	St-Philippe r.	2
17	F10	St-Ph.-du-Roule pass.	8
17	F9	St-Philippe-du-Roule r.	8
6	C12-C11	St-Pierre cour	17
35	J22-J21	St-Pierre imp.	20
19	D14	St-Pierre pl.	18
33	H17-H18	St-Pierre-Amelot pass.	11
42	L12-K11	St-Placide r.	6
20	E16	St-Quentin r. de	10
31	G13 S	St-Roch pass.	1
30-31	H12-G13	St-Roch r.	1
42	K11-L11	St-Romain r.	6

Plan n°	Repère	Nom	Arrondissement
42	K11-L11	St-Romain sq.	6
7	C14 S	St-Rustique r.	18
33	J18-H17	St-Sabin r.	11
28	J7-K7	St-Saëns r.	15
32	G15 S	St-Sauveur r.	2
33	H18	St-Sébastien imp.	11
33	H17-H18	St-Sébastien pass.	11
33	H17-H18	St-Sébastien r.	11
16	D7 S	de Saint-Senoch r.	17
31	K14 N	St-Séverin r.	5
30	J11	de Saint-Simon r.	7
23	F21 S	Saint-Simoniens pass. des	20
20	G15 N	St-Spire r.	2
31	K13	St-Sulpice pl.	6
31	K13	St-Sulpice r.	6
30	J12	St-Thomas-d'Aquin pl.	7
30	J12	St-Thomas-d'Aquin r.	7
44	K15 S	St-Victor r.	5
22	E20	St-Vincent imp.	19
7	C14-C13	St-Vincent r.	18
20	E15-D15	St-Vincent-de-Paul r.	10
55-54	R13-P12	St-Yves r.	14
33	H17 S	Ste-Anastase r.	3
19	G13	Ste-Anne pass.	2
19-31	G13	Ste-Anne r.	
		n°s 1-47, 2-38	1
		n°s 49-fin, 40-fin	2
33	J17-J18	Ste-Anne-Popincourt pass.	11
20	G16-G15	Ste-Apolline r.	
		n°s 1-11, 2-8	3
		n°s 13-fin, 10-fin	2
32	H16 S	Ste-Avoie pass.	3
42	L12	Sainte-Beuve r.	6
20-19	F15-F14	Ste-Cécile r.	9
46	L20	Sainte-Claire-Deville r.	12
6	B11	Ste-Croix imp.	17
32	J16-H15	Ste-Croix-de-la-Bretonnerie r.	4
32	J15 N	Ste-Croix-de-la-Bretonnerie sq.	4
32	G16 S	Ste-Elisabeth pass.	3
32	G16 S	Ste-Elisabeth r.	3
40	N8 N	Ste-Eugénie av.	15
41	M9	Ste-Félicité r.	15
20	G15	Ste-Foy galerie	2
20	G15 N	Ste-Foy pass.	2
20	G15 N	Ste-Foy r.	2
43-44	L14-L15	Ste-Geneviève pl.	5
56	R15-S15	Ste-Hélène r. de	13
7	B14 N	Ste-Henriette imp.	18
7	B14 S	Ste-Isaure r.	18
42	N11	Ste-Léonie imp.	14
39	L6	Ste-Lucie r.	15
48	N23-N24	Ste-Marie av.	12
24	F23 S	Ste-Marie villa	20
21	F18	Ste-Marthe imp.	10
21	F18	Ste-Marthe r.	10
6	B12	Ste-Monique imp.	18
32-31	H15-H14	Ste-Opportune pl.	1
31-32	H14-H15	Ste-Opportune r.	1
31-30	J13-H12	Sts-Pères port des	6-7
31-30	J13-K12	Sts-Pères r. des	
		n°s impairs	6
		n°s pairs	7
32-33	H16-G17	Saintonge r. de	3
33	J18	Salarnier pass.	11
31	K14 N	Salembrière imp.	5
5-17	D10 N	Salneuve r.	17

Plan n°	Repère	Nom	Arrondissement
32	G15	**Salomon-de-Caus** r.	3
15	D6 S	**Salonique** av. de	17
21	F17-F18	**Sambre-et-Meuse** r. de	10
56	P15	**Samson** r.	13
47	N22	**Sancerrois** sq. du	12
18	F12	**Sandrié** imp.	9
43	M14 S	**Santé** imp. de la	13
43-55	M14-P14	**Santé** r. de la	
		n^{os} impairs	13
		n^{os} pairs	14
47	L21-L22	**Santerre** r.	12
44	M16-M15	**Santeuil** r.	5
29	J10 N	**Santiago-du-Chili** pl.	7
41	N9	**Santos-Dumont** r.	15
41	N9	**Santos-Dumont** villa	15
54	P12	**Saône** r. de la	14
39	M6-L6	**Sarasate** r.	15
54	P12-R12	**Sarrette** r.	14
35	J22	**Satan** imp.	20
6	C11-B11	**Sauffroy** r.	17
7	C13-C14	**Saules** r. des	18
19	F14-E14	**Saulnier** r.	9
18	F11 S	**Saussaies** pl. des	8
17-18	F10-F11	**Saussaies** r. des	8
16	E8	**Saussier-Leroy** r.	17
17-5	D10-C9	de **Saussure** r.	17
31	H14	**Sauval** r.	1
35	J22	**Savart** pass.	20
22	F20	**Savies** r. de	20
31	J14 S	**Savoie** r. de	6
29	J9 S	**Savorgnan-de-Brazza** r.	7
41	K9-L10	**Saxe** av. de	
		n^{os} impairs, n°s 2-48	7
		n°s 50-fin	15
29-41	K9-K10	**Saxe** villa de	7
19	D14 S	**Say** r.	9
33	J17	**Scarron** r.	11
27	H6	**Scheffer** r.	16
27	H6-H5	**Scheffer** villa	16
42	N12 N	**Schœlcher** r.	14
45	K17 S	de **Schomberg** r.	4
36	K23 N	**Schubert** r.	20
28	K7	**Schutzenberger** r.	15
44	M15 S	**Scipion** r.	5
18	F12	**Scribe** r.	9
30	J12	**Sébastien-Bottin** r.	7
39	L5-L6	**Sébastien-Mercier** r.	15
32-20	J15-G15	**Sébastopol** bd de	
		n°s 1-65	1
		n°s 67-fin	2
		n°s 2-40	4
		n°s 42-fin	3
21-22	D18-E19	**Secrétan** av.	19
40	K8 S	**Sécurité** pass.	15
33	J18	**Sedaine** cour	11
33-34	J18-H19	**Sedaine** r.	11
28	H8-J8	**Sédillot** r.	7
28-29	J8-J9	**Sédillot** sq.	7
31	J14 S	**Séguier** r.	6
29-41	K10-L9	de **Ségur** av.	
		n°s 1-73, 2-36	7
		n°s 75-fin, 38-fin	15
29-41	K9-K10	de **Ségur** villa	7
9-10	D18-C19	**Seine** quai de la	19
31	J13-K13	**Seine** r. de	6
17-29	G10	**Selves** av. de	8
31-43	K13	**Séminaire** allée du	6
22	F19 S	**Sénégal** r. du	20
4	C8 S	**Senlis** r. de	17
19	G14-F14	**Sentier** r. du	2

Plan n°	Repère	Nom	Arrondissement
42	N11	**Séoul** pl. de	14
11	C21-C22	**Sept-Arpents** r. des	19
46-47	L20-L21	**Sergent-Bauchat** r. du	12
16	D7 S	**Sergent-Hoff** r. du	17
37	M2	**Sergent-Maginot** r. du	16
31	K14 N	**Serpente** r.	6
36	H23	**Serpollet** r.	20
40	M7 N	**Serret** r.	15
23-11	E22-B21	**Sérurier** bd	19
34	H19	**Servan** r.	11
34	H19	**Servan** sq.	11
43	K13	**Servandoni** r.	6
54-55	P12-P13	**Seurat** villa	14
42-54	N11 S	**Severo** r.	14
19	D14	**Seveste** r.	18
32-33	J16-J17	de **Sévigné** r.	
		n°s 1-21, 2-34	4
		n°s 23-fin, 36-fin	3
39	N5	**Sèvres** porte de	15
30-41	K12-L10	**Sèvres** r. de	
		n°s 1-143, 2-8	6
		n°s 10-98	7
		n°s 145-fin, 100-fin	15
28	K7	**Sextius-Michel** r.	15
18	F12 S	de **Sèze** r. n°s 1-11, 2-18	9
		n°s 13-fin, 20-fin	8
15	F6 S	**Sfax** r. de	16
27	H5	**Siam** r. de	16
20	F16 N	**Sibour** r.	10
47	M22-L22	**Sibuet** r.	12
47	M21-22	**Sidi-Brahim** r.	12
56	P15	**Sigaud** pass.	13
11-23	D21-D22	**Sigmund-Freud** r.	19
28	H8-J8	**Silvestre-de-Sacy** av.	7
8-7	C15-C14	**Simart** r.	18
22-21	F19-E18	**Simon-Bolivar** av.	19
7	C13	**Simon-Dereure** r.	18
56	P15	**Simonet** r.	13
57	R17	**Simone-Weil** r.	13
32	H15 S	**Simon-le-Franc** r.	4
8-7	B15-B14	**Simplon** r. du	18
27	J5	**Singer** pass.	16
27	J5	**Singer** r.	16
32	J16 N	**Singes** pass. des	4
5	C9	**Sisley** r.	17
42	N12	**Sivel** r.	14
9	A18	**Skanderbeg** pl.	19
55	P14	**Sœur-Catherine-Marie** r.	13
56	N15 S	**Sœur-Rosalie** av. de la	13
20	D15	**Sofia** r. de	18
9	D18 N	**Soissons** r. de	19
22	F21	**Soleil** r. du	20
41	M9 N	**Soleil-d'Or** cour du	15
34-35	G20-G21	**Soleillet** r.	20
30	H12	**Solférino** pont de	1-7
30	H12-H11	**Solférino** port de	7
30	H11 S	**Solférino** r. de	7
22-23	D20-21	**Solidarité** r. de la	19
22	E20	**Solitaires** r. des	19
4	C7-D7	**Somme** bd de la	17
38	M3 S	**Sommeiller** villa	16
32-31	K15-K14	du **Sommerard** r.	5
53	P9 N	**Sommet-des-Alpes** r. du	15
15	F6 S	**Sontay** r. de	16
54	P12-N12	**Sophie-Germain** r.	14
22-35	G20-G21	**Sorbier** r.	20
43	K14 S	**Sorbonne** pl. de la	5
43	K14 S	**Sorbonne** r. de la	5
23-35	G22	**Souchet** villa	20
27	H5 N	**Souchier** villa	16

45

Plan n°	Repère	Nom	Arrondissement
28-40	K8	Soudan r. du	15
43	L14 N	Soufflot r.	5
35	J21 S	Souhaits imp. des	20
57	P17	Souham pl.	13
47-48	N22-L23	Soult bd	12
23	G21 N	Soupirs pass. des	20
26-38	K4	Source r. de la	16
34	K20	Souzy cité	11
34	H20 N	Spinoza r.	11
15-27	F5-G5	Spontini r.	16
15	G5	Spontini villa	16
38	K4-K3	Square av. du	16
7-6	B13-B12	Square-Carpeaux r. du	18
41	L9-L10	de Staël r.	15
21	D18-D17	Stalingrad pl. de	
		n^{os} impairs	10
		n^{os} pairs	19
42	L12 S	Stanislas r.	6
24	G23 N	Stanislas-Meunier r.	20
10	B19	Station sentier de la	19
19	D14	Steinkerque r. de	18
7	C13	Steinlen r.	18
21	F18-E18	Stemler cité	19
35	H22	Stendhal pass.	20
35	H22	Stendhal r.	20
35	H22	Stendhal villa	20
4	C7-D7	Stéphane-Mallarmé av.	17

Plan n°	Repère	Nom	Arrondissement
44	N16 S	Stéphen-Pichon av.	13
8	D16-C16	Stephenson r.	18
57	P17	Sthrau r.	13
46	L20	Stinville pass.	12
18	E11 S	Stockholm r. de	8
20	G15-E16	Strasbourg bd de	10
4	D7 N	Stuart-Merrill pl.	17
26-38	H4-K3	Suchet bd	16
22	D19	Sud pass. du	19
35	J22 N	Suez imp.	20
8	C15 S	Suez r. de	18
28-41	J7-L9	de Suffren av.	
		n°s 1-143 bis	7
		n°s 145-fin, n^{os} pairs	15
28	J7	de Suffren port	7-15
31	K14 N	Suger r.	6
53	N10-P10	Suisses r. des	14
32-44	K16	Sully pont de	4-5
33	K17	de Sully r.	4
29	H9	Sully-Prudhomme av.	7
29	H9	Surcouf r.	7
18	F11 S	Surène r. de	8
23	G22-F22	Surmelin pass. du	20
23-24	G22-F23	Surmelin r. du	20
37	L1 N	Suzanne-Lenglen r.	16
19	D14	Suzanne-Valadon pl.	18
26-38	K3	Sycomores av. des	16

t

32	J15	Tacherie r. de la	4
23	F21 S	Taclet r.	20
56	R16	Tage r. du	13
23	F21 N	Taillade av.	20
33	J18 S	Taillandiers pass. des	11
33	J18 S	Taillandiers r. des	11
47	K21	Taillebourg av. de	11
46-47	M20-21	Taine r.	12
19	F13-E13	Taitbout r.	9
47	M21-22	Taïti r. de	12
29	H10-J10	de Talleyrand r.	7
27	J5 N	Talma r.	16
6-7	B12-B13	Talus cité du	18
7	B13 N	Talus imp. du	18
10	D19 N	Tandou r.	19
9	D17-C18	Tanger r. de	19
43	N14	Tanneries r. des	13
5	D10-C10	Tarbé r.	17
19	D14	Tardieu r.	18
4	C8	Tarn sq. du	17
26-27	H4-H5	Tattegrain pl.	16
20	G16-F16	Taylor r.	10
17	E10	Téhéran r. de	8
23	F21	Télégraphe pass. du	20
23	F22-F21	Télégraphe r. du	20
33	H17-G17	Temple bd du	
		n^{os} impairs	3
		n^{os} pairs	11
32-33	J15-G17	Temple r. du	
		n°s 1-63, 2-58	4
		n°s 65-fin, 60-fin	3
42	N11-N12	Tenaille pass.	14

6	B12	Tennis r. des	18
33	H18-G18	Ternaux r.	11
16-15	E8-E6	Ternes av. des	17
16	E8	Ternes pl. des	
		n^{os} impairs, n° 6	17
		n^{os} pairs (sauf le 6)	8
15	E6	Ternes porte des	17
16	E7-D7	Ternes r. des	17
16	D7-E7	Ternes villa des	17
21-20	E17-E16	Terrage r. du	10
17	D10	Terrasse imp. de la	17
17	D10 S	Terrasse r. de la	17
35	J21-J22	Terre-Neuve r. de	20
57	R18 N	Terres-au-Curé r. des	13
7	C14 S	Tertre imp. du	18
7	D14 N	Tertre pl. du	18
41	M9	Tessier r.	15
21	F18 S	Tesson r.	10
42	M11-N11	Texel r. du	14
17	E9-D10	Thann r. de	17
39-40	K6-L8	Théâtre r. du	15
31-43	K14	Thénard r.	5
16	D8 S	Théodore-de-Banville r.	17
40	M7 S	Théodore-Deck r.	15
40	M7 S	Théodore-Deck prolongée r.	15
40	M7 S	Théodore-Deck villa	15
47	N21	Théodore-Hamont r.	12
40	K8 S	Théodore-Judlin sq.	15
38	L4 N	Théodore-Rivière pl.	16
26	J4 S	Théodore-Rousseau av.	16
16	E8	Théodule-Ribot r.	17
27-38	K5-K4	Théophile-Gautier av.	16

Plan n°	Repère	Nom	Arrondissement
38	K4-L4	Théophile-Gautier sq.	16
46-45	K19-K18	Théophile-Roussel r.	12
40	L8-M8	Théophraste-Renaudot r.	15
31	G13	Thérèse r.	1
42-54	N11 *S*	Thermopyles r. des	14
54	P12 *N*	Thibaud r.	14
41	N9 *N*	Thiboumery r.	15
33	K18-J18	Thiéré pass.	11
27	G5	Thiers r.	16
27	G5	Thiers sq.	16
4	C8 *S*	Thimerais sq. du	17
20-19	E15-E14	Thimonnier r.	9
10	C19 *S*	Thionville pass. de	19
10	C19-C20	Thionville r. de	19
7	D13-C13	Tholozé r.	18
56	S15 *N*	Thomire r.	13
20	G15-F15	Thorel r.	2
39	M6 *S*	Thoréton villa	15
33	H17 *S*	de Thorigny pl.	3
33	H17 *S*	de Thorigny r.	3
44	L15	Thouin r.	5
40	L8	Thuré cité	15
52	P7 *N*	Thureau-Dangin r.	15
56	R16	Tibre r. du	13
26-38	K3	Tilleuls av. des	16
16	F8-F7	Tilsitt r. de	
		n°s 1-5, 2-14	8
		n°s 7-11, 16-34	17
40	K8 *S*	Tiphaine r.	15
32-31	G15-G14	Tiquetonne r.	2
32	J16	Tiron r.	4
39	M6	Tisserand r.	15
44	N16 *N*	Titien r.	13
34	K20	Titon r.	11
34	H20-G20	Tlemcen r. de	20
17-5	D10-C9	de Tocqueville r.	17
5	C9 *S*	de Tocqueville sq.	17
35	K22	Tolain r.	20
46	N19	Tolbiac pont de	12-13
58	P20-N19	Tolbiac port de	13
58-55	N19-P14	Tolbiac r. de	13
26	K3 *N*	Tolstoï sq.	16
55-54	N13-R12	Tombe-Issoire r. de la	14
20	D16	Tombouctou r. de	18
8	C16 *N*	de Torcy pl.	18
9-8	C17-C16	de Torcy r.	18
16	E7-D7	Torricelli r.	17
47	M22	Toul r. de	12
43	L14 *N*	Toullier r.	5
11	D21 *N*	Toulouse r. de	19
6	A12	Toulouse-Lautrec r.	17
27	H6-H5	Tour r. de la	16
27	H5 *N*	Tour villa de la	16
19	E13	Tour-des-Dames r. de la	9
42	N11	Tour-de-Vanves pass.	14
23	F22 *N*	Tourelles pass. des	20
23	F22 *N*	Tourelles r. des	20
7	C13 *S*	Tourlaque r.	18
44	L15-M15	Tournefort r.	5
32-44	K16	Tournelle pont de la	4-5
32-44	K16-K15	Tournelle port de la	5
32-44	K16-K15	Tournelle quai de la	5

Plan n°	Repère	Nom	Arrondissement
33	J17	Tournelles r. des	
		n°s 1-29, 2-44	4
		n°s 31-fin, 46-fin	3
47	M21 *S*	Tourneux imp.	12
47	M21 *S*	Tourneux r.	12
31-43	K13	Tournon r. de	6
40	L7 *N*	Tournus r.	15
22	F19	Tourtille r. de	20
29	J10-J9	de Tourville av.	7
56	P16 *S*	Toussaint-Féron r.	13
31	K13 *N*	Toustain r.	6
20	G15	de Tracy r.	2
8	B15	Traëger cité	18
16	F7	Traktir r. de	16
22	F20	Transvaal r. du	20
45	L17-K18	Traversière r.	12
17	E10 *S*	Treilhard r.	8
32	J16	Trésor r. du	4
7	C14-B14	de Trétaigne r.	18
19	F14-E14	de Trévise cité	9
19	F14-E14	de Trévise r.	9
32	G15 *S*	Trinité pass. de la	2
18	E12	Trinité r. de la	9
16	E7	Tristan-Bernard pl.	17
27-28	H6-H7	Trocadéro et Onze-Novembre pl. du	16
27	H6	Trocadéro sq. du	16
21-33	G18	Trois-Bornes cité des	11
21-33	G18	Trois-Bornes r. des	11
21-33	G18	Trois-Couronnes r. des	11
33	K18 *N*	Trois-Frères cour des	11
19	D14-D13	Trois-Frères r. des	18
32	K15	Trois-Portes r. des	5
33	J18 *N*	Trois-Sœurs imp. des	11
18	F12	Tronchet r. n°s impairs, 2-26	8
		n°s 28-fin	9
47	K21 *S*	Trône av. du n°s impairs	11
		n°s pairs	12
47	K21 *S*	Trône pass. du	11
18	F11	Tronson-du-Coudray r.	8
34	K19	Trousseau r.	11
16	E8 *S*	Troyon r.	17
56	R15 *N*	Trubert-Bellier pass.	13
19	D14-E14	Trudaine av.	9
19	E14	Trudaine sq.	9
6-5	D11-C10	Truffaut r.	17
33	H18	Truillot imp.	11
30	H12-H11	Tuileries port des	1
31-30	H13-H11	Tuileries quai des	1
7	B14 *N*	Tulipes villa des	18
35-47	K21	Tunis r. de	11
55	R13	Tunisie av. de la	14
22	E20-E19	Tunnel r. du	19
31-32	H14-G16	Turbigo r. de	
		n°s 1-11, 2-14	1
		n°s 13-31, 16-24	2
		n°s 33-fin, 26-fin	3
33	J17-H17	de Turenne r.	
		n°s 1-27, 2-22	4
		n°s 29-fin, 24-fin	3
19	E14-D14	Turgot r.	9
18	E12-D11	Turin r. de	8
35	K21	Turquetil pass.	11

Les rues de Paris sont numérotées par rapport à la Seine : la maison n° 1 est la plus proche du fleuve lorsque la rue s'en écarte, en amont lorsqu'elle lui est parallèle.

Numéros impairs à gauche, numéros pairs à droite.

Plan nº	Repère	Nom	Arrondissement
43	L14-M14	**Ulm r. d'**	5
57	P18 N	**Ulysse-Trélat r.**	13
29	J9	**Union pass. de l'**	7
16-28	G7	**Union sq. de l'**	16
30-28	J12-H8	**Université r. de l'**	7
26-38	K3	**d'Urfé sq.**	16
32	J15 S	**Ursins r. des**	4
43	L14 S	**Ursulines r. des**	5
16	G8 N	**Uruguay pl. de l'**	16
19	F14 S	**d'Uzès r.**	2

v

Plan nº	Repère	Nom	Arrondissement
29	J9	**Valadon r.**	7
43	M14-M13	**Val-de-Grâce r. du**	5
56-55	S15-S14	**Val-de-Marne r. du**	13
44	M15 S	**Valence r. de**	5
20	E15	**Valenciennes pl. de**	10
20	E16-E15	**Valenciennes r. de**	10
41	L10-L9	**Valentin-Haüy r.**	15
43	K14-L14	**Valette r.**	5
45	L17	**Valhubert pl.**	
		nºs 1, 2 et 3	13
		nºs 5-21 et 4	5
47	N21	**Vallée-de-Fécamp r.**	12
44	N16	**Vallet pass.**	13
30	J12	**Valmy imp. de**	7
21	G17-D17	**Valmy quai de**	10
17	E10 N	**de Valois av.**	8
31	G13 S	**de Valois galerie**	1
31	H13 N	**de Valois pl.**	1
31	H13-G13	**de Valois r.**	1
42	M11	**Vandamme r.**	14
56	P15 S	**Vandrezanne pass.**	13
56	P16-P15	**Vandrezanne r.**	13
17	E9	**Van-Dyck av.**	8
30	J11 S	**Vaneau cité**	7
30-42	J11-K11	**Vaneau r.**	7
45	L18	**Van-Gogh r.**	12
38	M4 N	**Van-Loo r.**	16
55	R13	**Vanne allée de la**	14
42	N11 N	**Vanves pass. de**	14
53	R9	**Vanves porte de**	14
47	N22	**Van-Vollenhoven sq.**	12
48	K23 S	**Var r. du**	20
30	J11 S	**Varenne cité de**	7
30-29	K12-J10	**Varenne r. de**	7
39	M6	**Varet r.**	15
19	F14 S	**Variétés galerie des**	2
38-37	M3-L2	**Varize r. de**	16
28	H7 S	**Varsovie pl. de**	16
39	M6-N6	**Vasco-de-Gama r.**	15
48	L23 N	**Vassou imp.**	12
29	J10 S	**Vauban pl.**	7
32	G16	**Vaucanson r.**	3
4	C8	**Vaucluse sq. de**	17
22-21	G19-F18	**Vaucouleurs r. de**	11
22	D20	**Vaudremer r.**	19
40	N8-N7	**Vaugelas r.**	15
42-41	M11-N10	**Vaugirard bd de**	15
43-40	K14-N7	**Vaugirard r. de**	
		nºs 1-111, 2-132	6
		nºs 113-fin, 134-fin	15
44-43	M15-M14	**Vauquelin r.**	5
7-6	C13-B12	**Vauvenargues r.**	18
6	B12 N	**Vauvenargues villa**	18
31	H14	**Vauvilliers r.**	1
43	L13	**Vavin av.**	6
42	L12	**Vavin r.**	6
47	M22	**Vega r. de la**	12
17	E10 N	**Velasquez av.**	8
57	R18	**Velay sq. du**	13
30	K12	**Velpeau r.**	7
47	N22	**Vendée sq. de la**	12
30	G12	**Vendôme cour**	1
33	G17	**Vendôme pass.**	3
18-30	G12	**Vendôme pl.**	1
57	R17	**Vénétie pl. de**	13
15	F6	**Venezuela pl. du**	16
32	H15	**Venise r. de**	4
31	G13	**de Ventadour r.**	1
35	J21 S	**Véran imp.**	20
42-53	M11-P9	**Vercingétorix r.**	14
19	F14	**Verdeau pass.**	9
38	L4 N	**Verderet r.**	16
27	H5 S	**Verdi r.**	16
20-21	E16-E17	**Verdun av. de**	10
10	C19 S	**Verdun imp. de**	19
15	E6	**Verdun pl. de**	17
20-21	E16-E17	**Verdun sq. de**	10
40-41	M8-M9	**Vergennes sq.**	15
55	P14-R14	**Vergniaud r.**	13
43	N13	**Verhaeren allée**	14
31	H13 N	**Vérité pass.**	1
23	E21-D21	**Vermandois sq. du**	19
44	M15 N	**Vermenouze sq.**	5
16	F8 S	**Vernet r.**	8
30	J12 N	**de Verneuil r.**	7
16	D7	**Vernier r.**	17
4	C8 S	**Verniquet r.**	17
31	H14	**Véro-Dodat galerie**	1
18	D12	**Véron cité**	18
19	D13	**Véron r.**	18
43	N16-N15	**Véronèse r.**	13
32	J16-J15	**Verrerie r. de la**	4
39-38	K5-M3	**Versailles av. de**	16
40	N7	**Versailles porte de**	15
7	B14	**Versigny r.**	18
32	G16	**Vertbois r. du**	3
33	H18-H17	**Verte allée**	11
32	H16-G16	**Vertus r. des**	3
15-16	E6-D7	**de Verzy av.**	17
44	M15 S	**Vésale r.**	5
23	D21 S	**Vexin sq. du**	19
17	E10	**Vézelay r. de**	8

48

Plan nº	Repère	Nom	Arrondissement
28-40	K7	**Viala r.**	15
34	J19	**Viallet pass.**	11
31	H14 *N*	**Viarmes r. de**	1
40	N7	**Vichy r. de**	15
21	E17-E18	**Vicq-d'Azir r.**	10
19-18	F14-F12	**Victoire r. de la**	9
31	G14 *S*	**Victoires pl. des**	
		nos 1-7, 2-4	1
		nos 9-fin, 6-fin	2
38-39	M4-N6	**Victor bd**	15
54	P12	**Victor-Basch pl.**	14
47	M22 *N*	**Victor-Chevreuil r.**	12
42	N12 *N*	**Victor-Considérant r.**	14
43	K14-L14	**Victor-Cousin r.**	5
36	G23	**Victor-Dejeante r.**	20
40	M8-N8	**Victor-Duruy r.**	15
53	P9 *N*	**Victor-Galland r.**	15
34	G19 *S*	**Victor-Gelez r.**	11
16-27	F7-G5	**Victor-Hugo av.**	16
15	G6 *N*	**Victor-Hugo pl.**	16
15-27	G6-G5	**Victor-Hugo villa**	16
32-31	J15-J14	**Victoria av.**	
		nos 1-15, 2-10	4
		nos 17-fin, 12-fin	1
38	L4 *S*	**Victorien-Sardou r.**	16
38	L4 *S*	**Victorien-Sardou sq.**	16
38	L4 *S*	**Victorien-Sardou villa**	16
34	G20	**Victor-Letalle r.**	20
55	P14	**Victor-Marchand pass.**	13
19	E14-E13	**Victor-Massé r.**	9
24	G23 *N*	**Vidal-de-la-Blache r.**	20
31	G14 *S*	**Vide-Gousset r.**	2
32-33	J16-H17	**Vieille-du-Temple r.**	
		nos 1-69, 2-52	4
		nos 71-fin, 54-fin	3
18	E11	**Vienne r. de**	8
29	J9	**Vierge pass. de la**	7
17	D9	**Viète r.**	17
31-30	K13-K12	**Vieux-Colombier r. du**	6
41	M10	**Vigée-Lebrun r.**	15
27	J5	**Vignes r. des**	16
35	J22	**Vignoles imp. des**	20
35	K21-J22	**Vignoles r. des**	20
18	F12 *S*	**Vignon r.**	
		nos impairs	8
		nos pairs	9
33	K18 *N*	**Viguès cour**	11
22	F19-F20	**Vilin r.**	20
38	L4 *S*	**Villa Réunion gde av.**	16
53	N9 *S*	**Villafranca r. de**	15
28	K8	**Village-Suisse**	15
16	E7 *S*	**Villaret-de-Joyeuse r.**	17
16	E7 *S*	**Villaret-de-Joyeuse sq.**	17
29	K10 *N*	**de Villars av.**	7
16	E7	**Villebois-Mareuil r.**	17
31	G13	**Villedo r.**	1
33	J17-H17	**Villehardouin r.**	3
18	F11 *S*	**Ville-l'Evêque r. de la**	8
53	N10 *S*	**Villemain av.**	14
20	G15-F15	**Ville-Neuve r. de la**	2
30	J12-J11	**Villersexel r. de**	7

Plan nº	Repère	Nom	Arrondissement
21	F18-D17	**Villette bd de la** nos impairs	10
		nos pairs	19
10	A20	**Villette porte de la**	19
22	F20-E20	**Villette r. de la**	19
17-16	D10-D7	**Villiers av. de**	17
15	D6	**Villiers porte de**	17
23	G21 *N*	**Villiers-de-l'Isle-Adam imp.**	20
23-25	G21-G22	**Villiers-de-l'Isle-Adam r.**	20
45	M18 *N*	**Villiot r.**	12
21-20	F17-F16	**Vinaigriers r. des**	10
47-48	K22-L23	**Vincennes cours de**	
		nos impairs	20
		nos pairs	12
48	L23-L24	**Vincennes porte de**	12-20
45-44	M18-N16	**Vincent-Auriol bd**	13
7	B13	**Vincent-Compoint r.**	18
48	L23	**Vincent-d'Indy av.**	12
9	D18	**Vincent-Scotto r.**	19
18	G12 *N*	**Vindé cité**	1
27	H6 *S*	**Vineuse r.**	16
54	R12-R11	**Vingt-Cinq-Août-1944 pl.**	14
30	G12 *S*	**Vingt-neuf-Juillet r. du**	1
18	D12 *S*	**Vintimille r. de**	9
40	L7	**Violet pl.**	15
40	K7-L7	**Violet r.**	15
40	L7	**Violet villa**	15
19	D14 *S*	**Viollet-le-Duc r.**	9
26	J4	**Vion-Whitcomb av.**	16
54	R12 *N*	**Virginie villa**	14
40	L8 *S*	**Viroflay r. de**	15
31	J13	**Visconti r.**	6
30	J11	**Visitation pass. de la**	7
56	R16	**Vistule r. de la**	13
27	H6-J5	**Vital r.**	16
35-36	J22-H23	**Vitruve r.**	20
36	H23	**Vitruve sq.**	20
57-58	R18-R19	**Vitry porte de**	13
16	D7	**Vivarais sq. du**	17
31	G13	**Vivienne galerie**	2
19-31	G13-F14	**Vivienne r.** nº 1	1
		nos pairs, nos 3-fin	2
35-36	K22-K23	**Volga r. du**	20
18	G12 *N*	**Volney r.**	2
41	L9-M9	**Volontaires r. des**	15
32	G16	**Volta r.**	3
33-35	G17-K21	**Voltaire bd**	11
34	K20 *N*	**Voltaire cité**	11
38	L3 *S*	**Voltaire imp.**	16
31-30	J13-H12	**Voltaire quai**	7
34	K20 *N*	**Voltaire r.**	11
55	R14	**Volubilis r. des**	13
33	J17	**Vosges pl. des**	
		nos 1-19, 2-22	4
		nos 21-fin, 24-fin	3
41	N9	**Vouillé r. de**	15
35	G21 *S*	**Voulzie r. de la**	20
48	L23 *N*	**Voûte pass. de la**	12
47-48	L22-L23	**Voûte r. de la**	12
55	N14 *S*	**Vulpian r.**	13

Comment s'y retrouver dans la banlieue parisienne ?
Utilisez la carte Michelin nº **101** *: claire, précise, à jour.*

Plan n°	Repère	Nom	Arrondissement

W

Plan n°	Repère	Nom	Arrondissement
16-5	F8-C9	**Wagram av. de**	
		n°s impairs, n°s 48-fin	17
		n°s 2-46	8
5	C9 S	**Wagram pl. de**	17
16	E8 S	**Wagram-St-Honoré villa**	8
15	E6 N	**Waldeck-Rousseau r.**	17
44	M16 S	**Wallons r. des**	13
16-17	F8-F9	**Washington r.**	8
41	M9-M10	**Wassily-Kandinsky pl.**	15
58	P19	**Watt r.**	13
44	N16 N	**Watteau r.**	13
9	B18	**Wattieaux pass.**	19
47	N21	**Wattignies imp.**	12
46-47	M20-N22	**Wattignies r. de**	12
21	G17 N	**Wauxhall cité du**	10
15	F6 N	**Weber r.**	16
35	G21 S	**Westermann r.**	20
53	P9 S	**Wilfrid-Laurier r.**	14
38	L4	**Wilhem r.**	16
29	G10	**Winston-Churchill av.**	8
55	P14 S	**Wurtz r.**	13

X - Y

Plan n°	Repère	Nom	Arrondissement
57	P18-P17	**Xaintrailles r.**	13
31	K14 N	**Xavier-Privas r.**	5
57-56	N17-N16	**Yéo-Thomas r.**	13
16-15	D7-D6	**Yser bd de l'**	17
40-41	M8-M9	**Yvart r.**	15
16	D7 S	**Yves-du-Manoir av.**	17
21	G17-F17	**Yves-Toudic r.**	10
26	K4-J4	**Yvette r. de l'**	16
16	E7 S	**Yvon-Morandat pl.**	17
19	D14-D13	**Yvonne-Le-Tac r.**	18
16	G7 N	**Yvon-Villarceau r.**	16

Notre-Dame vue du square Viviani.

Des adresses utiles

Pour vos démarches, vos activités, vos loisirs : un très grand nombre d'organismes avec l'indication de leur numéro de téléphone préférentiel à l'usage du public.

Académies	74
Accueil de Paris	93
Administration	53-55
Ambassades	56-66
Auberges de jeunesse	79
Autobus	94
Automobile	94
Bibliothèques	67
Centres commerciaux	68
Centres culturels étrangers	56-66
Centres culturels français	67
Centres hospitaliers universitaires	84-85
Centres de long séjour	86
Chambres de commerce étrangères	56-66
Chapelles	69-71
Chemins de fer étrangers	56-66
Chemins de fer français	96
Cimetières	67
Cliniques	84-85
Clubs sportifs	90
Commerce	68
Compagnies aériennes et maritimes étrangères	56-66
Compagnies aériennes et maritimes françaises	96
Consulats	56-66
Cultes	69-73
Églises	69-73
Enseignement supérieur	74-77
Fédérations sportives	90-91
Gares	96
Gouvernement	53
Grandes Écoles	75 à 77
Grands Magasins	68
Hippodromes	91
Hôpitaux	84-85
Information	78
Instituts Universitaires de Technologie	75
Jeunes à Paris	79
Journaux étrangers	56-66
Journaux français (grands quotidiens)	78
Journaux de Province	78
Location de voitures	94
Mairies	55
Maisons de jeunes	79
Maisons des Provinces	93
Marchés	68
Métro	94
Ministères	53
Mouvements de jeunesse	79
Musées	80-81
Music-halls	88
Objets trouvés	55
Offices de tourisme étrangers	56-66
Organismes internationaux	56
Parcs et jardins	81
Patinoires	91
Piscines	92
Poste (P.T.T.)	82-83
Radio-télévision	78
Représentations étrangères	56-66
Salles de concerts et de réunions	88
Salles d'expositions	67
Salons et foires	68
Santé	84-86
Secrétariats d'État	53
Services médicaux d'urgence	86
Spectacles	87-89
Sport	90-92
Stades	92
Synagogues	73
Taxis	94-95
Théâtres	87
Tourisme	93
Trains-autos-accompagnées	96
Transport	94-96
Universités	75
Urgences	en fin de volume
Ville de Paris	55

Participez à notre effort permanent de mise à jour.
Adressez-nous vos remarques et vos suggestions.

**MICHELIN 46 avenue de Breteuil,
75341 PARIS CEDEX 07** — Tél. 45.39.25.00

Pa. At. 4

51

Useful addresses

For business or pleasure : this section includes a wide variety of organizations with their addresses and telephone numbers.

Administration	53-55	Museums	80-81
Embassies	56-66	Parks and gardens	81
Libraries and cultural centres	67	Postal Services (P.T.T.)	82-83
Cemeteries	67	Health Services	84-86
Business	68	Entertainments	87-89
Churches	69-73	Sport	90-92
Higher education	74-77	Tourism	93
Information (Press, Radio, TV)	78	Transport	94-96
The Young in Paris	79	Emergency telephone numbers	inside back cover

Nützliche Adressen

Für Beruf und Freizeit : Zahlreiche Adressen von Behörden und öffentlichen Einrichtungen mit ihrer der Öffentlichkeit vorbehaltenen Telefonnummer.

Behörden	53-55	Parks und Gärten	81
Bibliotheken und Kulturzentren	67	Kirchen u. a. Kultstätten	69-73
Botschaften	56-66	Konzertsäle	88
Friedhöfe	67	Postämter	82-83
Gesundheitswesen	84-86	Sport	90-92
Handel, Geschäft	68	Veranstaltungen	87
Jugendorganisationen	79	Tourismus	93
Museen	80-81	Universitäten	75
		Notruf	am Ende des Bandes

Direcciones útiles

Para sus gestiones, actividades y tiempos de ocio : numerosos organismos con los números de teléfono más útiles para el público.

Administración	53-55	Museos	80-81
Embajadas	56-66	Parques y jardines	81
Bibliotecas y centros culturales	67	Servicios Postales	82-83
Cementerios	67	Sanidad	84-86
Comercio	68	Espectáculos	87-89
Cultos	69-73	Deportes	90-92
Enseñanza superior	74-77	Turismo	93
Información	78	Comunicaciones	95-96
Jóvenes en París	79	Teléfonos de urgencia	al final del volumen

Plan n°	Repère		Adresse	Téléphone

ADMINISTRATION *BEHÖRDEN, ADMINISTRACIÓN*

17	F10	**Présidence de la République** (Palais de l'Élysée)	55 r. du Fg-St-Honoré, 8ᵉ	42 92 81 00
30	H11	**Assemblée Nationale**	126 r. de l'Université, 7ᵉ	42 97 60 00
31	H13	**Conseil Constitutionnel**	2 r. de Montpensier, 1ᵉʳ	42 96 10 13
28	H7	**Conseil Économique et Social**	1 av. d'Iéna, 16ᵉ	47 23 72 34
31	H13	**Conseil d'État**	pl. du Palais-Royal, 1ᵉʳ	42 61 52 29
43	K13	**Sénat**	15 r. de Vaugirard, 6ᵉ	42 34 20 00

Institutions de l'État, *Government Departments, Staatliche Behörden, Instituciones del Estado*

Gouvernement, *Government offices, Regierung, Gobierno*

30	J11	**Premier ministre** (Hôtel Matignon)	57 r. de Varenne, 7ᵉ	42 75 80 00

Ministères :

29	H10	**Affaires étrangères**	37 quai d'Orsay, 7ᵉ	45 55 95 40
29	J10	**Affaires sociales et emploi**	127 r. de Grenelle, 7ᵉ	45 67 55 44
30	J11	**Agriculture**	78 r. de Varenne, 7ᵉ	45 55 95 50
30	J12	**Budget**	2 r. Montalembert, 7ᵉ	42 60 33 00
30	H11	**Commerce, artisanat et services**	80 r. de Lille, 7ᵉ	45 56 24 24
28	H8	**Commerce extérieur**	41 quai Branly, 7ᵉ	45 50 71 11
29	K10	**Coopération**	20 r. Monsieur, 7ᵉ	47 83 10 10
31	H13	**Culture et communication**	3 r. de Valois, 1ᵉʳ	42 96 10 40
30	H11	**Défense**	14 r. St-Dominique, 7ᵉ	45 55 95 20
41	K10	**Départements et territoires d'outre-mer**	27 r. Oudinot, 7ᵉ	47 83 01 23
30	J12	**Économie, finances et privatisation**	246 bd St-Germain, 7ᵉ	42 60 33 00
30	J11	**Éducation nationale**	110 r. de Grenelle, 7ᵉ	45 50 10 10
2	C3	**Environnement**	Neuilly - 14 bd Gén.-Leclerc	47 58 12 12
27	H6	**Équipement, logement, aménagement du territoire et transports**	45 av. Georges-Mandel, 16ᵉ	46 47 31 32
30	J11	**Fonction publique et plan**	69 r. de Varenne, 7ᵉ	42 75 80 00
30	J11	**Industrie, P. et T. et tourisme**	101 r. de Grenelle, 7ᵉ	45 56 36 36
17	F10	**Intérieur**	pl. Beauvau, 8ᵉ	45 22 90 90
18	G12	**Justice**	13, pl. Vendôme, 1ᵉʳ	42 61 80 22
31	H13	**Privatisation**	93 r. de Rivoli, 1ᵉʳ	42 60 33 00
44	L15	**Recherche et enseignement supérieur**	1 r. Descartes, 5ᵉ	46 34 35 35
30	J11	**Relations avec le parlement**	72 r. de Varenne, 7ᵉ	42 75 80 00
29	K9	**Santé et famille**	8 av. de Ségur, 7ᵉ	45 67 55 44
17	F10	**Sécurité**	pl. Beauvau, 8ᵉ	45 22 90 90
27	J6	**Transports**	32 av. du Prés.-Kennedy, 16ᵉ	46 47 31 32

Secrétariats d'État :

29	H10	**Affaires étrangères**	37 quai d'Orsay, 7ᵉ	45 55 95 40
29	J10	**Affaires sociales et emploi**	127 r. de Grenelle, 7ᵉ	45 67 55 44
30	J11	**Anciens combattants**	37 r. de Bellechasse, 7ᵉ	45 50 32 55
17	F10	**Collectivités locales**	pl. Beauvau, 8ᵉ	45 22 90 90
31	H13	**Culture et communication**	3 r. de Valois, 1ᵉʳ	42 96 10 40
30	J11	**Droits de l'homme**	58 r. de Varenne, 7ᵉ	42 75 80 00
30	J11	**Enseignement**	110 r. de Grenelle, 7ᵉ	45 50 10 10
41	M9	**Formation professionnelle**	61-65 r. Dutot, 15ᵉ	45 39 25 75
30	K11	**Francophonie**	32 r. de Babylone, 7ᵉ	42 75 80 00
40	N7	**Jeunesse et sports**	78 r. Olivier de Serres, 15ᵉ	48 28 40 00
29	K9	**Mer**	3 pl. de Fontenoy, 7ᵉ	42 73 55 05
29	K9	**P. et T.**	20 av. de Ségur, 7ᵉ	45 64 22 22
30	H11	**Problèmes du Pacifique Sud**	35 r. St-Dominique, 7ᵉ	42 75 80 00
16	F8	**Rapatriés**	53 av. d'Iéna, 16ᵉ	45 01 86 56
29	K9	**Sécurité sociale**	8 av. de Ségur, 7ᵉ	45 67 55 44
30	J11	**Tourisme**	101 r. de Grenelle, 7ᵉ	45 56 36 36

Plan n° Repère ou carte 101			Adresse	Téléphone

Administrations, Services et Établissements publics
Government Offices, Services and Public Bodies
Öffentliche Verwaltungen, Dienststellen, Ämter,
Administraciones, Servicios y Establecimientos públicos

51	R5	**Agence Nationale pour l'Emploi** (ANPE)	Issy-les-Moulineaux - 83 av. du Gén.-Leclerc	46 45 21 26
32	H16	**Archives de France**	60 r. Francs-Bourgeois, 3ᵉ	42 77 11 30
42	L12	**Aviation Civile** (Direction)	93 bd Montparnasse, 6ᵉ	45 44 38 39
31	H13	**Banque de France**	39 r. Croix-des-Petits-Champs, 1ᵉʳ	42 92 42 92
30	H12	**Caisse des Dépôts et Consignations**	56 r. de Lille, 7ᵉ	42 34 56 78
42	L11	**Caisse Nationale d'Épargne**	3 r. St-J.B. de la Salle, 6ᵉ	45 30 77 77
33	J17	**Caisse Nationale des Monuments Historiques et des Sites**	62 r. St-Antoine, 4ᵉ	42 74 22 22
46	L20	**Centre Interminist. de Renseign. Administr.**	21-39 sq. St-Charles, 12ᵉ	43 46 13 46
28	G7	**Centre National de la Cinématographie**	12 r. de Lübeck, 16ᵉ	45 05 14 40
31	H14	**Centre National d'Études Spatiales**	2 pl. Maurice-Quentin, 1ᵉʳ	45 08 75 00
28	G8	**Chambres d'Agriculture**	9 av. George-V, 8ᵉ	47 23 55 40
16	G8	**Chambres de Commerce et d'Industrie**	45 av. d'Iéna, 16ᵉ	47 23 01 11
16	G8	**Chambres de Métiers**	12 av. Marceau, 8ᵉ	47 23 61 55
28	J7	**Commissariat à l'Énergie Atomique** (CEA)	31-33 r. de la Fédération, 15ᵉ	40 56 10 00
40	L8	**Conseil Supérieur de la Pêche**	10 r. Péclet, 15ᵉ	48 42 10 00
31	J14	**Cour de Cassation**	5 quai de l'Horloge, 1ᵉʳ	43 29 12 55
30	G12	**Cour des Comptes**	13 r. Cambon, 1ᵉʳ	42 98 95 00
28	J7	**Délégation à l'Aménagement du Territoire et à l'Action régionale** (DATAR)	1 av. Charles-Floquet, 7ᵉ	47 83 61 20
30	H12	**Documentation Française**	31 quai Voltaire, 7ᵉ	42 61 50 10
21	G17	**Douanes**	14 r. Yves-Toudic, 10ᵉ	42 40 50 00
17	E9	**Électricité de France** (EDF)	2 r. Louis-Murat, 8ᵉ	47 64 22 22
30	H11	**État-Major des Armées**	231 bd St-Germain, 7ᵉ	45 55 95 20
30	H11	— **Terre**	231 bd St-Germain, 7ᵉ	45 55 95 20
30	G11	— **Marine**	2 r. Royale, 8ᵉ	42 60 33 30
39	N6	— **Air**	26 bd Victor, 15ᵉ	45 52 43 21
5	C9	**Gaz de France** (GDF)	23 r. Ph.-Delorme, 17ᵉ	47 54 20 20
30	H11	**Génie Rural des Eaux et Forêts** (Conseil Général)	30 r. Las Cases, 7ᵉ	45 55 95 50
39	L6	**Imprimerie Nationale**	27 r. de la Convention, 15ᵉ	45 75 62 66
41	L9	**Institut National de la Consommation**	80 r. Lecourbe, 15ᵉ	45 67 35 58
53	R9	**Institut National Statistique Études Économiques** (INSEE)	18 bd Adolphe-Pinard, 14ᵉ	45 40 12 12
28	K7	**Journaux Officiels** (Direction)	26 r. Desaix, 15ᵉ	45 75 62 31
45	L18	**Observatoire Économique**	195 r. de Bercy, 12ᵉ	43 45 70 75
43	N14	**Maison d'Arrêt de la Santé**	42 r. de la Santé, 14ᵉ	43 37 12 50
101	pli 24	**Météorologie Nationale** (Direction)	Boulogne-Billancourt - 73-77 r. Sèvres	46 04 91 51
21	F17	**Métrologie**	46 r. Bichat, 10ᵉ	42 06 27 20
44	N15	**Mobilier National**	1 r. Berbier-du-Mets, 13ᵉ	45 70 12 60
31	J13	**Monnaies et Médailles**	11 quai de Conti, 6ᵉ	43 29 12 48
31	H13	**Musées de France** (Direction)	34 quai du Louvre, 1ᵉʳ	42 60 39 26
16	E8	**Office National de la Chasse**	85 bis av. de Wagram, 17ᵉ	42 27 81 75
47	L21	**Office National des Forêts** (ONF)	2 av. de St-Mandé, 12ᵉ	43 46 11 68
41	M9	**Office National d'Immigration**	44 r. Bargue, 15ᵉ	47 83 80 20
29	H10	**Office National de la Navigation**	2 bd La-Tour-Maubourg, 7ᵉ	45 50 32 24
30	H11	**Ordre de la Légion d'Honneur**	1 r. de Solférino, 7ᵉ	45 55 95 16
29	J10	**Ordre National de la Libération**	51 bis bd La-Tour-Maubourg, 7ᵉ	37 05 35 15
30	H11	**Ordre National du Mérite**	1 r. de Solférino, 7ᵉ	45 55 95 16
29	H9	**Société Nationale d'Exploitation Industrielle des Tabacs et Allumettes** (SEITA)	53 quai d'Orsay, 7ᵉ	45 55 91 50

Renseignements administratifs par téléphone : 43 46 13 46

Au-delà de Paris et de sa banlieue,
utilisez les cartes Michelin :
196 *à 1/100 000 — Environs de Paris*
237 *à 1/200 000 — Île-de-France*

Plan n°	Repère		Adresse	Téléphone

Administration parisienne
Paris Local Government
Städtische Verwaltungen, Administración parisina

Ville de Paris, Town Halls, Bürgermeisterämter, Ciudad de París

Plan	Repère			Adresse	Téléphone
32	J15	**Mairie de Paris**		pl. Hôtel-de-Ville, 4ᵉ	42 76 40 40
31	H14	**Mairie du :**	**1ᵉʳ Arrondissement**	4 pl. du Louvre, 1ᵉʳ	42 60 38 01
31	G14	—	**2ᵉ** —	8 r. de la Banque, 2ᵉ	42 61 55 02
32	H16	—	**3ᵉ** —	2 r. Eugène-Spuller, 3ᵉ	42 74 20 03
32	J16	—	**4ᵉ** —	2 pl. Baudoyer, 4ᵉ	42 74 20 04
43	L14	—	**5ᵉ** —	21 pl. du Panthéon, 5ᵉ	43 29 21 75
31	K13	—	**6ᵉ** —	78 r. Bonaparte, 6ᵉ	43 29 12 78
30	J11	—	**7ᵉ** —	116 r. de Grenelle, 7ᵉ	45 51 07 07
18	E11	—	**8ᵉ** —	3 r. de Lisbonne, 8ᵉ	42 94 08 08
19	F14	—	**9ᵉ** —	6 r. Drouot, 9ᵉ	42 46 72 09
20	F16	—	**10ᵉ** —	72 r. du Fg St-Martin, 10ᵉ	42 40 10 10
34	J19	—	**11ᵉ** —	pl. Léon-Blum, 11ᵉ	43 79 20 23
46	M20	—	**12ᵉ** —	130 av. Daumesnil, 12ᵉ	43 46 06 03
56	N16	—	**13ᵉ** —	1 pl. d'Italie, 13ᵉ	47 07 13 13
42	N12	—	**14ᵉ** —	2 pl. Ferdinand-Brunot, 14ᵉ	45 45 67 14
40	M8	—	**15ᵉ** —	31 r. Péclet, 15ᵉ	48 28 40 12
27	H5	—	**16ᵉ** —	71 av. Henri-Martin, 16ᵉ	45 03 21 16
18	D11	—	**17ᵉ** —	16 r. des Batignolles, 17ᵉ	42 93 35 17
7	C14	—	**18ᵉ** —	1 pl. Jules-Joffrin, 18ᵉ	42 52 42 00
22	D19	—	**19ᵉ** —	5 pl. Armand-Carrel, 19ᵉ	42 41 19 19
35	G21	—	**20ᵉ** —	6 pl. Gambetta, 20ᵉ	43 58 20 20

Services Administratifs
Services, Sonstige Behörden und Ämter, Servicios administrativos

Plan	Repère		Adresse	Téléphone
30	K11	**Préfecture d'Ile de France**	29 r. Barbet-de-Jouy, 7ᵉ	45 50 32 12
33	K17	**Préfecture de Paris**	17 bd Morland, 4ᵉ	42 77 15 50
31	J14	**Préfecture de Police**	9 bd du Palais, 4ᵉ	42 60 33 22
32	J15	**Accueil de la Ville de Paris**	29 r. de Rivoli, 4ᵉ	42 76 43 43
43	N13	**Aéroports De Paris (ADP)**	291 bd Raspail, 14ᵉ	43 35 70 00
45	K17	**Archives de Paris**	30 quai Henri-IV, 4ᵉ	42 72 34 52
31	H14	**Bourse du Commerce**	2 r. de Viarmes, 1ᵉʳ	45 08 35 00
20	G16	**Bourse du Travail**	3 r. Château-d'Eau, 10ᵉ	42 38 66 12
19	G14	**Bourse des Valeurs**	4 pl. de la Bourse, 2ᵉ	42 61 85 90
31	G14	**Caisse d'Épargne de Paris**	19 r. du Louvre, 1ᵉʳ	42 96 15 00
16	F8	**Chambre de Commerce et d'Industrie de Paris**	16 r. Chateaubriand, 8ᵉ	45 61 99 00
31	J14	**Cour d'Appel de Paris**	34 quai des Orfèvres, 1ᵉʳ	43 29 12 55
32	H16	**Crédit Municipal de Paris**	55 r. Francs-Bourgeois, 4ᵉ	42 71 25 43
52	N8	**Fourrière**	39 r. de Dantzig, 15ᵉ	45 31 14 80
29	J10	**Gouvernement Militaire**	Hôtel des Invalides, 7ᵉ	45 55 92 30
40	N8	**Objets Trouvés**	36 r. des Morillons, 15ᵉ	45 31 14 80
31	G14	**Paierie Générale du Trésor**	16 r. N.-D.-des-Victoires, 2ᵉ	42 61 54 75
31	J14	**Palais de Justice**	4 bd du Palais, 1ᵉʳ	43 29 12 55
9	C17	**Pompes Funèbres Municipales**	104 r. d'Aubervilliers, 19ᵉ	42 00 33 15
28	J7	**Port Autonome de Paris**	2 quai de Grenelle, 15ᵉ	45 78 61 92
42	M11	**Télécommunications**	8-10 bd de Vaugirard, 15ᵉ	45 40 33 33
32	J16	**Tribunal Administratif**	7 r. de Jouy, 4ᵉ	42 78 40 24
31	J14	**Tribunal de Commerce**	1 quai de la Corse, 4ᵉ	43 29 12 60
31	J14	**Tribunal de Grande Instance**	4 bd du Palais, 1ᵉʳ	43 29 12 55

Plan n°	Repère		Adresse	Téléphone

AMBASSADES ET REPRÉSENTATIONS
FOREIGN REPRESENTATIVES,
BOTSCHAFTEN UND VERTRETUNGEN,
EMBAJADAS Y REPRESENTACIONES

Organismes Internationaux, *International organizations, Internationale Organisationen, Organizaciones internacionales*

Plan	Repère	Nom	Adresse	Téléphone
42	L12	Alliance Française	101 bd Raspail, 6ᵉ	45 44 38 28
33	J18	Association Internationale de l'Hôtellerie	80 r. de la Roquette, 11ᵉ	47 00 84 57
30	J12	Bureau International du Travail (BIT) (Siège à Genève)	205 bd St-Germain, 7ᵉ	45 48 92 02
16	F7	Centre de Conférences Internationales	19 av. Kléber, 16ᵉ	45 01 59 40
61	ABX	Centre International de l'Enfance	Bois de Boulogne - Château de Longchamp, 16ᵉ	45 06 79 92
18	F11	Chambre de Com. France-Amérique Latine	97 bd Haussmann, 8ᵉ	42 66 38 32
16	G7	Chambre de Commerce Franco-Arabe	93 r. Lauriston, 16ᵉ	45 53 20 12
18	E12	— Franco-Asiatique	94 r. St-Lazare, 9ᵉ	45 26 67 01
29	G9	— Internationale	38 cours Albert-Iᵉʳ, 8ᵉ	45 62 34 56
15	G6	Communautés Européennes (Siège à Bruxelles)	61 r. Belles-Feuilles, 16ᵉ	45 01 58 85
29	H10	Conseil des Communes et Régions d'Europe	41 quai d'Orsay, 7ᵉ	45 51 40 01
16	G7	Conseil de l'Europe (Siège à Strasbourg)	55 av. Kléber, 16ᵉ	47 04 38 65
16	G7	Fédération Aéronautique Internationale	6 r. Galilée, 16ᵉ	47 20 01 64
30	G11	— Internationale de l'Automobile	8 pl. de la Concorde, 8ᵉ	42 65 00 33
28	G7	— Mondiale Anciens Combattants	16 r. Hamelin, 16ᵉ	47 04 33 00
17	D9	— Mondiale des Villes Jumelées	2 r. de Logelbach, 17ᵉ	47 66 75 10
31	K13	Librairie internationale	141 bd St-Germain, 6ᵉ	43 29 38 20
18	F11	Office International de la Vigne et du Vin	11 r. Roquépine, 8ᵉ	42 65 04 16
15	D5	Organisation de l'Aviation Civile Internationale	Neuilly - 3 bis villa É.-Bergerat	46 37 96 00
26	H4	Organisation de Coopération et de Développement Économiques (OCDE)	2 r. André-Pascal, 16ᵉ	45 24 82 00
41	K9	Organisation des Nations-Unies (ONU) (Siège à New York)	4-6 av. de Saxe, 7ᵉ	45 68 18 57
41	K9	Unesco	7 pl. Fontenoy, 7ᵉ	45 68 10 00
28	H7	Union de l'Europe Occidentale (UEO)	43 av. du Prés.-Wilson, 16ᵉ	47 23 54 32
17	D9	Union des Foires Internationales	35 bis r. Jouffroy, 17ᵉ	47 66 17 17
28	J7	Union Internationale des Chemins de Fer	14 r. Jean-Rey, 15ᵉ	42 73 01 20

Représentations étrangères
Foreign Representatives, Ausländische Vertretungen, Representaciones extranjeras

Afghanistan - Cap. Kaboul

Plan	Repère		Adresse	Téléphone
26	J4	Ambassade	32 av. Raphaël, 16ᵉ	45 27 66 09

Afrique du Sud - Cap. Pretoria

29	H9	Ambassade	59 quai d'Orsay, 7ᵉ	45 55 92 37
18	G12	Office du Tourisme Sud-Africain	9 bd de la Madeleine, 1ᵉʳ	42 61 82 30
18	G12	South African Airways	12 r. de la Paix, 2ᵉ	42 61 57 87

Albanie - Cap. Tirana

27	G6	Ambassade	131 r. de la Pompe, 16ᵉ	45 53 89 38

Algérie - Cap. Alger

17	E10	Ambassade	50 r. de Lisbonne, 8ᵉ	42 25 70 70
40	M7	Centre Culturel	171 r. de la Croix-Nivert, 15ᵉ	45 54 95 31
16	F7	Consulat	11 r. d'Argentine, 16ᵉ	45 00 99 50
19	G13	Air Algérie	28 av. de l'Opéra, 2ᵉ	42 96 12 09

Plan n°	Repère		Adresse	Téléphone
		Allemagne (République Démocratique - RDA) - Cap. Berlin-Est		
15	F6	**Ambassade**	24 r. Marbeau, 16e	45 00 00 10
31	K13	**Centre culturel**	117 bd St-Germain, 6e	46 34 25 99
14	D3	**Représentation commerciale**	Neuilly - 179 av. Ch.-de-Gaulle	47 47 45 17
		Allemagne (République Fédérale - RFA) - Cap. Bonn		
29	G10	**Ambassade**	13 av. Franklin-Roosevelt, 8e	43 59 33 51
28	G8	— (Section consulaire)	34 av. d'Iéna, 16e	43 59 33 51
39	L5	**Chambre Officielle Franco-Allemande de Commerce et d'Industrie**	18 r. Balard, 15e	45 75 62 56
19	E14	**Chemin de Fer Fédéral Allemand**	24 r. Condorcet, 9e	48 78 50 26
19	F13	**DER-Voyages, Deutsches Reisebüro**	28-30 r. Louis-le-Grand, 2e	47 42 07 09
17	F10	**Der Spiegel**	17 av. Matignon, 8e	42 56 12 11
27	H5	**Deutsches Historisches Institut**	9 r. Maspéro, 16e	45 20 25 55
17	F10	**Die Welt**	31 r. du Colisée, 8e	43 59 09 74
17	F10	**Frankfurter Allgemeine Zeitung**	11 r. de Mirosmesnil, 8e	42 65 49 87
28	G7	**Goethe Institut**	17 av. d'Iéna, 16e	47 23 61 21
18	G11	**KD German Rhine Line** (navigation)	9 r. du Fg-St-Honoré, 8e	47 42 52 27
30	K12	**Librairie Calligrammes**	82 r. de Rennes, 6e	45 48 70 89
31	J14	— **Martin Flinker**	68 quai des Orfèvres, 1er	43 54 48 60
32	H15	— **Marissal Bücher**	42 r. Rambuteau, 3e	42 74 37 47
43	M13	— **le Roi des Aulnes**	159 bis bd du Montparnasse, 6e	43 26 86 92
18	G11	**Lufthansa** (Cie aérienne)	21-23 r. Royale, 8e	42 65 37 35
55	R14	**Office Franco-Allemand pour la Jeunesse**	51 r. de l'Amiral-Mouchez, 13e	45 81 11 66
19	F13	**Office du Tourisme**	4 pl. de l'Opéra, 2e	47 42 04 38
17	F10	**Stern**	17 av. Matignon, 8e	42 56 13 78
		Angola - Cap. Luanda		
16	F7	**Ambassade**	19 av. Foch, 16e	45 01 58 20
16	F7	**Consulat**	40 r. Chalgrin, 16e	45 01 96 94
		Arabie Saoudite - Cap. Riyad		
17	E9	**Ambassade**	5 av. Hoche, 8e	47 66 02 06
14	E3	**Consulat**	Neuilly - 29 rue des Graviers	47 47 62 63
		Argentine - Cap. Buenos Aires		
16	G7	**Ambassade**	6 r. Cimarosa, 16e	45 53 14 69
16	G7	**Consulat Général**	imp. Kléber, 16e	45 53 22 25
17	F9	**Aerolineas Argentinas**	77 av. Champs-Élysées, 8e	43 59 02 96
28	G8	**Centre Culturel Argentin**	27 av. Pierre-Ier-de-Serbie, 16e	47 20 30 60
		Australie - Cap. Canberra		
28	J7	**Ambassade**	4 r. Jean-Rey, 15e	45 75 62 00
18	F12	**Qantas** (Cie Aérienne)	7 r. Scribe, 9e	42 66 52 00
28	J7	**Office du Tourisme**	4 r. Jean-Rey, 15e	45 79 80 44
		Autriche - Cap. Vienne		
29	H10	**Ambassade**	6 r. Fabert, 7e	45 55 95 66
28	H8	— (Section Consulaire)	12 r. Ed.-Valentin, 7e	47 05 27 17
18	F12	**Austrian Airlines**	47 av. de l'Opéra, 2e	47 42 55 05
18	F11	**Délégation commerciale en France**	22 r. de l'Arcade, 8e	42 65 67 35
41	K10	**Institut Autrichien**	30 bd des Invalides, 7e	47 05 27 10
18	F12	**Office National du Tourisme**	47 av. de l'Opéra, 2e	47 42 78 57
		Bahrein - Cap. Manama		
27	G6	**Ambassade**	15 av. Raymond-Poincaré, 16e	45 53 01 19
27	G6	**Consulat**	—	45 53 43 79
		Bangladesh - Cap. Dacca		
27	H6	**Ambassade**	5 square Pétrarque, 16e	45 53 41 20
		Belgique - Cap. Bruxelles		
16	F8	**Ambassade**	9 r. de Tilsitt, 17e	43 80 61 00
16	F7	**Service des visas**	1 av. Mac-Mahon, 17e	42 27 45 40
32	H15	**Centre Wallonie-Bruxelles**	127 r. St-Martin, 4e	42 71 26 16
17	F9	**Chambre de Commerce Belgo-Luxemb.**	174 bd Haussmann, 8e	45 62 44 87
18	F12	**Chemins de Fer Belges**	21 bd des Capucines, 2e	47 42 40 41
18	F12	**Office de Tourisme**	21 bd des Capucines, 2e	47 42 41 18
18	G12	**Sabena** (Cie aérienne)	19 r. de la Paix, 2e	47 42 47 47
18	F11	**« Le Soir » de Bruxelles**	73 r. d'Anjou, 8e	43 87 36 16

Plan n°	Repère		Adresse	Téléphone
		Bénin - Cap. Porto Novo		
16	F7	Ambassade	87 av. Victor-Hugo, 16ᵉ	45 00 98 82
42	L11	Consulat	89 r. du Cherche-Midi, 6ᵉ	42 22 31 91
		Birmanie - Cap. Rangoun		
17	E9	Ambassade	60 r. de Courcelles, 8ᵉ	42 25 56 95
		Bolivie - Cap. La Paz		
27	J6	Ambassade	12 av. du Prés.-Kennedy, 16ᵉ	45 25 47 14
		Brésil - Cap. Brasilia		
29	G9	Ambassade	34 cours Albert-Iᵉʳ, 8ᵉ	42 25 92 50
16	F8	Consulat Général	122 av. Champs-Élysées, 8ᵉ	43 59 89 30
17	G9	Varig (Cie aérienne)	27 av. Champs-Élysées, 8ᵉ	47 23 55 44
		Bulgarie - Cap. Sofia		
28	H8	Ambassade	1 av. Rapp, 7ᵉ	45 51 85 90
18	F12	Balkan (Cie aérienne)	4 r. Scribe, 9ᵉ	47 42 66 66
31	G13	Office National du Tourisme	45 av. de l'Opéra, 2ᵉ	42 61 69 68
		Burkina Faso (anc. Haute-Volta) - Cap. Ouagadougou		
17	F9	Ambassade	159 bd Haussmann, 8ᵉ	43 59 90 63
		Burundi - Cap. Bujumbura		
27	H5	Ambassade	3 r. Octave-Feuillet, 16ᵉ	45 20 60 61
		Cameroun - Cap. Yaoundé		
38	K3	Ambassade	73 r. d'Auteuil, 16ᵉ	47 43 98 33
18	F12	Cameroon Airlines	12 bd des Capucines, 9ᵉ	47 42 78 17
18	E12	Cameroon Shipping Lines	38 r. de Liège, 8ᵉ	42 93 50 70
16	G8	Délégation Économique et Commerciale	58 av. d'Iéna, 16ᵉ	47 23 70 12
		Canada - Cap. Ottawa		
29	G9	Ambassade	35 av. Montaigne, 8ᵉ	47 23 01 01
29	G9	— Division Tourisme	37 av. Montaigne, 8ᵉ	47 23 01 01
18	F12	Air Canada	24 bd. des Capucines, 9ᵉ	47 42 21 21
17	F10	Canadian Broadcasting Corporation (CBC)	1 r. Rabelais, 8ᵉ	43 59 11 85
18	G12	Canadian Pacific (CP Air)	15 r. de la Paix, 2ᵉ	42 61 72 34
29	H10	Centre Culturel	5 rue de Constantine, 7ᵉ	45 51 35 73
29	G10	Chambre de Commerce France-Canada	9 av. Franklin-Roosevelt, 8ᵉ	43 59 32 38
18	F12	Canadien National (chemins de fer)	1 r. Scribe, 9ᵉ	47 42 76 50
15	F6	Délégation Générale du Québec	66 r. Pergolèse, 16ᵉ	45 02 14 10
17	F9	Délégation de l'Ontario	109 r. du Fg-St-Honoré, 8ᵉ	45 63 16 34
17	D9	Off. Franco-Québécois pour la Jeunesse	5 r. de Logelbach, 17ᵉ	47 66 04 76
		Centrafrique - Cap. Bangui		
26	J3	Ambassade	29 bd de Montmorency, 16ᵉ	42 24 42 56
		Chili - Cap. Santiago		
29	J9	Ambassade	2 av. de La Motte-Picquet, 7ᵉ	45 51 46 68
29	J10	Consulat	64 bd de La-Tour-Maubourg, 7ᵉ	47 05 46 61
29	G10	Service commercial	9-11 av. F.-D.-Roosevelt, 8ᵉ	42 89 32 38
		Chine - Cap. Pékin		
28	G8	Ambassade	11 av. George-V, 8ᵉ	47 23 34 45
50	R4	Service consulaire	Issy-les-Moulineaux - 9 av. Victor-Cresson	47 36 77 60
15	F6	Compagnie aérienne de Chine (CAAC)	47 r. Pergolèse, 16ᵉ	45 00 19 94
31	G13	Office du Tourisme	51 r. Ste-Anne, 2ᵉ	42 96 95 48
50	R4	Service culturel	Issy-les-Moulineaux - 9 av. Victor-Cresson	41 36 77 04
		Chypre - Cap. Nicosie		
16	G7	Ambassade	23 r. Galilée, 16ᵉ	47 20 86 28
16	F8	Cyprus Airways	37 r. Jean-Giraudoux, 16ᵉ	45 01 93 38
18	G12	Office du Tourisme	15 r. de la Paix, 2ᵉ	42 61 42 49
		Colombie - Cap. Bogota		
18	F11	Ambassade	22 r. de l'Élysée, 8ᵉ	42 65 46 08
16	G8	Consulat	11 r. Christophe-Colomb, 8ᵉ	47 23 36 05
18	G12	Avianca (Cie aérienne)	9 bd de la Madeleine, 1ᵉʳ	42 60 35 22
18	G12	Office National du Tourisme	9 bd de la Madeleine, 1ᵉʳ	42 60 35 65

Plan n° ou carte 101	Repère		Adresse	Téléphone
		Comores - Cap. Moroni		
16	E8	Ambassade	15 r. de la Néva, 8e	47 63 81 78
		Congo - Cap Brazzaville		
16	F7	Ambassade	37 bis r. Paul-Valéry, 16e	45 00 60 57
		Corée - Cap Séoul		
30	J11	Ambassade	125 r. de Grenelle, 7e	47 05 64 10
18	F11	Centre Coréen du Commerce Extérieur	25 r. d'Astorg, 8e	47 42 00 17
28	H7	Centre culturel	2 av. d'Iéna, 16e	47 20 83 86
42	M11	Office National du Tourisme	Tour Maine-Montparnasse, 15e	45 38 71 23
		Costa Rica - Cap. San José		
27	H5	Ambassade	74 av. Paul-Doumer, 16e	45 04 50 93
16	E7	Consulat	2 r. du Colonel-Moll, 17e	47 64 96 19
		Côte-d'Ivoire - Cap. Abidjan		
15	F6	Ambassade	102 av. Raymond-Poincaré, 16e	45 01 53 10
12	G7	Service des visas	8 r. Dumont-d'Urville, 16e	47 20 35 09
26	H4	Délégation du Tourisme	24 bd Suchet, 16e	42 88 62 92
		Cuba - Cap. La Havane		
28	K8	Ambassade	16 r. de Presles, 15e	45 67 55 35
19	G13	Office du Tourisme	11 r. du 4-Septembre, 2e	42 96 31 33
		Danemark - Cap. Copenhague		
16	F8	Ambassade	77 av. Marceau, 16e	47 23 54 20
16	F8	DSB Voyages	142 av. Champs-Élysées, 8e	43 59 20 06
16	F8	Office National du Tourisme	—	45 62 17 02
18	F12	Scandinavian Airlines System (SAS)	30 bd des Capucines, 9e	47 42 06 14
		Djibouti - Cap. Djibouti		
15	G5	Ambassade	26 r. Émile-Ménier, 16e	47 27 49 22
		Dominicaine (République) - Cap. Saint-Domingue		
16	F7	Ambassade	2 r. Georges-Ville, 16e	45 00 77 71
		Égypte - Cap. Le Caire		
16	G8	Ambassade	56 av. d'Iéna, 16e	47 20 97 70
15	F6	Consulat	58 av. Foch, 16e	45 00 69 23
17	F9	Bureau du Tourisme	90 av. Champs-Élysées, 8e	45 62 94 42
43	L13	Centre Culturel	111 bd St-Michel, 5e	46 33 75 67
18	F12	Egyptair	1 bis r. Auber, 9e	42 66 55 59
		Émirats Arabes Unis (EAU) - Cap. Abou Dabi		
27	G5	Ambassade	3 r. de Lota, 16e	45 53 94 04
		Équateur - Cap. Quito		
17	E10	Ambassade	34 av. de Messine, 8e	45 61 10 21
17	E10	Consulat	—	45 61 10 04
		Espagne - Cap. Madrid		
28	G8	Ambassade	13 av. George-V, 8e	47 23 61 83
5	D9	Consulat Général	165 bd Malesherbes, 17e	47 66 03 32
19	G13	Chambre de Commerce d'Espagne	32 av. de l'Opéra, 2e	47 42 45 74
29	G9	Iberia (Cie aérienne)	31 av. Montaigne, 8e	47 23 01 23
31	J13	Librairie Espagnole	72 r. de Seine, 6e	43 54 56 26
28	G8	Office culturel	11 av. Marceau, 8e	47 20 83 45
16	G8	Office National du Tourisme	43 ter av. Pierre-Ier-de-Serbie, 8e	47 20 90 54
28	G8	Réseau National des Chemins de fer Espagnols (RENFE)	1-3 av. Marceau, 16e	47 23 52 00
31	H14	Maison d'Andorre (Principauté d'Andorre)	111 r. St-Honoré, 1er	45 08 50 28
		États-Unis d'Amérique (USA) - Cap. Washington		
30	G11	Ambassade	2 av. Gabriel, 8e	42 96 12 02
30	G11	Service des visas - Services culturels	2 r. St-Florentin, 1er	42 96 12 02
101	pli 13	American Battle Monuments Commission	Garches - 68 r. du 19-Janvier	47 01 19 76
42	M12	American Center for Students and Artists	261 bd Raspail, 14e	43 35 21 50
18	F12	American Express	11 r. Scribe, 9e	42 66 09 99

Plan n°	Repère		Adresse	Téléphone
17	G9	American Legion	49 r. Pierre-Charron, 8ᵉ	42 25 41 93
28	J7	Association France États-Unis	6 bd de Grenelle, 15ᵉ	45 77 48 92
28	H8	Bibliothèque Américaine	10 r. du Général-Camou, 7ᵉ	45 51 46 82
30	G11	Centre de Documentation B. Franklin	2 r. St-Florentin, 1ᵉʳ	42 96 33 10
28	G8	Chambre de Commerce Américaine	21 av. George-V, 8ᵉ	47 23 70 28
30	G12	Office de tourisme	23 pl. Vendôme, 1ᵉʳ	42 60 57 15
14	D3	International Herald Tribune	Neuilly - 181 av. Ch.-de-Gaulle	46 37 93 00
		Librairies : voir Grande-Bretagne		
17	F9	National Broadcasting (NBC News)	73 av. Champs-Élysées, 8ᵉ	43 59 11 71
17	F9	Newsweek Magazine	162 r. du Fg-St-Honoré, 8ᵉ	42 56 06 81
18	F12	Pan American World Airways (PAN AM)	1 r. Scribe, 9ᵉ	42 66 45 45
17	F10	Time	17 av. Matignon, 8ᵉ	43 59 05 39
16	F8	Trans World Airlines (TWA)	101 av. Champs-Élysées, 8ᵉ	47 20 62 11

Éthiopie - Cap. Addis-Abeba

28	J8	Ambassade	35 av. Charles-Floquet, 7ᵉ	47 83 83 95
17	F9	Ethiopian Airlines	66 av. des Champs-Elysées, 8ᵉ	42 56 22 05

Finlande - Cap. Helsinki

29	H10	Ambassade	2 r. Fabert, 7ᵉ	47 05 35 45
18	F11	Consulat Général	18 bis r. d'Anjou, 8ᵉ	42 65 33 65
19	F13	Chambre de Commerce Franco-Finlandaise	19 bd. Haussmann, 9ᵉ	42 47 13 00
18	F12	Finnair (Cie aérienne)	11 r. Auber, 9ᵉ	47 42 33 33
18	F12	Office National du Tourisme	13 r. Auber, 9ᵉ	42 66 40 13

Gabon - Cap. Libreville

26	J4	Ambassade	26 bis av. Raphaël, 16ᵉ	42 24 79 60
17	F10	Air Gabon	4 av. F.D.-Roosevelt, 8ᵉ	43 59 20 63
17	F9	Association France-Gabon	11 r. Lincoln, 8ᵉ	42 56 20 12
29	G10	Bureau de Tourisme	4 av. F.D.-Roosevelt, 8ᵉ	42 56 35 82
29	G10	Centre Gabonais du Commerce extérieur	—	45 62 23 40

Ghana - Cap. Accra

15	F5	Ambassade	8 villa Saïd, 16ᵉ	45 00 09 50

Grande-Bretagne et Irlande du Nord - Cap. Londres

18	G11	Ambassade	35 r. du Fg-St-Honoré, 8ᵉ	42 66 91 42
18	G11	Consulat	2 cité du Retiro, 8ᵉ	43 59 43 66
18	G11	Service des visas	—	42 66 38 10
32	G15	Agence Reuter	101 r. Réaumur, 2ᵉ	42 60 31 63
65		British Airways	Puteaux-La Défense - Tour Winterthur	47 76 86 86
17	F9	British Broadcasting Corporation (BBC)	155 r. du Fg-St-Honoré, 8ᵉ	45 61 97 00
18	G12	British Caledonian Airways	5 r. de la Paix, 2ᵉ	42 61 50 21
29	H10	The British Council	9 r. de Constantine, 7ᵉ	45 55 95 95
31	G13	Britrail Voyages	55-57 r. St-Roch, 1ᵉʳ	42 61 85 40
16	F7	Chambre de Commerce et d'Industrie franco-britannique	26 av. Victor-Hugo, 16ᵉ	45 01 55 00
29	H10	Institut Britannique	11 r. de Constantine, 7ᵉ	45 55 71 99
31	G13	Librairie Brentano's	37 av. de l'Opéra, 2ᵉ	42 61 52 50
30	G12	— Galignani	224 r. de Rivoli, 1ᵉʳ	42 60 76 07
43	L13	— Nouveau Quartier Latin	78 bd. St-Michel, 6ᵉ	43 26 42 70
30	G12	— W.H. Smith	248 r. de Rivoli, 1ᵉʳ	42 60 37 97
30	G12	Office Britannique de Tourisme (BTA) (transfert prévu)	6 pl. Vendôme, 1ᵉʳ	42 96 47 60
18	F12	Royal British Legion	8 r. Boudreau, 9ᵉ	47 42 19 26
19	F13	The Times	8 r. Halévy, 9ᵉ	47 42 73 21
18	F11	Townsend-Thoresen	9 pl. de la Madeleine, 8ᵉ	42 66 40 17
18	F11	Maison du Tourisme de Jersey	19 bd Malesherbes, 8ᵉ	47 42 93 68

Grèce - Cap. Athènes

16	F8	Ambassade	17 r. Auguste-Vacquerie, 16ᵉ	47 23 72 28
16	G7	Consulat	23 r. Galilée, 16ᵉ	47 23 72 23
18	F12	Libra Ferries (Transports et voyages)	8 r. Auber, 9ᵉ	42 66 90 90
42	M11	Librairie hellénique Desmos	14 r. Vandamme, 14ᵉ	43 20 84 04
31	H13	Office Nat. Hellénique du Tourisme	3 av. de l'Opéra, 1ᵉʳ	42 60 65 75
18	F12	Olympic Airways	3 r. Auber, 9ᵉ	42 65 92 42
27	G6	Bureau de Presse	6 pl. de Mexico, 16ᵉ	45 53 89 99

Plan n°	Repère		Adresse	Téléphone
		Guatemala - Cap. Guatemala		
17	E9	Ambassade	73 r. de Courcelles, 8ᵉ	42 27 78 63
		Guinée - Cap. Conakry		
15	G5	Ambassade	24 r. Émile-Ménier, 16ᵉ	45 53 72 25
		Guinée Équatoriale - Cap. Malabo		
17	E9	Ambassade	6 r. Alfred de Vigny, 8ᵉ	47 66 44 33
		Haïti - Cap. Port-au-Prince		
16	E8	Ambassade	10 r. Théodule-Ribot, 17ᵉ	47 63 47 78
17	F10	Office National du Tourisme	64 r. La Boétie, 8ᵉ	45 63 66 97
		Honduras - Cap. Tegucigalpa		
30	G12	Ambassade	6 pl. Vendôme, 1ᵉʳ	42 61 34 75
		Hong Kong - Cap. Victoria		
16	F8	Office de Tourisme *(Renseignements téléphoniques ou par écrit seulement)*	38 av. George-V, 8ᵉ	47 20 39 54
		Hongrie - Cap. Budapest		
15	F5	Ambassade	5 bis sq. Avenue Foch, 16ᵉ	45 00 00 29
43	M14	Consulat	326 r. St-Jacques, 5ᵉ	43 54 66 96
16	G7	Chambre de Commerce	59 av. Kléber, 16ᵉ	45 53 38 48
43	K13	Institut Hongrois	92 r. Bonaparte, 6ᵉ	46 34 75 03
40	M8	Presse et Documentation	9 sq. Vergennes, 15ᵉ	48 42 51 05
18	G12	Malèv (Cie aérienne)	7 r. de la Paix, 2ᵉ	42 61 57 90
19	G13	Tourisme Hongrois/Ibusz	27 r. du 4-Septembre, 2ᵉ	47 42 50 25
		Inde - Cap. New Delhi		
26	H4	Ambassade	15 r. Alfred-Dehodencq, 16ᵉ	45 20 39 30
18	F12	Air India	1 r. Auber, 9ᵉ	42 66 90 60
18	G12	Office National de Tourisme	8 bd de la Madeleine, 9ᵉ	42 65 83 86
		Indonésie - Cap. Jakarta		
27	H5	Ambassade	49 r. Cortambert, 16ᵉ	45 03 07 60
17	E9	Garuda Indonesian Airways	17 av. Hoche, 8ᵉ	45 62 45 45
		Irak - Cap. Bagdad		
15	G5	Ambassade	53 r. de la Faisanderie, 16ᵉ	45 01 51 00
15	G5	Centre Culturel	6-8 r. du Gal-Appert, 16ᵉ	47 04 66 87
16	F8	Iraqi Airways	144 av. Champs-Élysées, 8ᵉ	45 62 62 25
		Iran - Cap. Téhéran		
28	H7	Ambassade	4 av. d'Iéna, 16ᵉ	47 23 61 22
28	H8	Consulat	16 r. Fresnel, 16ᵉ	47 23 61 22
17	G9	Iran Air	33 av. Champs-Élysées, 8ᵉ	43 59 01 20
		Irlande - Cap. Dublin		
16	F7	Ambassade	4 r. Rude, 16ᵉ	45 00 20 87
19	G13	Aer Lingus (Cie aérienne)	47 av. de l'Opéra, 2ᵉ	47 42 12 50
18	F12	Irish Continental Line (Transports et voyages)	8 r. Auber, 9ᵉ	42 66 90 90
17	F10	Office du Commerce Extérieur Irlandais	33 r. de Miromesnil, 8ᵉ	42 65 98 05
18	G12	Office National du Tourisme	9 bd de la Madeleine, 1ᵉʳ	42 61 84 26
		Islande - Cap. Reykjavik		
18	F11	Ambassade	124 bd Haussmann, 8ᵉ	45 22 81 54
19	F13	Icelandair (Cie aérienne)	9 bd des Capucines, 2ᵉ	47 42 52 26
		Israël - Cap. Jérusalem		
17	F10	Ambassade	3 r. Rabelais, 8ᵉ	42 56 47 47
32	H15	Association France-Israël	63 bd de Sébastopol, 1ᵉʳ	42 33 36 82
18	G11	Chambre de Commerce France-Israël	47 r. du Fg-St-Honoré, 8ᵉ	42 25 34 56
18	F12	El Al (Cie aérienne)	24 bd des Capucines, 9ᵉ	47 42 45 19
18	G12	Office National de Tourisme	14 r. de la Paix, 2ᵉ	42 61 01 97

Plan n°	Repère		Adresse	Téléphone
		Italie - Cap. Rome		
30	J11	Ambassade	51 r. de Varenne, 7e	45 44 38 90
27	H5	Consulat	5 bd Émile-Augier, 16e	45 20 78 22
16	F8	Alitalia (Cie aérienne)	140 av. Champs-Élysées, 8e	42 56 66 33
17	F10	Chambre de Commerce Italienne	134 r. du Fg-St-Honoré, 8e	42 25 41 88
19	F13	Compagnie Italienne de Tourisme (CIT)	3 bd des Capucines, 2e	42 66 00 90
30	H11	Corriere della Sera	280 bd St-Germain, 7e	45 50 42 10
28	J8	Dante Alighieri (Assoc. culturelle)	12 r. Sédillot, 7e	47 05 16 26
18	G12	Office National du Tourisme (ENIT)	23 r. de la Paix, 2e	42 66 66 68
30	J11	Institut Culturel	50 r. de Varenne, 7e	42 22 12 78
19	F13	La Stampa	5 r. des Italiens, 9e	45 23 37 06
30	J11	Maison du Livre Italien	54 r. de Bourgogne, 7e	47 05 03 99
16	F8	Radiotelevisione Italiana (RAI) 1re chaîne	96 av. d'Iéna, 16e	47 20 60 40
16	F8	— 2e chaîne	96 av. d'Iéna, 16e	47 20 37 67
18	F12	Siosa Line (Transports et voyages)	8 r. Auber, 9e	42 66 90 90
		Japon - Cap. Tokyo		
17	E9	Ambassade	7 av. Hoche, 8e	47 66 02 22
16	F8	Centre culturel et d'information	7 r. Tilsitt, 17e	47 66 02 22
17	F9	Centre Japonais de Commerce extérieur	50 av. Champs-Élysées, 8e	42 25 35 82
17	F9	Chambre de Commerce et d'Industrie Japonaise	1 av. de Friedland, 8e	45 63 43 33
18	F11	Chemins de Fer Nationaux (Rens.)	24-26 r. de la Pépinière, 8e	45 22 60 48
31	G13	Espace Japon (bibliothèque)	12 r. Ste-Anne, 1er	42 60 69 30
16	G7	Fondation du Japon	42 av. Kléber, 16e	47 04 28 63
17	F9	Japan Air Lines	75 av. Champs-Élysées, 8e	42 25 85 05
31	H13	Librairie Japonaise Junku	262 r. St-Honoré, 1er	42 60 89 12
31	G13	— Tokyo-Do	4 r. Ste-Anne, 1er	42 61 08 71
16	G7	Office Franco-Japonais d'Études Économiques	14 r. Cimarosa, 16e	47 27 30 90
31	G13	Office National du Tourisme	4 r. Ste-Anne, 1er	42 96 20 29
		Jordanie - Cap. Amman		
14	E4	Ambassade du Royaume Hachémite	Neuilly - 80 bd M.-Barrès	46 24 51 38
18	G12	Alia (The Royal Jordanian Airline)	12 r. de la Paix, 2e	42 61 57 45
		Kenya - Cap. Nairobi		
16	G7	Ambassade	3 r. Cimarosa, 16e	45 53 35 00
18	G12	Kenya Airways	8 r. Daunou, 2e	42 61 82 93
18	G12	Office du Tourisme	5 r. Volney, 2e	42 60 66 88
		Koweït - Cap. Koweït		
28	G8	Ambassade	2 r. de Lübeck, 16e	47 23 54 25
16	G8	Consulat	1 pl. des États-Unis, 16e	47 23 54 25
18	G12	Kuwait Airways	6 r. de la Paix, 2e	42 60 30 60
		Laos - Cap. Vientiane		
15	G6	Ambassade	74 av. Raymond-Poincaré, 16e	45 53 70 47
		Liban - Cap. Beyrouth		
16	G7	Ambassade	3 villa Copernic, 16e	45 00 22 25
16	F8	Services Consulaires et Culturels	47 r. Dumont-d'Urville, 16e	45 00 03 30
31	K14	Librairie Synonyme	82 bd St-Michel, 5e	46 33 98 50
18	F12	Middle East Airlines	6 r. Scribe, 9e	42 66 93 57
17	F10	Office National du Tourisme	124 r. du Fg-St-Honoré, 8e	43 59 10 36
67		Trans Mediterranean Airways	Orly Sud - Aérogare	48 84 02 93
		Libéria - Cap. Monrovia		
17	D10	Ambassade	8 r. Jacques-Bingen, 17e	47 63 58 55
		Libye - Cap. Tripoli		
15	G5	Ambassade	2 r. Charles-Lamoureux, 16e	47 04 71 60
17	F9	Libyan Arab Airlines	90 av. Champs-Élysées, 8e	45 62 33 00
		Luxembourg - Cap. Luxembourg		
28	H8	Ambassade	33 av. Rapp, 7e	45 55 13 37
17	F10	Chambre de Commerce Belgo-Luxemb.	174 bd Haussmann, 8e	45 62 44 87
16	F8	Luxair (Air France)	119 av. Champs-Élysées, 8e	45 35 61 61
18	F12	Office de Tourisme	21 bd des Capucines, 2e	47 42 90 56

Plan n°	Repère		Adresse	Téléphone
		Madagascar - Cap. Antananarivo		
26	H4	Ambassade	4 av. Raphaël, 16e	45 04 62 11
31	H13	Air Madagascar	7 av. de l'Opéra, 1er	42 60 30 51
44	K15	Librairie L'Harmattan	16 r. des Écoles, 5e	43 26 04 52
		Malaisie - Cap. Kuala Lumpur		
15	G5	Ambassade	2 bis r. Benouville, 16e	45 53 11 85
18	F12	Malaysian Airlines System	12 bd des Capucines, 9e	47 42 26 00
		Mali - Cap. Bamako		
42	L11	Ambassade	89 r. du Cherche-Midi, 6e	45 48 58 43
31	G13	Air Mali	14 r. des Pyramides, 1er	42 60 31 13
		Malte - Cap. La Valette		
17	F9	Ambassade	92 av. Champs-Élysées, 8e	45 62 53 01
42	K11	Air Malta	82, r. Vaneau, 7e	45 49 06 50
42	K11	Office National du Tourisme	—	45 49 15 33
		Maroc - Cap. Rabat		
27	H6	Ambassade	5 r. Le Tasse, 16e	45 20 69 35
19	F14	Consulat	19 r. Saulnier, 9e	45 23 37 40
18	E12	Compagnie Marocaine de Navigation	56 r. de Londres, 8e	43 87 42 06
30	G11	Maghreb Arabe Presse	4 pl. de la Concorde, 8e	42 65 40 45
31	H13	Office National du Tourisme	161 r. St-Honoré, 1er	42 60 63 50
19	G13	Royal Air Maroc	34 av. de l'Opéra, 2e	47 42 10 36
		Maurice (Ile) - Cap. Port-Louis		
17	E10	Ambassade	68 bd de Courcelles, 17e	42 27 30 19
2	C3	Bureau d'Information Touristique (uniquement par téléphone et par correspondance)	Neuilly - 41 r. Ybry	47 58 12 40
		Mauritanie - Cap. Nouakchott		
15	G5	Ambassade	5 r. de Montevideo, 16e	45 04 88 54
42	L11	Consulat	89 r. du Cherche-Midi, 6e	45 48 23 88
		Mexique - Cap. Mexico		
28	G7	Ambassade	9 r. de Longchamp, 16e	45 53 76 43
28	G7	Consulat	16 r. Hamelin, 16e	47 27 74 70
18	F12	Aeromexico (Cie aérienne)	12 r. Auber, 9e	47 42 40 50
30	K12	Centre culturel	28 bd Raspail, 7e	45 49 16 26
16	F8	Institut Mexicain du Commerce Extérieur	120 av. Champs-Élysées, 8e	45 62 28 24
16	G8	Office de Tourisme	34 av. George-V, 8e	47 20 69 15
		Monaco - Cap. Monaco		
26	H4	Ambassade	22 bd Suchet, 16e	45 04 74 54
18	G12	Office du Tourisme et des Congrès	9 r. de la Paix, 1er	42 96 12 23
		Mongolie - Cap. Oulan-Bator		
37	L2	Ambassade	Boulogne - 5 av. R.-Schuman	46 05 28 12
		Népal - Cap. Katmandu		
17	F9	Ambassade	7 r. Washington, 8e	43 59 28 61
		Nicaragua - Cap. Managua		
15	F6	Ambassade	11 r. de Sontay, 16e	45 00 35 42
		Niger - Cap. Niamey		
27	G5	Ambassade	154 r. de Longchamp, 16e	45 04 80 60
		Nigeria - Cap. Lagos		
27	G5	Ambassade	173 av. Victor-Hugo, 16e	47 04 68 65
		Norvège - Cap. Oslo		
29	G9	Ambassade	28 r. Bayard, 8e	47 23 72 78
14	D4	Chambre Commerce Franco-Norvégienne	Neuilly - 88 av. Ch.-de-Gaulle	47 45 14 90
14	D4	Office National du Tourisme	—	47 45 14 90
18	F12	Scandinavian Airlines System (SAS)	30 bd des Capucines, 9e	47 42 06 14
		Nouvelle-Zélande - Cap. Wellington		
15	F6	Ambassade	7 ter r. Léonard-de-Vinci, 16e	45 00 24 11

Plan n°	Repère		Adresse	Téléphone
ou carte 101				
		Oman - Cap. Mascate		
28	G8	Ambassade	50 av. d'Iéna, 16ᵉ	47 23 01 63
		Ouganda - Cap. Kampala		
27	G6	Ambassade	13 av. Raymond-Poincaré, 16ᵉ	47 27 46 80
		Pakistan - Cap. Islamabad		
16	F8	Ambassade	18 r. Lord-Byron, 8ᵉ	45 62 23 32
16	F8	Pakistan International Airlines	152 av. Champs-Élysées, 8ᵉ	45 62 92 41
		Panama - Cap. Panama		
41	L9	Ambassade	145 av. de Suffren, 15ᵉ	47 83 23 32
		Paraguay - Cap. Asuncion		
28	J7	Ambassade-Chancellerie	8 av. Charles-Floquet, 7ᵉ	47 83 54 77
101	pli 14	Consulat	Courbevoie - 15 r. Carle-Hébert	47 88 19 12
		Pays-Bas - Cap. Amsterdam		
41	K10	Ambassade	7 r. Eblé, 7ᵉ	43 06 61 88
41	K10	Consulat	9 r. Eblé, 7ᵉ	43 06 61 88
17	D10	Chambre de Commerce Franco-Néerlandaise	109 bd Malesherbes, 8ᵉ	45 63 54 30
30	H11	Institut Néerlandais	121 r. de Lille, 7ᵉ	47 05 85 99
19	G13	Lignes Aériennes Royales Néerlandaises (KLM)	36 bis av. de l'Opéra, 2ᵉ	47 42 57 29
17	G9	Office Néerlandais du Tourisme	31-33 av. Champs-Élysées, 8ᵉ	42 25 41 25
		Pérou - Cap. Lima		
16	G7	Ambassade	50 av. Kléber, 16ᵉ	47 04 34 53
		Philippines - Cap. Manille		
27	H6	Ambassade	39 av. Georges-Mandel, 16ᵉ	47 04 65 50
16	F8	Philippine Airlines	114 av. Champs-Élysées, 8ᵉ	43 59 43 21
27	H6	Services culturels	39 av. Georges-Mandel, 16ᵉ	45 53 34 92
		Pologne - Cap. Varsovie		
29	J10	Ambassade	1 r. de Talleyrand, 7ᵉ	45 51 60 80
29	J10	Consulat	5 r. de Talleyrand, 7ᵉ	45 51 82 22
32	K15	Bibliothèque Polonaise	6 quai d'Orléans, 4ᵉ	43 54 35 61
29	G9	Institut Culturel Polonais	31 r. Jean-Goujon, 8ᵉ	42 25 10 57
31	K13	Librairie Polonaise	123 bd St-Germain, 6ᵉ	43 26 04 42
19	G13	Lignes Aériennes Polonaises (LOT)	18 r. Louis-le-Grand, 2ᵉ	47 42 05 60
19	G13	Office du Tourisme Polonais Orbis	49 av. de l'Opéra, 2ᵉ	47 42 07 42
		Portugal - Cap. Lisbonne		
15	G5	Ambassade	3 r. de Noisiel, 16ᵉ	47 27 35 29
45	N17	Consulat	187 r. du Chevaleret, 13ᵉ	45 85 03 60
18	G12	Air Portugal (TAP)	9 bd de la Madeleine, 1ᵉʳ	42 96 15 65
16	F8	Centre Culturel - Fondation Gulbenkian	51 av. d'Iéna, 16ᵉ	47 20 86 84
18	F11	Chambre de Commerce Franco-Portugaise	97 bd Haussmann, 8ᵉ	42 66 38 32
17	F10	Office Commercial du Portugal	135 bd Haussmann, 8ᵉ	45 63 93 30
18	F12	Office de Tourisme	7 r. Scribe, 9ᵉ	47 42 55 57
		Qatar - Cap. Doha		
29	H9	Ambassade	57 quai d'Osay, 7ᵉ	45 51 90 71
		Roumanie - Cap. Bucarest		
29	J9	Ambassade	5 r. de l'Exposition, 7ᵉ	47 05 49 54
29	J9	Consulat	—	47 05 84 99
19	G13	Office National de Tourisme - Tarom (Cie aérienne)	38 av. de l'Opéra, 2ᵉ	47 42 25 42
		Rwanda - Cap. Kigali		
17	E9	Ambassade	70 bd de Courcelles, 17ᵉ	42 27 36 31
		Saint-Marin - Cap. Saint-Marin		
17	F10	Ambassade	6 av. Franklin-Roosevelt, 8ᵉ	43 59 22 28
17	F10	Consulat	50 r. du Colisée, 8ᵉ	43 59 82 89

Plan n°	Repère		Adresse	Téléphone
		Saint-Siège - cité du Vatican		
28	G8	Nonciature Apostolique	10 av. du Prés.-Wilson, 16e	47 23 58 34
		El Salvador - Cap. San Salvador		
16	G7	Ambassade	12 r. Galilée, 16e	47 20 42 02
		Sénégal - Cap. Dakar		
29	H9	Ambassade	14 av. Robert-Schuman, 7e	47 05 39 45
28	G7	Consulat	22 r. Hamelin, 16e	45 53 75 86
16	G8	Office National du Tourisme	30 av. George-V, 8e	47 20 40 70
		Seychelles - Cap. Port-Victoria		
16	G8	Ambassade	53 bis r. François-Ier, 8e	47 23 98 11
16	G18	Consulat *(uniquement par écrit ou par téléphone)*	53 r. François-Ier, 8e	47 20 26 26
17	F9	Office de Tourisme	32 r. de Ponthieu, 8e	42 89 85 33
		Sierra Leone - Cap. Freetown		
17	E9	La Maison de la Sierra Leone (visas)	6 r. Médéric, 17e	42 67 54 39
		Singapour - Cap. Singapour		
15	F5	Ambassade	80 av. Foch, 16e	45 00 33 61
31	H13	Office national du Tourisme	168 r. de Rivoli, 1er	42 97 16 16
19	G13	Singapore Airlines	35 av. de l'Opéra, 2e	42 61 53 09
		Somalie - Cap. Mogadiscio		
16	F8	Ambassade	26 r. Dumont-d'Urville, 16e	45 00 76 51
		Soudan - Cap. Khartoum		
29	G9	Ambassade	56 av. Montaigne, 8e	47 20 07 34
		Sri Lanka - Cap. Colombo		
18	F11	Ambassade	15 r. d'Astorg, 8e	42 66 35 01
19	G13	Air Lanka	9 r. du 4-Septembre, 2e	42 97 43 44
19	G13	Office du Tourisme	19 r. du 4-Septembre, 2e	42 60 49 99
		Suède - Cap. Stockholm		
30	J11	Ambassade	17 r. Barbet-de-Jouy, 7e	45 55 92 15
32	J16	Centre culturel	11 r. Payenne, 3e	42 71 82 20
18	F12	Centre Suédois du Commerce Extérieur	67 bd Haussmann, 8e	42 66 08 88
32	J16	Office du Tourisme Suédois	146-150 av. Ch.-Élysées, 8e	42 25 65 52
18	F12	Scandinavian Airlines System (SAS)	30 bd des Capucines, 9e	47 42 06 14
		Suisse - Cap. Berne		
29	J10	Ambassade	142 r. de Grenelle, 7e	45 50 34 46
32	J16	Centre culturel	32-38 r. des Francs-Bourgeois, 3e	42 71 44 50
31	G13	Chambre de Commerce Suisse	16 av. de l'Opéra, 1er	42 96 14 17
18	F12	Office National du Tourisme - Chemins de fer fédéraux	11 bis r. Scribe, 9e	47 42 45 45
19	G13	Swissair	38 av. de l'Opéra, 2e	45 81 11 40
		Syrie - Cap. Damas		
30	J11	Ambassade	20 r. Vaneau, 7e	45 50 26 91
29	J9	Centre culturel arabe syrien	12 av. de Tourville, 7e	47 05 30 11
17	F9	Office de tourisme	103 r. La Boétie, 8e	45 62 56 32
18	F12	Syrian Arab Airlines (Syrianair)	1 r. Auber, 9e	47 42 11 06
		Tanzanie - Cap. Dar es-Salam		
5	C9	Ambassade	70 bd Péreire, 17e	47 66 21 77
		Tchad - Cap. N'Djamena		
15	G6	Ambassade	65 r. Belles-Feuilles, 16e	45 53 36 75
		Tchécoslovaquie - Cap. Prague		
28	J8	Ambassade	15 av. Charles-Floquet, 7e	47 34 29 10
31	J13	— (Section Consulaire)	18 r. Bonaparte, 6e	43 54 26 18
19	G13	Ceskoslovenske Aerolinie (CSA)	32 av. de l'Opéra, 2e	47 42 38 45
27	G6	Chambre de Commerce Franco-Tchécoslovaque	28 av. d'Eylau, 16e	47 04 45 78
19	G13	Office Tchécoslovaque de Tourisme - Cedok	32 av. de l'Opéra, 2e	47 42 38 45

Plan n°	Repère		Adresse	Téléphone
		Thaïlande - Cap. Bangkok		
27	H6	**Ambassade**	8 r. Greuze, 16ᵉ	47 04 32 22
17	F9	**Office National du Tourisme**	90 av. Champs-Élysées, 8ᵉ	45 62 86 56
16	F8	**Thai Airways International**	123 av. Champs-Élysées, 8ᵉ	47 20 86 15
		Togo - Cap. Lomé		
4	C8	**Ambassade**	8 r. Alfred-Roll, 17ᵉ	43 80 12 13
		Tunisie - Cap. Tunis		
30	K11	**Ambassade**	25 r. Barbet-de-Jouy, 7ᵉ	45 55 95 98
28	G7	**Consulat**	17-19 r. de Lübeck, 16ᵉ	45 53 50 94
19	G13	**Office National du Tourisme**	32 av. de l'Opéra, 2ᵉ	47 42 72 67
18	G12	**Tunis Air**	17 r. Daunou, 2ᵉ	42 96 10 45
		Turquie - Cap. Ankara		
27	J6	**Ambassade**	16 av. de Lamballe, 16ᵉ	45 24 52 24
5	C9	**Consulat**	184 bd Malesherbes, 17ᵉ	42 27 32 72
17	F9	**Bureau de Tourisme**	102 av. Champs-Élysées, 8ᵉ	45 62 78 68
18	F12	**Libra Ferries** (Transports et voyages)	8 r. Auber, 9ᵉ	42 66 90 90
19	G13	**Turkish Airlines**	34 av. de l'Opéra, 2ᵉ	47 42 60 85
		Union des Républ. Socialistes Soviétiques (URSS) - Cap. Moscou		
26	G4	**Ambassade**	40-50 bd Lannes, 16ᵉ	45 04 05 50
17	E9	**Consulat**	8 r. de Prony, 17ᵉ	47 63 45 47
17	G9	**Aeroflot** (Cie aérienne)	33 av. Champs-Élysées, 8ᵉ	42 25 43 81
29	G10	**Chambre de Commerce Franco-Soviétique**	22 av. Franklin-Roosevelt, 8ᵉ	42 25 97 10
19	F13	**Intourist**	7 bd des Capucines, 2ᵉ	47 42 47 40
15	G5	**Représentation Commerciale**	49 r. de la Faisanderie, 16ᵉ	47 27 41 39
		Uruguay - Cap. Montevideo		
16	F7	**Ambassade**	15 r. Le Sueur, 16ᵉ	45 00 91 50
		Vatican (voir Saint-Siège)		
		Venezuela - Cap. Caracas		
16	G7	**Ambassade**	11 r. Copernic, 16ᵉ	45 53 29 98
28	H7	**Consulat**	42 av. du Prés-Wilson, 16ᵉ	45 53 00 88
19	F13	**Viasa** (Cie aérienne)	5 bd des Capucines, 2ᵉ	47 42 20 07
		Vietnam - Cap. Hanoï		
38	L3	**Ambassade**	62 r. Boileau, 16ᵉ	45 24 50 63
38	L3	**Consulat**	—	45 27 62 55
14	D3	**Section commerciale**	Neuilly - 44 av. de Madrid	46 24 85 77
		Yémen (Républ. Arabe - RAY) - Cap. Sanaa		
28	J8	**Ambassade**	21 av. Charles-Floquet, 7ᵉ	43 06 66 22
		Yémen (Républ. Démocratique) - Cap. Al Shaab		
28	G8	**Ambassade**	25 av. Georges-Bizet, 16ᵉ	47 23 61 76
17	F9	**Yemenia (Yemen Airways)**	52 av. Champs-Élysées, 8ᵉ	42 56 06 00
		Yougoslavie - Cap. Belgrade		
15	G5	**Ambassade**	54 r. de la Faisanderie, 16ᵉ	45 04 05 05
15	F5	**Consulat**	5 r. de la Faisanderie, 16ᵉ	47 04 70 41
32	H15	**Centre Culturel**	123 r. St-Martin, 4ᵉ	42 72 50 50
27	G6	**Chambre économique**	69 av. Raymond-Poincaré, 16ᵉ	47 04 92 76
45	K18	**Librairie Yougofranc**	55 r. Traversière, 12ᵉ	43 43 59 29
19	F13	**Office de Tourisme**	31 bd des Italiens, 2ᵉ	42 68 07 07
19	F13	**Yugoslav Airlines (JAT)**	—	42 68 06 06
		Zaïre - Cap. Kinshasa		
29	G9	**Ambassade**	32 cours Albert-1ᵉʳ, 8ᵉ	42 25 57 50
19	G13	**Air Zaïre**	38 av. de l'Opéra, 2ᵉ	47 42 09 26
		Zambie - Cap. Lusaka		
16	F8	**Ambassade**	76 av. d'Iéna, 16ᵉ	47 23 43 52
		Zimbabwe - Cap. Harare		
16	F8	**Ambassade**	5 r. de Tilsitt, 8ᵉ	47 63 48 31

Plan n° ou carte 101	Repère		Adresse	Téléphone

BIBLIOTHÈQUES - CENTRES CULTURELS
LIBRARIES, BIBLIOTHEKEN, BIBLIOTECAS

32	H15	**Centre Georges-Pompidou**	Pl. Georges-Pompidou, 4ᵉ	42 77 12 33
33	K17	**Arsenal**	1 r. de Sully, 4ᵉ	42 77 44 21
31	H13	**Arts Décoratifs**	109 r. de Rivoli, 1ᵉʳ	42 60 32 14
32	G16	**Conservatoire Nat. des Arts et Métiers**	292 r. St-Martin, 3ᵉ	42 71 24 14
101	pli 14	**Documentation Internat. Contemporaine**	Nanterre - 2 r. de Rouen	47 21 40 22
23	G21	**Documentation Scientifique et Technique**	25 r. du Retrait, 20ᵉ	43 58 35 59
42	K12	**Documentation Sciences Humaines**	54 bd Raspail, 6ᵉ	45 44 38 49
32	J16	**Forney**	1 r. du Figuier, 4ᵉ	42 78 14 60
32	J16	**Historique de la Ville de Paris**	24 r. Pavée, 4ᵉ	42 74 44 44
32	H15	**Maison de la poésie**	101 r. Rambuteau, 1ᵉʳ	42 36 27 53
31	J13	**Mazarine**	23 quai Conti, 6ᵉ	43 54 89 48
44	M16	**Museum Nat. d'Histoire Naturelle**	38 r. Geoffroy-St-Hilaire, 5ᵉ	43 31 71 24
31	G13	**Nationale** (BN)	58 r. de Richelieu, 2ᵉ	47 03 81 26
43	L14	**Ste-Geneviève**	10 pl. du Panthéon, 5ᵉ	43 29 61 00
32	J16	**Discothèque de la Ville de Paris**	6 r. François-Miron, 4ᵉ	48 87 25 63

Paris compte de nombreuses bibliothèques d'études et 55 bibliothèques municipales de prêt. Outre les plus connues, générales ou spécialisées, indiquées ci-dessus, citons-en quelques autres, très spécialisées, comme les bibliothèques des Arts du spectacle (à l'Arsenal), du Saulchoir (religion), de l'Histoire du Protestantisme, de la Préfecture de Police, de l'Observatoire de Meudon...
Les bibliothèques de prêt et de consultation, qui offrent parfois un département discothèque ou cassettothèque, sont ouvertes au public dans la plupart des Mairies et divers autres centres; la liste des bibliothèques pour la jeunesse y est disponible.
Pour connaître les adresses des bibliothèques et Centres Culturels étrangers, voir p. 56 à 66.

Salles d'expositions

29	G10	**Galeries Nationales du Grand Palais**	av. du Gén.-Eisenhower, 8ᵉ	42 89 54 10
28	G8	**Palais de Tokyo**	13 av. Président-Wilson, 16ᵉ	47 23 36 54
31	H14	**Pavillon des Arts**	101 r. Rambuteau, 1ᵉʳ	42 33 82 50
29	G10	**Petit Palais**	av. Winston-Churchill, 8ᵉ	42 65 12 73

CIMETIÈRES
CEMETERIES, FRIEDHÖFE, CEMENTERIOS

38	M3	**Auteuil**	57 r. Claude-Lorrain, 16ᵉ	46 51 20 83
5	B10	**Batignolles**	8 r. St-Just, 17ᵉ	46 27 03 18
23	F22	**Belleville**	40 r. du Télégraphe, 20ᵉ	46 36 66 23
47	N21	**Bercy**	329 r. de Charenton, 12ᵉ	43 48 28 93
60	R23	**Charenton**	av. de Gravelle, 12ᵉ	43 68 62 60
35	H22	**Charonne**	pl. St-Blaise, 20ᵉ	43 71 40 66
56	S15	**Gentilly**	5 r. de Ste-Hélène, 13ᵉ	45 88 38 80
39	M6	**Grenelle**	174 r. St-Charles, 15ᵉ	45 57 13 43
6	C12	**Montmartre**	av. Rachel, 18ᵉ	43 87 64 24
42	M12	**Montparnasse**	3 bd Edgar-Quinet, 14ᵉ	43 20 68 52
54	R11	**Montrouge**	18 av. Pte-de-Montrouge, 14ᵉ	46 56 52 52
27	H6	**Passy**	2 r. du Cdt-Schlœsing, 16ᵉ	47 27 51 42
35	H21	**Père-Lachaise**	16 r. du Repos, 20ᵉ	43 70 70 33
47	L22	**Picpus**	35 r. de Picpus, 12ᵉ	43 42 24 22
48	M23	**St-Mandé (Sud)**	r. du Général-Archinard, 12ᵉ	43 46 03 06
7	C14	**St-Pierre** (cim. du Calvaire)	2 r. du Mont-Cenis, 18ᵉ	
7	C13	**St-Vincent**	6 r. Lucien-Gaulard, 18ᵉ	46 06 29 78
59	P21	**Valmy**	av. Pte-de-Charenton, 12ᵉ	43 68 62 60
39	M6	**Vaugirard**	320 r. Lecourbe, 15ᵉ	45 57 26 30
22	D20	**La Villette**	46 r. d'Hautpoul, 19ᵉ	42 08 05 45

Hors des limites de Paris se situent les cimetières parisiens de Bagneux (101 pli 25), la Chapelle (9 A17), Ivry (101 pli 26), Pantin (12 A23), St-Ouen (101 pli 15) et Thiais (101 pli 26).

Plan n° Repère			Adresse	Téléphone

ou carte 101

COMMERCE
BUSINESS, GESCHÄFT, COMERCIO

Salons, Foires, Expositions
Fairs, Exhibitions, Messen, Ausstellungen, Salones, Ferias, Exposiciones

66		Centre National des Industries et des Techniques (CNIT)	Puteaux - La Défense r. Carpeaux	47 73 66 44
16	G7	Comité des Expositions de Paris	7 r. Copernic, 16ᵉ	45 05 14 37
19	F14	Hôtel des Ventes	9 r. Drouot, 9ᵉ	42 46 17 11
15	E6	Palais des Congrès	2 pl. de la Pte-Maillot, 17ᵉ	46 40 22 22
51	N6	Parc des Expositions (S.E.P.E.)	Pte-de-Versailles, 15ᵉ	48 42 22 40
101	pli 8	Parc d'Expositions de Paris-Nord	Villepinte - ZAC Paris-Nord II	48 63 30 30

Grands Magasins et Centres commerciaux
Department stores and shopping centres, Kaufhäuser, Einkaufszentren, Grandes Almacenes y Centros Comerciales

32	J15	Bazar de l'Hôtel-de-Ville Rivoli	52 r. de Rivoli, 4ᵉ	42 74 90 00
10	C19	— Flandre	119 r. de Flandre, 19ᵉ	42 05 71 69
39	K6	Beaugrenelle	16 r. Linois, 15ᵉ	45 75 71 31
30	K11	Au Bon Marché	38 r. de Sèvres, 7ᵉ	42 60 33 45
42	L11	C & A Maine Montparnasse	1 r. de l'Arrivée, 15ᵉ	45 38 52 76
31	H14	— Rivoli	122-124 r. de Rivoli, 1ᵉʳ	42 33 71 95
16	E8	FNAC Étoile	26 av. de Wagram, 8ᵉ	47 66 52 50
31	H14	— Forum des Halles	1-7 r. Pierre-Lescot, 1ᵉʳ	42 61 81 18
42	L12	— Montparnasse	136 r. de Rennes, 6ᵉ	45 44 39 12
32	H15	Forum des Halles	1 r. Pierre-Lescot, 1ᵉʳ	42 96 68 74
56	P16	Galaxie	30 av. d'Italie, 13ᵉ	45 80 09 09
18	F12	Galeries Lafayette Haussmann	40 bd Haussmann, 9ᵉ	42 82 34 56
42	L11	— Montparnasse	Centre Maine-Montparnasse, 15ᵉ	45 38 52 87
42	M11	Inno Montparnasse	31 r. du Départ, 14ᵉ	43 20 69 30
47	K21	— Nation	20 bd de Charonne, 20ᵉ	43 73 17 59
27	J5	— Passy	53 r. de Passy, 16ᵉ	45 24 52 32
31	H13	Le Louvre des Antiquaires	2 pl. du Palais-Royal, 1ᵉʳ	42 97 27 00
42	L11	Maine-Montparnasse	r. de l'Arrivée, 15ᵉ	45 38 52 54
18	F12	Marks & Spencer	35 bd Haussmann, 9ᵉ	47 42 42 91
15	E6	Palais des Congrès	2 pl. de la Pte-Maillot, 17ᵉ	47 58 22 22
18	F12	Au Printemps Haussmann	64 bd Haussmann, 9ᵉ	42 82 50 00
56	P16	— Italie	30 av. d'Italie, 13ᵉ	45 81 11 50
47	K22	— Nation	25 cours Vincennes, 20ᵉ	43 71 12 41
33	G17	— République	pl. de la République, 11ᵉ	43 55 39 09
16	E8	— Ternes	30 av. des Ternes, 17ᵉ	43 80 20 00
31	H14	Samaritaine	19 r. de la Monnaie, 1ᵉʳ	45 08 33 33
18-10	G12	Aux Trois Quartiers	17 bd de la Madeleine, 1ᵉʳ	42 60 39 30

Marchés *Markets, Märkte, Mercados*

33	H17	Carreau du Temple	2 r. Perrée, 3ᵉ	42 78 54 90
46	N20	Entrepôts de Bercy	1 cour Chamonard, 12ᵉ	43 43 15 41
7	A14	Marché aux Puces	St-Ouen - 85 r. des Rosiers	46 06 49 69
68		Marché d'Intérêt Nat. de Paris-Rungis	Rungis - 1 r. de la Tour	46 87 35 35
28	K8	Le Village Suisse	54 av. Motte-Picquet, 15ᵉ	43 06 69 90

Nombreuses sont les artères commerçantes de Paris. La plupart sont très fréquentées :

- *les unes pour leur choix d'articles de luxe et la haute-couture : avenue Montaigne et Champs-Élysées aux diverses Galeries et Arcades ; place et avenue de l'Opéra; rue Tronchet, rue Royale, d'où part la longue rue du Fbg-St-Honoré.*
- *les autres pour leur activité principale : rue de la Paix et place Vendôme (joaillerie, bijouterie) ; rue St-Lazare et boulevard St-Michel (chaussures et sacs) ; rues de Passy et de Sèvres (habillement) ; rue du Fbg-St-Antoine (bois et meubles) ; rue de Paradis (cristaux et porcelaines).*

Sur quelques places ou avenues se tiennent des marchés de plein air : marchés aux fleurs et aux oiseaux.

Plan n°	Repère		Adresse	Téléphone

CULTES ([1])
CHURCHES,
KIRCHEN UND ANDERE KULTSTÄTTEN, CULTOS

Églises et chapelles catholiques
Catholic churches and chapels
Katholische Kirchen und Kapellen, Iglesias y Capillas Católicas

Plan n°	Repère		Adresse	Téléphone
18	F11	**Archevêché** (Maison Diocésaine)	8 r. Ville-l'Évêque, 8e	42 66 90 15
32	K15	**Notre-Dame** (cathédrale)	6 Parvis Notre-Dame, 4e	43 26 07 39
17	E9	**Annonciation** (égl. Dominicains)	222 r. du Fg-St-Honoré, 8e	45 63 63 04
34	J20	**Bon Pasteur** (égl.)	177 r. de Charonne, 11e	43 71 05 24
23	G22	**Cœur Eucharistique de Jésus** (égl.)	22 r. du Lt-Chauré, 20e	43 60 74 55
27	H5	**Cœur Immaculé de Marie** (Espagne)	51 bis r. de la Pompe, 16e	45 04 23 34
54	P12	**Franciscains** (chap.)	7 r. Marie-Rose, 14e	45 40 74 98
47	L22	**Immaculée Conception** (égl.)	34 r. du Rendez-Vous, 12e	43 07 75 29
21	D17	**Mission Belge** (chap.)	228 r. La Fayette, 10e	46 07 95 76
30	K11	**Missions Étrangères de Paris** (chap.)	128 r. du Bac, 7e	45 48 19 92
42	L11	**N.-D. des Anges** (chap.)	102 bis r. de Vaugirard, 6e	45 48 76 48
26	J4	— **de l'Assomption** (égl.)	88-90 r. de l'Assomption, 16e	42 24 41 50
30	G12	— **de l'Assomption** (Pologne)	pl. M.-Barrès, 1er	42 60 93 85
38	L4	— **d'Auteuil** (égl.)	1 r. Corot, 16e	45 25 30 17
23	G21	— **Auxiliatrice** (chap.)	15 r. du Retrait, 20e	46 36 97 67
22	F19	— **du Bas Belleville** (chap.)	5 allée G.-d'Estrées, 19e	42 08 54 54
32	H16	— **des Blancs Manteaux** (égl.)	12 r. des Blancs-Manteaux, 4e	42 72 09 37
41	K9	— **du Bon Conseil** (égl.)	6 r. A.-de-Lapparent, 7e	47 83 56 68
8	B15	— **du Bon Conseil** (égl.)	140 r. de Clignancourt, 18e	46 06 39 80
20	G15	— **de Bonne-Nouvelle** (égl.)	19 bis r. Beauregard, 2e	42 33 65 74
22	D19	— **des Buttes-Chaumont** (égl.)	80 r. de Meaux, 19e	42 06 16 86
27	H6	— **de Chaldée** (rite oriental cathol.)	4 r. Greuze, 16e	45 53 23 09
42	L12	— **des Champs** (égl.)	91 bd Montparnasse, 6e	43 22 03 06
7	B14	— **de Clignancourt** (égl.)	2 pl. Jules-Joffrin, 18e	42 54 39 13
15	D6	— **de la Compassion** (chap.)	pl. du Général-Kœnig, 17e	45 74 83 31
29	G9	— **de la Consolation** (Italie)	23 r. Jean-Goujon, 8e	42 25 61 84
22	G20	— **de la Croix** (égl.)	3 pl. Ménilmontant, 20e	46 36 74 88
9	C18	— **des Foyers** (chap.)	18 r. de Tanger, 19e	42 06 82 73
57	P17	— **de la Gare** (égl.)	pl. Jeanne-d'Arc, 13e	45 83 35 75
40	K7	— **de Grâce** (chap.)	4-6 r. Fondary, 15e	45 77 46 50
27	J6	— **de Grâce de Passy** (égl.)	10 r. de l'Annonciation, 16e	45 25 76 32
43	L14	— **du Liban** (rite maronite)	17 r. d'Ulm, 5e	43 29 47 60
19	E13	— **de Lorette** (égl.)	18 bis r. Châteaudun, 9e	48 78 92 72
23	F21	— **de Lourdes** (égl.)	130 r. Pelleport, 20e	43 62 61 60
41	L9	— **du Lys** (chap.)	7 r. Blomet, 15e	45 67 81 81
20	D16	— **des Malades** (chap.)	15 r. Ph.-de-Girard, 10e	46 07 92 87
30	K11	— **de la Médaille Miraculeuse** (chap.)	140 r. du Bac, 7e	45 48 10 13
46	N20	— **de la Nativité** (égl.)	9 pl. Lachambeaudie, 12e	43 07 86 01
39	N6	— **de Nazareth** (égl.)	351 r. Lecourbe, 15e	45 58 50 26
23	F22	— **des Otages** (égl.)	81 r. Haxo, 20e	43 64 62 84
43	M13	— **de Paix** (chap.)	32 r. Boissonade, 14e	43 22 42 08
34	H20	— **du Perpétuel Secours** (basilique)	55 bd Ménilmontant, 11e	48 05 94 93
22	G19	— **Réconciliatrice** (chap.)	55 bd de Belleville, 11e	43 57 16 20
53	P9	— **du Rosaire** (égl.)	194 r. R.-Losserand, 14e	45 43 13 16
27	H6	— **du St-Sacrement** (chap.)	20 r. Cortambert, 16e	45 04 41 86
40	N8	— **de la Salette** (égl.)	38 r. de Cronstadt, 15e	45 31 12 16
41	N10	— **du Travail** (égl.)	59 r. Vercingétorix, 14e	43 20 09 51
31	G14	— **des Victoires** (basilique)	pl. des Petits-Pères, 2e	42 60 96 71
7	C14	**Sacré-Cœur** (basilique)	pl. Parvis Sacré-Cœur, 18e	42 51 17 02
55	P14	**St-Albert le Grand** (égl.)	122 r. de la Glacière, 13e	45 89 19 76
15	G5	— **Albert le Grand** (Allemagne)	38 r. Spontini, 16e	47 04 31 49

(1) Un centre d'information et de documentation religieux est à votre service, 6 place du Parvis-Notre-Dame, 4e; ℡ 46 33 01 01. Informations religieuses téléphonées 43 29 11 22.

Plan n°	Repère		Adresse	Téléphone
33	H18	**St-Ambroise** (égl.)	71 bis bd Voltaire, 11ᵉ	43 55 56 18
18	D12	— André de l'Europe (égl.)	24 bis r. de Leningrad, 8ᵉ	45 22 27 29
52	P7	— Antoine de Padoue (égl.)	52 bd Lefebvre, 15ᵉ	45 31 12 84
45	K18	— Antoine des Quinze-Vingts (égl.)	66 av. Ledru-Rollin, 12ᵉ	43 43 93 94
18	E11	— Augustin (égl.)	46 bd Malesherbes, 8ᵉ	45 22 23 12
42	M11	— Bernard (chap.)	34 pl. Raoul-Dautry, 15ᵉ	43 21 50 76
8	D16	— Bernard de la Chapelle (égl.)	11 r. Affre, 18ᵉ	42 64 52 12
36	J23	— Charles de la Croix-St-Simon (chap.)	16 bis r. Croix-St-Simon, 20ᵉ	43 71 42 04
17	D10	— Charles de Monceau (égl.)	22 bis r. Legendre, 17ᵉ	47 63 05 84
39	L5	— Christophe de Javel (égl.)	4 r. St-Christophe, 15ᵉ	45 77 63 78
8	C16	— Denys de la Chapelle (égl.)	16 r. de la Chapelle, 18ᵉ	46 07 54 31
33	H17	— Denys du St-Sacrement (égl.)	68 bis r. de Turenne, 3ᵉ	42 72 28 96
55	N13	— Dominique (égl.)	20 r. Tombe-Issoire, 14ᵉ	43 31 05 25
46	L20	— Eloi (égl.)	3 et 7 pl. M.-de-Fontenay, 12ᵉ	43 07 55 65
47	M21	— Esprit (égl.)	186 av. Daumesnil, 12ᵉ	43 07 52 84
44	L15	— Étienne du Mont (égl.)	pl. Ste-Geneviève, 5ᵉ	43 54 11 79
19	F14	— Eugène (égl.)	4 bis r. Ste-Cécile, 9ᵉ	48 24 70 25
31	H14	— Eustache (égl.)	r. du Jour, 1ᵉʳ	42 36 31 05
16	E7	— Ferdinand-Ste-Thérèse (égl.)	27 r. d'Armaillé, 17ᵉ	45 74 00 32
22	E20	— François d'Assise (égl.)	9 r. de Mouzaïa, 19ᵉ	46 07 32 57
17	D9	— François de Sales (égl.)	6 r. Brémontier, 17ᵉ	47 66 75 90
29	K10	— François-Xavier (égl.)	12 pl. Prés.-Mithouard, 7ᵉ	47 83 32 12
47	K22	— Gabriel (égl.)	5 r. des Pyrénées, 20ᵉ	43 72 59 73
21	E18	— Georges (égl.)	114 av. Simon-Bolivar, 19ᵉ	46 07 26 88
26	K4	— Georges (rite byzantin-roumain)	38 r. Ribera, 16ᵉ	45 27 22 59
31	H14	— Germain l'Auxerrois (égl.)	2 pl. du Louvre, 1ᵉʳ	42 60 13 96
35	H22	— Germain de Charonne (égl.)	4 pl. St-Blaise, 20ᵉ	43 71 42 04
31	J13	— Germain-des-Prés (égl.)	1 pl. St-G.-des-Prés, 6ᵉ	43 25 41 71
32	J15	— Gervais-St-Protais (égl.)	pl. St-Gervais, 4ᵉ	48 87 32 02
57	R17	— Hippolyte (égl.)	27 av. de Choisy, 13ᵉ	45 85 12 05
15	G6	— Honoré-d'Eylau (égl.)	9 pl. Victor-Hugo, 16ᵉ	45 01 96 00
15	G6	— — (nouvelle église)	66 bis av. R.-Poincaré, 16ᵉ	45 01 96 00
30	K12	— Ignace (égl.)	33 r. de Sèvres, 6ᵉ	45 48 25 25
43	L14	— Jacques du Haut Pas (égl.)	252 r. St-Jacques, 5ᵉ	43 25 91 70
10	C19	— Jacques-St-Christophe (égl.)	6 pl. de Bitche, 19ᵉ	42 06 82 73
29	H9	— Jean (chap.)	9 pass. Landrieu, 7ᵉ	45 50 24 47
22	E20	— Jean-Baptiste de Belleville (égl.)	139 r. de Belleville, 19ᵉ	42 08 54 54
40	L7	— Jean-Baptiste de Grenelle (égl.)	23 pl. Étienne-Pernet, 15ᵉ	48 28 64 34
41	M10	— Jean-Baptiste de la Salle (égl.)	9 r. du Dr-Roux, 15ᵉ	47 34 19 95
35	J21	— Jean Bosco (égl.)	79 r. Alexandre-Dumas, 20ᵉ	43 70 29 27
40	M8	— Jean de Dieu (chap.)	223 r. Lecourbe, 15ᵉ	45 33 19 14
19	D13	— Jean de Montmartre (égl.)	19 r. des Abbesses, 18ᵉ	46 06 43 96
21	G18	— Joseph (égl.)	161 bis r. St-Maur, 11ᵉ	43 57 58 50
16	F8	— Joseph (cathol. anglophone)	50 av. Hoche, 8ᵉ	45 63 20 61
21	D17	— Joseph Artisan (égl.)	214 r. La Fayette, 10ᵉ	46 07 92 87
42	K12	— Joseph des Carmes (égl.)	70 r. de Vaugirard, 6ᵉ	45 48 05 16
6	B11	— Joseph des Épinettes (égl.)	40 r. Pouchet, 17ᵉ	46 27 11 24
31	K14	— Julien le Pauvre (rite grec-byzantin)	1 r. St-Julien-le-Pauvre, 5ᵉ	43 54 20 41
40	M8	— Lambert de Vaugirard (égl.)	2 r. Gerbert, 15ᵉ	48 28 56 90
20	F16	— Laurent (égl.)	68 bd Magenta, 10ᵉ	46 07 24 65
28	K8	— Léon (égl.)	1 pl. du Card.-Amette, 15ᵉ	45 67 01 32
32	H15	— Leu-St-Gilles (égl.)	92 bis r. St-Denis, 1ᵉʳ	42 33 50 22
18	F12	— Louis d'Antin (égl.)	63 r. Caumartin, 9ᵉ	45 26 65 34
29	K9	— Louis École Militaire (chap.)	13 pl. Joffre, 7ᵉ	45 50 32 80
32	K16	— Louis en l'Ile (égl.)	19 bis r. St-L.-en-l'Ile, 4ᵉ	46 34 11 60
29	J10	— Louis des Invalides (égl.)	Hôtel des Invalides, 7ᵉ	45 55 92 30
44	M16	— Marcel (égl.)	80 bd de l'Hôpital, 13ᵉ	47 07 27 43
21	F17	— Martin des Champs (égl.)	36 r. Albert-Thomas, 10ᵉ	42 08 36 60
44	M15	— Médard (égl.)	141 r. Mouffetard, 5ᵉ	43 36 14 92
32	H15	— Merri (égl.)	78 r. St-Martin, 4ᵉ	42 71 93 93
6	C11	— Michel des Batignolles (égl.)	12 bis r. St-Jean, 17ᵉ	43 87 33 94
32	G15	— Nicolas des Champs (égl.)	254 r. St-Martin, 3ᵉ	42 72 92 54
44	K15	— Nicolas du Chardonnet (égl.)	23 r. des Bernardins, 5ᵉ	46 34 28 33
32	J16	— Paul-St-Louis (égl.)	99 r. St-Antoine, 4ᵉ	42 72 30 32
17	F10	— Philippe du Roule (égl.)	154 r. du Fg-St-Honoré, 8ᵉ	43 59 24 56
41	L9	— Pie X (chap.)	36 r. Miollis, 15ᵉ	47 83 58 65
42	L12	— Pierre (chap.)	68 r. d'Assas, 6ᵉ	45 48 12 68

Plan n°	Repère		Adresse	Téléphone
28	G8	**St-Pierre de Chaillot** (égl.)	35 av. Marceau, 16ᵉ	47 20 12 33
29	H9	— **Pierre du Gros Caillou** (égl.)	92 r. St-Dominique, 7ᵉ	45 55 22 38
7	C14	— **Pierre de Montmartre** (égl.)	2 r. du Mont-Cenis, 18ᵉ	46 06 57 63
54	P12	— **Pierre de Montrouge** (égl.)	82 av. Gén.-Leclerc, 14ᵉ	45 40 68 79
9	A17	— **Pierre-St-Paul** (chap.)	44 r. Charles-Hermite, 18ᵉ	42 08 08 11
31	G13	— **Roch** (égl.)	296 r. St-Honoré, 1ᵉʳ	42 60 81 69
16	F8	— **Sacrement** (chap.)	23 av. de Friedland, 8ᵉ	45 61 05 59
31	K14	— **Séverin** (égl.)	1 r. Prêtres-St-Séverin, 5ᵉ	43 25 96 63
31	K13	— **Sulpice** (égl.)	pl. St-Sulpice, 6ᵉ	46 33 21 78
30	J12	— **Thomas d'Aquin** (égl.)	pl. St-Thomas-d'Aquin, 7ᵉ	42 22 59 74
20	E15	— **Vincent de Paul** (égl.)	pl. Franz-Liszt, 10ᵉ	48 78 47 47
42	K11	— **Vincent de Paul** (chap. Pères Lazaristes)	95 r. de Sèvres, 6ᵉ	42 22 63 70
30	J12	— **Vladimir le Grand** (rite oriental ukrainien)	51 r. des Saints-Pères, 6ᵉ	45 48 48 65
7	C13	des **Sts-Vincent** (chap.)	22 r. Damrémont, 18ᵉ	
19	D14	**Ste-Anne** (chap.)	9 r. de Clignancourt, 18ᵉ	46 06 43 96
56	P15	— **Anne Maison Blanche** (égl.)	186-188 r. de Tolbiac, 13ᵉ	45 89 34 73
48	L23	— **Bernadette** (égl.)	12 av. Pte-de-Vincennes, 12ᵉ	43 07 75 29
38	L4	— **Bernadette** (chap.)	4 r. d'Auteuil, 16ᵉ	45 25 30 17
11	C21	— **Claire** (égl.)	179 bd Sérurier, 19ᵉ	42 05 42 35
30	J11	— **Clotilde** (égl.)	23 bis r. Las-Cases, 7ᵉ	47 05 22 46
22	D20	— **Colette** (chap.)	41 r. d'Hautpoul, 19ᵉ	46 07 32 57
32	H16	— **Croix-St-Jean** (rite arménien)	13 r. du Perche, 3ᵉ	42 78 31 93
32	G16	— **Élisabeth** (égl.)	195 r. du Temple, 3ᵉ	48 87 56 77
34	K20	— **Famille** (Italie)	46 r. de Montreuil, 11ᵉ	43 72 49 30
40	N7	— **Félicité** (chap.)	37 r. St-Lambert, 15ᵉ	45 32 72 83
7	B13	— **Geneviève-des-Gdes Carrières** (égl.)	174 r. Championnet, 18ᵉ	46 27 84 43
7	B14	— **Hélène** (égl.)	4 r. Esclangon, 18ᵉ	46 06 16 99
8	C16	— **Jeanne d'Arc** (basilique)	18 r. de la Chapelle, 18ᵉ	46 07 54 31
55	R13	— **Jeanne d'Arc** (chap. Franciscaines)	32 av. Reille, 14ᵉ	45 89 15 51
37	M2	— **Jeanne de Chantal** (égl.)	pl. Pte-St-Cloud, 16ᵉ	46 51 03 30
34	K19	— **Marguerite** (égl.)	36 r. St-Bernard, 11ᵉ	43 71 34 24
26	K4	— **Marie** (Abbaye bénédictine)	3 r. de la Source, 16ᵉ	45 25 30 07
6	C11	— **Marie des Batignolles** (égl.)	77 pl. Dr-F.-Lobligeois, 17ᵉ	46 27 57 67
18	G11	— **Marie-Madeleine** (égl.)	pl. de la Madeleine, 8ᵉ	42 65 52 17
4	C7	— **Odile** (égl.)	2 av. Stéph.-Mallarmé, 17ᵉ	42 27 18 37
18	D12	— **Rita** (chap.)	65 bd de Clichy, 9ᵉ	48 74 99 23
56	P15	— **Rosalie** (égl.)	50 bd Auguste-Blanqui, 13ᵉ	43 31 36 83
15	G6	— **Thérèse** (chap.)	71 bis r. Boissière, 16ᵉ	45 01 96 00
18	E12	— **Trinité** (égl.)	pl. d'Estienne-d'Orves, 9ᵉ	48 74 12 77
38	K4	— **Trinité** (rite byzantin-russe)	39 r. François-Gérard, 16ᵉ	42 24 05 53
43	M14	**Val de Grâce** (chap.)	1 pl. Laveran, 5ᵉ	43 29 12 31

Églises issues de la Réforme

Protestant churches, Protestantische Kirchen, Iglesias Reformistas

18	E12	**Fédération Protestante de France**	47 r. de Clichy, 9ᵉ	48 74 15 08

Culte Réformé

Reformed churches, Reformierte Kirchen, Culto Reformado

18	E12	**Église Réformée de France** (bureaux)	47 r. de Clichy, 9ᵉ	48 74 90 92
27	H6	**Annonciation** (de l')	19 r. Cortambert, 16ᵉ	45 03 43 10
38	L3	**Auteuil** (d')	53 r. Erlanger, 16ᵉ	46 51 72 85
18	D11	**Batignolles** (des)	44 bd des Batignolles, 17ᵉ	43 87 69 49
22	F19	**Belleville** (de)	97 r. Julien-Lacroix, 20ᵉ	42 39 32 64
35	H22	**Béthanie** (de)	185 r. des Pyrénées, 20ᵉ	49 36 25 58
15	E6	**Étoile** (de l')	54 av. Grande-Armée, 17ᵉ	45 74 41 79
33	J17	**Foyer de l'Ame**	7 bis r. Pasteur-Wagner, 11ᵉ	47 00 47 33
40	K8	— **de Grenelle**	17 r. de l'Avre, 15ᵉ	45 79 81 49
42	L12	**Luxembourg** (du)	58 r. Madame, 6ᵉ	45 48 13 50
7	C14	**Maison Verte**	129 r. Marcadet, 18ᵉ	42 54 61 25
31	H14	**Oratoire du Louvre**	145 r. St-Honoré, 1ᵉʳ	42 60 21 64

Plan n°	Repère		Adresse	Téléphone
30	J11	**Pentemont** (de)	106 r. de Grenelle, 7ᵉ	42 22 07 69
41	N10	**Plaisance** (de)	95 r. de l'Ouest, 14ᵉ	45 43 91 11
44	N15	**Port-Royal** (de)	18 bd Arago, 13ᵉ	45 35 30 56
20	E15	**Rencontre** (de la)	17 r. des Petits-Hôtels, 10ᵉ	48 24 96 43
18	F11	**St-Esprit** (du)	5 r. Roquépine, 8ᵉ	42 65 43 58
33	J17	**Ste-Marie**	17 r. St-Antoine, 4ᵉ	43 79 82 59

Culte Luthérien

Lutheran churches, Lutherische Kirchen, Culto Luterano

19	F14	**Égl. Évangélique Luthérienne de France**	16 r. Chauchat, 9ᵉ	47 70 80 30
5	D10	— **Ascension** (de l')	47 r. Dulong, 17ᵉ	47 63 90 10
32	J16	— **Billettes** (des)	24 r. des Archives, 4ᵉ	42 72 38 79
34	K20	— **Bon Secours** (du)	20 r. Titon, 11ᵉ	42 72 38 79
19	F14	— **Rédemption** (de la)	16 r. Chauchat, 9ᵉ	47 70 80 30
40	L8	— **Résurrection** (de la)	8 r. Quinault, 15ᵉ	
29	J9	— **St-Jean**	147 r. de Grenelle, 7ᵉ	47 05 85 66
43	M13	— **St-Marcel**	24 r. Pierre-Nicole, 5ᵉ	45 82 70 95
8	C15	— **St-Paul**	90 bd Barbès, 18ᵉ	46 06 91 18
22	D19	— **St-Pierre**	55, r. Manin 19ᵉ	42 08 45 56
56	N16	— **Trinité** (de la)	172 bd Vincent-Auriol, 13ᵉ	45 82 70 95
40	M8	**Égl. Protestante Évangél. Luthérienne**	105 r. de l'Abbé-Groult, 15ᵉ	48 42 58 09

Culte Baptiste

Baptist churches, Baptisten-Gemeinden, Culto Bautista

30	J12	**Égl. Évangélique Baptiste**	48 r. de Lille, 7ᵉ	42 61 13 95
42	N11	—	123 av. du Maine, 14ᵉ	43 22 51 57
38	M4	— **du Point du Jour**	10 r. Musset, 16ᵉ	46 47 62 53
6	B12	**Égl. du Tabernacle**	163 bis r. Belliard, 18ᵉ	46 27 43 12

Cultes en langues étrangères, *Services in foreign languages,*
Gottesdienste in Fremdsprachen, Cultos en idiomas extranjeros

16	G8	**American Cathedral in Paris**	23 av. George-V, 8ᵉ	47 20 17 92
29	G9	**Church of Scotland** (Écosse)	17 r. Bayard, 8ᵉ	48 78 47 94
18	E12	**Deutsche Evangelische Christus-Kirche**	25 r. Blanche, 9ᵉ	45 26 79 43
56	N16	**Église Réformée néerlandaise**	172 bd Vincent-Auriol, 13ᵉ	47 02 36 21
16	F8	**Frederikskrircken** (Danemark)	17 r. Lord-Byron, 8ᵉ	45 63 82 31
29	G9	**Reformatus Templom** (Hongrie)	17 r. Bayard, 8ᵉ	45 51 33 47
16	F8	**St George's Anglican Church**	7 r. A.-Vacquerie, 16ᵉ	47 20 22 51
18	F11	**St Michael's English Church**	5 r. d'Aguesseau, 8ᵉ	47 42 70 88
17	E9	**Svenska Kyrkan** (Suède)	9 r. Médéric, 17ᵉ	47 63 70 33
29	H9	**The American Church in Paris**	65 quai d'Orsay, 7ᵉ	47 05 07 99

Églises Orthodoxes

38	L3	**Apparition de la Ste-Vierge** (Russie)	87 bd Exelmans, 16ᵉ	46 51 92 25
44	K15	**N.-D. Joie des Affligés et Ste-Geneviève**	4 r. St-Victor, 5ᵉ	45 82 67 70
52	N7	**Présentation de la Ste-Vierge** (Russie)	91 r. O.-de-Serres, 15ᵉ	42 50 53 66
16	E8	**St-Alexandre Newsky** (cathédrale) Russie	12 r. Daru, 8ᵉ	42 27 37 34
28	G8	**St-Étienne** cathédrale) Grèce	7 r. Georges-Bizet, 16ᵉ	47 20 82 35
55	N14	**St-Irénée** (cathédrale) France	96 bd Aug.-Blanqui, 13ᵉ	43 36 18 46
29	G9	**St-Jean-Baptiste** (cathédrale) rite arménien	15 r. Jean-Goujon, 8ᵉ	43 59 67 03
8	B15	**St-Sava** (Serbie)	23 r. du Simplon, 18ᵉ	42 55 31 05
41	L9	**St-Séraphin de Sarov** (Russie)	91 r. Lecourbe, 15ᵉ	
22	D19	**St-Serge** (Russie)	93 r. de Crimée, 19ᵉ	42 08 12 93
22	E20	**St-Simon** (Ukraine)	6 r. de Palestine, 19ᵉ	42 05 93 62
43	K14	**Sts-Archanges** (Roumanie)	9 bis r. J.-de-Beauvais, 5ᵉ	43 54 67 47
19	E13	**Sts-Constantin et Hélène** (Grèce)	2 bis r. Laferrière, 9ᵉ	48 78 35 53
38	M3	**Tous les Saints Russes**	19 r. Claude-Lorrain, 16ᵉ	45 27 24 82
40	M8	**Trois Sts-Docteurs**	5 r. Pétel, 15ᵉ	45 32 92 65

Plan n°	Repère		Adresse	Téléphone

Synagogues, *Synagogen, Sinagogas*

Plan n°	Repère		Adresse	Téléphone
19	E13	**Association Consistoriale Israélite**	17 r. St-Georges, 9ᵉ	42 85 71 09
19	F14	**Centre Communautaire — Maison des Jeunes**	19 bd Poissonnière, 2ᵉ	42 33 80 21
16	G7	**Union Libérale Israélite de France**	22-24 r. Copernic, 16ᵉ	47 04 37 27
		Synagogues et Oratoires:		
32	G16	**Synagogue**	15 r. N.-D.-Nazareth, 3ᵉ	42 78 00 30
32	J16	**Oratoire**	18 r. des Écouffes, 4ᵉ	
32	J16	**Assoc. cultuelle « agoudas Hakehilos »** (Syn.)	10 r. Pavée, 4ᵉ	48 87 21 54
33	J17	**Synagogue**	21 bis r. des Tournelles, 4ᵉ	
33	J17	**Synagogue**	14 pl. des Vosges, 4ᵉ	48 87 79 45
44	M15	**Synagogue**	9 r. Vauquelin, 5ᵉ	47 07 21 22
20	F15	**Syn. Rachi**	6 r. Ambroise-Thomas, 9ᵉ	48 24 86 94
19	E14	**Synagogue**	28 r. Buffault, 9ᵉ	45 26 80 87
19	F14	**Syn. Adath Yercim**	10 r. Cadet, 9ᵉ	42 46 36 47
19	E13	**Syn. Berith Chalom**	18 r. St-Lazare, 9ᵉ	48 78 45 32
19	F13	**Synagogue**	44 r. de la Victoire, 9ᵉ	42 85 71 09
33	J18	**Syn. Don Isaac Abravanel**	84 r. de la Roquette, 11ᵉ	47 00 75 95
47	M21	**Orat. Beth Yaakov**	15 r. Lamblardie, 12ᵉ	43 47 36 78
55	P14	**Syn. Sidi Fredj Halimi**	61 r. Vergniaud, 13ᵉ	45 88 93 84
41	L9	**Synagogue et Oratoire**	14 r. Chasseloup-Laubat, 15ᵉ	42 73 36 29
39	K6	**Synagogue**	11 r. Gaston-de-Caillavet, 15ᵉ	45 75 38 01
40	K7	**Synagogue**	13 r. Fondary, 15ᵉ	45 78 25 07
27	G5	**Syn. Ohel Abraham**	31 r. de Montevideo, 16ᵉ	45 04 66 73
8	C15	**Orat. Talmud Thora**	80 r. Doudeauville, 18ᵉ	46 06 12 24
7	C14	**Syn. Hadar Hatorah**	5 r. Duc, 18ᵉ	
7	B14	**Syn. de Montmartre**	13 r. Ste-Isaure, 18ᵉ	42 64 48 34
7	C14	**Oratoire**	42 r. des Saules, 18ᵉ	46 06 71 39
21	E18	**Oratoire**	70 av. Secrétan, 19ᵉ	
22	F19	**Oratoire**	120 bd de Belleville, 20ᵉ	46 36 73 72
22	F19	**Synagogue**	75 r. Julien-Lacroix, 20ᵉ	43 58 28 39

Culte Musulman, *Islam, Islamische Kultstätte, Culto Musulmán*

Plan n°	Repère		Adresse	Téléphone
44	L16	**Institut Musulman**	pl. Puits-de-l'Ermite, 5ᵉ	45 35 97 33
44	M16	**Mosquée**	pl. Puits-de-l'Ermite, 5ᵉ	45 35 97 33

Culte Bouddhique, *Buddhism, Buddhistische Kultstätte, Culto Budista*

Plan n°	Repère		Adresse	Téléphone
46	L20	**Institut Internat. Bouddhique**	20 cité Moynet, 12ᵉ	43 40 91 61
60	P24	**Centre Cultuel et culturel Bouddhique**	40 rte de ceinture du Lac Daumesnil, 12ᵉ	43 41 21 85

Cultes Divers, Other churches, Andere Kulstätten, Cultos diversos

Plan n°	Repère		Adresse	Téléphone
23	E22	**Église de Jésus Christ des Saints des Derniers jours (Mormons)**	64-66 r. de Romainville, 19ᵉ	42 45 28 57
44	N16	**Église Adventiste du 7ᵉ jour**	130 bd de l'Hôpital, 13ᵉ	43 31 33 91
20	F15	**—**	63 r. du Fg Poissonnière, 9ᵉ	47 70 68 23
35	K22	**—**	35 r. des Maraîchers, 20ᵉ	43 72 78 73

Visite des églises, monuments et musées

Le **guide Vert Michelin PARIS** *décrit les monuments les plus intéressants: leur histoire, leur architecture, les œuvres d'art qu'ils renferment.*

Pour les monuments les plus importants, ces descriptions sont accompagnées d'illustrations ou de plans mettant en évidence les grandes étapes de leur construction et la situation des œuvres d'art.

Les horaires et tarifs de visite y figurent, ainsi que les jours et périodes de fermeture.

Plan n°	Repère		Adresse	Téléphone
ou carte 101				

ENSEIGNEMENT SUPÉRIEUR
HIGHER EDUCATION
UNIVERSITÄTEN, HOCHSCHULEN
ENSEÑANZA SUPERIOR

Institut de France
Institute of France, Instituto de Francia

31	J13	Académie Française	23 quai de Conti, 6ᵉ	43 29 55 10
		Académie des Inscriptions et Belles Lettres	–	43 29 55 10
		Académie des Sciences	–	43 29 55 10
		Académie des Beaux-Arts	–	43 29 55 10
		Académie des Sciences Morales et Politiques	–	43 29 55 10

Académies et Institutions, *Academies and institutions, Akademien und staatliche Institutionen, Academias e Instituciones*

30	H11	Académie Agriculture	18 r. de Bellechasse, 7ᵉ	47 05 10 37
30	K12	— Chirurgie	26 bd Raspail, 7ᵉ	45 48 22 54
15	G5	— Nat. chirurgie dentaire	22 r. Émile-Ménier, 16ᵉ	47 04 65 40
28	J7	— Marine	3 av. Octave-Gréard, 7ᵉ	42 60 33 30
31	J13	— Nat. Médecine	16 r. Bonaparte, 6ᵉ	43 26 96 80
43	L13	— Nat. Pharmacie	4 av. de l'Observatoire, 6ᵉ	43 25 54 49
16	F7	— Sciences d'Outre-Mer	15 r. La Pérouse, 16ᵉ	47 20 87 93
29	J10	— Vétérinaire de France	60 bd La Tour-Maubourg, 7ᵉ	43 68 68 37
43	N13	Bureau des Longitudes	77 av. Denfert-Rochereau, 14ᵉ	43 20 12 10
30	H11	Centre National de la Recherche Scientifique (CNRS)	15 q. Anatole-France, 7ᵉ	45 55 92 25
43	K14	Collège de France	11 pl. M.-Berthelot, 5ᵉ	43 29 12 11
29	J10	Institut Géographique National	136 bis r. Grenelle, 7ᵉ	45 50 34 95
44	N15	Manufacture des Gobelins	42 av. des Gobelins, 13ᵉ	48 87 24 14
44	L16	Museum National d'Histoire Naturelle	57 r. Cuvier, 5ᵉ	43 36 14 41
43	N13	Observatoire de Paris	61 av. de l'Observatoire, 14ᵉ	43 20 12 10
19	G13	Phonothèque Nationale et Audiovisuel	2 r. de Louvois, 2ᵉ	47 03 88 20
30	J11	Société Nat. d'Horticulture de France	84 r. de Grenelle, 7ᵉ	45 48 81 00

Services et Organismes para-universitaires
University organizations,
Universitäre Einrichtungen,
Servicios y Organismos para-universitarios

43	M13	Centre Régional des Œuvres Universitaires et Scolaires (CROUS) Information et accueil pour étudiants	39 av. G.-Bernanos, 5ᵉ	43 29 12 43
55	S13	Cité Internationale Universitaire de Paris	19-21 bd Jourdan, 14ᵉ	45 89 68 52
101	pli 25	Division des Examens et Concours	Arcueil - 7 r. Ernest-Renan	46 57 11 90
55	R13	Fondation Santé des Étudiants de France	8 r. Emile-Deutsch-de-la-Meurthe, 14ᵉ	45 89 43 39

La Cité Internationale Universitaire de Paris (S13) occupe, au Sud du Parc Montsouris, un quadrilatère de 40 ha, autour duquel s'ordonnent :

- *la Maison Internationale, qui offre des activités culturelles (théâtre) et sportives (piscine) dans le cadre de la Fondation Nationale, à laquelle se rattachent un Hôpital International et trois restaurants universitaires.*

- *des Maisons d'étudiants et Fondations, vivant chacune de façon autonome, les unes françaises (Fondation Deutsch-de-la-Meurthe, Pavillon Honnorat, etc.), les autres étrangères, regroupant plus de cent nationalités.*

Plan n°	Repère		Adresse	Téléphone
ou carte 101				

Universités
Universities, Universitäten, Universidades

43	K14	**Académie de Paris** (Rectorat)	47 r. des Écoles, 5ᵉ	43 29 12 13
43	L14	**Paris I** Panthéon-Sorbonne	12 pl. du Panthéon, 5ᵉ	43 29 21 40
43	L14	**Paris II** Droit, Économie et Sciences sociales . . .	12 pl. du Panthéon, 5ᵉ	43 29 21 40
43	K14	**Paris III** Sorbonne Nouvelle	17 r. de la Sorbonne, 5ᵉ	46 34 01 10
43	K14	**Paris IV** Paris-Sorbonne	1 r. Victor-Cousin, 5ᵉ	43 29 12 13
31	K14	**Paris V** René Descartes	12 r. de l'Éc.-Médecine, 6ᵉ	43 29 21 77
44	L16	**Paris VI** Pierre et Marie Curie	4 pl. Jussieu, 5ᵉ	43 36 25 25
44	L16	**Paris VII**	2 pl. Jussieu, 5ᵉ	43 29 21 49
101	pli 16	**Paris VIII**	**St-Denis** - 2 r. de la Liberté	48 21 63 64
15	F5	**Paris IX** Paris-Dauphine	pl. du Mar.-de-Lattre-de-Tassigny, 16ᵉ	45 05 14 10
101	pli 14	**Paris X** Paris-Nanterre	**Nanterre** - 200 av. de la République	47 25 92 34
101	pli 23	**Paris XI** Paris-Sud	**Orsay** - 15 av. G.-Clemenceau	69 41 67 50
101	pli 27	**Paris XII** Paris-Val-de-Marne	**Créteil** - av. du Gén.-de-Gaulle	48 98 91 44
101	pli 5	**Paris XIII** Paris-Nord	**Villetaneuse** - av. J.-B.-Clément	48 21 61 70

Instituts Universitaires de Technologie (I.U.T.).
Institutes of Technology,
Technische Hochschulen, Institutos Universitarios de Tecnología

38	M4	**Paris V**	143 av. de Versailles, 16ᵉ	45 24 46 02
101	pli 23	**Paris X**	Ville-d'Avray - 1 chemin Desvallières	47 09 05 70
—	pli 2	—	Cergy - Allée des Chênes-Pourpres	30 32 66 44
101	pli 25	**Paris XI**	Cachan - 9 av. Div.-Leclerc	46 64 10 32
—	pli 33	—	Orsay - Plateau du Moulon	69 41 00 40
—	pli 25	—	Sceaux - 8 av. Cauchy	46 60 06 83
101	pli 27	**Paris XII**	Créteil - av. du Gén.-de-Gaulle	48 98 91 44
—	pli 37	—	Évry - Quartier Les Passages	60 78 03 63
101	pli 16	**Paris XIII**	St-Denis - pl. du 8-Mai-1945	48 21 61 55
—	pli 5	—	Villetaneuse - av. J.-B.-Clément	48 21 61 70

Enseignement spécialisé - Grandes Écoles
Colleges of university level, Hochschulen
Enseñanza especializada - Colegios Mayores

30	J12	**Administration** (Ec. Nat.) ENA	13 r. de l'Université, 7ᵉ	42 61 55 35
43	L14	**Administration et Direction des affaires** (École) EAD	15 r. Soufflot, 5ᵉ	43 29 97 60
39	L6	**Administration des Entreprises** (Inst.)	162 rue St-Charles, 15ᵉ	45 54 97 24
43	L13	**Administration Publique** (Inst. Internat.)	2 av. de l'Observatoire, 6ᵉ	43 20 12 60
17	D10	École Européenne des **Affaires** EAP	108 bd Malesherbes, 17ᵉ	47 66 51 34
44	M15	Institut National **Agronomique** Paris-Grignon	16 r. Cl.-Bernard, 5ᵉ	43 37 15 50
42	M12	**Architecture** (École Spéciale)	254 bd Raspail, 14ᵉ	43 22 83 70
19	F14	**Art Dramatique** (Conserv. Nat. Sup.)	2 bis r. Conservatoire, 9ᵉ	42 46 12 91
46	L20	**Arts Appliqués** BOULLE (École Sup.)	9 r. Pierre-Bourdan, 12ᵉ	43 46 67 34
40	N8	**Arts Appliqués et Métiers d'Art** (École Nationale Supérieure)	63 r. Olivier-de-Serres, 15ᵉ	45 30 20 66
43	L14	**Arts Décoratifs** (Éc. Nat. Sup.)	31 r. d'Ulm, 5ᵉ	43 29 86 79
30	K12	**Arts Graphiques** (École Supérieure) Atelier MET de PENNINGHEN et J. D'ANDON	31 r. du Dragon, 6ᵉ	42 22 55 07

75

Plan n°	Repère		Adresse	Téléphone
ou carte 101				
56	P15	**Arts et Industries Graphiques** ESTIENNE (École Supérieure)	18 bd Auguste-Blanqui, 13ᵉ	43 36 96 19
101	pli 24	**Arts et Manufactures** (École Centrale)	**Châtenay-Malabry** - Grande Voie des Vignes	46 61 33 10
32	G16	**Arts et Métiers** (Conserv. Nat.)	292 r. St-Martin, 3ᵉ	42 71 24 14
44	N16	**Arts et Métiers** (Éc. Nat. Sup.)	151 bd de l'Hôpital, 13ᵉ	43 36 49 55
18	E12	**Arts et Techniques du Théâtre** (Éc. Nat. Sup.)	21 r. Blanche, 9ᵉ	48 74 44 30
33	J17	Les **Ateliers** (Éc. Nat. Sup. de Création Industrielle)	48 r. St-Sabin, 11ᵉ	43 38 09 09
31	J13	**Beaux-Arts** (Éc. Nat. Sup.)	17 quai Malaquais, 6ᵉ	42 60 34 57
47	L21	**Bois** (Éc. Supérieure)	6 av. de St-Mandé, 12ᵉ	46 28 09 33
42	K12	**Carmes** (Séminaire)	21 r. d'Assas, 6ᵉ	45 48 05 16
42	K12	Institut **Catholique de Paris**	21 r. d'Assas, 6ᵉ	42 22 41 80
43	K14	**Chartes** (École Nationale)	19 r. de la Sorbonne, 5ᵉ	46 33 41 82
43	L14	**Chimie** (Éc. Nat. Sup.)	11 r. P.-et-M.-Curie, 5ᵉ	43 36 25 25
44	N16	**Chimie, Physique, Biologie** (École Nationale)	11 r. Pirandello, 13ᵉ	43 31 90 94
34	G19	**Commerce de Paris** (Éc. Sup.)	79 av. République, 11ᵉ	43 55 39 08
101	pli 33	**Électricité** (Éc. Sup.) SUPELEC	**Gif-sur-Yvette** - plateau de Moulon	69 41 80 40
40	L7	**Électricité et Mécanique Industrielles** (École)	115 av. Émile-Zola, 15ᵉ	45 75 62 98
101	pli 2	**Électronique et ses Applications** (École Nationale Supérieure) ENSEA	**Cergy** - allée des Chênes-Pourpres	30 30 92 44
42	K12	**Électronique de Paris** (Inst. Sup.)	21 r. d'Assas, 6ᵉ	45 48 24 87
101	pli 25	**Enseignement Technique** (École Normale Supérieure) ENSET	**Cachan** - 61 av. du Prés.-Wilson	46 64 15 51
30	J12	**Études politiques** (Inst.)	27 r. St-Guillaume, 7ᵉ	42 60 39 60
43	M13	**Faculté Libre Autonome et Cogérée d'Économie et de Droit** (FACO)	115 r. N.-D.-des-Champs, 6ᵉ	43 29 89 09
42	L11	**Génie Rural, des Eaux et Forêts** (Éc. Nat.)	19 av. du Maine, 15ᵉ	45 44 38 86
27	G5	**Gestion** (Institut Supérieur)	8 r. de Lota, 16ᵉ	47 27 95 99
29	K9	**Guerre** (École Supérieure)	1 pl. Joffre, 7ᵉ	45 50 32 80
43	L14	École Pratique des **Hautes Études** (inst. H. Poincaré)	11 r. P.-et-M.-Curie, 5ᵉ	43 54 83 57
101	pli 18	**Hautes Études Cinématographiques** (Inst.)	**Bry-sur-Marne** - 4 av. de l'Europe	48 81 39 33
101	pli 23	**Hautes Études Commerciales** (HEC)	**Jouy-en-Josas** - 1 r. de la Libération	39 56 70 00
30	K12	**Hautes Études en Sciences Sociales** (Éc.)	54 bd Raspail, 6ᵉ	45 44 39 79
31	J13	**Hautes Études Sociales** (École Libre)	4 pl. St-Germain-des-Prés, 6ᵉ	42 22 68 06
		Hautes Études Internationales (École Libre)	—	42 22 68 06
64	DU	**Horticulture et Techniques du Paysage** (École du Breuil)	rte de la Ferme, Bois de Vincennes, 12ᵉ	43 28 28 94
101	pli 23	**Horticulture** (École Nationale Supérieure) et du Paysage (École Nat. Supérieure)	**Versailles** - 4 r. Hardy — 6 bis r. Hardy	39 50 60 87 39 53 98 89
101	pli 25	**Industries du Caoutchouc** (Éc. Sup.) IFOCA	**Montrouge** - 12 r. Carvès	46 55 71 11
101	pli 26	**Informatique** (École Supérieure)	**Vitry** - 60 r. Auber	46 71 91 22
41	M10	**Ingénieurs en Électrotechnique et Électronique** (École Supérieure)	89 r. Falguière, 15ᵉ	43 20 12 15
101	pli 25	**Ingénieurs des Études et Techniques d'Armement d'Arcueil** (Éc. Nat. Sup.)	**Arcueil** - 24 av. Prieur-de-la-Côte-d'Or	46 56 52 20
44	N15	**Institut Français de Restauration des Œuvres d'Art** (IFROA)	1 r. Berbier-du-Mets, 13ᵉ	43 37 93 37
42	K12	**Interprétariat et Traduction** (Institut Supérieur) ISIT	21 r. d'Assas, 6ᵉ	42 22 33 16
15	G5	**Interprètes et Traducteurs** (École Supérieure) ESIT	av. de Pologne, 16ᵉ Centre Universitaire Dauphine	45 05 14 10
44	M15	Séminaire **Israélite de France**	9 r. Vauquelin, 5ᵉ	47 07 21 22
31	J13	**Journalisme** (École Supérieure)	4 pl. St-Germain-des-Prés, 6ᵉ	42 22 68 06
31	J13	**Langues et Civilisations Orientales** (Institut National)	2 r. de Lille, 7ᵉ	42 60 34 58
44	L15	**Louis Lumière** (École Nationale) Photo-Cinéma-Son	8 r. Rollin, 5ᵉ	43 29 01 70
31	H13	**Louvre** (École)	34 quai du Louvre, 1ᵉʳ	42 60 39 26
42	K12	**Management** (Centre d'Enseignement) CNOF	23 r. du Cherche-Midi, 6ᵉ	45 44 38 80

Les **cartes Michelin** *sont constamment tenues à jour*

Plan n° Repère ou carte 101			Adresse	Téléphone
42	L11	**Mécanique et Électricité** (SUDRIA) École	4 r. Blaise-Desgoffe, 6ᵉ	45 48 03 70
43	L13	**Mines** (École Nationale Supérieure)	60 bd Saint-Michel, 6ᵉ	43 29 21 05
30	K11	**Missions Étrangères** (Séminaire)	128 r. du Bac, 7ᵉ	45 48 19 92
18	E11	**Musique de Paris** (Conserv. Nat. Sup.)	14 r. de Madrid, 8ᵉ	42 93 15 20
17	D9	**Musique de Paris** (École Normale)	114 bis bd Malesherbes, 17ᵉ	47 63 85 72
43	M14	**Normale Supérieure** (mixte)	45 r. d'Ulm, 5ᵉ	43 29 12 25
101	pli 14	— (garçons)	St-Cloud - Grille d'Honneur du Parc	47 71 91 11
54	R12	**Normale Supérieure** (Jeunes filles)	48 bd Jourdan, 14ᵉ	45 89 08 33
53	R10	—	Montrouge - 1 r. M.-Arnoux	46 57 12 86
101	pli 25	—	Fontenay-aux-Roses 31 av. Lombard	47 02 60 50
101	pli 13	**Pétrole et Moteurs** (École Nationale Supérieure) IFP	Rueil-Malmaison - 4 av. de Bois-Préau	47 49 02 14
43	M14	**Physique et Chimie Industrielles** (École Sup.)	10 r. Vauquelin, 5ᵉ	43 37 77 00
101	pli 34	**Polytechnique** (École)	Palaiseau - Route de Saclay	69 41 82 00
—	pli 25	**Polytechnique Féminine** (École)	Sceaux - 3 bis r. Lakanal	46 60 33 31
30	J12	**Ponts et Chaussées** (École Nationale)	28 r. des Sts-Pères, 7ᵉ	42 60 34 13
53	P9	**Puériculture** (Institut)	26 bd Brune, 14ᵉ	45 39 22 15
43	L14	**Radium** (Institut Curie)	26 r. d'Ulm, 5ᵉ	43 29 12 42
42	K12	**Saint-Sulpice** (Séminaire)	6 r. du Regard, 6ᵉ	42 22 38 45
51	R5	—	Issy-les-Moulineaux - 33 r. du Gén.-Leclerc	46 44 78 40
43	M14	**Schola Cantorum**	269 r. St-Jacques, 5ᵉ	43 54 56 74
101	pli 2	**Sciences Économiques et Commerciales** (École Supérieure) Groupe ESSEC	Cergy-Pontoise - Av. de la Grande-École	30 38 38 00
63	BT	**Sciences Géographiques** (École Nationale)	St-Mandé - 2 av. Pasteur	43 74 12 15
38	L4	**Sciences et Techniques Humaines** (Inst. Privé)	6 av. Léon-Heuzey, 16ᵉ	42 24 10 72
56	R16	—	83 av. d'Italie, 13ᵉ	45 85 59 35
101	pli 33	**Sciences et Techniques Nucléaires** (Institut National)	Gif-sur-Yvette - Centre d'Ét. Nucl. de Saclay	69 09 21 59
53	R9	**Statistique et Administration Économique** (École Nationale) E.N.S.A.E.	Malakoff - 3 av. P.-Larousse	45 40 10 11
101	pli 33	**Techniques Aérospatiales** (École Supérieure) E.S.T.A.	Orsay. Bât. 502 bis Campus Universitaire	69 28 68 57
39	N6	**Techniques Avancées** (Éc. Nat. Sup.)	32 bd Victor, 15ᵉ	45 52 43 21
55	P14	**Télécommunications** (Éc. Nat. Sup.)	46 r. Barrault, 13ᵉ	45 81 77 77
101	pli 37	**Télécommunications** (Institut Nat.)	Évry - 9 r. Ch.-Fourier	60 77 94 11
43	N13	**Théologie** (Institut Protestant)	83 bd Arago, 14ᵉ	43 31 61 64
31	K14	**Travaux Publics, du Bâtiment et de l'Industrie** (École Spéciale)	57 bd St-Germain, 5ᵉ	46 34 21 99
101	pli 27	**Vétérinaire d'Alfort** (École Nationale)	Maisons-Alfort - 7 av. du Gén.-de-Gaulle	43 75 92 11

Pour vous diriger dans la banlieue de Paris, utilisez les plans Michelin au 15 000ᵉ :

n° 17 *Nord-Ouest en 1 feuille*
n° 18 *Nord-Ouest avec répertoire des rues*
n° 19 *Nord-Est en 1 feuille*
n° 20 *Nord-Est avec répertoire des rues*
n° 21 *Sud-Ouest en 1 feuille*
n° 22 *Sud-Ouest avec répertoire des rues*

Pour visiter les **Environs de Paris**, *utilisez le* **guide Vert Michelin**

Ces ouvrages se complètent utilement.

Plan n°	Repère		Adresse	Téléphone
ou carte 101				

INFORMATION, *INFORMACIÓN*

19	G14	**Agence France-Presse**	15 pl. de la Bourse, 2ᵉ	42 33 44 66
19	G14	— **Centrale Parisienne de Presse**	26 r. du Sentier, 2ᵉ	40 26 11 11
19	F14	— **Parisienne de Presse**	18 r. St-Fiacre, 2ᵉ	42 36 95 59

Radio-Télévision, *Rundfunk - Fernsehen*

27	K5	**Radio-France**	116 av. P.-Kennedy, 16ᵉ	45 24 24 24
29	H9	**Télévision Française 1** (TF1)	15 r. Cognacq-Jay, 7ᵉ	45 55 35 35
42	L11	— (Relations Publiques)	17 r. de l'Arrivée, 15ᵉ	45 38 52 55
29	G9	**Antenne 2**	22 av. Montaigne, 8ᵉ	42 99 42 42
29	G9	**France Régions 3** (FR3)	28 cours Albert-1ᵉʳ, 8ᵉ	42 25 59 59
27	K5	(Renseignements aux Téléspectateurs)	113 av. P.-Kennedy, 16ᵉ	42 30 28 24
40	N7	**Canal Plus**	78 r. Olivier-de-Serres, 15ᵉ	45 30 10 10
29	G9	**La Cinq**	21 r. Jean-Goujon, 8ᵉ	42 89 60 00
16	F8	**TV6**	133 av. des Champs-Élysées, 8ᵉ	47 20 78 00
29	G9	**EDIRADIO** (RTL)	22 r. Bayard, 8ᵉ	40 70 40 70
29	G9	**Europe N° 1 - Télécompagnie**	26 bis r. François-1ᵉʳ, 8ᵉ	42 32 90 00
16	F8	**Radio Monte-Carlo**	12 r. Magellan, 8ᵉ	47 23 00 01

Grands quotidiens
Main daily newspapers, Größere Tageszeitungen, Grandes diarios

31	G14	**L'Aurore**	37 r. du Louvre, 2ᵉ	42 33 44 00
29	G9	**La Croix-l'Événement**	3-5 r. Bayard, 8ᵉ	45 62 51 51
17	G9	**Les Échos**	37 av. Champs-Élysées, 8ᵉ	45 62 19 68
19	F14	**L'Équipe**	10 r. du Fg-Montmartre, 9ᵉ	42 46 92 33
17	F10	**Le Figaro** (Administr.)	25 av. Matignon, 8ᵉ	42 56 80 00
31	G14	— (Rédaction)	37 r. du Louvre, 2ᵉ	42 33 44 00
32	G15	**France-Soir**	100 r. Réaumur, 2ᵉ	45 08 28 00
20	F15	**L'Humanité**	5 r. Fg-Poissonnière, 9ᵉ	42 46 82 69
8	D15	**Libération**	9 r. Christiani, 18ᵉ	42 62 34 34
31	G14	**Le Matin**	21 r. Hérold, 1ᵉʳ	42 96 16 65
19	F13	**Le Monde**	5 r. des Italiens, 9ᵉ	42 47 97 27
101	pli 15	**Le Parisien Libéré**	St-Ouen - 25 av. Michelet	42 52 82 15
14	D4	**Le Quotidien de Paris**	Neuilly-sur-Seine - 2 r. Ancelle	47 47 12 32
33	G17	**La Tribune de l'Économie**	2 r. Béranger, 3ᵉ	48 04 99 00

Journaux de Province, *Main regional newspapers,*
Größere regionale Tageszeitungen, Periódicos de Provincia

33	J17	**L'Auvergnat de Paris**	13 bd Beaumarchais, 4ᵉ	42 77 70 05
32	G15	**Le Dauphiné Libéré**	100 r. Réaumur, 2ᵉ	42 86 05 43
28	H8	**La Dépêche du Midi**	7 r. de Monttessuy, 7ᵉ	45 55 91 71
18	F11	**Les Dernières Nouvelles d'Alsace**	3 r. de Rigny, 8ᵉ	43 87 12 30
19	F13	**L'Est Républicain**	24 r. du 4-Septembre, 2ᵉ	47 42 51 00
101	pli 14	**Midi Libre**	Boulogne - 83 r. du Château	46 05 05 06
19	F13	**La Montagne**	31 bd des Italiens, 2ᵉ	42 65 54 04
19	F13	**La Nouvelle République du Centre Ouest**	17 r. de la Banque, 2ᵉ	42 96 99 39
16	F8	**Ouest-France**	114 av. Champs-Élysées, 8ᵉ	45 62 29 93
31	G14	**Paris-Normandie**	62 r. du Louvre, 2ᵉ	42 33 44 00
31	H13	**Le Républicain Lorrain**	8 r. de l'Échelle, 1ᵉʳ	42 60 67 88
19	F13	**Sud-Ouest**	27 r. de La Michodière, 2ᵉ	42 66 17 52
17	F9	**La Voix du Nord**	73 av. Champs-Élysées, 8ᵉ	43 59 10 38

Renseignements par téléphone, *Information by telephone,*
Telefonische Auskunft, Información por teléfono

Horloge des neiges	42 66 64 28	Tourisme-Info	42 60 37 38
Horloge parlante	36 99	Information Météo	43 69 00 00
Informations téléphonées	36 36	Météo Ile-de-France	43 69 02 02
Information Bourse		Météo France	43 69 01 01
(jours ouvr., 12 h 15-18 h)	42 60 84 00		

Plan n° ou carte 101	Repère		Adresse	Téléphone

LES JEUNES A PARIS

THE YOUNG IN PARIS, JUGEND IN PARIS, LOS JÓVENES EN PARÍS

Plan	Repère		Adresse	Téléphone
32	H15	Accueil des Jeunes en France	119 r. St-Martin, 4ᵉ	42 77 87 80
32	J16	—	16 r. du Pont-L.-Philippe, 4ᵉ	42 78 04 82
43	M13	—	139 bd St-Michel, 5ᵉ	43 54 95 86
32	J15	Bureau d'Accueil des Jeunes	11 av. Victoria, 4ᵉ	48 87 97 67
28	J7	Centre d'Information et Documentation Jeunesse (CIDJ)	101 quai Branly, 15ᵉ	
29	K9	Commission Armées-Jeunesse	1 pl. Joffre, 7ᵉ	45 50 32 80
17	F9	Direction départementale Jeunesse et sports (bureau Information-Documentation)	25 r. de Ponthieu, 8ᵉ	43 59 01 69

Hébergement
Accommodation, Unterkunft, Alojamiento

Plan	Repère		Adresse	Téléphone
48	M23	Centre International de Séjour de Paris	6 av. Maurice-Ravel, 12ᵉ	43 43 19 01
56	S16	—	17 bd Kellermann, 13ᵉ	45 80 70 76
55	P13	Foyer International d'Accueil de Paris	30 r. Cabanis, 14ᵉ	45 89 89 15
101	pli 14	— la Défense	Nanterre - 19 r. Salvador-Allende	47 25 91 34
101	pli 15	Léo-Lagrange (Centre Intern. de Séjour)	Clichy - 107, r. Martre	42 70 03 22
32	J16	Maisons Internationales de la Jeunesse et des Étudiants (MIJE)	11 r. du Fauconnier, 4ᵉ	42 74 23 45
32	J16	—	6 r. de Fourcy, 4ᵉ	42 74 23 45
32	J16	—	12 r. des Barres, 4ᵉ	42 72 72 09
34	J19	—	151 av. Ledru-Rollin, 11ᵉ	43 79 53 86
18	E11	Union Chrétienne de Jeunes Filles	22 r. de Naples, 8ᵉ	45 22 23 49
23	G21	—	65 r. Orfila, 20ᵉ	46 36 82 80
40	M7	—	168 r. Blomet, 15ᵉ	45 33 48 21
12	F14	Union Chrétienne de Jeunes Gens	14 r. de Trévise, 9ᵉ	47 70 90 94
101	pli 24	Auberges de Jeunesse	Châtenay-Malabry - 3 voie du Loup-Pendu	46 32 17 43
—	pli 26	—	Choisy-le-Roi - 125 av. Villeneuve-St-Georges	48 90 92 30
—	pli 13	—	Rueil-Malmaison - 4 r. des Marguerites	47 49 43 97

Loisirs éducatifs
Cultural associations, Kulturelle Vereinigungen, Asociaciones Educativas

Plan	Repère		Adresse	Téléphone
19	F14	Fédération Française des Ciné-Clubs	14 r. de Provence, 9ᵉ	47 70 88 79
18	D11	Fédération Régionale des Maisons des Jeunes et de la Culture	54 bd des Batignolles, 17ᵉ	43 87 66 83
32	J16	Jeunesses Musicales de France	56 r. de l'Hôtel-de-Ville, 4ᵉ	42 78 19 54
34	K20	Maison Internationale des Jeunes	4 r. Titon, 11ᵉ	43 71 99 21
43	M13	Organisation pour le Tourisme Universitaire	137 bd St-Michel, 5ᵉ	43 29 12 88
55	N14	Union Nationale des Centres Sportifs de Plein Air (UCPA)	62 r. de la Glacière, 13ᵉ	43 36 05 20

Mouvements de Jeunesse
Youth organizations, Jugendorganisationen, Organizaciones Juveniles

Plan	Repère		Adresse	Téléphone
35	J21	Scouts de France	23 r. Ligner, 20ᵉ	43 70 01 70
19	F13	Éclaireuses et Éclaireurs de France	66 r. Chaussée-d'Antin, 9ᵉ	48 74 51 40
29	K10	Éclaireuses et Éclaireurs Israélites de France	27 av. de Ségur, 7ᵉ	47 83 60 33
5	A10	Fédération Éclaireuses et Éclaireurs Unionistes de France	Clichy - 15 r. Klock	42 70 52 20

Plan n°	Repère		Adresse	Téléphone

MUSÉES, *MUSEUMS, MUSEEN, MUSEOS*

Plan n°	Repère		Adresse	Téléphone
29	J10	**Armée**	Hôtel des Invalides, 7ᵉ	45 55 92 30
15	F6	**Arménien**	59 av. Foch, 16ᵉ	45 56 15 88
7	C14	**Art Juif**	42 r. des Saules, 18ᵉ	42 57 84 15
32	H15	**Art moderne**	Centre G.-Pompidou, 4ᵉ	42 77 12 33
28	G8-H8	**Art moderne de la ville de Paris** (Palais de Tokyo)	11 av. Prés.-Wilson, 16ᵉ	47 23 61 27
48	N23	**Arts Africains et Océaniens**	293 av. Daumesnil, 12ᵉ	43 43 14 54
31	H13	**Arts Décoratifs**	107 r. de Rivoli, 1ᵉʳ	42 60 32 14
31	H13	**Arts de la Mode**	109 r. de Rivoli, 1ᵉʳ	42 60 32 14
31	G13	**Arts du Spectacle**	Galerie Colbert, 2ᵉ	
14	E4	**Arts et Traditions Populaires**	6 av. Mahatma-Gandhi, 16ᵉ	47 47 69 80
32	K15	**Assistance Publique**	47 quai de la Tournelle, 5ᵉ	46 33 01 43
27	J6	**Balzac** (Maison de)	47 r. Raynouard, 16ᵉ	42 24 56 38
29	G10	**Beaux-Arts** (Petit Palais)	av. Winston-Churchill, 8ᵉ	42 65 12 73
26	J4	**Bouchard**	25 r. de l'Yvette, 16ᵉ	46 47 63 46
42	L11	**Bourdelle**	16 r. A.-Bourdelle, 15ᵉ	45 48 67 27
31	G13	**Cabinet des Médailles et Antiques**	58 r. de Richelieu, 2ᵉ	47 03 83 34
33	J17	**Carnavalet**	23 r. de Sévigné, 3ᵉ	42 72 21 13
17	E10	**Cernuschi**	7 av. Velasquez, 8ᵉ	45 63 50 75
31	G13	**Charles-Cros**	Galerie Colbert, 2ᵉ	
32	H16	**Chasse et nature**	60 r. des Archives, 3ᵉ	42 72 86 43
64	CT	**Chasseurs à pied, mécanisés et alpins**	Château de Vincennes	43 74 11 55
28	H7	**Cinéma-Henri Langlois**	pl. du Trocadéro, 16ᵉ	45 53 74 39
10	B20	**Cité des Sciences et de l'Industrie**	30, av. Corentin Cariou, 19ᵉ	40 05 72 72
27	H6	**Clemenceau**	8 r. Franklin, 16ᵉ	45 20 53 41
31	K14	**Cluny**	6 pl. Paul-Painlevé, 5ᵉ	43 25 62 00
18	F12	**Cognacq-Jay**	25 bd des Capucines, 2ᵉ	42 61 94 54
15	F5	**Contrefaçon**	16 r. de la Faisanderie, 16ᵉ	45 01 51 11
20	F15	**Cristal**	30 bis r. Paradis, 10ᵉ	47 70 64 30
31	J13	**Delacroix**	6 pl. de Furstemberg, 6ᵉ	43 54 04 87
15	F6	**D'Ennery**	59 av. Foch, 16ᵉ	45 53 57 96
19	E13	**Frédéric Masson**	27 pl. St-Georges, 9ᵉ	48 78 14 33
19	F14	**Grand Orient**	16 r. Cadet, 9ᵉ	45 23 20 92
31	H14	**Grévin** (nouveau)	Niv. -1 Forum des Halles, 1ᵉʳ	42 61 28 50
19	F14	**Grévin**	10 bd Montmartre, 9ᵉ	47 70 85 05
28	G7	**Guimet**	6 pl. d'Iéna, 16ᵉ	47 23 61 65
19	E13	**Gustave-Moreau**	14 r. La Rochefoucauld, 9ᵉ	48 74 38 50
42	L11	**Hébert**	85 r. du Cherche-Midi, 6ᵉ	42 22 23 82
32	H16	**Histoire de France**	60 r. des Fr.-Bourgeois, 3ᵉ	42 77 11 30
44	L16	**Histoire Naturelle** (Museum Nat.)	57 r. Cuvier, 5ᵉ	43 36 14 41
7	D13	**Historial de Montmartre**	11 r. Poulbot, 18ᵉ	46 06 78 92
31	H14	**Holographie**	Niv. -1 Forum des Halles, 1ᵉʳ	42 96 96 83
28	H7	**Homme**	pl. du Trocadéro, 16ᵉ	45 53 70 60
18	E11	**Instrumental** (Conservatoire de Musique)	14 r. de Madrid, 8ᵉ	42 93 15 20
32	H15	**Instruments de Musique Mécanique**	Impasse Berthaud, 3ᵉ	42 71 99 54
17	F10	**Jacquemart-André**	158 bd Haussmann, 8ᵉ	45 62 39 94
17	D9	**Jean-Jacques Henner**	43 av. de Villiers, 17ᵉ	47 63 42 73
32	J16	**Kwok On** (Asie)	41 r. des Francs-Bourgeois, 4ᵉ	42 72 99 42
30	H11	**Légion d'Honneur**	2 r. de Bellechasse, 7ᵉ	45 55 95 16
31	H13	**Louvre**	pl. du Carrousel, 1ᵉʳ	42 60 39 26
27	J5	**Lunettes et lorgnettes de jadis**	2 av. Mozart, 16ᵉ	45 27 21 05
32	H15	**La Magie des Automates**	8 r. Bernard-de-Clairvaux, 3ᵉ	42 71 28 28
28	H7	**Marine**	pl. du Trocadéro, 16ᵉ	45 53 31 70
26	H4	**Marmottan**	2 r. Louis-Boilly, 16ᵉ	42 24 07 02
32	J16	**Martyr Juif Inconnu** (Mémorial)	17 r. Geoffroy-l'Asnier, 4ᵉ	42 77 44 72
43	L14	**de la Mer et des Eaux** (Centre)	195 r. St-Jacques, 5ᵉ	46 33 08 61
32	K16	**Mickiewicz**	6 quai d'Orléans, 4ᵉ	43 54 35 61
43	L13	**Minéralogie** (École des Mines)	60 bd St-Michel, 6ᵉ	43 29 21 05
44	L16	**Minéralogie** (Université Paris VI)	Tour 25, 4 pl. Jussieu, 5ᵉ	43 36 25 25
28	G8	**Mode et Costume** (Palais Galliera)	10 av. Pierre-Iᵉʳ-de-Serbie, 16ᵉ	47 20 85 46
31	J13	**Monnaie** (Hôtel des Monnaies)	11 quai de Conti, 6ᵉ	43 29 12 48
7	C14	**Montmartre**	12 r. Cortot, 18ᵉ	46 06 61 11
28	H7	**Monuments Français**	pl. du Trocadéro, 16ᵉ	47 27 35 74
17	E10	**Nissim de Camondo**	63 r. de Monceau, 8ᵉ	45 63 26 32
32	K15	**Notre-Dame**	10 r. Cloître-N.-D., 4ᵉ	43 25 42 92

Plan n°	Repère		Adresse	Téléphone
18	F12	**Opéra**	pl. Charles-Garnier, 9ᵉ	47 42 07 02
30	H11	**Orangerie des Tuileries**	Pl. de la Concorde, 1ᵉʳ	42 97 48 16
29	J10	**Ordre Nat. de la Libération**	51 bis bd La Tour-Maubourg, 7ᵉ	47 05 04 10
30	H12	**Orsay**	62 r. de Lille, 7ᵉ	45 44 41 85
29	G10	**Palais de la Découverte**	av. Franklin-D.-Roosevelt, 8ᵉ	43 59 18 21
28	G8-H8	**Palais de Tokyo**	13 av. Prés.-Wilson, 16ᵉ	47 23 36 53
41	M10	**Pasteur**	25 r. du Dr-Roux, 15ᵉ	45 68 80 00
33	H16	**Picasso**	5 r. de Thorigny, 3ᵉ	42 71 25 21
41	M10	**Poste**	34 bd de Vaugirard, 15ᵉ	43 20 15 30
44	K15	**Préfecture de Police** (Collections historiques)	1 bis r. Basse-des-Carmes, 5ᵉ	43 29 21 57
30	J12	**Protestantisme**	54 r. des Saints-Pères, 7ᵉ	45 48 62 07
20	F15	**Publicité**	18 r. de Paradis, 10ᵉ	42 46 13 09
19	E13	**Renan-Scheffer**	16 r. Chaptal, 9ᵉ	48 74 95 38
29	J10	**Rodin**	77 r. de Varenne, 7ᵉ	47 05 01 34
45	L17	**Sculpture en plein air**	quai St-Bernard, 5ᵉ	
29	H9	**SEITA** (Galerie)	12 r. Surcouf, 7ᵉ	45 55 91 50
32	H16	**Serrure** (Bricard)	1 r. de la Perle, 3ᵉ	42 77 79 62
32	G15	**Techniques**	292 r. St-Martin, 3ᵉ	42 71 24 14
43	M14	**Val de Grâce**	1 pl. Alphonse-Laveran, 5ᵉ	43 55 61 36
33	J17	**Victor Hugo** (Maison de)	6 pl. des Vosges, 4ᵉ	42 72 16 65
27	J6	**Vin**	5-7 square Charles-Dickens, 16ᵉ	45 25 63 26
43	L13	**Zadkine**	100 bis rue d'Assas, 6ᵉ	43 26 91 90

PARCS ET JARDINS, *PARKS AND GARDENS*
PARKS UND GÄRTEN, PARQUES Y JARDINES

32	J16	**Albert-Schweitzer** (sq.)	r. des Nonnains-d'Hyères, 4ᵉ
44	L15	**Arènes de Lutèce** (sq.)	r. des Arènes, 5ᵉ
5	C10	**Batignolles** (sq.)	pl. Charles-Fillion, 17ᵉ
22	F19,F20	**Belleville** (parc)	r. des Couronnes, 20ᵉ
30	K12	**Boucicaut** (sq.)	r. Velpeau, 7ᵉ
23	D21	**Butte du Chapeau Rouge** (sq.)	bd d'Algérie, 19ᵉ
22	E19	**Buttes Chaumont** (parc)	r. Manin, 19ᵉ
6	C12	**Carpeaux** (sq.)	r. Carpeaux, 18ᵉ
30	H12	**Carrousel** (jardin)	pl. du Carrousel, 1ᵉʳ
28	J8	**Champ de Mars** (parc)	pl. Joffre, 7ᵉ
31	K14	**Cluny** (sq.)	bd St-Germain, 5ᵉ
52	P8	**Docteur Calmette** (sq.)	av. Albert-Bartholomé, 15ᵉ
35	G22	**Édouard-Vaillant** (sq.)	r. du Japon, 20ᵉ
24	F23	**Emmanuel Fleury** (sq.)	r. Le Vau, 20ᵉ
6	B12	**Épinettes** (sq.)	r. Maria-Deraismes, 17ᵉ
52	N8	**Georges Brassens** (parc)	r. des Morillons, 15ᵉ
29	J10	**Intendant** (jardin)	pl. Vauban, 7ᵉ
32	K15	**Jean XXIII** (sq.)	r. du Cloître-Notre-Dame, 4ᵉ
56	S15	**Kellermann** (parc)	r. Keufer, 13ᵉ
18	F11	**Louis XVI** (sq.)	r. Pasquier, 8ᵉ
43	L13	**Luxembourg** (jardin)	pl. André-Honnorat, 6ᵉ
43	M13	**Marco-Polo** (jardin)	pl. C. Jullian, 6ᵉ
34	H19	**Maurice Gardette** (sq.)	r. du Général-Blaise, 11ᵉ
17	E9	**Monceau** (parc)	bd de Courcelles, 8ᵉ
55	R13	**Montsouris** (parc)	av. Reille, 14ᵉ
28	H7	**Palais de Chaillot** (jardins)	av. de New York, 16ᵉ
31	G13	**Palais Royal** (jardin)	r. de Valois, 1ᵉʳ
44	L16	**Plantes** (jardin)	pl. Valhubert, 5ᵉ
26	H4-J4	**Ranelagh** (jardin)	av. Raphaël, 16ᵉ
56	N15	**René Le Gall** (sq.)	r. Corvisart, 13ᵉ
43	L13	**Robert Cavelier de La Salle** (jardin)	pl. André-Honnorat, 6ᵉ
40	L8-M8	**Saint-Lambert** (sq.)	r. Jean-Formigé, 15ᵉ
35	H21	**Samuel de Champlain** (jardin)	av. Gambetta, 20ᵉ
47	K22	**Sarah Bernhardt** (sq.)	r. de Lagny, 20ᵉ
54	R11	**Serment de Koufra** (sq.)	av. Ernest-Reyer, 14ᵉ
36	G23	**Séverine** (sq.)	pl. de la Pte-de-Bagnolet, 20ᵉ
52	G16	**Temple** (sq.)	r. Eugène-Spuller, 3ᵉ
30	H12	**Tuileries** (jardin)	pl. de la Concorde, 8ᵉ
31	J14	**Vert-Galant** (sq.)	pl. du Pont-Neuf, 1ᵉʳ
40	L7	**Violet** (sq.)	r. de l'Église, 15ᵉ

Plan n° Repère		Adresse	Téléphone

P.T.T. *SERVICES POSTAUX*

A Paris, 163 **bureaux de poste** sont à la disposition du public. Ces bureaux sont identifiés et localisés sur les plans *(p. 1 à 60)* par le signe bleu ✉. La vente des timbres-poste courants est pratiquée dans tous les bureaux de tabac.

Service normal : Les **bureaux des P.T.T.** sont ouverts au public du lundi au vendredi de 8 h à 19 h, le samedi de 8 h à 12 h. Toutes opérations peuvent y être pratiquées.

Ouvertures exceptionnelles et services réduits : **Horaires et opérations**

31	G14	**Paris 1er Recette Principale**	52 r. du Louvre	42 33 71 60
32	H15	**Paris 1er RP Annexe 1 — Forum des Halles**	Centre Commercial, niveau 4	42 60 83 24
17	F9	**Paris 8 - Annexe 1**	71 av. des Champs-Élysées	43 59 55 18
28	J7	**Tour Eiffel** (1er étage)-**Paris 7 - Annexe 2**	av. Gustave-Eiffel	45 51 05 78
15	E6	**Paris 17 - Annexe 2**	Palais des Congrès	47 57 61 83
10	D19	**Paris 19 Belvédère**	118 av. Jean-Jaurès	42 06 31 45

Recette Principale. — *Ouvert jour et nuit.*
Aux heures de service normal *(voir ci-dessus)* : toutes opérations ;
Samedi (à partir de 12 h), les dimanches et jours fériés et la nuit : vente de timbres-poste ; téléphone, télégraphe ; dépôt des objets recommandés et chargés ; paiement des chèques postaux de dépannage, des mandats-lettres, des bons et chèques postaux de voyage et des Postchèques étrangers ; remboursements sans préavis sur livrets de C.N.E. ; retrait des objets (sauf les mandats) adressés en Poste Restante à Paris RP.

Recette Principale Annexe 1 — Forum des Halles (Porte Lescot). — *Ouvert du lundi au vendredi (10 h à 19 h) et samedi (9 h à 12 h).*

Paris 7-Annexe 2. — *Ouvert tous les jours de 10 h à 19 h 30.*

Paris 8 - Annexe 1. — *Ouvert en semaine, de 8 h à 22 h ; les dimanches et jours fériés, voir ci-dessous.*
Aux heures de service normal *(voir ci-dessus)* : toutes opérations.
Lundi au vendredi (à partir de 19 h), samedi (à partir de 12 h) et les dimanches et jours fériés (10 h à 12 h et 14 h à 20 h) : téléphone, télégraphe ; vente des timbres-poste ; affranchissement des correspondances ; délivrance des objets en Poste Restante.

Paris 17 - Annexe 2. — *Ouvert du lundi au vendredi (9 h à 19 h) et samedi (8 h 30 à 12 h).*

Paris 19 Belvédère. — *Ouvert du lundi au vendredi (11 h à 12 h 30 et 18 h à 19 h 30) et samedi (11 h à 12 h 30).*

Poste Restante : Tous les bureaux de Paris assurent le service Poste Restante. Mais le courrier adressé **« Poste Restante - Paris »** sans spécification d'arrondissement est à retirer à la Recette Principale, 52, rue du Louvre.

Centre des Chèques Postaux **(C.C.P.)** : **Le C.C.P.** 16 rue des Favorites, 15e (M 9) ☏ 45 30 77 77 *(renseignements par téléphone du lundi au vendredi de 7 h à 19 h et samedi de 7 h à 12 h)* est ouvert au public du lundi au vendredi de 8 h à 18 h et le samedi de 8 h à 12 h.

Télex

18	E12	**Agence Commerciale Paris St-Lazare** *(8 h 30 à 18 h 30)*	8 r. d'Amsterdam, 9e	42 68 14 14
31	G14	**Bureau Télégraphique Internat.** *(8 h à 23 h)*	9 pl. de la Bourse, 2e	42 33 44 11
19	G14	**Paris Bourse** *(8 h à 20 h)*	5-7 r. Feydeau, 2e	42 47 12 12

Divers services P.T.T.

Renseignements téléphoniques	
(Paris et Ile-de-France)	12
(autres départements)	16...11-12
Réclamations	13
Réveil par téléphone	36 88

Renseignements postaux	42 80 67 89
après 20 h et les dim. et fériés	42 33 48 88
Télégrammes téléphonés :	
— métropole	36 55
— étranger	42 33 44 11

P.T.T. : POSTAL SERVICES

Normal opening times and services. — **Post offices** provide the full range of services from Mondays to Fridays 8am to 7pm, Saturdays 8am to noon.

Additional opening times with a limited service

General Post Office. — 52 rue du Louvre (G14) ☎ 42 33 71 60. *Open 24 hours. Outwith normal hours a limited service only is provided.*

Paris lst - Forum des Halles. — 4th level, Porte Lescot (H15) ☎ 42 60 83 24. *Open Mondays to Fridays 10am to 7pm and Saturdays 9am to noon.*

Paris 7th - Tour-Eiffel. — lst floor, avenue Gustave-Eiffel (28J7) ☎ 45 51 05 78. *Open daily, including Sundays and holidays, 10am to 7.30pm.*

Paris 8th. — 71 avenue des Champs-Élysées (F9) ☎ 43 59 55 18. *Open Mondays to Saturdays 8am to 11.30pm. A limited service only is available from 7pm on Mondays to Fridays, from noon on Saturdays and from 10am to noon and 2 to 8pm on Sundays and holidays. Apply in advance for full details.*

Paris 17th. — Palais des Congrès, place Porte Maillot (E6) ☎ 47 57 61 83. *Open Mondays to Fridays 9am to 7pm and Saturdays 8.30am to noon.*

Paris 19th Belvédère. — 118 avenue Jean-Jaurès (D19). *Open Mondays to Fridays 11am to 12.30pm and 6 to 7.30pm and Saturdays 11am to 12.30pm.*

Poste Restante. — All Parisian post offices have Poste Restante. Letters sent « **Poste Restante Paris** » with no arrondissement number go to the General Post Office.

P.T.T. : POST

Öffnungszeiten. — Die **Postämter** sind montags bis freitags von 8-19 Uhr und samstags von 8-12 Uhr geöffnet. Sie versehen dann alle Postdienste.

Besondere Schalterstunden, nur begrenzte Postdienste

Hauptpostamt. — 52 rue du Louvre (G14) ☎ 42 33 71 60. *Tag und Nacht geöffnet. Samstags ab 12 Uhr, an Sonn- und Feiertagen sowie nachts nur bestimmte Dienstleistungen.* Erkundigen Sie sich, welche Schalter geöffnet sind.

Paris 1^e - Postamt 1 — **Forum des Halles,** Niveau 4 (Porte Lescot) (H15) ☎ 42 60 83 24. *Geöffnet : montags-freitags 10-19 Uhr ; samstags 9-12 Uhr.*

Paris 7e - Eiffelturm — 1. Etage, Avenue Gustave-Eiffel (28 J7) ☎ 45 51 05 78. *Geöffnet : Täglich, auch an Sonn- und Feiertagen, von 10-19.30 Uhr.*

Paris 8e - Postamt 1. — 71 avenue des Champs-Élysées (F9) ☎ 43 59 55 18. *Geöffnet : 8-23.30 Uhr. Montags-freitags ab 19 Uhr, samstags ab 12 Uhr und an Sonn- und Feiertagen (10-12, 14-20 Uhr) nur bestimmte Dienstleistungen.*

Paris 17e - Postamt 2. — Palais des Congrès (E6) ☎ 47 57 61 83. *Geöffnet : montags-freitags 9-19 Uhr, samstags 8.30-12 Uhr.*

Paris 19e - Belvédère. — 118 avenue Jean-Jaurès (D19). *Geöffnet : montags-freitags 11-12.30 Uhr und 18-19.30 Uhr ; samstags 11-12.30 Uhr.*

Postlagernde Sendungen. — Mit Angabe des Arrondissements können postlagernde Sendungen *(poste restante)* an alle Pariser Postämter geschickt werden. Falls als Adresse jedoch nur « **Poste Restante - Paris** » vermerkt ist, muβ die Post bei der Hauptpost, 52 rue du Louvre, *(s. oben)* abgeholt werden.

P.T.T. : SERVICIOS POSTALES

Servicio normal. — Para todas las operaciones, las **oficinas de los P.T.T.** están abiertas al público de lunes a viernes de 8 h a 19 h, los sábados de 8 h a 12 h.

Aperturas excepcionales y servicios reducidos

Paris 1º - Oficina Principal. — 52 rue du Louvre (G14) ☎ 42 33 71 60. *Abierta día y noche. Sábados (desde 12 h), domingos, festivos y durante la noche : sólo son posibles algunas operaciones.* Informarse.

Paris 1º - Forum des Halles. — Piso 4, porte Lescot (H15) ☎ 42 60 83 24. *Abierta de lunes a viernes de 10 h a 19 h. Sábados de 9 h a 12 h.*

Paris 7º - Tour Eiffel. — Piso 1, avenue Gustave-Eiffel (28J7) ☎ 45 51 05 78. *Abierta todos los días de 10 h à 19 h 30.*

Paris 8º. — 71 avenue des Champs-Élysées (F9) ☎ 43 59 55 18. *Abierta de 8 h a 23 h 30. De lunes a viernes (desde 19 h), sábados (desde 12 h), domingos y festivos : sólo son posibles algunas operaciones.* Informarse.

Paris 17º. — Palais des Congrès, place Porte Maillot (E6) ☎ 47 57 61 83. *Abierta de lunes a viernes de 9 h a 19 h. Sábados de 8 h 30 a 12 h.*

Paris 19º. — 118 avenue Jean-Jaurès (D19). *Abierta de lunes a viernes de 11 h a 12 h 30 y de 18 h a 19 h 30. Sábados de 11 h a 12 h 30.*

Lista de Correos. — Todas las oficinas mantienen el servicio de Lista de Correos (Poste Restante). Pero la correspondencia a « **Poste Restante - Paris** » sin especificación de distrito, debe de ser retirada en la Oficina Principal, 52 rue du Louvre.

Plan n°	Repère		Adresse	Téléphone

SANTÉ, *HEALTH, GESUNDHEITSWESEN, SANIDAD*

Grands Hôpitaux, Cliniques, Maisons de Santé
Centres Hospitaliers Universitaires (C.H.U.)
Hospitals, Krankenhäuser, Grandes Hospitales
Teaching Hospitals, Universitäts kliniker
Centros Hospitalarios Universitarios

Paris

Plan	Repère	Nom	Adresse	Téléphone
22	E19	**Adolphe de Rothschild** (Fond. ophtalmologique)	25 r. Manin, 19ᵉ	48 03 65 65
29	H9	**Alma** (Clinique)	166 r. de l'Université, 7ᵉ	45 55 95 10
22	E19	**Banque Française des Yeux**	54 av. Mathurin-Moreau, 19ᵉ	42 05 93 67
43	M13	**Baudelocque** (Clin.)	123 bd de Port-Royal, 14ᵉ	42 34 16 36
6	A12	**Bichat** (Hôp.) et **C.H.U.**	46 r. Henri-Huchard, 18ᵉ	42 28 80 08
28	G8	**Bizet** (Clin.)	23 r. Georges-Bizet, 16ᵉ	47 23 78 26
39	M6	**Boucicaut** (Hôp.)	78 r. de la Convention, 15ᵉ	45 54 92 92
6	C12	**Bretonneau** (Hôp.)	2 r. Carpeaux, 18ᵉ	42 26 40 40
44	N15	**Broca** (Hôp.)	54-56 r. Pascal, 13ᵉ	45 35 20 10
53	P10	**Broussais** (Hôp.) et **C.H.U.**	96 r. Didot, 14ᵉ	45 41 95 41
57	S17	**Centre médico-chirurgical de la Porte de Choisy**	6 pl. Port-au-Prince, 13ᵉ	45 85 62 92
9	A18	**Claude-Bernard** (Hôp.)	10 av. Pte-d'Aubervilliers, 19ᵉ	42 38 66 22
43	M14	**Cochin** (Groupe hosp.) et **C.H.U.**	27 r. du Fg-St-Jacques, 14ᵉ	42 34 12 12
36	J23	**Croix-St-Simon** (Hôp.)	18 r. de la Croix-St-Simon, 20ᵉ	43 71 12 01
43	L14	**Curie** (Institut-Section hospit.)	26 r. d'Ulm, 5ᵉ	43 29 12 42
46	L20	**Diaconesses** (Hôp.)	18 r. du Sergent-Bauchat, 12ᵉ	43 41 72 00
20	D16	**Fernand-Widal** (Hôp.)	200 r. du Fg-St-Denis, 10ᵉ	42 80 62 33
44	M16	**Gardien de la Paix** (Fond.)	35 bd St-Marcel, 13ᵉ	43 31 88 60
44	L16	**Geoffroy-St-Hilaire** (Clin.)	59 r. Geoffroy-St-Hilaire, 5ᵉ	45 70 15 89
38	M3	**Henry-Dunant** (Hôp.)	95 r. Michel-Ange, 16ᵉ	46 51 52 46
23	D21	**Herold** (Hôp.)	7 pl. Rhin-et-Danube, 19ᵉ	42 40 48 48
32	J15	**Hôtel-Dieu de Paris** (Hôp.)	1 pl. Parvis-Notre-Dame, 4ᵉ	42 34 82 34
57	P17	**Jeanne d'Arc** (Clin.)	11-13 r. Ponscarme, 13ᵉ	45 84 15 75
41	N9	**Labrouste** (Clin. chirurg.)	64 r. Labrouste, 15ᵉ	45 32 22 22
42	K11	**Laennec** (Hôp.)	42 r. de Sèvres, 7ᵉ	45 44 39 39
20	D15	**Lariboisière** (Hôp.) et **C.H.U.**	2 r. Ambroise-Paré, 10ᵉ	42 80 62 33
33	G18	**Léonard de Vinci** (Clin.)	95 av. Parmentier, 11ᵉ	43 55 39 33
42	M11	**Léopold-Bellan** (Hôp.)	6 r. Jules-Guesde, 14ᵉ	43 20 13 23
16	E7	**Marmottan** (Centre médical)	19 r. d'Armaillé, 17ᵉ	45 74 00 04
23	E22	**Maussins** (Clin. des)	67 r. de Romainville, 19ᵉ	42 03 94 76
34	J20	**Mont-Louis** (Clin.)	8-10 r. de la Folie-Regnault, 11ᵉ	43 71 11 00
41	L10	**Necker-Enfants Malades** (Groupe hosp.) et **C.H.U.**	149 r. de Sèvres, 15ᵉ	42 73 80 00
54	P11	**N.-D. de Bon-Secours** (Hôp.)	66 r. des Plantes, 14ᵉ	45 39 22 08
41	M10	**Pasteur** (Institut-Hôp.)	211 r. de Vaugirard, 15ᵉ	45 67 35 09
43	M14	**Péan** (Clin. chirurg.)	11 r. de la Santé, 13ᵉ	43 37 12 19
56	R15	**Peupliers** (Hôp.)	8 pl. Abbé-G.-Hénocque, 13ᵉ	45 65 15 15
45	M17	**Pitié-Salpêtrière** (Groupe hosp.) et **C.H.U.**	47-83 bd de l'Hôpital, 13ᵉ	45 70 21 12
43	M13	**Port-Royal** (Maternité)	123 bd de Port-Royal, 14ᵉ	42 34 12 12
33	K18	**Quinze-Vingts** (Hôp.)	28 r. de Charenton, 12ᵉ	43 46 15 20
19	E13	La **Rochefoucauld** (Inst. de psychiatrie)	23 r. de La Rochefoucauld, 9ᵉ	42 80 61 51
47	L22	**Rothschild** (Hôp.)	33 bd de Picpus, 12ᵉ	43 41 72 72
46	K19	**St-Antoine** (Hôp.) et **C.H.U.**	184 r. du Fg-St-Antoine, 12ᵉ	43 44 33 33
44	M16	**St-François** (Clin.)	36 bd St-Marcel, 5ᵉ	45 35 36 52
41	M9	**St-Jacques** (Hôp.)	37 r. des Volontaires, 15ᵉ	45 66 93 09
42	K11	**St-Jean-de-Dieu** (Clin.)	19 r. Oudinot, 7ᵉ	43 06 94 06
53	P10	**St-Joseph** (Fond.-Hôp.)	7 r. Pierre-Larousse, 14ᵉ	45 39 22 13
20	E15	**St-Lazare** (Hôp.)	107 bis r. du Fg-St-Denis, 10ᵉ	42 80 62 33
21	F17	**St-Louis** (Hôp.)	2 pl. du Dr-A.-Fournier, 10ᵉ	42 49 49 49
40	N8	**St-Michel** (Hôp.)	33 r. Olivier-de-Serres, 15ᵉ	48 28 40 80
43	M13	**St-Vincent-de-Paul** (Hôp.)	74 av. Denfert-Rochereau, 14ᵉ	43 20 14 74
55	P13	**Ste-Anne** (Centre hosp.)	1 r. Cabanis, 14ᵉ	45 65 80 00
40	M7	**Ste-Félicité** (Maternité)	37 r. St-Lambert, 15ᵉ	45 32 72 83
43	M13	**Tarnier** (Groupe hosp.)	89 r. d'Assas, 6ᵉ	43 29 12 89
35	G22	**Tenon** (Hôp.)	4 r. de la Chine, 20ᵉ	43 60 01 70
47	M22	**Trousseau** (Hôp.)	26 av. Dr-A.-Netter, 12ᵉ	43 46 13 90

Plan n°	Repère		Adresse	Téléphone
ou carte 101				
55	R13	**Université de Paris** (Hôp. internat.)	42 bd Jourdan, 14ᵉ	45 89 47 89
43	M14	**Val-de-Grâce** (Hôp.)	74 bd de Port-Royal, 5ᵉ	43 29 12 31
40	N7	**Vaugirard** (Hôp.)	389 r. de Vaugirard, 15ᵉ	45 32 80 00
18	D12	**Vintimille** (Clin.)	58 r. de Douai, 9ᵉ	45 26 89 69

Proche Banlieue, *Suburbs, Vororte, Alrededores*

101	pli 27	**Albert-Chenevier** (Hôp.)	Créteil - 40 r. de Mesly	43 77 11 44
61	AZ	**Ambroise-Paré** (Hôp.)	Boulogne - 9 av. Ch.-de-Gaulle	46 04 91 09
3	B5	**Américain** (Hôp.)	Neuilly-sur-Seine - 63 bd Victor-Hugo	47 47 53 00
101	pli 24	**Antoine-Béclère** (Hôp.)	Clamart - 157 r. Porte-de-Trivaux	45 37 44 44
—	pli 27	**Armand-Brillard** (Clin.)	Nogent-sur-Marne - 3-5 av. Watteau	48 76 12 66
—	pli 16	**Avicenne** (Hôp.) et **C.H.U.**	Bobigny - 125 r. de Stalingrad	48 30 12 33
—	pli 15	**Beaujon** (Hôp.)	Clichy - 100 bd Général-Leclerc	47 39 33 40
—	pli 16	**Bégin** (Hôp. Instr. Armées)	Saint-Mandé - 69 av. de Paris	43 74 12 40
—	pli 26	**Bicêtre** (Centre hosp.) et **C.H.U.**	Le Kremlin-Bicêtre - 78 r. du Gén.-Leclerc	45 21 21 21
—	pli 25	**Bois de Verrières** (Clin.)	Antony - 66 r. du Colonel-Fabien	46 66 21 50
2	C3	**Centre Hospitalier**	Neuilly-sur-Seine - 36 bd Gén.-Leclerc	47 47 11 44
101	pli 14	**Centre Hospitalier**	Puteaux - 1 bd Richard-Wallace	47 72 51 44
—	pli 14	**Centre Hospitalier**	Saint-Cloud - 3 pl. Silly	46 02 70 92
—	pli 16	**Centre Hosp. Général**	Saint-Denis - 2 r. du Dr-Delafontaine	48 21 61 40
—	pli 27	**Centre Hosp. Intercomm.**	Créteil - 40 av. de Verdun	48 98 91 80
—	pli 17	**Centre Hosp. Intercomm.**	Montreuil - 56 bd de la Boissière	48 58 90 80
—	pli 27	**Centre Hosp. Intercomm.**	Villeneuve-St-Georges - 40 allée de la Source	43 82 39 40
—	pli 26	**Centre Hosp. spécialisé**	Villejuif - 54 av. de la République	46 77 81 04
—	pli 26	**Charles-Foix** (Groupe hosp.)	Ivry-sur-Seine - 7 av. de la République	46 70 15 92
51	P5	**Corentin-Celton** (Hôp.)	Issy-les-Moulineaux - 37 bd Gambetta	45 54 95 33
101	pli 17	**Dhuys** (Clin.)	Bagnolet - 1-9 r. Pierre-Curie	43 60 01 50
—	pli 27	**Émile-Roux** (Centre hosp.)	Limeil-Brévannes - 1 av. de Verdun	45 69 96 33
—	pli 27	**Esquirol** (Hôp.)	Saint-Maurice - 12 r. du Val d'Osne	43 75 92 33
—	pli 17	**Floréal** (Clin.)	Bagnolet - 40 r. Floréal	43 61 44 90
—	pli 14	**Foch** (Centre médico-chirurg.)	Suresnes - 40 r. Worth	47 72 91 91
5	A10	**Gouin** (Hôp. chirurg.)	Clichy - 2 r. Gaston-Paymal	47 30 30 30
101	pli 26	**Gustave-Roussy** (Inst.)	Villejuif - r. Camille-Desmoulins	45 59 49 09
—	pli 24	**Hauts-de-Seine** (Clin.)	Châtenay-Malabry - 17 av. du Bois	46 30 22 50
3	D6	**Henri-Hartmann** (Clin.)	Neuilly-sur-Seine - 26 bd Victor-Hugo	47 58 12 10
101	pli 27	**Henri-Mondor** (Hôp.) et **C.H.U.**	Créteil - 51 av. Mar.-de-Lattre-de-Tassigny	42 07 51 41
3	C6	**Hertford** (British Hosp.)	Levallois-Perret - 3 r. Barbès	47 58 13 12
101	pli 26	**Jean-Rostand** (Groupe hosp.)	Ivry-sur-Seine - 39 r. Jean-Le-Galleu	46 70 15 55
—	pli 24	**Jean Rostand** (Centre Hosp. Intercomm.)	Sèvres - 141 Grande-Rue	45 34 75 11
—	pli 17	**Jean Verdier** (Hôp.)	Bondy - av. du 14-Juillet	48 47 31 03
—	pli 14	**Louis-Mourier** (Hôp.)	Colombes - 178 r. des Renouillers	47 80 72 32
—	pli 18	**Maison-Blanche** (centre hosp. spécialisé)	Neuilly-sur-Marne - 3 av. Jean-Jaurès	43 00 96 90
—	pli 14	**Maison de Nanterre** (Hôp.)	Nanterre - 403 av. de la République	47 80 75 75
—	pli 15	**Maison de Santé**	Épinay - 6 av. de la République	48 21 49 00
1	A2	**Marcelin-Berthelot** (Centre hosp.)	Courbevoie - 30 r. Kilford	47 68 78 78
101	pli 24	**Marie-Lannelongue** (Centre chirurg.)	Le Plessis-Robinson - 133 av. de la Résistance	46 30 21 33
—	pli 13	**Les Martinets** (Clin.)	Rueil-Malmaison - 97 av. Albert-Iᵉʳ	47 08 92 33
—	pli 24	**Meudon-la-Forêt-Vélizy** (Clin.)	Meudon-la-Forêt - 3-5 av. de Villacoublay	46 30 21 31
3	C5	**N.-D.-du-Perpétuel Secours** (Hôp.)	Levallois-Perret - 2 r. Kléber	47 57 31 57
101	pli 26	**Paul-Brousse** (Groupe hosp.)	Villejuif - 14 av. P.-Vaillant-Couturier	46 77 81 81
49	S2	**Percy** (Hôp. militaire)	Clamart - av. Henri-Barbusse	46 45 21 04
101	pli 23	**Raymond-Poincaré** (Hôp.) et **C.H.U.**	Garches - 104 bd R.-Poincaré	47 41 79 00
—	pli 16	**La Roseraie** (Centre hosp. privé)	Aubervilliers - 120 av. de la République	48 34 93 93
—	pli 28	**Saint-Camille** (Hôp.)	Bry-sur-Marne - 1 r. des Pères-Camilliens	48 81 11 80
—	pli 13	**Stell** (Hôp. départemental)	Rueil-Malmaison - 1 r. Charles-Drot	47 32 92 90
51	R5	**Suisse** (Hôp.)	Issy-les-Moulineaux - 10 r. Minard	46 45 21 36
101	pli 18	**Valère-Lefebvre** (Hôp.)	Le Raincy - 73 bd de l'Ouest	43 02 41 44
—	pli 18	**Ville-Évrard** (Centre hosp.)	Neuilly-sur-Marne - 2 av. Jean-Jaurès	43 00 96 36

Plan n° ou carte 101	Repère		Adresse	Téléphone

Institutions socio-médicales, Entraide, Secours, Retraite

Social and medical institutions, Assistance, Sozialversicherung, Fürsorge, Sociedades Médicas, Mutuas y Seguros

23	E21	**Affaires Sanitaires et Sociales d'Ile de France**	58-62 r. de Mouzaïa, 19ᵉ	42 00 33 00
28	K7	**Allocations Familiales Rég. Parisienne** (Caisse)	18 r. Viala, 15ᵉ	45 71 20 68
18	E11	**Armée du Salut**	76 r. de Rome, 8ᵉ	43 87 41 19
32	J15	**Assistance Publique - Hôpitaux de Paris**	3 av. Victoria, 4ᵉ	42 77 11 22
10	C19	**Caisse Nat. Ass. Vieillesse Trav. Salariés**	110-112 r. de Flandre, 19ᵉ	42 03 30 30
20	D15	**Caisse Primaire Assur. Maladie de Paris**	69 bis r. de Dunkerque, 9ᵉ	42 80 63 67
16	F8	**Croix-Rouge Française**	1 pl. Henri Dunant, 8ᵉ	40 70 10 10
29	J10	**Institution Nat. des Invalides**	6 bd des Invalides, 7ᵉ	45 50 32 66
45	L17	**Institut Médico-Légal**	2 pl. Mazas, 12ᵉ	43 43 78 53
41	L10	**Institut Nat. des Jeunes Aveugles**	56 bd des Invalides, 7ᵉ	45 67 35 08
43	L14	**Institut Nat. de Jeunes Sourds**	254 r. St-Jacques, 5ᵉ	43 54 82 80
57	P17	**Inst. Nat. Santé et Recherche Médicale**	101 r. de Tolbiac, 13ᵉ	45 84 14 41
33	H17	**Secours Populaire Français**	9 r. Froissart, 3ᵉ	42 78 50 48

Centres de long séjour

Nursing and old people's homes, Krankenhäuser, Alterspflegeheime, Residencias sanitarias

35	H22	**Alquier Debrousse** (Maison d'accueil)	26 r. des Balkans, 20ᵉ	43 67 69 69
40	L7	**Anselme Payen** (Maison d'accueil)	75 r. Violet, 15ᵉ	45 78 65 20
6	A12	**Bichat** (Hôp.)	170 bd Ney, 18ᵉ	46 27 24 30
44	N15	**Broca** (Hôp.)	54 r. Pascal, 13ᵉ	45 35 20 10
20	D16	**Fernand Widal** (Hôp.)	200 r. Faubourg-St-Denis, 10ᵉ	42 80 62 33
54	N11	**Julie Siegfried** (Maison d'accueil)	88 r. de Gergovie, 14ᵉ	45 43 86 00
20	D16	**Ma Maison** (Maison de retraite)	13 r. Philippe de Girard, 10ᵉ	42 02 22 20
47	L21	**—**	73 r. de Picpus, 12ᵉ	43 43 43 40
38	M3	**—**	23 r. de Varize, 16ᵉ	46 51 36 25
47	L21	**La Muette** (Maison de retraite)	43 r. du Sergent Bauchat, 12ᵉ	43 43 12 15
45	M17	**Pitié-Salpêtrière** (Hôp.)	47 bd de l'Hôpital, 13ᵉ	45 70 21 12
19	E13	**La Rochefoucauld** (Hôp.)	15 av. du Général-Leclerc, 14ᵉ	43 27 23 56
47	M21	**Rotschild** (Fondation)	76 r. de Picpus, 12ᵉ	43 44 78 10
38	L4	**Ste-Périne** (Groupe hosp.)	11 r. Chardon-Lagache, 16ᵉ	45 20 00 09

Services médicaux d'urgence

Medical emergency numbers, Notruf, Teléfonos de Urgencia

		SAMU (Paris)		45 67 50 50
		S.O.S. Médecin		47 07 77 77
		S.O.S. Docteurs 92		46 03 77 44
		Urgences médicales de Paris (jour et nuit)		48 28 40 04
59	R22	**Ambulances Assistance Publique**	Charenton - 28 r. de l'Entrepôt	43 78 26 26
		Radio-Ambulances		47 07 37 39
101	pli 14	**Centre anti-brûlures** (hôpital Foch)	Suresnes - 40 r. Worth	47 72 91 91
16	E7	**Centre anti-drogue** (hôpital Marmottan)	19 r. d'Armaillé, 17ᵉ	45 74 00 04
20	D16	**Centre anti-poison** (hôpital Fernand-Widal)	200 r. du Fg-St-Denis, 10ᵉ	42 05 63 29
		Transfusions d'urgence		43 07 47 28
		S.O.S. Vétérinaire (Paris et Région Parisienne) (nuit et dimanches)		48 32 93 30

Le guide Vert Michelin Paris
(édité en français, anglais et allemand),
est le complément indispensable du plan de Paris
que vous avez en main.

Plan n° Repère		Adresse	Téléphone

SPECTACLES

ENTERTAINMENTS, VERANSTALTUNGEN, ESPECTÁCULOS

Théâtres, *Theatres, Theater, Teatros*

Plan n°	Repère	Nom	Adresse	Téléphone
20	F16	**Antoine-Simone Berriau**	14 bd de Strasbourg, 10ᵉ	42 08 77 71
19	D14	**Atelier**	1 pl. Charles-Dullin, 18ᵉ	46 06 49 24
18	F12	**Athénée-Louis Jouvet**	4 sq. de l'Opéra-L.-Jouvet, 9ᵉ	47 42 67 27
20	D16	**Bouffes-du-Nord**	209 r. du Fg.-St-Denis, 10ᵉ	42 39 34 50
19	G13	**Bouffes-Parisiens**	4 r. Monsigny, 2ᵉ	42 96 60 24
52	P8	**Carré Silvia-Monfort**	106 r. Brancion, 15ᵉ	45 31 28 34
28	H7	**Chaillot** (Th. Nat.)	1 pl. du Trocadéro, 16ᵉ	47 27 81 15
29	G9	**Champs-Élysées** *(travaux en cours)*	15 av. Montaigne, 8ᵉ	47 23 47 77
55	S13	**Cité Internat. Universitaire**	21 bd Jourdan, 14ᵉ	45 89 38 69
18	F12	**Comédie Caumartin**	25 r. Caumartin, 9ᵉ	47 42 43 41
19	D13	**Comédie de Paris**	42 r. Fontaine, 9ᵉ	42 81 00 11
29	G9	**Comédie des Champs-Élysées**	15 av. Montaigne, 8ᵉ	47 23 37 21
31	H13	**Comédie-Française**	2 r. de Richelieu, 1ᵉʳ	40 15 00 15
18	G12	**Daunou**	9 r. Daunou, 2ᵉ	42 61 69 14
18	F12	**Édouard-VII-Sacha Guitry**	10 pl. Édouard-VII, 9ᵉ	47 42 57 49
30	G11	**Espace Pierre Cardin**	1 av. Gabriel, 8ᵉ	42 66 17 30
32	H15	**Essaïon**	6 r. Pierre-au-Lard, 4ᵉ	42 78 46 42
19	E13	**Fontaine**	10 r. Fontaine, 9ᵉ	48 74 74 40
42	M11	**Gaîté-Montparnasse**	26 r. de la Gaîté, 14ᵉ	43 22 16 18
20	F15	**Gymnase-Marie Bell**	38 bd Bonne-Nouvelle, 10ᵉ	42 46 79 79
18	D11	**Hébertot**	78 bis bd Batignolles, 17ᵉ	43 87 23 23
31	K14	**Huchette**	23 r. de la Huchette, 5ᵉ	43 26 38 99
19	E13	**La Bruyère**	5 r. La Bruyère, 9ᵉ	48 74 76 99
19	G13	**La Michodière**	4 bis r. de La Michodière, 9ᵉ	47 42 95 22
42	L12	**Lucernaire-Berthommé-Le Guillochet**	53 r. N.-D.-des-Champs, 6ᵉ	45 44 57 34
18	F11	**Madeleine**	19 r. de Surène, 8ᵉ	42 65 07 09
32	G16	**Marais**	37 r. Volta, 3ᵉ	42 78 03 53
17	G10	**Marigny**	Carré Marigny, 8ᵉ	42 56 04 41
18	F12	**Mathurins**	36 r. des Mathurins, 8ᵉ	42 65 90 00
18	F12	**Michel**	38 r. des Mathurins, 8ᵉ	42 65 35 02
18	F12	**Mogador**	25 r. Mogador, 9ᵉ	42 85 45 30
42	M11	**Montparnasse**	31 r. de la Gaîté, 14ᵉ	43 20 89 90
19	F14	**Nouveautés**	24 bd Poissonnière, 9ᵉ	47 70 52 77
43	K13	**Odéon** (Th. Nat.)	pl. de l'Odéon, 6ᵉ	43 25 70 32
18	E12	**Œuvre**	55 r. de Clichy, 9ᵉ	48 74 42 52
18	F12	**Opéra de Paris** (Th. Nat.)	pl. de l'Opéra, 9ᵉ	47 42 57 50
19	F13	**Opéra de Paris** (salle Favart)	pl. Boieldieu, 2ᵉ	42 96 06 11
21	G17	**Palais des Glaces**	37 r. du Fg-du-Temple, 10ᵉ	46 07 49 93
31	G13	**Palais-Royal**	38 r. de Montpensier, 1ᵉʳ	42 97 59 81
18	E12	**Paris**	15 r. Blanche, 9ᵉ	42 80 09 30
10	C20	**Paris-Villette**	211 av. Jean-Jaurès, 19ᵉ	42 02 02 68
52	P7	**Plaine**	13 r. Gén.-Guillaumat, 15ᵉ	42 50 15 65
42	N11	**Plaisance**	111 r. du Château, 14ᵉ	43 20 00 06
42	L12	**Poche Montparnasse**	75 bd du Montparnasse, 6ᵉ	45 48 92 97
20	G16	**Porte-St-Martin**	16 bd St-Martin, 10ᵉ	46 07 37 53
18	G12	**Potinière**	7 r. Louis-Le-Grand, 2ᵉ	42 61 44 16
20	G16	**Renaissance**	20 bd St-Martin, 10ᵉ	42 08 18 50
17	G10	**Rond-Point** (Compagnie Renaud-Barrault)	av. Franklin-Roosevelt, 8ᵉ	42 56 70 80
19	E13	**St-Georges**	51 r. St-Georges, 9ᵉ	48 78 63 47
29	G9	**Studio des Champs-Élysées**	15 av. Montaigne, 8ᵉ	47 23 35 10
55	P14	**Théâtre 13**	24 rue Daviel, 13ᵉ	45 88 16 30
33	J18	**Théâtre de la Bastille**	76 r. de la Roquette, 11ᵉ	43 57 42 14
23	F22	**Théâtre de l'Est Parisien** (TEP)	159 av. Gambetta, 20ᵉ	43 64 80 80
31	J14	**Théâtre Musical de Paris-Châtelet** (TMP)	1 pl. du Châtelet, 1ᵉʳ	42 61 19 83
64	CT	**Théâtre du Soleil** (Cartoucherie)	rte du Champ-de-Manœuvre, 12ᵉ Bois de Vincennes	43 74 24 08
32	J15	**Théâtre de la Ville**	2 pl. du Châtelet, 4ᵉ	42 74 22 77
18	E11	**Tristan Bernard**	64 r. du Rocher, 8ᵉ	45 22 08 40
19	F14	**Variétés**	7 bd Montmartre, 2ᵉ	42 33 09 92

Plan n°	Repère		Adresse	Téléphone

Salles de concerts et de réunions
Concert halls and Conference centres
Säle für Konzerte und Tagungen
Salas de conciertos y de reuniones

17	D9	**Cortot**	78 r. Cardinet, 17ᵉ	47 63 85 72
16	E8	**Espace Wagram**	39 av. de Wagram, 17ᵉ	43 80 30 03
17	F10	**Gaveau**	45 r. La Boétie, 8ᵉ	45 63 20 30
30	H11	**Maison de la Chimie**	28 r. St-Dominique, 7ᵉ	47 05 10 73
44	K15	**Palais de la Mutualité**	24 r. St-Victor, 5ᵉ	43 26 69 03
39	N6	**Palais des Sports**	pl. Pte-de-Versailles, 15ᵉ	48 28 40 90
46	M19	**Palais Omnisports de Paris-Bercy**	8 bd de Bercy, 12ᵉ	43 41 72 04
16	E8	**Pleyel**	252 r. Fg-St-Honoré, 8ᵉ	45 61 06 30
11	B21	**Zénith**	211 av. J.-Jaurès, 19ᵉ	42 08 60 00

Des concerts et ballets sont fréquemment proposés à la Maison de la Radio, au Palais de Chaillot *(pl. du Trocadéro et du 11-Novembre)* et au Palais des Congrès *(Pte Maillot),* ainsi que dans les grands théâtres de la capitale (Théâtre Musical de Paris-Châtelet, Théâtre de la Ville, Théâtre des Champs-Élysées...) et à l'Université Paris II *(92 r. d'Assas).*

Des concerts spirituels et récitals d'orgue sont régulièrement donnés à Notre-Dame, St-Germain-des-Prés, St-Séverin, St-Roch, St-Louis des Invalides, St-Eustache...

Cinéma, *Cinemas, Kinos, Cines*

Consulter la presse chaque mercredi - See newspaper on Wednesdays,
Siehe Presse jeden Mittwoch - Consultar los periódicos el miércoles.

Cinémathèque Française: salle du Centre Georges-Pompidou, 5ᵉ étage, Tél. 42 78 35 57 et salle Chaillot av. Albert-de-Mun Tél. 47 04 24 24.

Music-halls

31	J13	**Alcazar de Paris**	62 r. Mazarine, 6ᵉ	43 29 02 20
20	G16	**Bobino-Eldorado**	4 bd de Strasbourg, 10ᵉ	42 08 23 50
28	G8	**Crazy Horse**	12 av. George-V, 8ᵉ	47 23 32 32
19	D14	**Élysée-Montmartre**	72 bd Rochechouart, 18ᵉ	42 52 25 15
19	F14	**Folies-Bergère**	32 r. Richer, 9ᵉ	42 46 77 11
16	F8	**Lido-Normandie**	116 bis av. des Ch.-Élysées, 8ᵉ	45 63 11 61
19	D13	**Moulin-Rouge (Bal du)**	82 bd de Clichy, 18ᵉ	46 06 00 19
18	F12	**Olympia-Bruno Coquatrix**	28 bd des Capucines, 9ᵉ	47 42 25 49
44	K15	**Paradis Latin**	28 r. du Card.-Lemoine, 5ᵉ	43 25 28 28

Spectacles pour enfants
Children's entertainment
Veranstaltungen für Kinder, Espectáculos para niños

10	C20	**Cirque Gruss** (à l'ancienne)	211 av. Jean-Jaurès, 19ᵉ	42 45 85 85
33	H17	**Cirque d'Hiver**	110 r. Amelot, 11ᵉ	47 00 12 25
28	J8	**Marionnettes du Champ-de-Mars**	Parc du Champ-de-Mars, 7ᵉ	46 37 07 87
17	G10	**Marionnettes des Champs-Élysées**	Rond-Point des Ch.-Élysées, 8ᵉ	45 79 08 68
43	L13	**Marionnettes du Luxembourg**	r. Guynemer, 6ᵉ	43 26 46 47
62	CV	**Théâtre du Jardin**	Jardin d'Acclimatation - Bois de Boulogne, 16ᵉ	47 47 77 86

Un kiosque-théâtre, situé sur le terre-plein Ouest de l'église de la Madeleine, offre au public la possibilité d'acheter tous les jours sauf le lundi, entre 12 h 30 et 20 h, des places de théâtre à moitié prix pour des représentations le soir même.

Plan n° Repère			Adresse	Téléphone
ou carte 101				

Principaux théâtres de banlieue, *Suburban theatres, Theater in den Vororten, Teatros de los alrededores*

Plan n°	Repère	Nom	Adresse	Téléphone
101	pli 14	**Amandiers**	Nanterre - 7 av. Pablo-Picasso	47 25 18 81
–	pli 27	**Atelier-Théâtre de la Cité**	Saint-Maur - 20 r. de la Liberté	48 89 99 10
–	pli 28	**Boucles de la Marne**	Champigny - 54 bd du Château	48 80 90 90
–	pli 28	**Centre Municipal d'Animation G.-Philipe**	Champigny - 54 bd du Château	48 80 96 28
–	pli 17	**Daniel-Sorano**	Vincennes - 16 r. Charles-Pathé	43 74 73 74
–	pli 25	**Firmin-Gémier**	Antony - pl. Firmin-Gémier	46 66 02 74
–	pli 16	**Gérard-Philipe**	Saint-Denis - 59 bd Jules-Guesde	42 43 17 17
–	pli 14	**Hauts-de-Seine**	Puteaux - 5 r. Henri-Martin	47 72 09 59
–	pli 14	**Jean-Vilar**	Suresnes - pl. Stalingrad	45 06 00 18
–	pli 26	**Jean-Vilar**	Vitry - av. Youri-Gagarine	46 82 84 90
–	pli 27	**Maison des Arts André-Malraux Maison de la Culture de Créteil**	Créteil - pl. Salvador-Allende	48 99 94 50
–	pli 26	**Paul-Éluard**	Choisy-le-Roi - 4 av. Villeneuve-St-Georges	48 90 89 79
–	pli 26	**Romain-Rolland**	Villejuif - 18 r. Eugène-Varlin	47 26 15 02
37	N1	**Th. de Boulogne-Billancourt (TBB)**	Boulogne - 60 r. de la Belle-Feuille	46 03 60 44
101	pli 16	**Th. de la Commune**	Aubervilliers - square Stalingrad	48 34 67 67
–	pli 15	**Th. de Gennevilliers**	Gennevilliers - 41 av. des Grésillons	47 93 26 30
–	pli 26	**Th. d'Ivry**	Ivry - 1 r. Simon-Dereure	46 70 15 71
–	pli 15	**Th. Municipal**	Asnières - 16 pl. de l'Hôtel-de-Ville	47 90 63 12
60	R23	**Th. Municipal**	Charenton-le-Pont - 107 r. de Paris	43 68 55 81

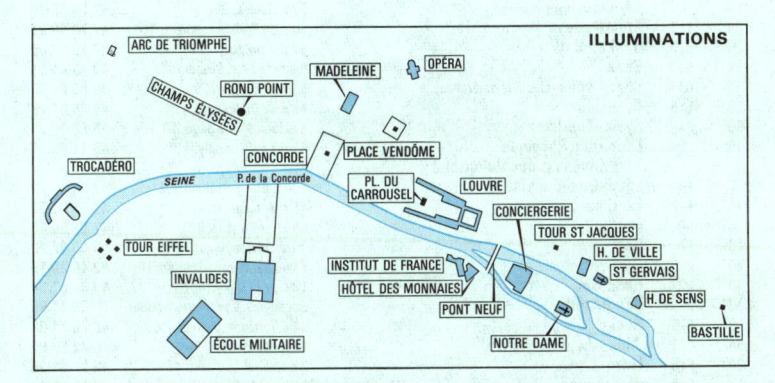

Les illuminations de la capitale fonctionnent toute l'année de la tombée du jour (entre 17 h 15 et 22 h 20) à 24 h du dimanche au vendredi, à 1 h les samedis et veilles de fêtes.

Plan n° Repère ou carte 101			Adresse	Téléphone

SPORT, *DEPORTES*

18	F11	Comité National Olympique et Sportif	23 r. d'Anjou, 8ᵉ	42 65 02 74
64	CT	Institut Nat. du Sport et de l'Éducation Physique (I.N.S.E.P.)	11 av. du Tremblay, 12ᵉ Bois de Vincennes	43 74 11 21
57	P18	Jeunesse et Sports Dir. Rég.	6-8 r. Eugène-Oudiné, 13ᵉ	45 84 12 05
17	F9	— Dir. Dép.	25 r. de Ponthieu, 8ᵉ	43 59 01 69

Clubs

44	K15	Assoc. Sportive de la Police de Paris	4 r. Montagne-Ste-Geneviève, 5ᵉ	43 54 59 26
53	P10	Assoc. Sportive des PTT de Paris	12 allée Gaston-Bachelard, 14ᵉ	45 39 69 14
101	pli 14	Athlétic-Club de Boulogne-Billancourt	Boulogne - Mairie de Boulogne	46 84 78 12
14	E3	Bowling de Paris	Bois de Boulogne, 16ᵉ	47 47 77 55
18	F11	Club Alpin Français	9 r. La Boétie, 8ᵉ	47 42 38 46
37	L2	Club Athlétique des Sports Généraux	av. du Général-Sarrail, 16ᵉ	46 51 55 40
48	M23	Club des Nageurs de Paris	34 bd Carnot, 12ᵉ	46 28 77 03
21	D18	Club de Natation Les Mouettes de Paris	15 av. Jean-Jaurès, 19ᵉ	42 08 30 65
19	F14	Paris St-Germain Football-Club	28 r. Bergère, 9ᵉ	42 46 90 84
43	M13	Paris Université-Club (PUC)	31 av. Georges-Bernanos, 5ᵉ	46 33 21 89
61	AX	Polo de Paris	Allée du Bord-de-l'Eau Bois de Boulogne, 16ᵉ	45 06 11 92
41	K10	Racing-Club de France	5 r. Eblé, 7ᵉ	45 67 55 86
25	G2	— (Croix-Catelan)	Bois de Boulogne, 16ᵉ	45 27 55 85
101	pli 14	Racing Club de Paris	Colombes - 12 r. François-Faber	47 86 19 61
14	E3	Société Bouliste du lac St-James	Rte de la Muette à Neuilly, 16ᵉ	47 47 83 31
14	F3	Société Équestre de l'Étrier	Route de Madrid aux Lacs, 16ᵉ	46 24 28 02
14	E3	Société d'Équitation de Paris	Pte de Neuilly, 16ᵉ Bois de Boulogne	47 22 87 06
37	M2	Stade Français	2 r. du Cdt-Guilbaud, 16ᵉ	46 51 66 53
37	N2	Tennis Club de Paris	15 av. Félix-d'Hérelle, 16ᵉ	46 47 73 90
21	D17	Union Sportive Métropolitaine des Transports	159 bd de la Villette, 10ᵉ	42 06 52 38
16	G7	Yacht-Club de France	6 r. Galilée, 16ᵉ	47 20 89 29

Fédérations

Federations, Sportverbände, Federaciones

16	F8	Aéronautique	52 r. Galilée, 8ᵉ	47 20 39 75
20	F15	Athlétisme	10 r. du Fg-Poissonnière, 10ᵉ	47 70 90 61
20	E15	Basket-Ball	82 r. d'Hauteville, 10ᵉ	47 70 33 55
11	B21	Boxe	Pantin - 14 r. Scandicci	48 43 61 31
57	R17	Char à voile (Ligue Ile-de-France)	50 r. du Disque, 13ᵉ	45 85 39 46
20	E15	Cyclisme	43 r. de Dunkerque, 10ᵉ	42 85 41 20
56	P15	Cyclo-Tourisme	8 r. Jean-Marie-Jégo, 13ᵉ	45 80 30 21
46	L20	Éducation Physique et Gymnastique Volontaire	41-43 r. de Reuilly, 12ᵉ	43 41 86 10
17	F9	Équestre Française	164 r. du Fg-St-Honoré, 8ᵉ	42 25 11 22
18	E12	Escrime	45 r. de Liège, 8ᵉ	42 94 91 38
16	G8	Football	60 bis av. d'Iéna, 16ᵉ	47 20 65 40
16	F7	Golf	69 av. Victor-Hugo, 16ᵉ	45 00 62 20
20	F15	Gymnastique	7 ter cour Petites-Écuries, 10ᵉ	42 46 39 11
43	N14	Hand Ball	18 r. de la Glacière, 13ᵉ	43 36 07 34
101	pli 24	Handisport	Boulogne - 1 av. Pierre-Grenier	46 08 31 85
19	F13	Hockey	64 r. Taitbout, 9ᵉ	48 78 74 88
54	P11	Judo, Ju jitsu, Kendo	43 r. des Plantes, 14ᵉ	45 42 80 90
20	F15	Lutte	2 r. Gabriel-Laumain, 10ᵉ	48 24 82 35
17	F10	Montagne	20 bis r. La Boétie, 8ᵉ	47 42 39 80
33	H18	Motocyclisme	74 av. Parmentier, 11ᵉ	47 00 94 40
27	J5	Motonautique	49 r. de Boulainvilliers, 16ᵉ	45 25 61 76
23	F22	Natation	148 av. Gambetta, 20ᵉ	43 64 17 02

Plan n°	Repère		Adresse	Téléphone
ou carte 101				
19	F13	**Parachutisme**	35 r. St-Georges, 9ᵉ	48 78 45 00
38	M4	**Pelote Basque** (Ligue Ile-de-France)	2 quai Saint-Exupéry, 16ᵉ	42 88 94 99
19	D13	**Pétanque** (Ligue Ile-de-France)	9 r. Duperré, 9ᵉ	48 74 61 63
28	G8	**Randonnée Pédestre**	9 av. George-V, 8ᵉ	47 23 62 32
19	F13	**Rugby**	7 cité d'Antin, 9ᵉ	48 74 84 75
31	H14	**Rugby à Treize**	7 r. Jules-Breton, 13ᵉ	43 31 29 77
5	C10	**Ski Nautique**	9b Pereire, 17ᵉ	42 67 15 66
18	E12	**Sociétés d'Aviron**	7 r. Lafayette, 9ᵉ	48 74 43 77
21	G18	**Spéléologie**	130 r. St-Maur, 11ᵉ	43 57 56 54
27	G5	**Sport Automobile**	136 r. de Longchamp, 16ᵉ	47 27 97 39
5	D9	**Sportive et Culturelle de France**	5 r. Cernuschi, 17ᵉ	47 66 03 23
101	pli 16	**Sportive et Gymnique du Travail**	Pantin - Tour Essor 14 r. Scandicci	48 43 61 31
31	H14	**Sports de Glace**	42 r. du Louvre, 1ᵉʳ	42 61 51 38
17	F10	**Sports Sous-Marins**	34 r. du Colisée, 8ᵉ	42 25 62 69
37	L2	**Tennis**	2 av. Gordon-Bennett, 16ᵉ	47 43 96 81
53	S10	**Tennis de Table**	Montrouge - 4-6 r. Guillot	47 46 97 97
28	G8	**Tir**	16 av. du Prés.-Wilson, 16ᵉ	47 23 72 38
6	B11	**Tir à l'Arc**	7 r. des Épinettes, 17ᵉ	42 26 37 00
47	M21	**Trampoline**	19 r. de la Lancette, 12ᵉ	43 43 73 71
28	G7	**Voile**	55 av. Kléber, 16ᵉ	45 53 68 00
30	K12	**Vol à Voile**	29 r. de Sèvres, 6ᵉ	45 44 04 78
22	D20	**Volley-Ball**	43 bis r. d'Hautpoul, 19ᵉ	42 00 22 34

Hippodromes

Racecourses, Pferderennbahnen, Hipódromos

26	J3	**Auteuil**	Pelouse Bois de Boulogne, 16ᵉ	45 27 12 25
		Chantilly (60)	Route de l'Aigle	44 57 21 35
101	pli 5	**Enghien** (95)	Soisy-sous-Montmorency - pl. André-Foulon	39 89 00 12
—	pli 36	**Évry** (91)	Ris-Orangis - Rte départementale 31	60 77 82 80
61	AY	**Longchamp**	Bois de Boulogne, 16ᵉ	47 72 57 33
101	pli 13	**Maisons-Laffitte** (78)	1 av. de la Pelouse	39 62 90 95
—	pli 14	**St-Cloud** (92)	4 r. du Camp-Canadien	47 71 69 26
64	DU	**Vincennes**	2 route de la Ferme, 12ᵉ Bois de Vincennes	43 68 35 39

Patinoires

Skating rinks, Eisbahnen, Pistas de patinaje sobre hielo

42	M11	**Gaîté Montparnasse**	16 r. Vercingétorix, 14ᵉ	43 21 60 60
21	E18	**Pailleron**	30 r. Édouard-Pailleron, 19ᵉ	42 08 72 26
1	B2	**Centre Olympique**	Courbevoie - pl. Ch.-de-Gaulle	47 88 03 33
101	pli 15	**Patinoire Olympique**	Asnières - bd P.-de-Coubertin	47 99 96 06
—	pli 24	**Patinoire municipale**	Boulogne - 1 r. V.-Griffuelhes	46 21 00 96
—	pli 14	**Patinoire**	Colombes - Ile Marante	47 81 90 09
—	pli 17	**Patinoire**	Fontenay-s-Bois - av. Ch.-Garcia	48 75 17 00
—	pli 18	**Patinoire**	Le Raincy - 72 allée du Jardin Anglais et de Finchley	43 81 41 41
—	pli 15	**Patinoire**	St-Ouen - 4 r. du Docteur-Bauer	42 51 49 18

Participez à notre effort permanent de mise à jour,

Adressez-nous vos remarques et vos suggestions :

Cartes et guides Michelin

46, avenue de Breteuil - 75341 Paris Cedex 07

Plan n°	Repère		Adresse	Téléphone

Piscines
Swimming pools, Schwimmbäder, Piscinas

Plan n°	Repère		Adresse	Téléphone
8	B15	**Amiraux**	6 r. Hermann-Lachapelle, 18ᵉ	46 06 46 47
42	L11	**Armand-Massard**	66 bd du Montparnasse, 15ᵉ	45 38 65 19
54	N12	**Aspirant Dunand**	20 r. Saillard, 14ᵉ	45 45 50 37
26	J3	**Auteuil**	Rte des Lacs-à-Passy, 16ᵉ	42 24 07 59
6	B11	**Bernard Lafay**	79 r. de la Jonquière, 17ᵉ	42 26 11 05
41	L9	**Blomet**	17 r. Blomet, 15ᵉ	47 83 35 05
56	P15	**Butte-aux-Cailles**	5 pl. Paul-Verlaine, 13ᵉ	45 89 60 05
4	C8	**Champerret-Yser**	34-36 bd de Reims, 11ᵉ	47 66 49 98
57	P17	**Château-des-Rentiers**	184 r. Chât.-des-Rentiers, 13ᵉ	45 85 18 26
21	D17	**Château-Landon**	31 r. du Château-Landon, 10ᵉ	46 07 34 68
7	A14	**Clignancourt**	12 r. René-Binet, 18ᵉ	42 54 51 55
33	H18	**Cour des Lions**	11 r. Alphonse-Baudin, 11ᵉ	43 55 09 23
30	H11	**Deligny**	Face 23 quai Anatole-France, 7ᵉ	45 51 72 15
53	R9	**Didot**	22 av. Georges-Lafenestre, 14ᵉ	45 39 89 29
45	N17	**Dunois**	70 r. Dunois, 13ᵉ	45 85 44 81
28	J7	**Émile-Anthoine**	9 r. Jean-Rey, 15ᵉ	45 67 10 20
19	D14	**Georges-Drigny**	18 r. Bochart-de-Saron, 9ᵉ	45 26 86 93
22	D20	**Georges-Hermant**	4-10 r. David-d'Angers, 19ᵉ	42 02 45 10
35	J21	**Georges-Rigal** (centre sportif)	119 bd de Charonne, 11ᵉ	43 70 64 22
23	F22	**Georges-Vallerey** (stade nautique)	148 av. Gambetta, 20ᵉ	43 64 47 00
57	R17	**Gymnothèque**	66 av. d'Ivry, 13ᵉ	45 86 57 60
9	B17	**Hébert**	2 r. des Fillettes, 18ᵉ	46 07 60 01
26	G4	**Henry-de-Montherlant**	32 bd Lannes, 16ᵉ	45 03 03 28
9	C18	**Îlot Riquet**	11-17 r. Mathis, 19ᵉ	42 41 51 00
44	L15	**Jean-Taris**	16 r. Thouin, 5ᵉ	43 25 54 03
39	L6	**Keller**	8 r. de l'Ing.-Robert-Keller, 15ᵉ	45 77 12 12
37	L2	**Molitor**	1 av. de la Pte-Molitor, 16ᵉ	46 51 10 61
34	G19	**Oberkampf**	160 r. Oberkampf, 11ᵉ	43 57 56 19
22	E19	**Pailleron**	30 r. Édouard-Pailleron, 19ᵉ	42 08 72 26
44	K15	**Pontoise**	19 r. de Pontoise, 5ᵉ	43 54 82 45
52	P7	**Porte de la Plaine**	13 r. du Général-Guillaumat, 15ᵉ	45 32 34 00
39	K6	**R. et A. Mourlon** (Beaugrenelle)	19 r. Gaston-de-Caillavet, 15ᵉ	45 75 40 02
48	M23	**Roger-Le Gall**	34 bd Carnot, 12ᵉ	46 28 77 03
10	B19	**Rouvet**	1 r. Rouvet, 19ᵉ	46 07 40 97
31	K13	**St-Germain**	r. Clément, 6ᵉ	43 29 08 15
32	H15	**St-Merri**	18 r. du Renard, 4ᵉ	42 72 29 45
31	H14	**Suzanne Berlioux**	10 pl. de la Rotonde, 1ᵉʳ	42 36 98 44
19	E14	**Valeyre (Paul-Valeyre)**	22-24 r. de Rochechouart, 9ᵉ	42 85 27 61

Stades *Stadiums, Sportplätze, Estadios*

Plan n°	Repère		Adresse	Téléphone
7	A14	**Bertrand-Dauvin**	12 r. René-Binet, 18ᵉ	46 06 08 43
9	A17	Stade des **Fillettes**	54 r. Charles-Hermite, 18ᵉ	46 07 53 27
37	L1	**Fond des Princes**	61 av. de la Pte-d'Auteuil, 16ᵉ	46 04 35 80
38	M4	**Fronton Chiquito de Cambo**	2 quai St-Exupéry, 16ᵉ	42 88 94 99
37	M2	Stade **Français** (Centre sportif Géo André)	2 r. du Cdt-Guilbaud, 16ᵉ	46 51 66 53
37	L2	**Jean-Bouin** (CASG)	av. du Gén.-Sarrail, 16ᵉ	46 51 55 40
15	F5	**Jean-Pierre-Wimille**	243 bd Amiral-Bruix, 16ᵉ	45 00 00 23
11	C21	**Jules-Ladoumègue**	1 pl. de la Pte-de-Pantin, 19ᵉ	48 43 23 86
53	R10	**Jules-Noël**	3 av. Maurice-d'Ocagne, 14ᵉ	45 39 54 37
47	N22	**Léo-Lagrange**	68 bd Poniatowski, 12ᵉ	46 28 31 51
6	A12	**Max-Rousie**	28 r. André-Bréchet, 17ᵉ	46 27 17 94
39	N6	**Palais des Sports**	pl. de la Pte-de-Versailles, 15ᵉ	48 28 40 10
46	M19	**Palais omnisports de Paris-Bercy**	8 bd de Bercy, 12ᵉ	43 41 72 04
37	M2	**Parc des Princes**	24 r. du Cdt-Guilbaud, 16ᵉ	42 88 02 76
64	DU	**Pershing**	Rte du Bosquet-Mortemart, 12ᵉ Bois de Vincennes	43 28 28 93
37	N2	**Pierre-de-Coubertin**	82 av. Georges-Lafont, 16ᵉ	45 27 79 12
51	N5	**Plaine de Vaugirard** (Centre sportif Suzanne Lenglen)	2-6 r. Louis-Armand, 15ᵉ	45 54 36 12
37	L1	**Roland-Garros**	2 av. Gordon-Bennett, 16ᵉ	47 43 96 81
55	S14	**Sébastien-Charléty**	1 av. de la Pte-de-Gentilly, 13ᵉ	45 89 58 12
60	P23	**Vélodrome Municipal**	av. Gravelle, Bois de Vinc., 12ᵉ	43 68 01 27

Plan n°	Repère		Adresse	Téléphone

TOURISME *TOURISM, TOURISMUS, TURISMO*

16	F8	Office de Tourisme de Paris - Accueil de France	127 av. des Champs-Élysées, 8ᵉ	47 23 61 72
31	G13	Agence nationale pour l'information touristique (ANIT)	8 av. de l'Opéra, 1ᵉʳ	42 60 37 38
32	H15	Maison d'Information Culturelle	1 r. Pierre-Lescot, 1ᵉʳ	42 74 27 07

Organismes, *Tourist associations, Touristische Organisationen, Organismos*

16	E7	Association Française des Automobilistes	9 r. Anatole-de-la-Forge, 17ᵉ	42 27 82 00
20	F15	Auto-Camping, Caravaning-Club	37 r. d'Hauteville, 10ᵉ	47 70 29 81
30	G11	Automobile-Club de France	6 pl. de la Concorde, 8ᵉ	42 65 34 70
30	G11	Automobile-Club de l'Ile-de-France	8 pl. de la Concorde, 8ᵉ	42 66 43 00
30	J12	Camping-Club de France	218 bd St-Germain, 7ᵉ	45 48 30 03
31	H14	Camping-Club Internat. de France	14 r. des Bourdonnais, 1ᵉʳ	42 36 12 40
19	G13	Compagnie Française du Thermalisme	32 av. de l'Opéra, 2ᵉ	47 42 67 91
32	J15	Féd. Franç. de Camping-Caravaning	78 r. de Rivoli, 4ᵉ	42 72 84 08
18	F12	Féd. Nat. des Gîtes Ruraux de France	35 r. Godot-de-Mauroy, 9ᵉ	47 42 25 43
17	F10	Féd. Nat. des Logis et Auberges de France	25 r. Jean-Mermoz, 8ᵉ	43 59 86 67
15	G6	Féd. Unie des Auberges de Jeunesse	6 r. Mesnil, 16ᵉ	45 05 13 14
31	G13	Havas-Voyages (Agence)	26 av. de l'Opéra, 1ᵉʳ	42 61 80 56
30	K12	Ligue Franç. des Auberges de Jeunesse	38 bd Raspail, 7ᵉ	45 48 69 84
43	M13	Organisation pour le Tourisme Universitaire	137 bd St-Michel, 5ᵉ	43 29 12 88
18	F12	Stations Françaises de Sports d'Hiver (Assoc. des Maires)	61 bd Haussmann, 8ᵉ	47 42 23 32
16	F7	Nouveau Touring Club de France	14 av. de la Gde-Armée, 17ᵉ	43 80 68 58
31	J14	Tourisme Régie Aut. Transports	53 bis quai Gds-Augustins, 6ᵉ	43 46 42 17
18	G11	— (RATP)	20 pl. de la Madeleine, 8ᵉ	42 65 31 18
16	F8	Tourisme Soc. Nat. Chemins de Fer	127 av. des Champs-Élysées, 8ᵉ	47 23 54 02
18	F12	— (SNCF)	16 bd des Capucines, 9ᵉ	47 42 00 26
41	L10	Union Nat. des Associations de Tourisme et de Plein Air	8 r. César-Franck, 15ᵉ	47 83 21 73
42	M12	Villages-Vacances-Familles (VVF)	38 bd Edgar-Quinet, 14ᵉ	45 38 20 00
19	G13	Wagons-Lits Tourisme (Agence)	32 r. du 4-Septembre, 2ᵉ	42 65 48 48

Maisons des Provinces de France, *French Provincial centres, Vertretungen der Provinzen Frankreichs, Casas de las Provincias de Francia*

34	K20	Féd. Nat. des Groupes Folkloriques d'Originaires des Provinces Françaises	8 r. Voltaire, 11ᵉ	43 72 54 32
31	H13	Alpes-Dauphiné	2 pl. André-Malraux, 1ᵉʳ	42 96 08 43
17	G9	Alsace	39 av. des Champs-Élysées, 8ᵉ	42 25 93 42
30	H12	Auvergne	194 bis r. de Rivoli, 1ᵉʳ	42 61 82 38
31	H14	Aveyron	46 r. Berger, 1ᵉʳ	42 36 84 63
27	J5	Basques	10 r. Duban, 16ᵉ	42 24 98 87
42	L11	Bretagne	Centre commercial Maine-Montparnasse, 15ᵉ	45 38 73 15
18	F12	Corse	12 r. Godot-de-Mauroy, 9ᵉ	47 42 04 34
19	F13	Drôme	14 bd Haussmann, 9ᵉ	42 46 66 67
18	F12	Franche-Comté	1 r. Caumartin, 9ᵉ	42 66 26 28
19	F13	Gers et Armagnac	16 bd Haussmann, 9ᵉ	47 70 39 61
19	F13	Limousin	18 bd Haussmann, 9ᵉ	47 70 32 63
19	G13	Lot-et-Garonne	15-17 pass. Choiseul, 2ᵉ	42 97 51 43
31	K14	Lozère	4 r. Hautefeuille, 6ᵉ	43 54 26 64
19	F13	Nord-Pas-de-Calais	18 bd Haussmann, 9ᵉ	47 70 59 62
19	F13	Périgord	30 r. Louis-le-Grand, 2ᵉ	47 42 09 15
31	G13	Poitou-Charentes	4 av. de l'Opéra, 1ᵉʳ	42 96 01 88
19	G13	Pyrénées	15 r. St.-Augustin, 2ᵉ	42 61 58 18
16	E8	Rouergue (Artisans du)	89 bd de Courcelles, 8ᵉ	43 80 84 45
19	F13	Savoie	16 bd Haussmann, 9ᵉ	45 23 05 50
17	D9	Tarn	34 av. de Villiers, 17ᵉ	47 63 06 26
18	F12	Antilles et Guyane	12 r. Auber, 9ᵉ	42 68 11 07
18	G12	La Réunion	1 r. Vignon, 8ᵉ	42 68 07 88
19	G13	Tahiti et ses Iles	43 av. de l'Opéra, 2ᵉ	42 97 42 46

| Plan n° Repère | | Adresse | Téléphone |

TRANSPORT
VERKEHRSMITTEL, COMUNICACIONES

Autobus-Métro, *Buses-Metro, Autobús-Metro*

| 31 | J14 | **Régie Autonome des Transports Parisiens** (RATP) Renseign. | 53 ter quai Gds-Augustins, 6ᵉ — | 43 46 33 33 43 46 14 14 |

Consulter en outre le plan sur lequel figurent les itinéraires d'autobus p. 174 à 177, et le plan de métro p. 180 et 181.

Automobile *Motoring organizations, PKW, Automóvil*

16	F8	**Chambre Synd. Constructeurs Autom.**	2 r. de Presbourg, 8ᵉ	47 23 54 27
16	G7	**Féd. Nat. des Transports Routiers**	6 r. Paul-Valéry, 16ᵉ	45 53 92 88
17	E9	**Prévention Routière**	6 av. Hoche, 8ᵉ	42 67 97 17
20	F15	**Sécurité Routière**	26 r. d'Enghien, 10ᵉ	47 70 92 91

Location de voitures
Car hire companies, Autovermietung, Coches de alquiler

41	K9	**ALFA-interRent**	42 av. de Saxe, 7ᵉ	45 67 82 17
29	K10	**Avis**	5 r. Bixio, 7ᵉ	45 50 32 31
5	B10	**Budget Train + Auto**	163 bis av. de Clichy, 17ᵉ	42 29 50 50
41	L9	**Cie Industr. Franç. Autom.** (CIFA-Peugeot)	80 bd Garibaldi, 15ᵉ	45 67 35 24
46	L19	**CITER**	11 r. Erard, 12ᵉ	43 41 45 45
46	L19	**EUROPCAR**	48 av. du Maine, 14ᵉ	43 21 28 37
29	H10	**Hertz**	Aérogare des Invalides, 7ᵉ	45 51 20 37
45	L18	**Mattei**	205 r. de Bercy, 12ᵉ	43 46 11 50
15	E6	**Sté Internat. de Location**	251 bd Pereire, 17ᵉ	45 74 98 64

Taxis-radio - ☏ 42 00 67 89 - 42 03 99 99 - 42 05 77 77 - 42 70 44 22 - 46 57 11 12 - 47 35 22 22 - 47 39 33 33.

Les compagnies de taxis-radio envoient aussitôt la voiture libre la plus proche du lieu de l'appel.

The nearest free taxi will be sent in answer to your call.

Auf Anruf schicken die Funktaxi-Gesellschaften den freien Wagen, der sich Ihrer Adresse am nächsten befindet.

Las compañías de radio-taxi le enviarán el coche libre más cercano al lugar de llamada.

Stations de taxis avec borne téléphonique
Taxi ranks with phone nos, Taxistationen mit Telefon, Paradas de taxis con teléfono.

Sur le plan, le signe 🅣 signale les stations disposant d'une borne téléphonique (liste ci-dessous).

1ᵉʳ Arrondissement

31	H13	Pl. André-Malraux	42 60 61 40
32	J15	Pl. du Châtelet	42 33 20 99
30	G11	258 r. de Rivoli	42 61 67 60

2ᵉ Arrondissement

| 19 | F13 | 7 pl. de l'Opéra | 47 42 75 75 |
| 20 | G16 | 19 bd St-Denis | 42 36 93 55 |

3ᵉ Arrondissement

| 32 | H16 | 64 r. de Bretagne | 42 78 00 00 |
| 32 | H15 | 20 r. Beaubourg | 42 72 00 00 |

4ᵉ Arrondissement

| 32 | J16 | Métro St-Paul | 48 87 49 39 |
| 32 | K16 | 23 bd Morland | 42 77 59 88 |

5ᵉ Arrondissement

44	M15	88 bd St-Marcel	43 31 00 00
44	L15	Pl. Monge	45 87 15 95
44	K16	Pont de la Tournelle	43 25 92 99
43	L14	26 r. Soufflot	46 33 00 00
31	J14	Pl. St-Michel	43 29 63 66
32	K15	Pl. Maubert	46 34 10 32

6ᵉ Arrondissement

31	K13	91 bd St-Germain	43 26 00 00
31	J13	Métro Mabillon	43 29 00 00
32	L11	Pl. du 18-Juin-1940	42 22 13 13
30	K12	Pl. A.-Deville	45 48 84 75
31	J13	149 bd St-Germain	42 22 00 00

7ᵉ Arrondissement

28	H8	2 av. Bosquet	47 05 66 86
28	J8	36 av. La Bourdonnais	47 05 06 89
29	J9	28 av. de Tourville	47 05 00 00
30	J12	Métro R. du Bac	42 22 49 64
41	L10	Métro Duroc	45 67 00 00
29	H10	Métro La Tour-Maubourg	45 55 78 42
30	H11	Métro Solférino	45 55 00 00
41	K10	7 pl. de Breteuil	45 66 70 17
30	H11	Pl. Prés.-E.-Herriot	47 05 03 14
28	J7	Tour Eiffel	45 55 85 41

8ᵉ Arrondissement

17	F9	1 av. de Friedland	45 61 00 00
18	F11	8 bd Malesherbes	42 65 00 00
18	F11	44 bd Malesherbes	47 42 54 73
28	G8	Pl. de l'Alma	43 59 58 00
16	E8	Pl. des Ternes	47 63 00 00
17	G9	Rd-Pt Champs-Élysées	42 56 29 00
17	E10	pl. Rio-de-Janeiro	45 62 00 00

9ᵉ Arrondissement

18	D12	Pl. de Clichy	42 85 00 00
18	E12	Église de la Trinité	48 74 00 00
19	E14	2 r. Pierre-Semard	48 78 00 00
19	F14	9 r. Drouot	42 46 00 00

11ᵉ Arrondissement

34	K19	Métro Faidherbe-Chal.	43 72 00 00
34	G19	Métro Ménilmontant	43 55 64 00
34	H20	Métro Père-Lachaise	48 05 92 12
34	J19	Pl. Léon-Blum	43 79 00 00
47	K21	av. du Trône	43 73 29 58
33	G17	1 av. de la République	43 55 92 64

12ᵉ Arrondissement

33	K18	6 pl. de la Bastille	43 45 10 00
47	M21	9 pl. Félix-Éboué	43 43 00 00
48	N23	1 pl. E.-Renard	46 28 00 00

13ᵉ Arrondissement

55	N14	127 bd A.-Blanqui	45 80 00 00
57	P18	Carr. Patay-Tolbiac	45 83 00 00
56	P18	1 av. d'Italie	45 83 34 93
44	N16	Pl. Pinel	45 86 00 00
57	S17	36 av. de la Pte de Choisy	45 85 40 00
56	S16	Métro Pte d'Italie	45 86 00 44

14ᵉ Arrondissement

43	M13	172 bd du Montparnasse	43 25 00 00
53	N10	Métro Plaisance	45 41 66 00
53	P9	Métro Pte de Vanves	45 39 87 33
43	N13	Pl. Denfert-Rochereau	43 54 00 00
54	R12	1 pl. du 25-Août-1944	45 40 52 05
54	P12	228 av. du Maine	45 45 00 00
55	P14	1 av. Reille	45 89 05 71

15ᵉ Arrondissement

40	M8	Mairie du 15ᵉ arr.	48 42 00 00
28	J7	Métro Bir-Hakeim	45 79 17 17
40	M7	Métro Boucicaut	45 58 15 00
40	M8	Métro Convention	42 50 00 00
40	K8	Métro La Motte-Picquet	45 66 00 00
41	L10	Métro Sèvres-Lecourbe	47 34 00 00
39	L6	Pl. Charles-Michels	45 78 20 00
52	N7	1 bd Lefebvre	48 28 00 00
41	N9	5 r. de Cronstadt	48 28 45 98
39	L5	Rd-Pt du Pont Mirabeau	45 77 48 00

16ᵉ Arrondissement

16	F7	1 av. Victor-Hugo	45 01 85 24
27	H6	10 bd Delessert	45 20 00 00
38	M4	23 bd Exelmans	45 25 93 91
27	G5	78 av. Henri-Martin	45 04 00 00
27	K5	Pl. du Docteur-Hayem	42 24 99 99
26	K4	Métro Jasmin	45 25 13 13
27	J5	Métro Muette	42 88 00 00
39	L5	Pl. de Barcelone	45 27 11 11
27	K5	Pl. Clément-Ader	45 24 56 17
38	K4	Pl. Jean-Lorrain	45 27 00 00
15	G6	12 pl. Victor-Hugo	45 53 00 11
27	H6	1 av. d'Eylau	47 27 00 00
38	L3	114 bd Exelmans	46 51 14 61
15	F5	Métro Pte-Dauphine	45 53 00 00
38	L3	27 bd Murat	46 51 19 19
38	M3	Pl. de la Pte-de-St-Cloud	46 51 60 40

17ᵉ Arrondissement

18	D11	Mairie du 17ᵉ arr.	43 87 00 00
6	C11	Métro Brochant	46 27 00 00
17	D10	Métro Villiers	46 22 00 00
16	D8	Pl. Aimé-Maillart	46 22 40 70
16	F8	1 av. de Wagram	43 80 01 99
16	D8	3 pl. Maréchal-Juin	42 27 00 00
5	D9	Pl. du Nicaragua	42 67 59 67
17	E9	Pl. Républ.-de-l'Équateur	47 66 80 50
5	C9	13 bis bd Berthier	42 27 00 00
4	D7	1 bd Gouvion-St-Cyr	47 66 22 77
5	B10	1 bd Berthier	46 27 90 06
6	B12	1 bd Bessières	42 63 00 00

18ᵉ Arrondissement

8	C15	Pl. du Château-Rouge	42 52 00 00
6	B12	Métro Guy-Môquet	42 28 00 00
7	B14	Pl. Jules-Joffrin	46 08 00 00
19	D13	Pl. Blanche	42 57 00 00
20	D16	Pl. de la Chapelle	42 08 00 00
7	D14	4 r. du Mont-Cenis	42 59 00 00
7	A14	1 av. de la Pte-de-Clignancourt	42 58 00 00
7	C13	2 r. Damrémont	42 54 00 00

19ᵉ Arrondissement

22	F20	5 r. Lassus	42 08 42 66
22	D19	Mairie du 19ᵉ arr.	42 06 00 00
22	E20	Métro Botzaris	42 05 00 00
21	E18	Pl. du Colonel-Fabien	46 07 00 00
23	E22	1 av. de la Pte-des-Lilas	42 02 71 40
11	C21	211 av. Jean-Jaurès	46 07 21 10
10	A20	Av. de la Pte-de-la-Villette	42 08 64 00
9	C18	185 r. de Crimée	42 39 28 27

20ᵉ Arrondissement

35	H21	16 av. du Père-Lachaise	46 36 00 00
23	G22	2 pl. Paul-Signac	43 62 70 99
36	G23	Pl. de la Pte-de-Bagnolet	43 60 60 79
36	J23	Métro Pte-de-Montreuil	43 70 00 00
33	G18	Métro Pyrénées	43 49 10 00

Pour Paris, les indications de plan et repère (exemple: 29 J10) renvoient à la page et au carroyage du plan.

Plan n° Repère	Adresse	Téléphone

ou carte 101

Chemins de fer
French Railways, Franz. Eisenbahn, Ferrocarriles franceses

18	E12	**Soc. Nat. Chemins de Fer Français** (SNCF) Direction Générale	88 r. St-Lazare, 9ᵉ	42 85 60 60
		— Rens. Voyageurs toutes gares		45 82 50 50
45	L17	**Gare d'Austerlitz** Renseignements	55 quai d'Austerlitz, 13ᵉ	45 84 16 16
		Réservations et Trains-Autos-Accompagnées		45 84 15 20
46	M19	**Gare de Bercy**	48 bis bd de Bercy, 12ᵉ	43 46 12 12
20	E16	**Gare de l'Est** Renseignements	pl. du 11-Novembre-1918, 10ᵉ	42 08 49 90
		Réservations et Trains-Autos-Accompagnées		42 40 11 22
29	H10	**Gare des Invalides**	Esplanade des Invalides, 7ᵉ	47 05 23 13
45	L18	**Gare de Lyon** Renseignements	pl. Louis-Armand, 12ᵉ	43 45 92 22
		Réservations et Trains-Autos-Accompagnées		43 45 93 33
42	M11	**Gare Montparnasse** Renseignements	16-24 pl. Raoul-Dautry, 15ᵉ	45 38 52 29
		Réservations et Trains-Autos-Accompagnées		45 38 52 39
20	E16	**Gare du Nord** Renseignements	18 r. de Dunkerque, 10ᵉ	42 80 03 03
		Réservations et Trains-Autos-Accompagnées		48 78 87 54
18	E11	**Gare St-Lazare** Renseignements	r. St-Lazare, 8ᵉ	45 38 52 29
		Réservations		43 87 91 70
		Réservations : Trains-Autos-Accompagnées		45 22 25 28

Compagnies aériennes
French airlines, Franz. Fluggesellschaften, Compañías aéreas francesas

101	pli 7	**Aéroport du Bourget**	93 Le Bourget	48 62 12 12
69-70		**Aéroport Charles-de-Gaulle**	95 Roissy-en-France	48 62 22 80
67		**Aéroport d'Orly**	94 Orly - Aéroport	48 84 32 10
16	F8	**Air France**	119 av. des Champs-Élysées, 8ᵉ	45 35 61 61
30	G12	**Air Inter**	12 r. de Castiglione, 1ᵉʳ	45 39 25 25
29	H10	**Gare aérienne urbaine de Paris**	Esplanade des Invalides, 7ᵉ	43 23 97 10
29	H10	arrêt d'autocars : Invalides (vers Orly)	2 r. R.-Esnault-Pelterie, 7ᵉ	43 23 97 10
42	M11	Montparnasse (vers Orly)	36 av. du Maine, 14ᵉ	43 23 97 10
15	E6	arrêt d'autocars : Palais des Congrès (vers Roissy)	(2ᵉ sous-sol)	42 99 20 18
39	N5	**Héliport de Paris**	4 av. de la Pte-de-Sèvres, 15ᵉ	
18	F11	**Union Transports Aériens** (UTA)	3 bd Malesherbes, 8ᵉ	42 66 30 30

Compagnies aériennes étrangères, voir p. 56 à 66.

Compagnies maritimes, *French shipping companies,*
Franz. Schiffahrtsgesellschaften, Compañías marítimas francesas

65		**Cie Générale Maritime** (Siège)	La Défense - Tour Winterthur	47 76 70 55
18	F11	**Paquet**	5 bd Malesherbes, 8ᵉ	42 68 57 59
18	F12	**Sté Nat. Maritime Corse-Méditerranée**	12 r. Godot-de-Mauroy, 9ᵉ	42 66 67 98

Informations routières par téléphone,
Traffic information, Verkehrsinformationen,
Información telefónica del estado de las carreteras

F.I.P. 514 (circulation à Paris)		45 25 50 50
Voirie (fermeture du boulevard périphérique et des voies sur berge)		42 76 52 52
Radio-France-Inter-Route (Ile-de-France)		48 58 33 33
Centre Régional d'Information et de Coordination Routière d'Ile-de-France		48 98 92 18

NOTES

NOTES

LÉGENDE

SIGNES CONVENTIONNELS

Voirie

Autoroute, boulevard périphérique
Rue en construction, interdite ou impraticable
Rue à sens unique, en escalier
Allée dans parc et cimetière - Rue piétonne
Chemin de fer, métro aérien
Passage sous voûte, tunnel

Bâtiments (avec entrée principale)

Repère important - Autre bâtiment repère
Culte catholique ou orthodoxe
Culte protestant - Synagogue
Caserne - Caserne de Sapeurs-Pompiers
Hôpital, hospice - Marché couvert
Bureau de poste - Commissariat de police

Sports et Loisirs

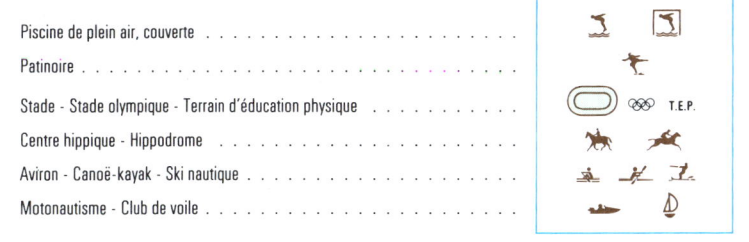

Piscine de plein air, couverte
Patinoire
Stade - Stade olympique - Terrain d'éducation physique
Centre hippique - Hippodrome
Aviron - Canoë-kayak - Ski nautique
Motonautisme - Club de voile

Signes divers

Monument - Fontaine - Usine
Station taxi - Station de métro
Parking avec entrée
Station-service ouverte nuit et jour
Numéro d'immeuble
Limite de Paris et de département
Limite d'arrondissement et de commune
Repère du carroyage

Repère commun à la carte Michelin n° 101

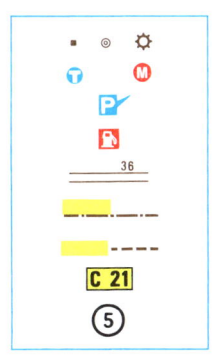

CONVENTIONAL SIGNS

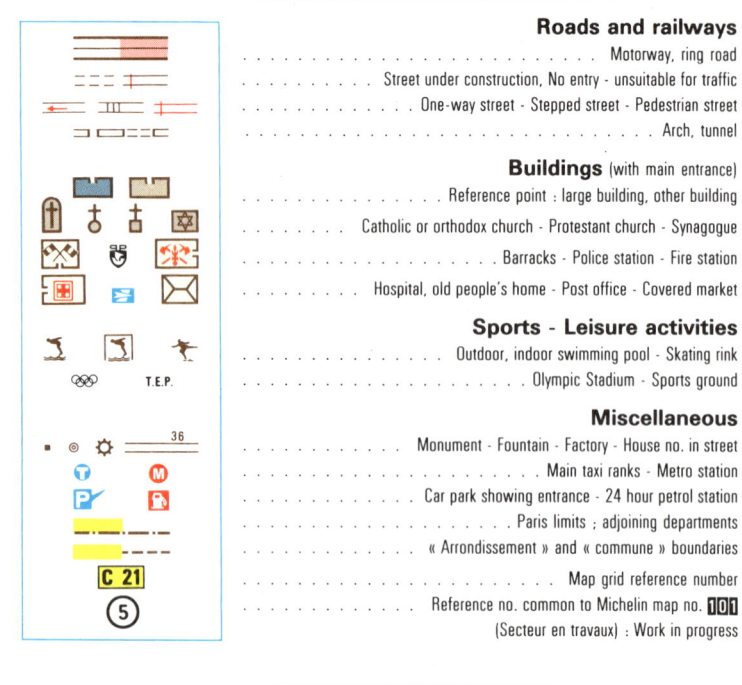

Roads and railways
Motorway, ring road
Street under construction, No entry - unsuitable for traffic
One-way street - Stepped street - Pedestrian street
Arch, tunnel

Buildings (with main entrance)
Reference point : large building, other building
Catholic or orthodox church - Protestant church - Synagogue
Barracks - Police station - Fire station
Hospital, old people's home - Post office - Covered market

Sports - Leisure activities
Outdoor, indoor swimming pool - Skating rink
Olympic Stadium - Sports ground

Miscellaneous
Monument - Fountain - Factory - House no. in street
Main taxi ranks - Metro station
Car park showing entrance - 24 hour petrol station
Paris limits ; adjoining departments
« Arrondissement » and « commune » boundaries
Map grid reference number
Reference no. common to Michelin map no. **101**
(Secteur en travaux) : Work in progress

ZEICHENERKLÄRUNG

Verkehrswege
Autobahn - Stadtautobahn
Straße im Bau - für Kfz gesperrt, nicht befahrbar
Einbahnstraße - Treppenstraße - Fußgängerstraße
Gewölbedurchgang - Tunnel

Gebäude (mit Haupteingang)
Wichtiger Orientierungspunkt - Sonstiger Orientierungspunkt
Katholische oder orthodoxe Kirche - Evangelische Kirche - Synagoge
Kaserne - Polizeirevier - Feuerwehr
Krankenhaus, Altersheim - Postamt - Markthalle

Sport - Freizeit
Freibad - Hallenbad - Schlittschuhbahn
Olympianormen entsprechendes Stadion - Sportplatz

Verschiedene Zeichen
Denkmal - Brunnen - Fabrik - Hausnummer
Größere Taxistation - Metrostation
Parkplatz und Einfahrt - Tag und Nacht geöffnete Tankstelle
Grenze : Pariser Stadtgebiet u. Departement
Arrondissement und Vorortgemeinde
Nr. des Planquadrates
Referenz-Zeichen für die Michelin-Karte Nr. **101**
(Secteur en travaux) : Das Viertel wird neugestaltet

SIGNOS CONVENCIONALES

Vías de circulación

Autopista, autovía de circunvalación . . . .
Calle en construcción, prohibida, impracticable . . . .
Calle de sentido único, con escalera - Calle peatonal . . . .
Paso abovedado, túnel . . . .

Edificios (y entrada principal)

Gran edificio, punto de referencia - Otro edificio, punto de referencia . . . . .
Iglesia católica u ortodoxa - Culto protestante - Sinagoga . . . .
Cuartel - Comisaría de Policía - Parque de Bomberos . . . .
Hospital, hospicio - Oficina de Correos - Mercado cubierto . . . .

Deportes y Distracciones

Piscina al aire libre, cubierta - Pista de patinaje . . . .
Estadio olímpico - Terreno de educación física . . . .

Signos diversos

Monumento - Fuente - Fábrica - Número del edificio . . . .
Estación principal de taxis - Boca de metro . . . .
Aparcamiento y entrada - Estación de servicio abierta día y noche . . . .
Límite de París departamento . . . .
Límite de distrito o de municipio . . . .

Referencia de la cuadrícula del plano . . . .
Referencia común al mapa Michelin No. 101 . . . .
(Secteur en travaux) : Sector en obras

Le pont Alexandre-III et les Invalides.

Utilisez le plan MICHELIN à 1/15 000 « Banlieue de Paris Nord-Ouest » nº 17

N 192 N 13 (16) PONTOISE ST-GERMAIN-EN-LAYE

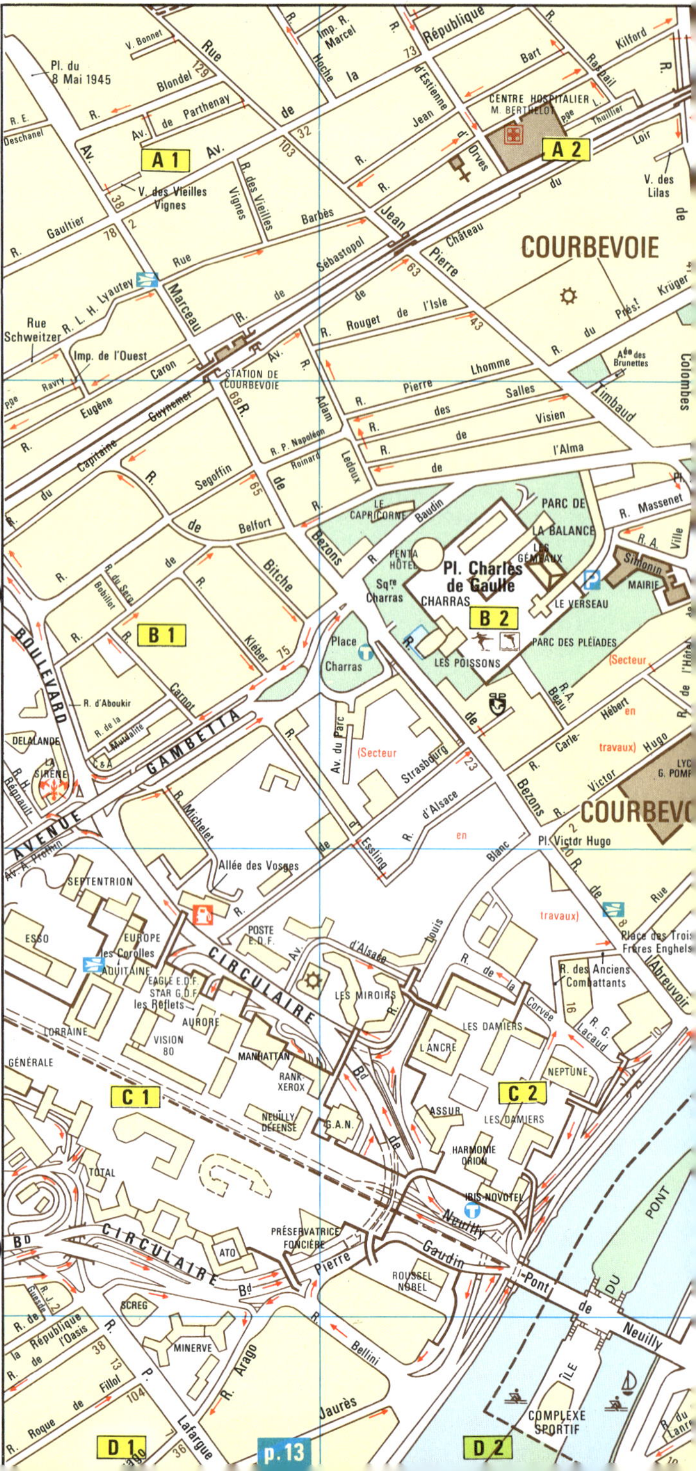

p. 13

N 192 N 13 (16) PONTOISE ST-GERMAIN-EN-LAYE

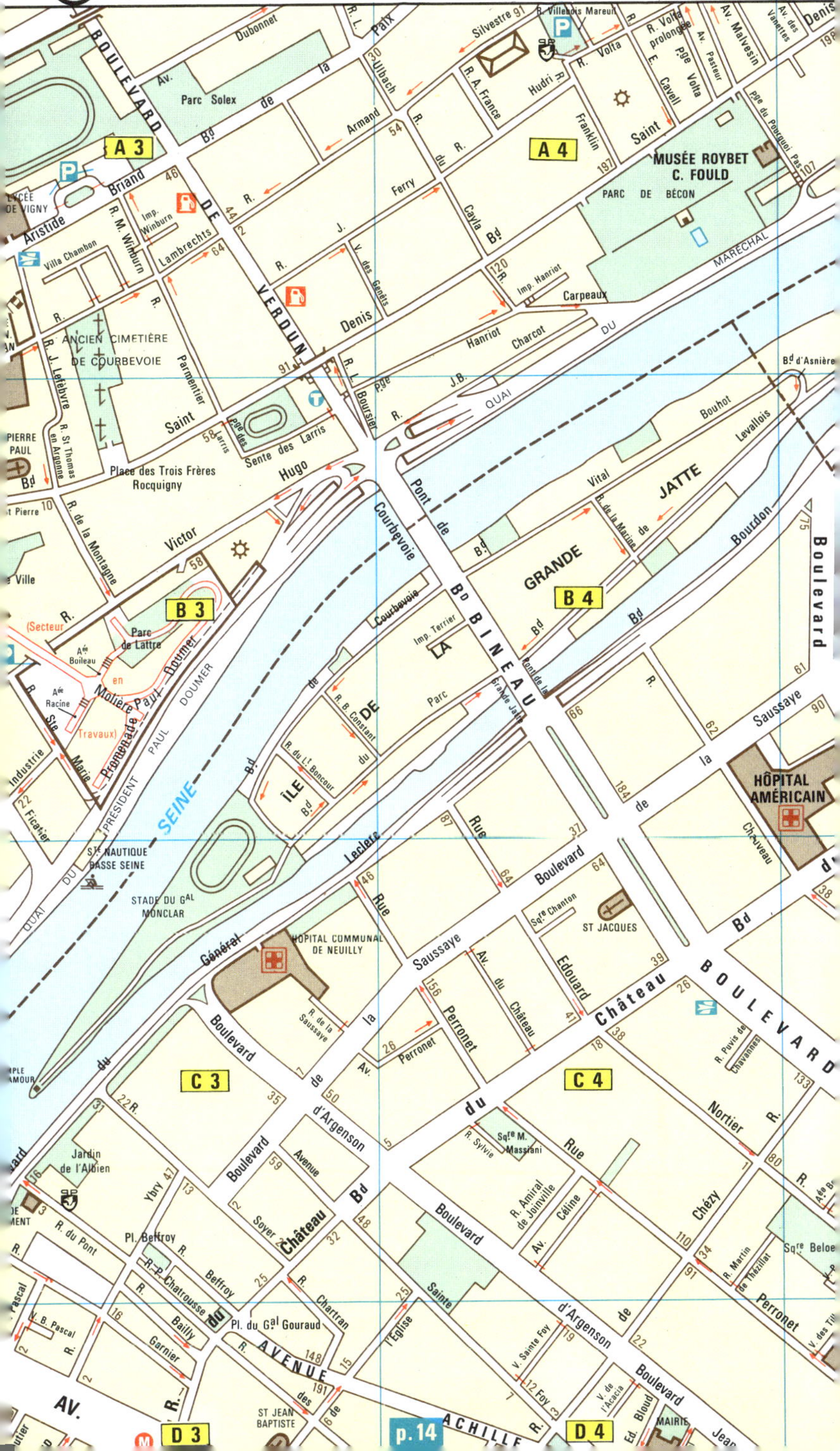
BOULEVARD DE VERDUN
Av. Dubonnet
Parc Solex
Bd de la Paix
R. L.
Ulbach
Armand
Silvestre
R. Villebois Mareuil
R. Volta
R. Volta prolongée
E. Cavell
Pge Volta
Av. Pasteur
Av. Malvesin
Av. des Vanettes
Denis
R. A. France
Hudri
Franklin
Saint
A 3
A 4
MUSÉE ROYBET C. FOULD
PARC DE BÉCON
Pge du Pourquoi Pas
R. du Cayla
Bd
R. J. Ferry
LYCÉE DE VIGNY
Aristide Briand
Imp. Winburn
R. M. Winburn
Lambrechts
Villa Chambon
R. Denis
V. des Genêts
Imp. Hanriot
Carpeaux
MARÉCHAL
DU
ANCIEN CIMETIÈRE DE COURBEVOIE
R. J. Lefebvre
R. St Thomas en Argonne
Parmentier
R. Saint
Pge des Larris
Sente des Larris
Pge Boursier
R. J.B. Hanriot Charcot
QUAI
Bd d'Asnière
Bouhot
Levallois
PIERRE PAUL
Place des Trois Frères Rocquigny
Hugo
Victor
Pont de Courbevoie
Vital
R. de la Marine
de
JATTE
Bourdon
Boulevard
R. de la Montagne
Ville
GRANDE
B 3
B 4
Bd
(Secteur en Travaux)
Parc de Lattre
Aée Boileau
Aée Racine
R. Ste Marie
Molière
Paul Doumer
Promenade
QUAI DU PRÉSIDENT PAUL DOUMER
Industrie
Ficatier
SEINE
Courbevoie
Imp. Terrier
Bd BINEAU
LA
Parc
Pont de la Grande Jatte
R. B. Constant
DE
du
R. du Lt Boncour
ÎLE
Bd
Leclerc
Rue
R. Saussaye
la
de
HÔPITAL AMÉRICAIN
Chauveau
ST NAUTIQUE BASSE SEINE
STADE DU GAL MONCLAR
Boulevard
Sqre Chanton
ST JACQUES
Général
HÔPITAL COMMUNAL DE NEUILLY
Saussaye
Av. du Château
Edouard
Château
BOULEVARD
R. de la Saussaye
Perronet
Av. Perronet
R. Puvis de Chavannes
Nortier
R.
C 3
C 4
Boulevard du Général
Bd de la Saussaye
d'Argenson
Avenue
du
Sqre M. Massiani
R. Sylvie
Rue
R. Amiral de Joinville
Av. Céline
Chézy
Jardin de l'Albien
Ybry
Boulevard
Soyer
Château
Bd
Pl. Beffroy
R. Beffroy
R. du Pont
R. P. Chatrousse
R. Bailly
Pl. du Gal Gouraud
R. Chartran
l'Église
Boulevard
Sainte
Sqre Beloe
R. Martin de Thézillat
Perronet
V. des Tilleuls
Pascal
V. B. Pascal
R. Garnier
AVENUE
AV.
R. des
R. de
ST JEAN BAPTISTE
ACHILLE
V. Sainte Foy
R. Foy
V. de l'Acacia
Ed. Bloud
Boulevard
MAIRIE
Jean
D 3
D 4
p. 14

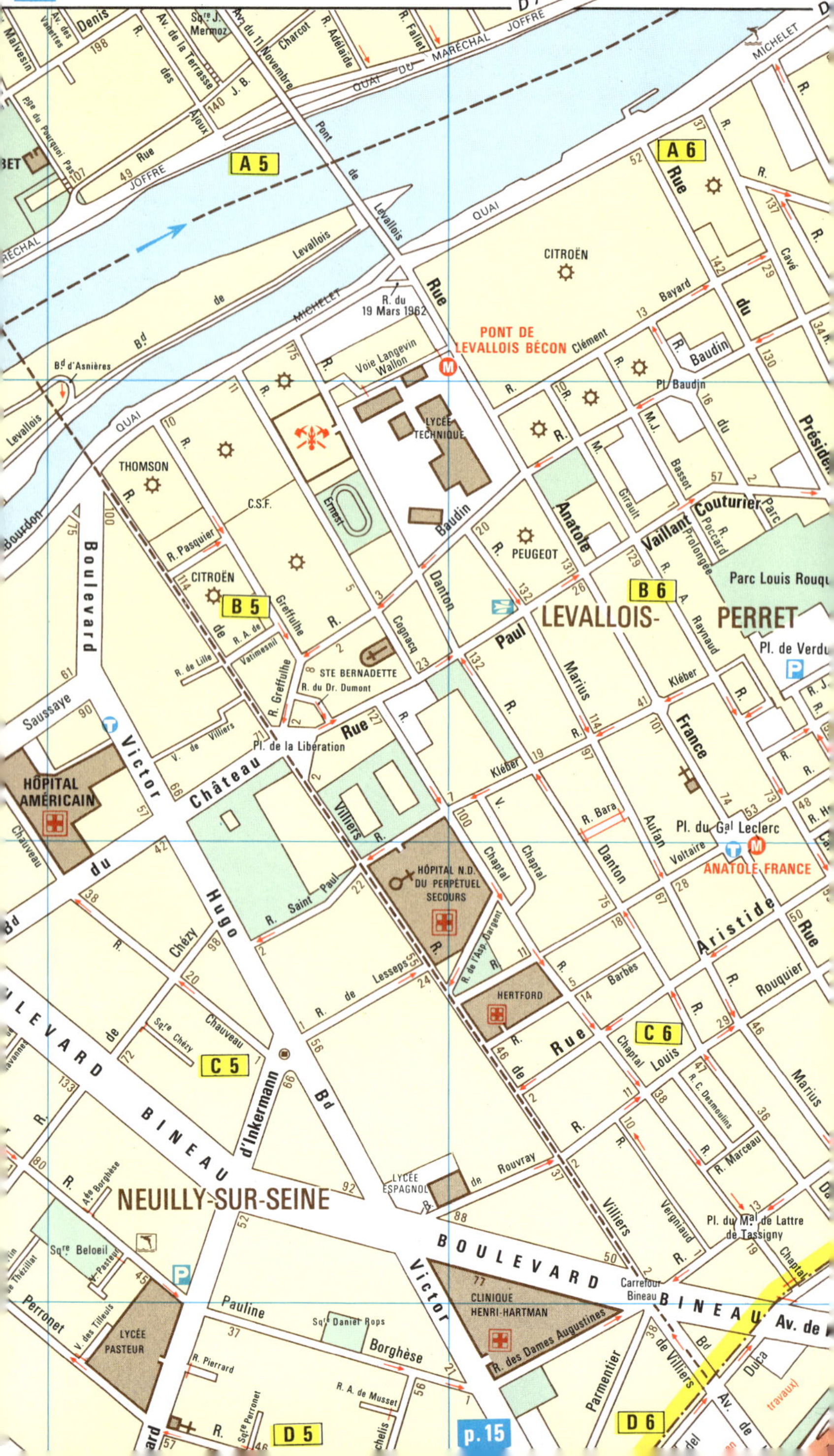

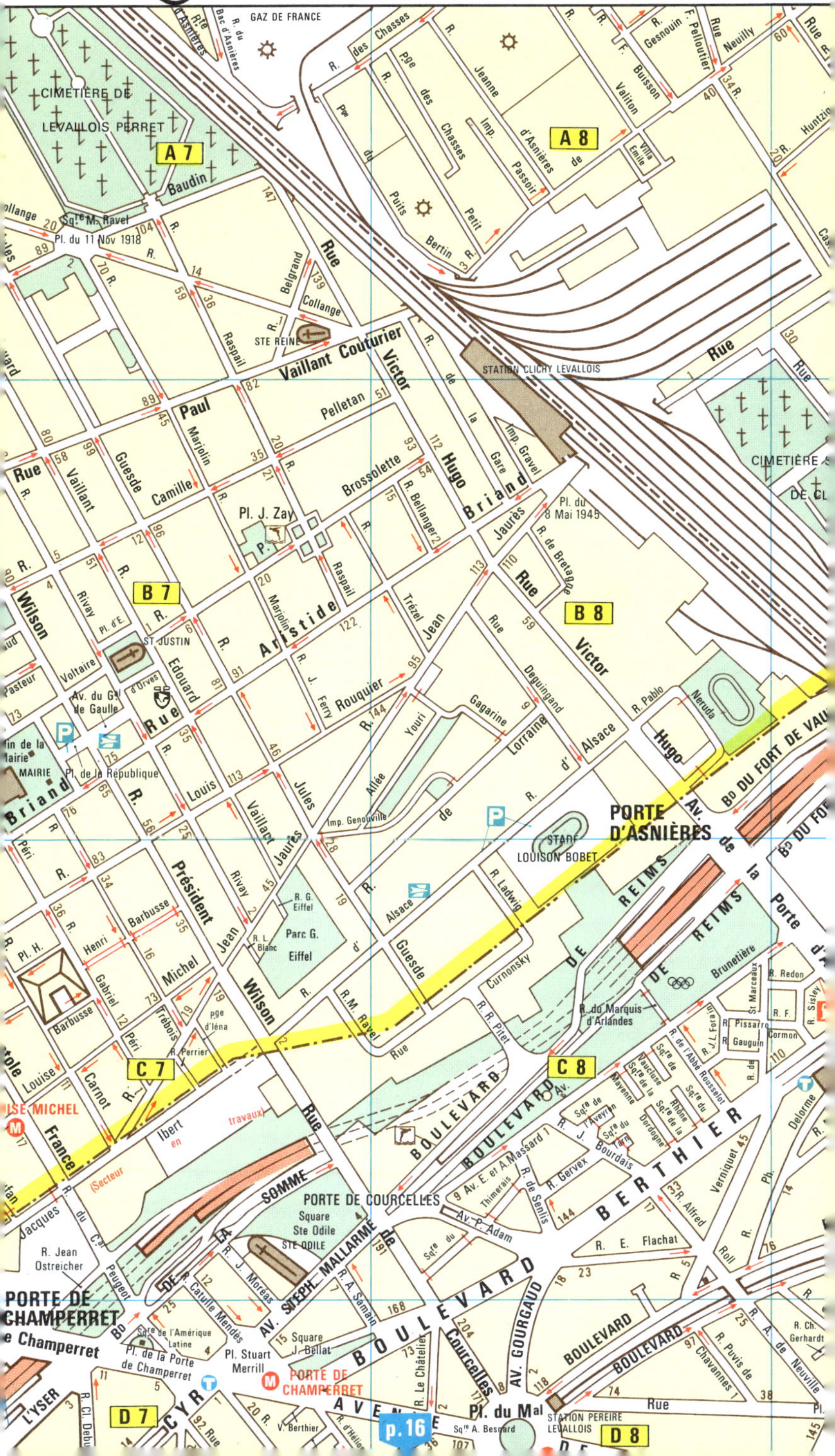
GAZ DE FRANCE
CIMETIÈRE DE LEVALLOIS PERRET
A 7
A 8
Baudin
Sq.re M. Ravel
Pl. du 11 Nov 1918
R. des Chasses
P.ge des Chasses
Imp. Passoir
R. Jeanne d'Asnières
Villa Emile
R. Gesnouin
F. Pelloutier
Rue Neuilly
R. F. Buisson
R. Vallion
P.ge du Puits Bertin
R. Petit
R. Belgrand
Rue Collange
STE REINE
Raspail
Vaillant Couturier
Victor Hugo
Paul Vaillant
STATION CLICHY LEVALLOIS
R. de la Gare
Imp. Gravel
CIMETIÈRE DE CL
Pelletan
Brossolette
R. Bellanger
Marjolin
Camille Guesde
Rue Vaillant
Pl. J. Zay
Briand
Jaurès
Pl. du 8 Mai 1945
R. de Bretagne
Rue Victor Hugo
B 7
B 8
Wilson
Rivay
Pl. d'E.
ST JUSTIN
R. Edouard
Aristide
Trézel
Jean
Rue Deguingand
Voltaire
Pasteur
Av. du G.al de Gaulle
d'Orves
Rue Louis
R. J. Ferry
Rouquier
Youri Gagarine
Lorraine
Alsace
R. Pablo Neruda
MAIRIE
Pl. de la République
Briand
R. Président
Vaillant
Jules Jaurès
Allée
Imp. Genouville
R. de Lorraine
STADE LOUISON BOBET
PORTE D'ASNIÈRES
Av. de la Porte d'Asnières
Bd DU FORT DE VAUX
R. Ladwig
BOULEVARD DE REIMS
Pl. H.
R. Henri Barbusse
Gabriel Péri
Michel
Jean Wilson
R. G. Eiffel
Parc G. Eiffel
R. L. Blanc
R. Alsace
Guesde
Brunetière
R. Redon
St Marceaux
Curnonsky
R.du Marquis d'Arlandes
R.M. Ravel
Trébois
P.ge d'Iéna
R. Perrier
R. Piret
R. Pissarro
R. Gauguin
Cormon
C 7
C 8
Louise
Carnot
France
ISE MICHEL
Ibert
en travaux
(Secteur
Rue
BOULEVARD
Sq.re de l'Aveyron
Sq.re de la Mayenne
Sq.re de Vaucluse
Sq.re du Rhône
Sq.re de la Dordogne
R. J. Bourdais
BERTHIER
Verniquet
Delorme
Av. E. et A. Massard
R. de Senlis
R. Gervex
R. Thiméraire
Av. P. Adam
R. Alfred
R. E. Flachat
Roll
Sq.re du
PORTE DE COURCELLES
Square Ste Odile
STE ODILE
SOMME
DE LA
R. Jean Ostreicher
Jacques
R. du C.al
Peugeot
PORTE DE CHAMPERRET
e Champerret
Bd
R. Catulle Mendès
R. J. Moréas
AV. STEPH. MALLARMÉ
R. A. Samain
BOULEVARD
Courcelles
AV. GOURGAUD
BOULEVARD
R. Puvis de Chavannes
R. A. de Neuville
R. Ch. Gerhardt
Sq.re de l'Amérique Latine
Pl. de la Porte de Champerret
Pl. Stuart Merrill
PORTE DE CHAMPERRET
Square J. Bellat
R. Le Châtelier
L'YSER
D 7
CYR
R. Cl. Debu
V. Berthier
R. d'Hélio
AVENUE
Pl. du Mal
Sq.re A. Besnard
STATION PEREIRE LEVALLOIS
D 8
Rue

p. 16

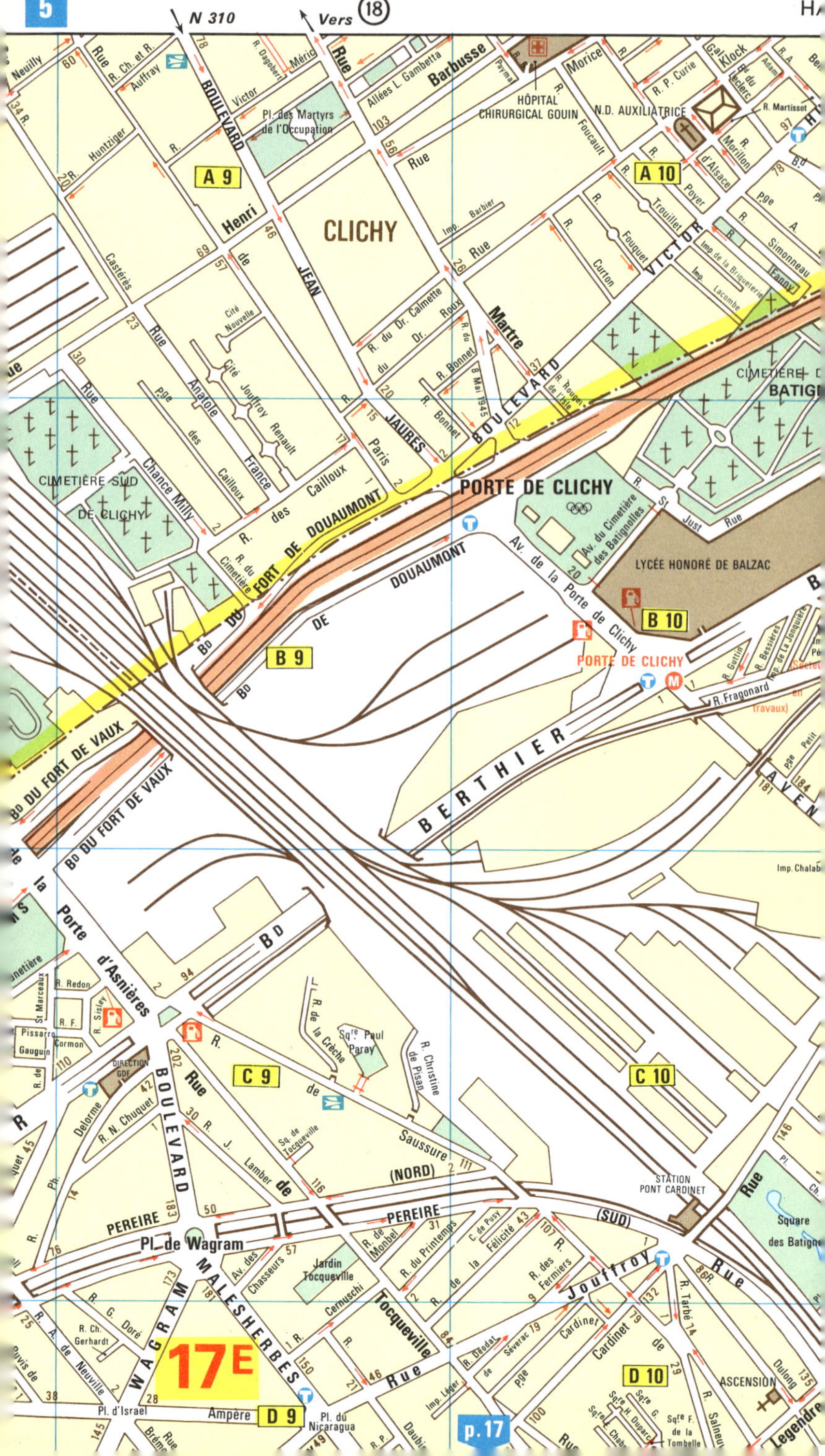
N 310
Vers 18
CLICHY
A 9
A 10
B 9
B 10
C 9
C 10
D 9
D 10
17E
Boulevard Victor Hugo
Rue Martre
Boulevard Jean Jaurès
Rue Henri Barbusse
HÔPITAL CHIRURGICAL GOUIN
N.D. AUXILIATRICE
Pl. des Martyrs de l'Occupation
Allées L. Gambetta
Rue Castérès
Rue Huntziger
Neuilly
R. Ch. et R. Auffray
R. Victor
R. Dagobert
Méric
Payma
Morice
R. Foucault
R. P. Curie
Gal Klock
Bd du Leclerc
Adam
R. Martissot
Morillon
d'Alsace
Poyer
Trouillet
R. Fouquet
R. Curton
Imp. Barbier
R. du Dr. Calmette
Dr. Roux
R. du Bonnet
R. Bonnet
8 Mai 1945
R. Rouget de l'Isle
Imp. de la Briqueterie
Imp. Lacombe
Simonneau
Fanny
Cité Nouvelle
Cité Jouffroy Renault
Rue Anatole France
Pge des Cailloux
R. des Cailloux
Paris
Chance Milly
R. du Cimetière
CIMETIÈRE SUD DE CLICHY
CIMETIÈRE DES BATIGNOLLES
BD DU FORT DE DOUAUMONT
BD DE DOUAUMONT
PORTE DE CLICHY
Av. du Cimetière des Batignolles
Av. de la Porte de Clichy
LYCÉE HONORÉ DE BALZAC
R. St Just
R. Guttin
R. Bessières
Imp. de La Jonquière
R. Fragonard
(Secteur en travaux)
BD DU FORT DE VAUX
BERTHIER
Pge Petit
AVENUE
Imp. Chalabre
Av. de la Porte d'Asnières
BD
R. Redon
R. Sisley
St Marceaux
R. F.
Pissarro
Gauguin
Cormon
DIRECTION GDF
R. de la Crèche
Sq. Paul Paray
R. Christine de Pisan
R. de Saussure
Sq. de Tocqueville
R. N. Chuquet
Delorme
Rue de Saussure
R. J. Lamber
BOULEVARD PEREIRE
(NORD)
(SUD)
STATION PONT CARDINET
Pl. de Wagram
BOULEVARD MALESHERBES
WAGRAM
Av. des Chasseurs
Jardin Tocqueville
Cernuschi
Rue Tocqueville
R. de Monbel
R. du Printemps
C. de Pusy
Rue de la Félicité
R. des Fermiers
Rue Jouffroy
R. Tarbé
Rue de Cardinet
R. Déodat de Séverac
Pge Cardinet
R. G. Doré
R. Ch. Gerhardt
R. A. de Neuville
Pl. d'Israël
Ampère
Pl. du Nicaragua
Imp. Léger
Daubigny
Sqre H. Duparc
Sqre G.
Sqre Chabrier
Sqre F. de la Tombelle
ASCENSION
Dulong
R. Salneuve
Legendre
Rue
Square des Batignolles
Pl. Ch.

p. 17

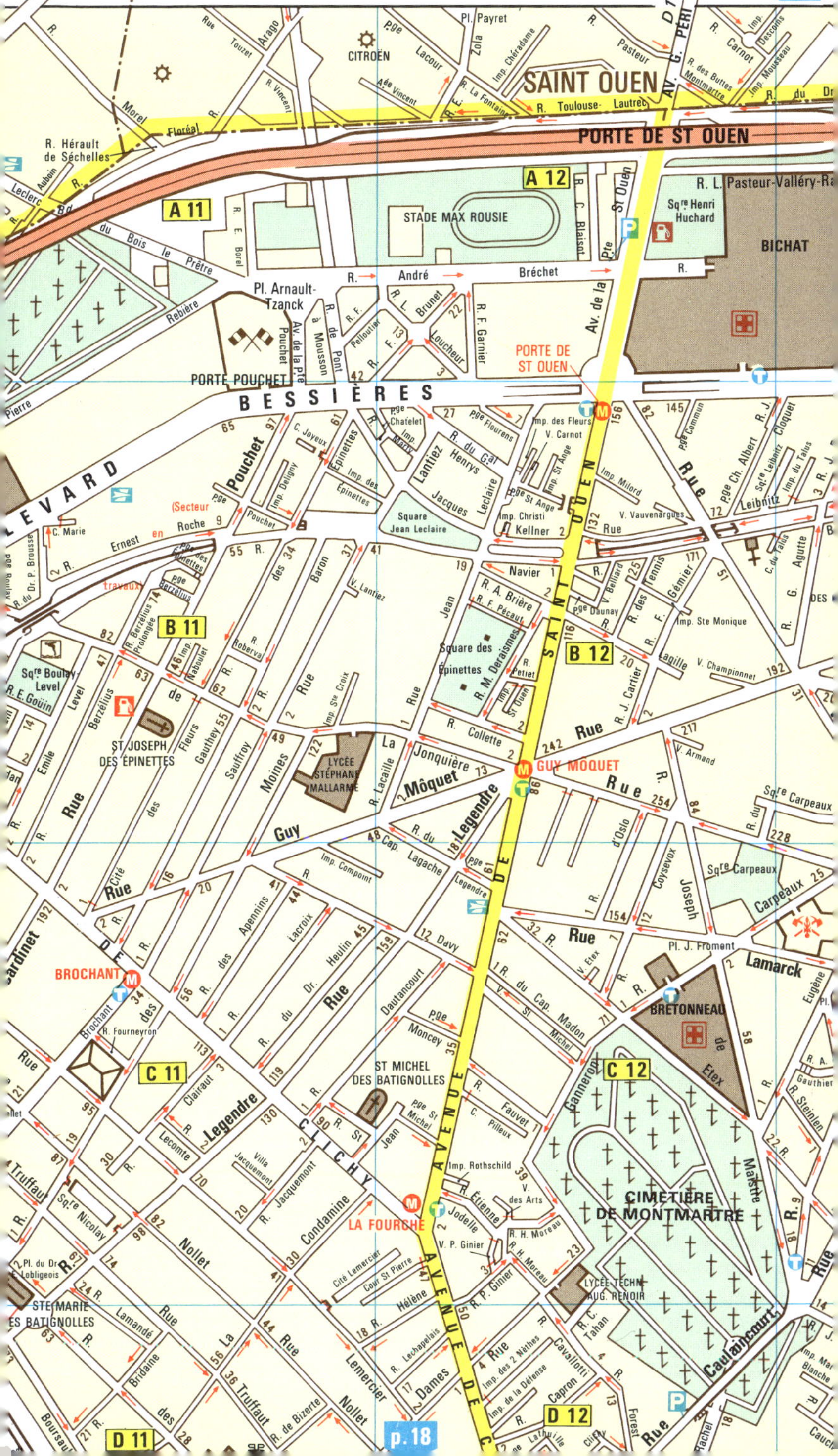

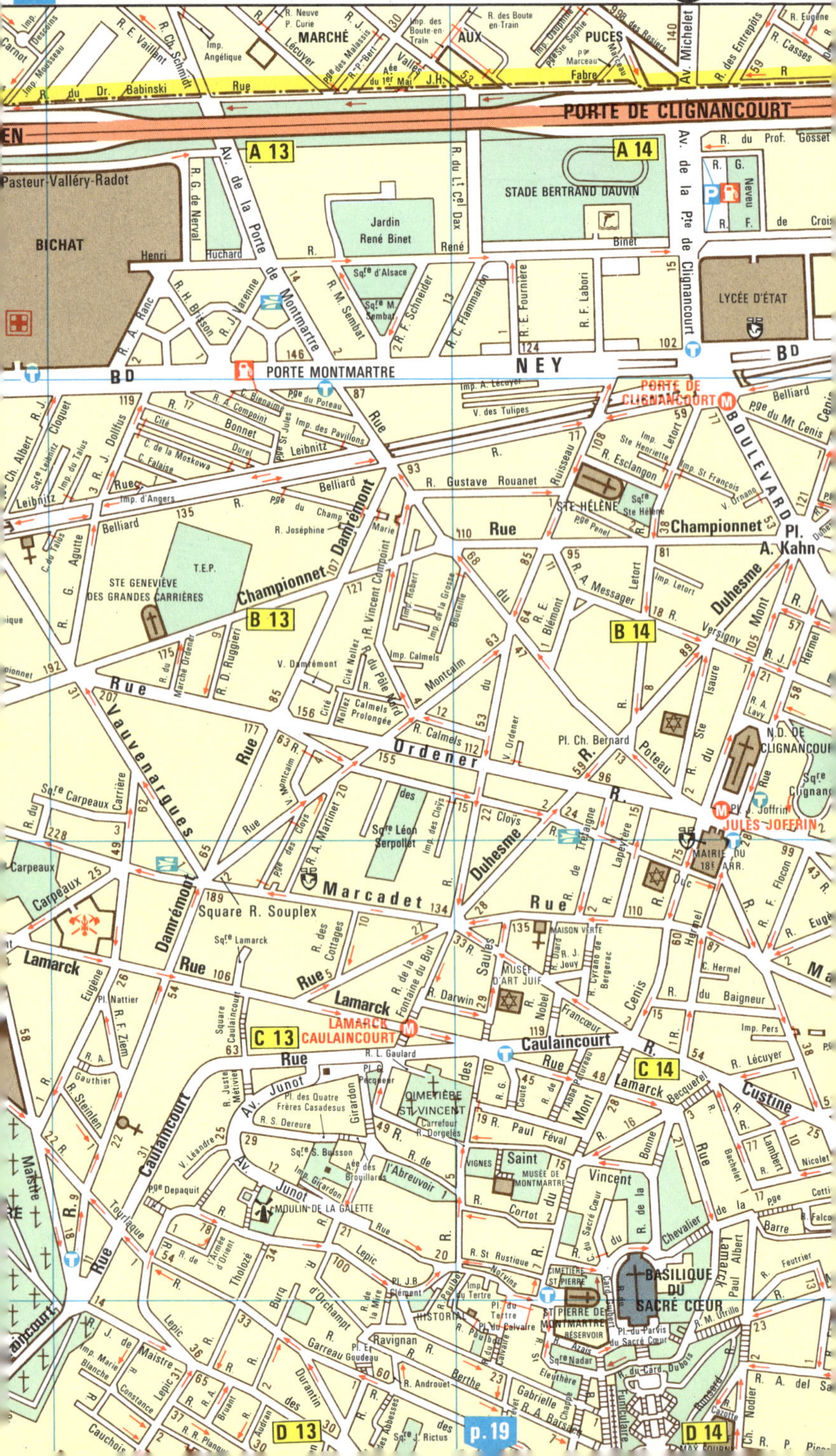
PORTE DE CLIGNANCOURT
R. du Dr. Babinski
Rue Fabre
MARCHÉ
PUCES
AUX
R. Lécuyer
R. E. Vaillant
R. Ch. Schmidt
Imp. Angélique
R. Neuve P. Curie
R. des Boute en-Train
Av. Michelet
R. des Entrepôts
R. Eugène
R. Casses
R. des Rosiers
Vallès
A 13
A 14
Pasteur-Valléry-Radot
BICHAT
Henri
R. G. de Nerval
Huchard
Av. de la Porte de Montmartre
Jardin René Binet
R. René
R. du Lt Cel Dax
STADE BERTRAND DAUVIN
Binet
Av. de la Pte de Clignancourt
R. du Prof. Gosset
R. G. Neveu
R. F.
de Croix
LYCÉE D'ÉTAT
Sq.re d'Alsace
Sq.re M. Sembat
R. M. Sembat
R. F. Schneider
R. C. Flammarion
R. E. Fournière
R. F. Labori
R. A. Ranc
R. H. Brisson
R. J. Varenne
BD NEY
PORTE MONTMARTRE
PORTE DE CLIGNANCOURT
BD
Belliard
Pge du Mt Cenis
Pge du Poteau
Imp. A. Lécuyer
V. des Tulipes
R. A. Compoint
C. Bienaimé
Imp. des Pavillons
R. Bonnet
Durel
Cité
C. de la Moskowa
C. Falaise
Leibnitz
Pge St Jules
R. J. Dollfus
Imp. du Talus
Sq.re Leibnitz
R. J. Cloquet
R. Ch. Albert
Imp. d'Angers
Rue Belliard
R. Gustave Rouanet
R. Ruisseau
Ste Henriette
Imp. Letort
R. Esclangon
Imp. St François
V. d'Ornano
STE HÉLÈNE
Sq.re Ste Hélène
Pge Penel
Championnet
BOULEVARD
Pl. A. Kahn
R. Joséphine
Pge du Champ Marie
Rue Damrémont
R. G. Agutte
C. du Talus
STE GENEVIÈVE DES GRANDES CARRIÈRES
T.E.P.
Championnet
B 13
B 14
R. Vincent Compoint
Imp. Robert
Imp. de la Grosse Bouteille
Imp. Calmels
R. du Pôle Nord
Montcalm
R. A. Messager
R. E. Blémont
Letort
Imp. Letort
Duhesme
Versigny
Mont
R. J.
Hermel
R. du Marché Ordener
R. D. Ruggieri
V. Damrémont
Cité Nollez
Calmels Prolongée
R. Calmels
Ordener
V. Ordener
Pl. Ch. Bernard
R. Poteau
Ste Isaure
R. A. Lavy
N.D. DE CLIGNANCOURT
Sq.re Clignancourt
Pl. J. Joffrin
JULES JOFFRIN
MAIRIE DU 18E ARR.
R. F. Flocon
Rue Vauvenargues
Rue Montcalm
R. A. Martinet
Pge des Cloys
Sq.re Léon Serpollet
Imp. des Cloys
Cloys
Duhesme
R. de Trétaigne
Lapeyrère
Duc
Sq.re Carpeaux
Carrière
Carpeaux
R. du
Marcadet
Rue
Square R. Souplex
Sq.re Lamarck
R. des Cottages
Rue Lamarck
Damrémont
Lamarck
R. Eugène
Pl. Nattier
R. F. Ziem
R. de la Fontaine du But
R. Darwin
Saules
MAISON VERTE
R. J. Jouy
R. Cyrano de Bergerac
MUSÉE D'ART JUIF
R. Nobel
Francœur
Cenis
Hermel
C. Hermel
du Baigneur
Imp. Pers
Eugène
LAMARCK CAULAINCOURT
C 13
C 14
Square Caulaincourt
R. L. Gaulard
Caulaincourt
Rue
R. Lécuyer
Custine
R. A. Gauthier
R. Steinlen
R. Caulaincourt
R. Juste Métivier
Av. Junot
Pl. des Quatre Frères Casadesus
R. S. Dereure
Girardon
CIMETIÈRE ST VINCENT
Carrefour R. Dorgelès
R. G. Coute
R. de l'Abbé Patureau
Mont
Lamarck
Becquerel
R. Paul Féval
Bonne
Rue Bachelet
Lambert
Nicolet
V. Léandre
Sq.re S. Buisson
Aée des Brouillards
Imp. Girardon
R. de l'Abreuvoir
VIGNES
Saint Vincent
MUSÉE DE MONTMARTRE
R. Cortot
Sacré Cœur
R. de la
Chevalier
Pge Barre
R. Falco
Pge Depaquit
Tourlaque
Junot
MOULIN DE LA GALETTE
Rue Lepic
R. de l'Armée d'Orient
Tholozé
Burq
R. d'Orchampt
R. St Rustique
Norvins
Pl. J.B. Clément
R. de la Mire
R. Poulbot
Imp. du Tertre
Pl. du Tertre
Pl. du Calvaire
HISTORIAL
CIMETIÈRE ST PIERRE
ST PIERRE DE MONTMARTRE
RÉSERVOIR
BASILIQUE DU SACRÉ CŒUR
R. M. Utrillo
Pl. du Parvis du Sacré Cœur
R. Feutrier
Lamarck
Paul Albert
Maistre
R. J. de Maistre
Imp. Marie Blanche
R. Constance
Lepic
Ravignan
R. Garreau
Pl. E. Goudeau
R. Durantin
R. des Abbesses
R. Androuet
Berthe
Gabrielle
R. A. Barsacq
Eleuthère
Sq.re Nadar
R. Azaïs
R. du Card. Dubois
Funiculaire
Chappe
Ronsard
Cazotte
Ch. Nodier
R. A. del Sarte
R. P.
Sq.re J. Rictus
R. Audran
R. Bruant
R. R. Planquette
Cauchois
R. Véron
D 13
D 14
p. 19
Caulaincourt

Map: Paris 18e — Porte de la Chapelle / Barbès

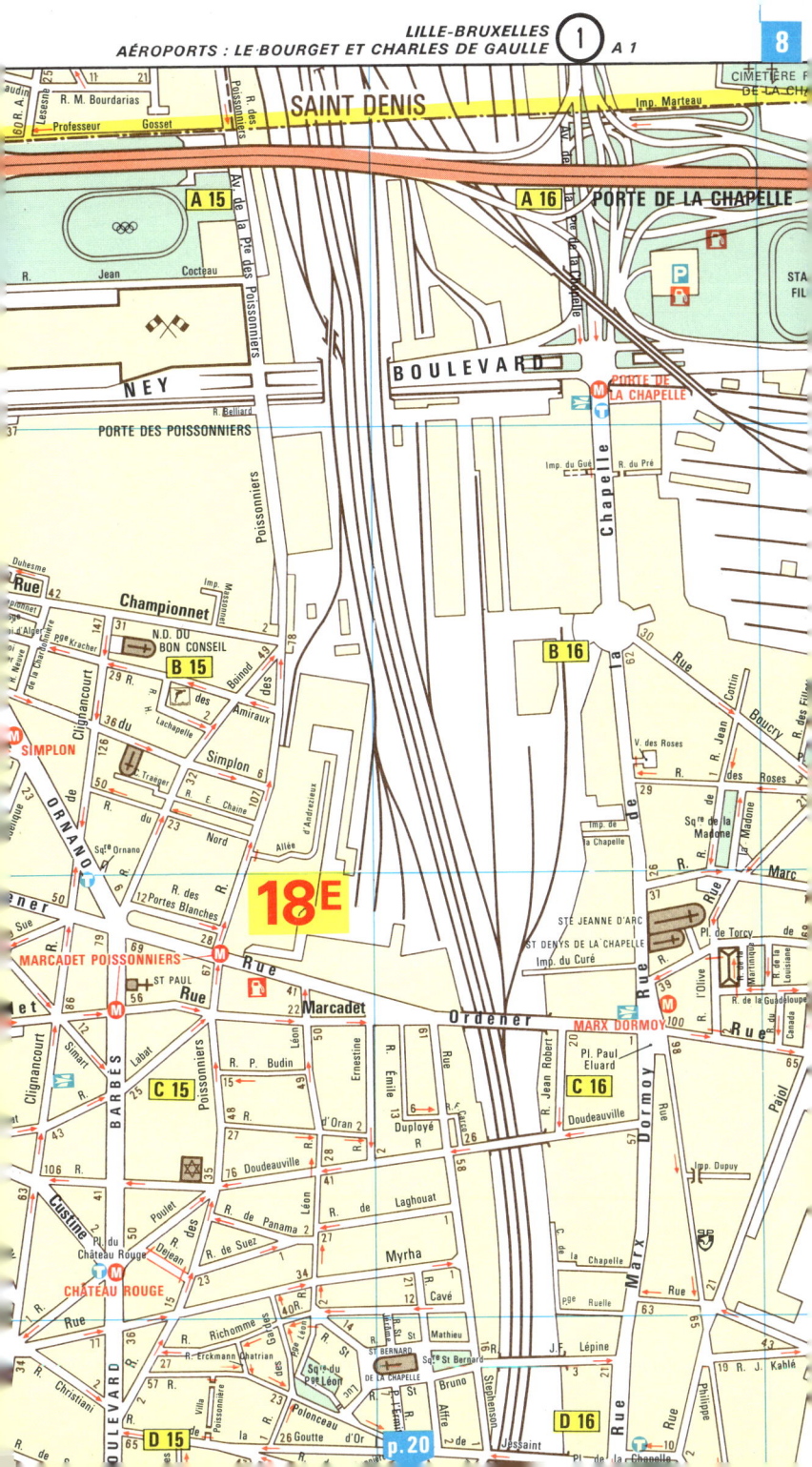

LILLE-BRUXELLES
AÉROPORTS : LE BOURGET ET CHARLES DE GAULLE — A 1

8

SAINT DENIS — Imp. Marteau
CIMETIÈRE DE LA CH...
R. Boudarias — Professeur Gosset — R. des Poissonniers
R. Jean Cocteau

A 15
A 16 — **PORTE DE LA CHAPELLE**
P

NEY — **BOULEVARD** — **PORTE DE LA CHAPELLE**
R. Belliard
PORTE DES POISSONNIERS
Imp. du Gué — R. du Pré
Chapelle

Championnet — Imp. Mazagran
N.D. DU BON CONSEIL
B 15 — **B 16**
R. Cottin — Baudry
R. Boinod — R. des Amiraux
R. Lachapelle
R. des Roses — V. des Roses
SIMPLON — Simplon
C. Traeger — R. E. Chaine
R. d'Andrézieux
R. du Nord — Allée
Sq. Ornano — Imp. de la Chapelle
Sq. de la Madone — R. de la Madone

R. des 12 Portes Blanches
18 E
STE JEANNE D'ARC
ST DENYS DE LA CHAPELLE — Pl. de Torcy
Imp. du Curé
MARCADET POISSONNIERS
ST PAUL — R. Marcadet
MARX DORMOY — R. l'Olive — R. de la Guadeloupe
R. Ordener
R. Simart — R. Labat
Pl. Paul Eluard
C 15 — R. des Poissonniers — R. P. Budin — **C 16**
R. Léon — R. Ernestine — R. Émile Duployé — R. Jean Robert — Doudeauville
R. d'Oran
R. de Panama — R. Doudeauville — R. Laghouat — Imp. Dupuy
CHÂTEAU ROUGE
Pl. du Château Rouge — R. Dejean — R. de Suez — R. Myrha — R. de la Chapelle — Pge Ruelle — R. Pajol
R. Custine — R. Poulet
R. Cavé
R. Richomme — R. Erckmann Chatrian — Sq. du Pot Léon — ST BERNARD — R. Mathieu — J.F. Lépine — R. Kahlé
BOULEVARD — **D 15** — Villa Poissonniers — R. de la Goutte d'Or — Poloncau — P. l'Évan... — R. St Bruno — Stephenson — **D 16** — R. Philippe
p. 20 — Pl. de la Chapelle

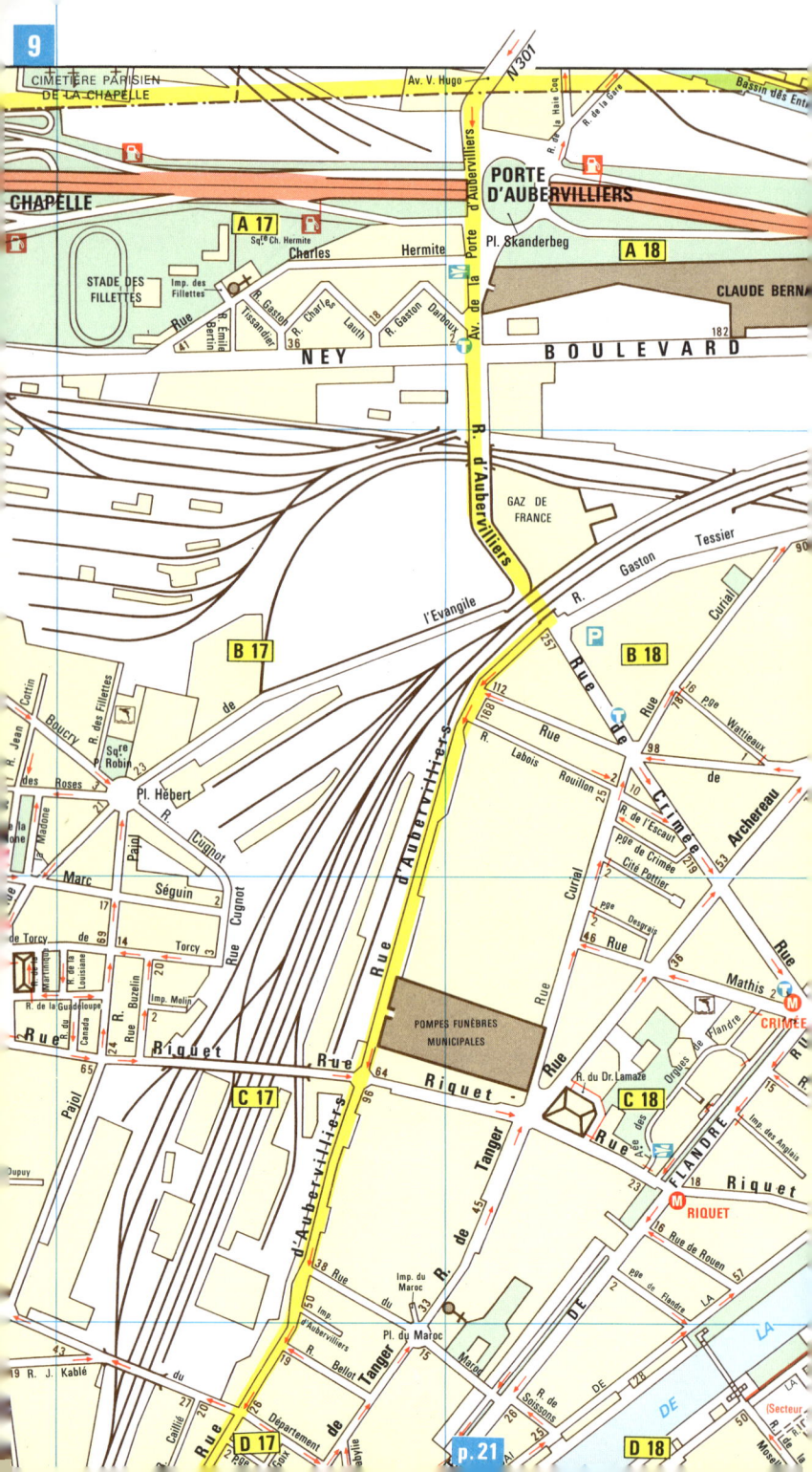

9

CIMETIÈRE PARISIEN DE LA CHAPELLE — Av. V. Hugo — N 301 — R. de la Haie Coq — Bassin des Ent...

CHAPELLE

PORTE D'AUBERVILLIERS
Pl. Skanderbeg

A 17 Sq.ᵉ Ch. Hermite — Charles Hermite
A 18 CLAUDE BERNA...

STADE DES FILLETTES
Imp. des Fillettes
R. Gaston Tissandier — R. Charles Lauth — R. Gaston Darboux
Rue Émile Bertin

NEY — Av. de la Porte d'Aubervilliers — BOULEVARD

R. d'Aubervilliers

GAZ DE FRANCE

R. Gaston Tessier — Curial

l'Évangile

B 17
B 18
Rue de Crimée — p.ge Wattieaux — Rue de
R. Jean Cottin — Boucry — R. des Fillettes
Sq.ᵉ Pl. Robin
Pl. Hébert
R. Labois Rouillon — R. de l'Escaut — p.ge de Crimée — Cité Pottier — Archereau
R. Cugnot
Marc Séguin — Torcy
de Torcy — R. de la Louisiane — Rue Buzelin — Imp. Molin
R. de la Guadeloupe — Canada
Rue Pajol — Riquet
p.ge Desgrais — Rue — Mathis — CRIMÉE M

Rue d'Aubervilliers
POMPES FUNÈBRES MUNICIPALES
Rue Riquet
R. du Dr. Lamaze
C 17
C 18
Orgues de Flandre — Imp. des Anglais
Rue de Tanger
FLANDRE — Riquet
RIQUET M
Rue de Rouen — p.ge de Flandre

Imp. du Maroc
R. d'Aubervilliers
Pl. du Maroc
R. Bellot — Tanger — Marcel
R. de Soissons

Dupuy — R. J. Kablé — Rue Caillié — du Département

D 17
p. 21
D 18

LA ... DE

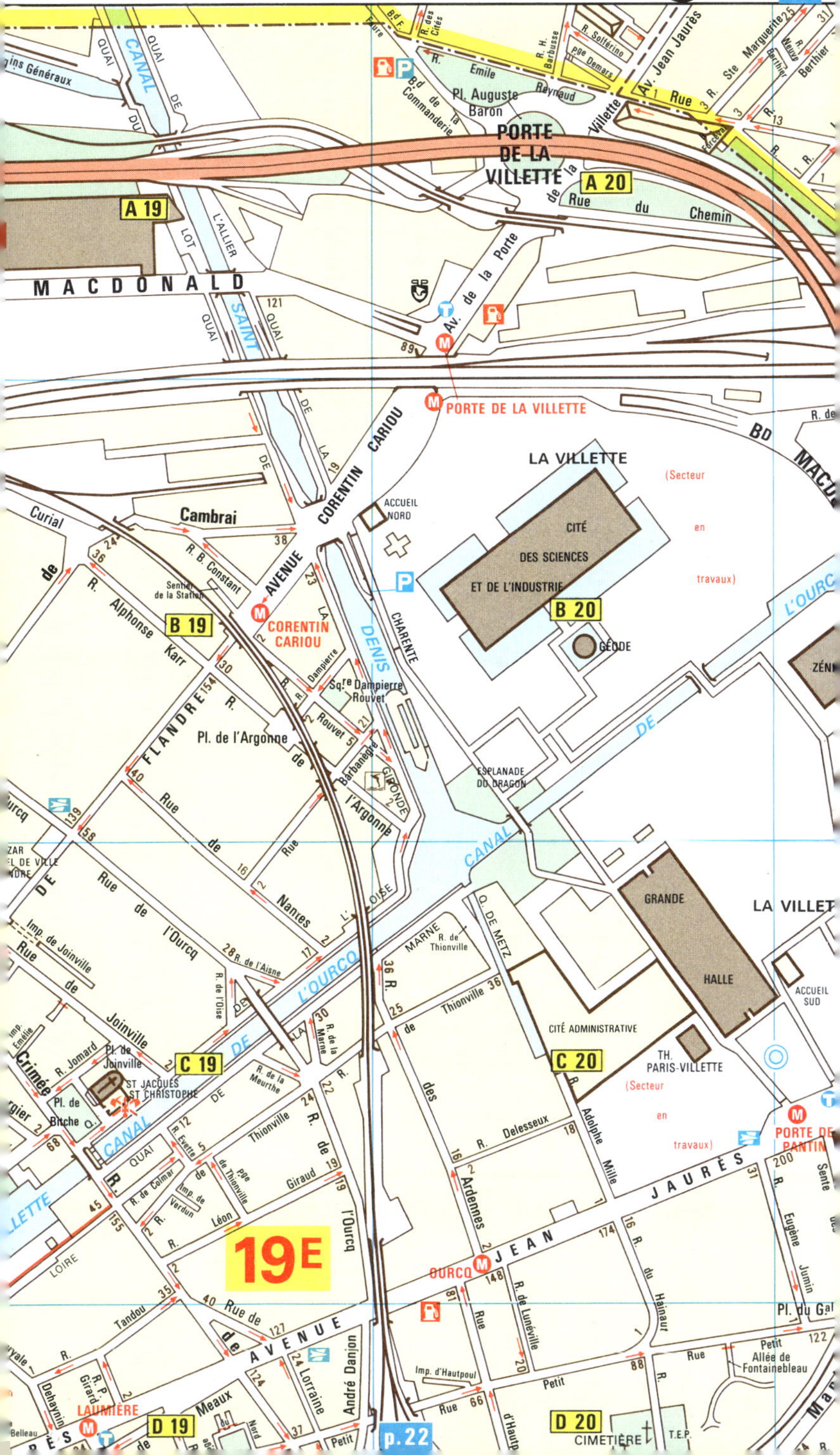
PORTE DE LA VILLETTE
A 20
A 19
MACDONALD
CANAL SAINT DENIS
Pl. Auguste Baron
Av. Jean Jaurès
Rue de la Villette
Rue du Chemin
Bd de la Commanderie
R. Émile Reynaud
R. Ste Marguerite
R. Berthier
R. Solférino
R. H. Barbusse
Av. de la Porte
QUAI DE L'ALLIER
QUAI DU LOT
QUAI DE LA GIRONDE
Cambrai
Curial
AVENUE CORENTIN CARIOU
CORENTIN CARIOU
PORTE DE LA VILLETTE
BD MACDONALD
LA VILLETTE
(Secteur en travaux)
ACCUEIL NORD
CITÉ DES SCIENCES ET DE L'INDUSTRIE
B 20
GÉODE
ZÉNITH
CHARENTE
R. B. Constant
Sentier de la Station
B 19
R. Alphonse Karr
R. de FLANDRE
Pl. de l'Argonne
R. de l'Argonne
Sq.re Dampierre Rouvet
R. Dampierre
R. Rouvet
R. Barbanègre
ESPLANADE DU DRAGON
CANAL DE L'OURCQ
Rue de Nantes
Rue de l'Ourcq
Imp. de Joinville
Rue de Joinville
R. de l'Aisne
R. de l'Oise
QUAI DE L'OISE
QUAI DE LA MARNE
R. de Thionville
Q. DE METZ
GRANDE HALLE
LA VILLETTE
ACCUEIL SUD
CITÉ ADMINISTRATIVE
C 20
TH. PARIS-VILLETTE
(Secteur en travaux)
PORTE DE PANTIN
Crimée
R. Jomard
Pl. de Joinville
ST JACQUES ST CHRISTOPHE
C 19
Pl. de Bitche
R. de la Meurthe
R. Evette
Pge de Thionville
R. de Colmar
Imp. de Verdun
R. Léon Giraud
R. de l'Ourcq
R. des Ardennes
R. Delesseux
R. Adolphe Mille
AVENUE JEAN JAURÈS
OURCQ
R. de Lunéville
R. du Hainaut
R. Eugène Jumin
R. Sente
Pl. du Gal
QUAI DE LA LOIRE
19E
Rue de Tandou
Rue de Meaux
R. de Lorraine
R. André Danjon
Imp. d'Hautpoul
Rue d'Hautpoul
Petit Allée de Fontainebleau
Rue Petit
R. P. Girard
R. Dehaynin
LAUMIÈRE
D 19
D 20
CIMETIÈRE
T.E.P.
p. 22

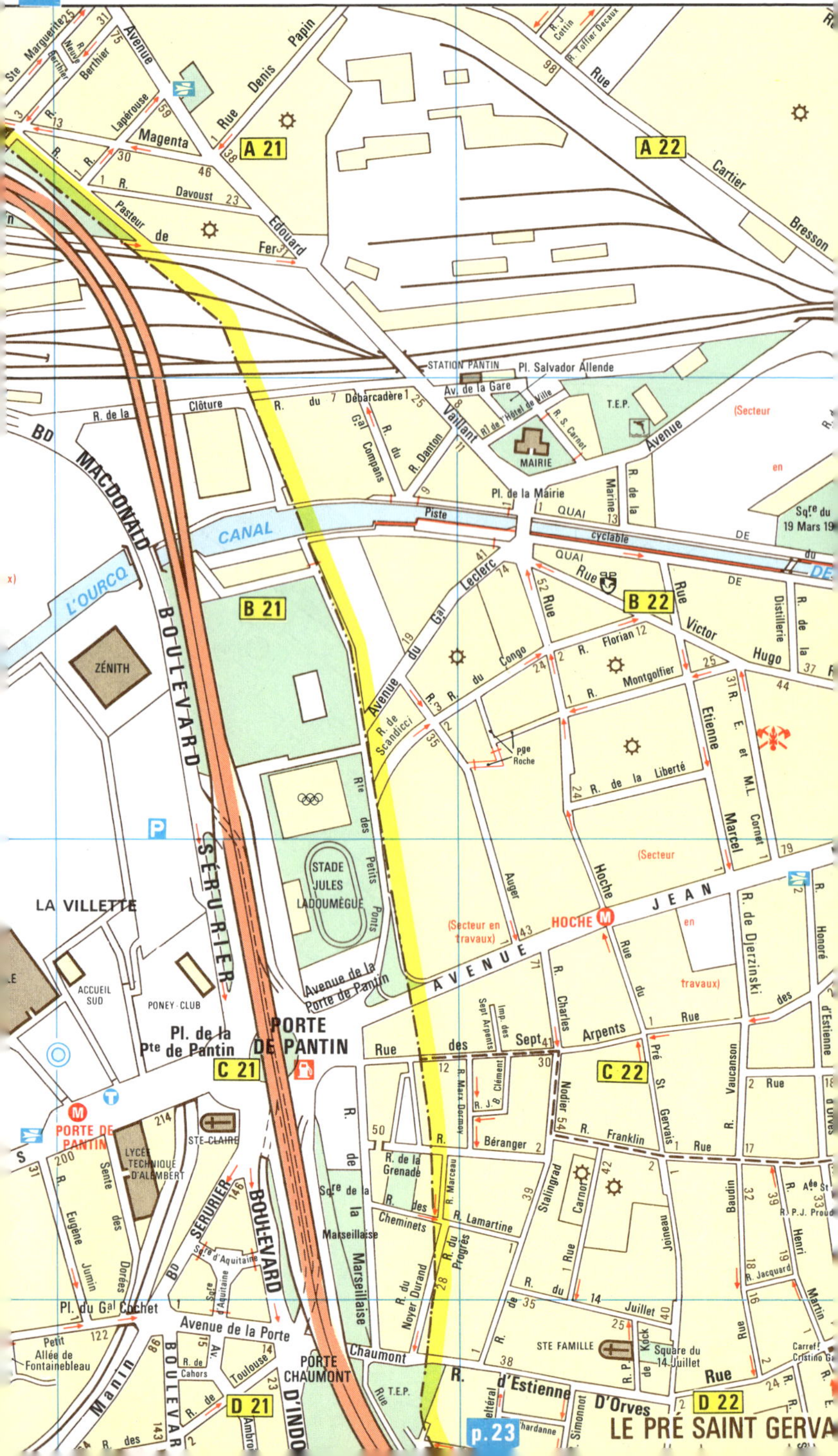
A 21
A 22
B 21
B 22
C 21
C 22
D 21
D 22
Rue Denis Papin
Avenue Berthier
R. Neuve
Ste Marguerite
R. Lapérouse
Magenta
R. Davoust
Pasteur
Rue Edouard
Rue Cartier Bresson
R. J. Cottin
R. Toffier Decaux
STATION PANTIN
Pl. Salvador Allende
Av. de la Gare
R. du Débarcadère
R. de la Clôture
Gal Compans
R. Danton
Vaillant
Pl. de l'Hôtel de Ville
R. S. Carnot
MAIRIE
T.E.P.
Pl. de la Mairie
R. de la Marine
QUAI DE L'OURCQ
Piste cyclable
CANAL DE L'OURCQ
(Secteur en travaux)
Sq.re du 19 Mars
BD MACDONALD
ZÉNITH
BOULEVARD SÉRURIER
Avenue du Gal Leclerc
R. du Congo
R. de Scandicci
R. Florian
R. Montgolfier
Rue Hoche
Rue Victor Hugo
R. de la Distillerie
R. Etienne Marcel
R. E. et M.L. Cornet
R. de la Liberté
Pge Roche
Rte des Petits Ponts
STADE JULES LADOUMÈGUE
R. Auger
HOCHE
AVENUE JEAN JAURÈS
R. de Djerzinski
R. Honoré
LA VILLETTE
ACCUEIL SUD
PONEY-CLUB
Avenue de la Porte de Pantin
Pl. de la Pte de Pantin
PORTE DE PANTIN
Rue des Sept Arpents
Imp. des Sept Arpents
R. Charles Nodier
Rue du Pré St Gervais
Rue des Rue
R. d'Estienne d'Orves
R. Marx Dormoy
R. Clément
R. J. B. Clément
R. Béranger
R. Franklin
Rue Vaucanson
R. Baudin
R. Stalingrad
Carnot
R. Jacquard
Henri Martin
Aée St
R. P.J. Proud
LYCÉE TECHNIQUE D'ALEMBERT
STE-CLAIRE
R. Eugène Jumin
Sente des Dorées
R. de Grenade
Sq.re de la Marseillaise
R. de la Marseillaise
R. des Cheminets
R. Marceau
R. Lamartine
R. du Progrès
R. du Noyer Durand
Rue Jouneau
Rue du 14 Juillet
Square du 14 Juillet
STE FAMILLE
R. Kock
Carref. Cristino Ga
Sq.re d'Aquitaine
Pl. du Gal Cochet
Petit Allée de Fontainebleau
Avenue de la Porte Chaumont
PORTE CHAUMONT
Chaumont
R. de Cahors
Toulouse
BOULEVARD D'INDOCHINE
R. Manin
BD SÉRURIER
T.E.P.
LE PRÉ SAINT GERVA
p.23

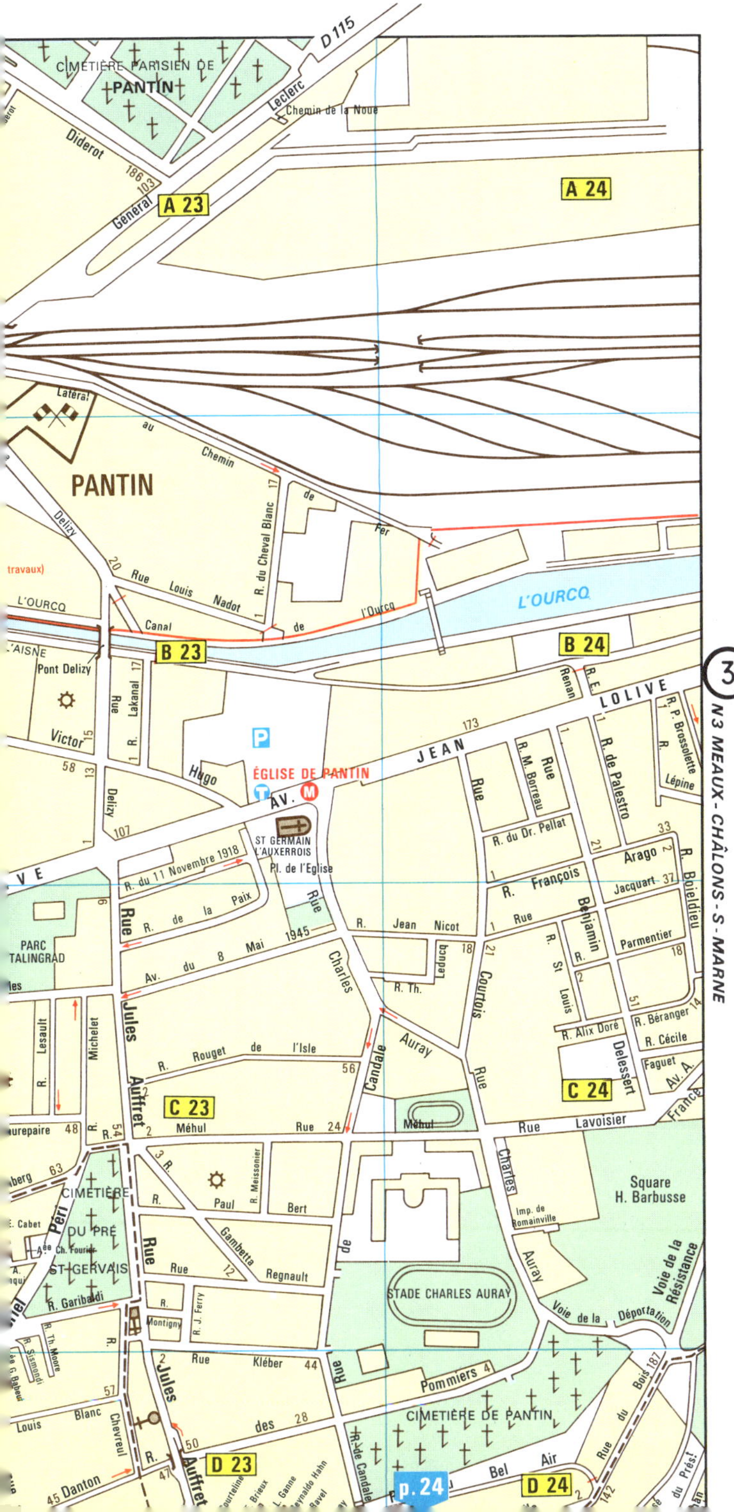

p. 24

Utilisez le plan MICHELIN à 1/15 000 « Banlieue de Paris Nord-Est » n° 19

Utilisez le plan MICHELIN à 1/15 000 « Banlieue de Paris Nord-Ouest » n° 17

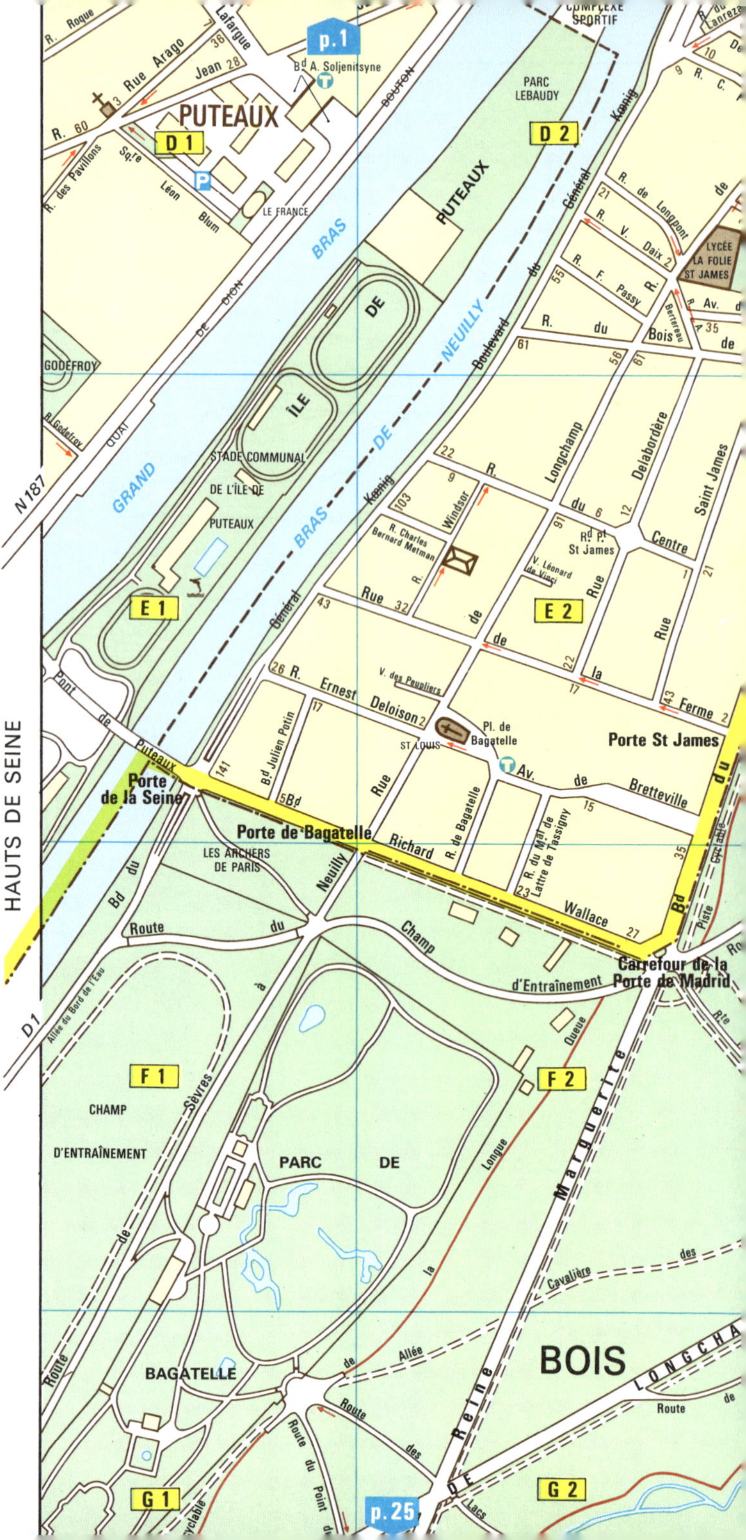

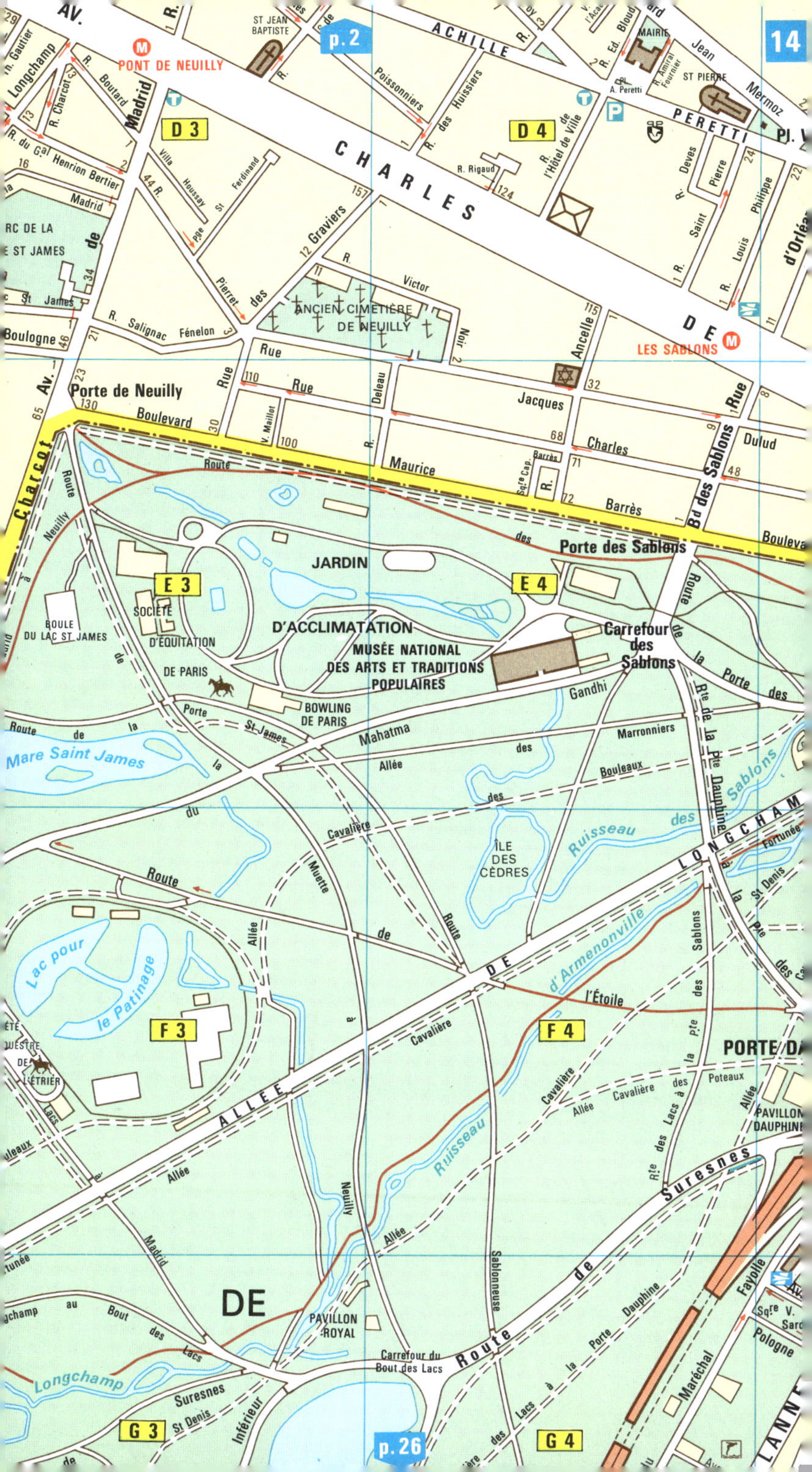

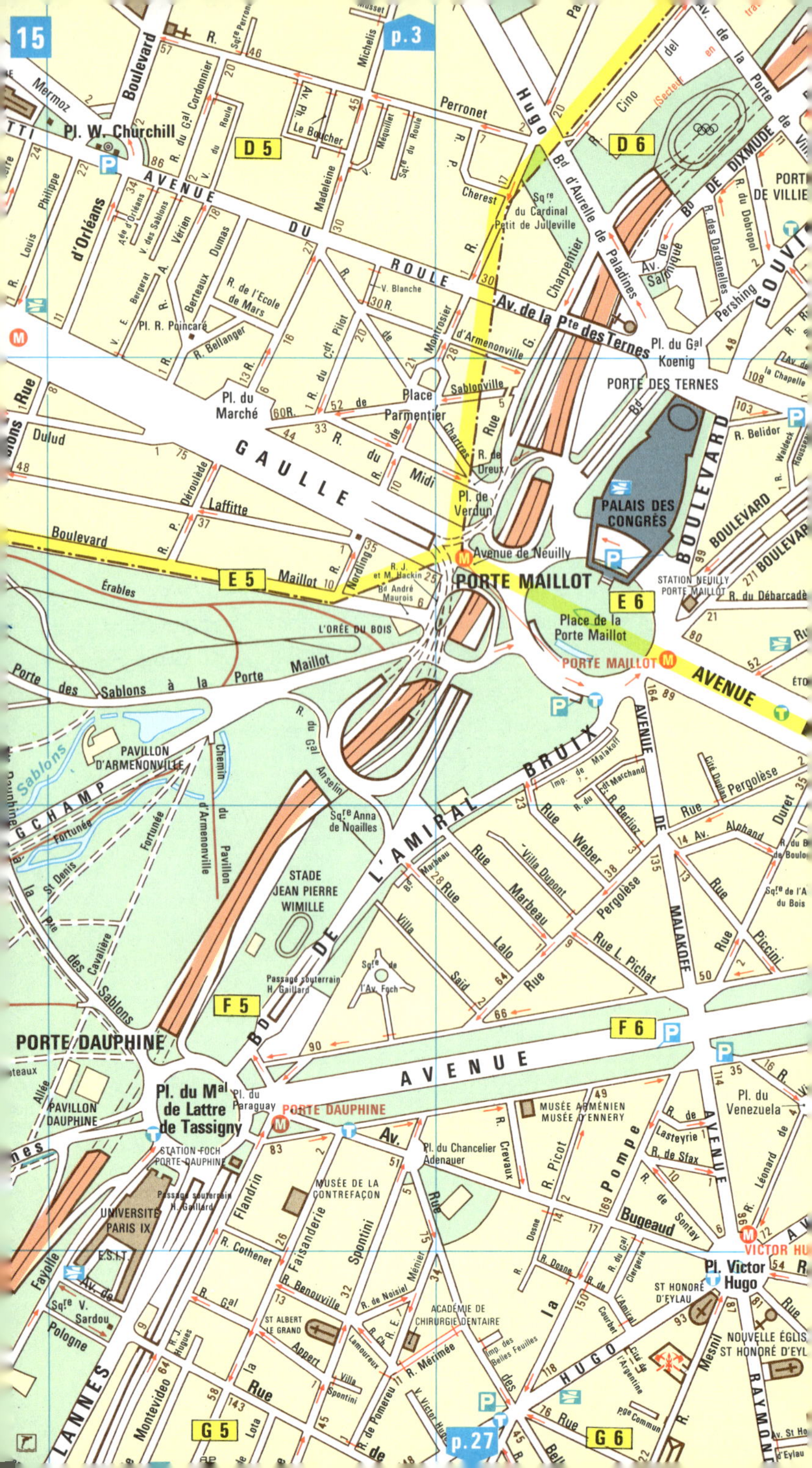
15
p. 3
p. 27
D 5
D 6
E 5
E 6
F 5
F 6
G 5
G 6
Pl. W. Churchill
Boulevard
d'Orléans
Avenue du Roule
R. du Gal Cordonnier
Perronet
Michelis
Madeleine
Le Boucher
Méquillet
Sqre du Roule
Cherest
Hugo
Sqre du Cardinal Petit de Julleville
Charpentier
Bd d'Aurelle de Paladines
Bd de Dixmude
R. du Dobropol
R. des Dardanelles
Av. de Salonique
Pershing
Gouvion
Porte de Villiers
Av. de la Pte des Ternes
Pl. du Gal Koenig
PORTE DES TERNES
PALAIS DES CONGRÈS
R. Belidor
R. Waldeck Rousseau
Boulevard
Av. de la Chapelle
R. du Débarcadère
STATION NEUILLY PORTE MAILLOT
PORTE MAILLOT
Place de la Porte Maillot
Avenue de Neuilly
Pl. de Verdun
Pl. R. Poincaré
R. Bellanger
R. de l'École de Mars
Berteaux
Dumas
Vérien
Bergerat
Pl. du Marché
R. du Cdt Pilot
Montrosier
Place Parmentier
Sablonville
R. de Dreux
Chartres
R. du Midi
d'Armenonville
Gaulle
Dulud
Déroulède
Laffitte
Boulevard Maillot
Nordling
Bd André Maurois
R. J. et M. Hackin
Érables
L'ORÉE DU BOIS
Porte des Sablons à la Porte Maillot
Sablons
PAVILLON D'ARMENONVILLE
Chemin du Pavillon d'Armenonville
Fortunée
St Denis
Longchamp
des Cavaliers
R. du Gal Anselin
Sqre Anna de Noailles
STADE JEAN PIERRE WIMILLE
Passage souterrain H. Gaillard
Bd de l'Amiral Bruix
Imp. de Malakoff
Cdt Marchand
R. Berlioz
Rue Weber
Villa Dupont
Rue Marbeau
Rue Lalo
Villa Said
Sqre de l'Av. Foch
Rue Pergolèse
Rue L. Pichat
Avenue de Malakoff
Cité Duplan
Av. Alphand
Duret
Rue Piccini
Sqre de l'Av. du Bois
Avenue Foch
PORTE DAUPHINE
Pl. du Mal de Lattre de Tassigny
Pl. du Paraguay
PAVILLON DAUPHINE
STATION FOCH PORTE DAUPHINE
UNIVERSITÉ PARIS IX
E.S.I.T.
Passage souterrain H. Gaillard
Av. de Pologne
Sqre V. Sardou
Fayolle
Lannes
Montevideo
R. J. Hugues
Rue de la Lota
Flandrin
R. Cothenet
Faisanderie
R. Benouville
R. Gal Appert
ST ALBERT LE GRAND
Spontini
Villa Spontini
MUSÉE DE LA CONTREFAÇON
Pl. du Chancelier Adenauer
R. de Noisiel
Ménier
Lamoureux
R. Mérimée
R. de Pomereu
ACADÉMIE DE CHIRURGIE DENTAIRE
Imp. des Belles Feuilles
R. Crevaux
R. Picot
R. Dosne
Rue de la Pompe
MUSÉE ARMÉNIEN MUSÉE D'ENNERY
Bugeaud
R. de Sontay
R. de Sfax
R. de Lasteyrie
Pl. du Venezuela
Avenue Raymond Poincaré
R. Léonard de Vinci
VICTOR HUGO
Pl. Victor Hugo
ST HONORÉ D'EYLAU
NOUVELLE ÉGLISE ST HONORÉ D'EYLAU
Mesnil
R. de l'Amiral Courbet
Cité de l'Argentine
Pge Commun
Av. Victor Hugo

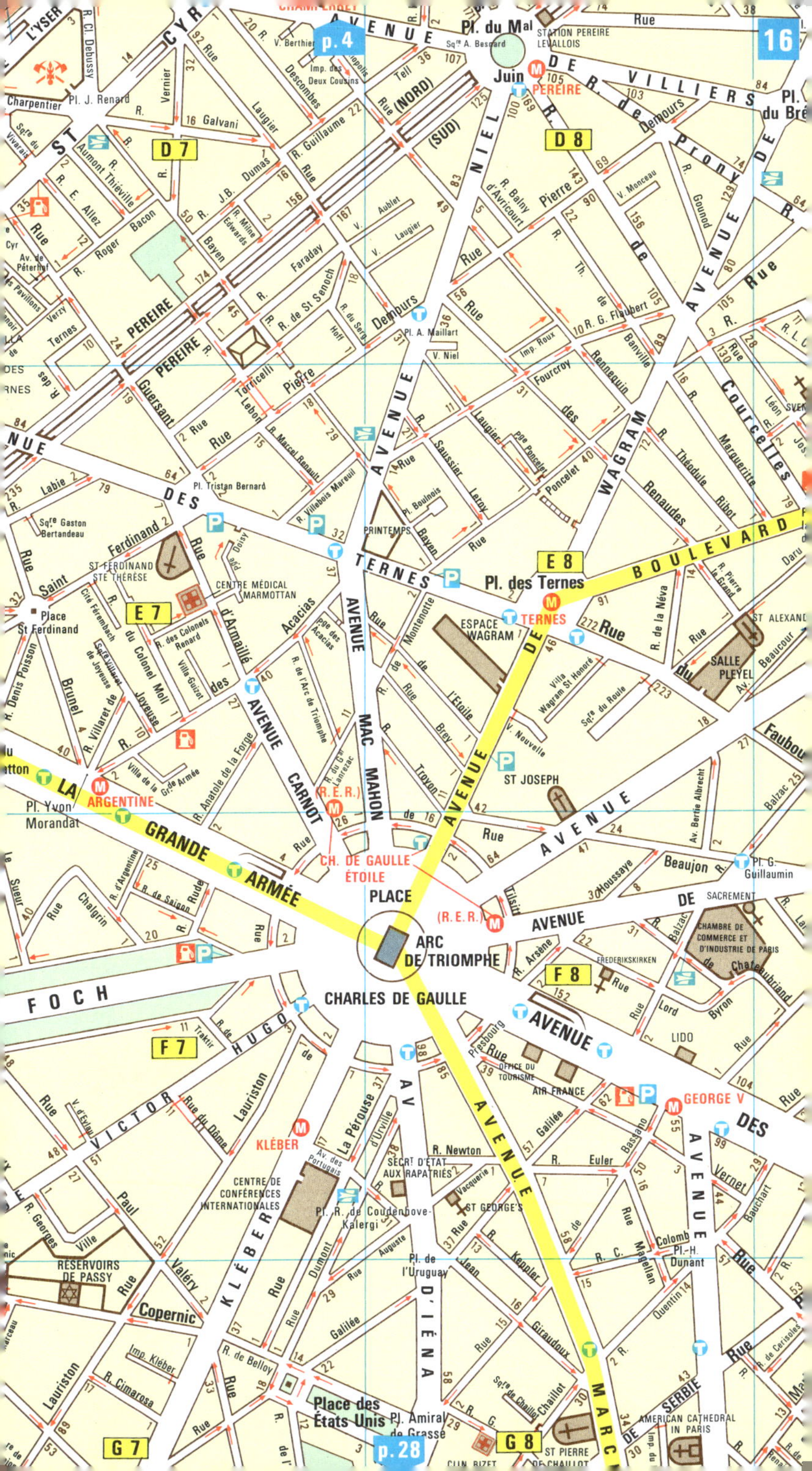

17
p. 5
Pl. d'Israel
Ampère
Pl. du Nicaragua
Jouffroy
Pl. du Brésil
ST FRANÇOIS DE SALES
WAGRAM
Pl. Mgr Loutil
LYCÉE CARNOT
ÉCOLE NORMALE DE MUSIQUE
SALLE CORTOT
ÉCOLE EUROPÉENNE DES AFFAIRES
Villa Malesherbes
R. J. Bingen
D 9
D 10
MALESHERBES
MUSÉE HENNER
R. Cardinet
R. Meissonier
R. Fortuny
R. Henri Rochefort
R. de Logelbach
R. de Phalsbourg
R. de Thann
Pl. du Gal Catroux
BOULEVARD DE MALESHERBES
ST CHARLES DE MONCEAU
R. Tocqueville
R. Léon Cosnard
Pl. de Lévis
Imp. de la Terrasse
Imp. de Lévis
R. Legendre
Sqre de la Tombelle
R. Salneuve
R. Cl. Pouillet
R. Lebouteux
Rue de Lévis
VILLIERS
Pl. P. Goubaux
R. de Prony
R. de Chazelles
R. Jadin
R. Barye
R. Médéric
R. L. Cogniet
R. Léon Jost
LYCÉE TECHNIQUE JEAN DROUANT
SVENSKA KYRKAN
BOULEVARD DE COURCELLES
Pl. de la République Dominicaine
MONCEAU
PARC MONCEAU
Allée Comtesse
Av. Ferdousi
Av. de Ségur
Av. de Valois
Av. Velasquez
MUSÉE CERNUSCHI
Pge Commun
MUSÉE NISSIM DE CAMONDO
Rue de Monceau
Rue de Courcelles
R. Marguerite
R. Ribot
COURCELLES
Pl. de la République de l'Equateur
Daru
R. Pierre le Grand
ST ALEXANDRE NEVSKY
SALLE PLEYEL
Av. Beaucour
Pl. Gal Brocard
Rue de Vigny
Av. Van Dyck
E 9
E 10
AVENUE HOCHE
Rue Murillo
Av. Ruysdael
R. de Rembrandt
Rue de Lisbonne
Pl. de Rio de Janeiro
Rue de Monceau
Rue de Courcelles
DIRECTION E.D.F.
Pl. du Pérou
R. L. Murat
R. de Messine
AV. DE MESSINE
Pl. de Narvik
Rue du Docteur Lancereaux
Sqre Beaujon
Téhéran
MUSÉE JACQUEMART ANDRÉ
R. de Vézelay
R. Mollien
R. Maleville
R. Corvetto
Rue Treilhard
Rue de Miromesnil
Faubourg St Honoré
ANNONCIATION
Balzac
R. Berryer
BOULEVARD HAUSSMANN
Rue de La Baume
Pl. G. Guillaumin
FRIEDLAND
SACREMENT
CHAMBRE DE COMMERCE ET D'INDUSTRIE DE PARIS
Chateaubriand
R. Lamennais
Washington
Cité Odiot
Rue Berri
R. P. Cézanne
Av. Myron T. Herrick
8E
ST PHILIPPE DU ROULE
Rue La Boétie
SALLE GAVEAU
MIROMESNIL
Av. Percier
Av. Delcassé
Byron
F 9
F 10
Imp. Fortin
R. Frédéric Bastiat
R. Baudry
R. d'Artois
R. St Philippe du Roule
R. du Cdt Rivière
Pl. Chassaigne-Goyon
ST PHILIPPE DU ROULE
R. du Colisée
R. Jean Mermoz
R. Rabelais
AVENUE MATIGNON
R. du Cirque
Pl. Beauvau
PRÉSIDENCE DE LA RÉPUBLIQUE
GEORGE V
AVENUE DES CHAMPS ÉLYSÉES
Galie des Champs
Arcades du Lido
Galie du Claridge
Galie Point Show
Galie Élysées La Boétie
Galie Élysées 26
Galerie Elysée Rond Point
R. Vernet
Bauchart
Lincoln
Rue Pierre Charron
Marbeuf
Marignan
Pge Marignan
FRANKLIN D. ROOSEVELT
Rond Point des Champs Élysées
Jean Ponthieu
Av. Gabriel
TH. MARIGNY
AVENUE DE MARIGNY
R. de Cerisoles
R. Robert Estienne
François 1er
Imp. Bourdin
Trémoille
MONTAIGNE
THÉATRE DU ROND-POINT
Av. de Selves
CHAMPS ÉLYSÉES CLEMENCEAU
Eisenhower
G 9
G 10
p. 29

p.6
D 11
D 12
MAIRIE DU 17E ARR.
Bd DES BATIGNOLLES
ROME
PL. DE CLICHY
THÉATRE EN ROND
R. Caroline
GRANDE LOGE
BATIGNOLLES
Imp. Boursault
Boursault
R. de Florence
Léningrad
R. d'Amsterdam
LYCÉE J. FERRY
Pl. Blanche
BLANCHE
CLINIQUE VINTIMILLE
Pl. A. Max
Sq.re Berlioz
R. de Calais
Pl. Lili Boulanger
Ballu
Square Monceau
TH. HEBERTOT
LYCÉE CHAPTAL
R. Pelouze
Andrieux
ST ANDRÉ DE L'EUROPE
R. de Parme
C. Monthiers
TH. DE L'ŒUVRE
R. Card. Mercier
Sq.re Moncey
R. de Bucarest
R. J. Lefebvre
FÉDÉRATION PROTESTANTE DE FRANCE
Moscou
Turin
R. de Berne
R. de Naples
R. de Constantinople
R. d'Edimbourg
LIÈGE
R. de Liège
R. Moncey
DEUTSCHE EVANGELISCHE CHRISTUS KIRCHE
ÉCOLE NATLE SUPRE DES ARTS ET TECHN. DU THÉATRE
LYCÉE OCTAVE GREARD
CONSERVATOIRE NAT. SUPR DE MUSIQUE
TH. TRISTAN BERNARD
Pl. de l'Europe
EUROPE
R. de Milan
TH. DE PARIS
TH. MODERNE
E 11
E 12
R. d'Athènes
R. de Clichy
Imp. d'Amsterdam
Cour d'Amsterdam
Pl. de Budapest
R. de Londres
R. de la Trinité
GARE ST LAZARE
DIRECTION GÉNÉRALE S.N.C.F.
STE TRINITÉ
Sq.re de la Trinité
Stockholm
Bienfaisance
LYCÉE RACINE
Pl. H. Bergson
Sq.re M. Pagnol
Laborde
R. du Rocher
R. Intérieure
Cour de Rome
Cour du Havre
ST LAZARE
Pl. d'Estienne d'Orves
Rue St Lazare
Pl. du Havre
TH. MOGADOR
R. de la Pépinière
Pl. G. Péri
Pl. St Augustin
ST AUGUSTIN
La Boétie
R. de l'Isly
LYCÉE CONDORCET
Pl. G. Berry
ST LOUIS D'ANTIN
R. de Joubert
Bd HAUSSMANN
Sq.re Louis XVI
CHAPELLE EXPIATOIRE
Lavoisier
TH. MICHEL
TH. DES MATHURINS
MAGASINS DU PRINTEMPS
GALERIES LAFAYETTE
HAVRE CAUMARTIN
(R.E.R.)
Mathurins
Pl. Diaghilev
Roquépine
ST ESPRIT
F 11
F 12
BOULEVARD MALESHERBES
RUE TRONCHET
R. de Castellane
R. Boudreau
(R.E.R.) AUBER
OPÉRA
Scribe
Pl. Ch. Garnier
ARCHEVÊCHÉ DE PARIS
Pl. des Saussaies
Montalivet
TH. DE LA MADELEINE
ST MICHAEL'S ENGLISH CHURCH
TH. ATHENÉE L. JOUVET
Sq.re de l'Opéra L. Jouvet
Imp. Sandrié
COMÉDIE CAUMARTIN
TH. ÉDOUARD VII S. GUITRY
OLYMPIA
Pl. de la Madeleine
STE MARIE MADELEINE
MADELEINE
Bd DE LA MADELEINE
Bd DES CAPUCINES
OPÉRA
Pl. de l'Opéra
MUSÉE COGNACQ JAY
Rue de la Paix
MAGASIN DES TROIS QUARTIERS
Cité Vindé
CRÉDIT FONCIER DE FRANCE
MINISTÈRE DE LA JUSTICE
R. Danielle Casanova
TH. DAUNOU
TH. DE LA POTINIÈRE
Faubourg St. Honoré
Boissy d'Anglas
Cité du Retiro
Cité Berryer
RUE ROYALE
R. Richepance
Duphot
Cambon
Place Vendôme
LA COLONNE
Imp. Gomboust
G 11
G 12
HÔTEL CRILLON
N.D. DE L'ASSOMPTION
p.30

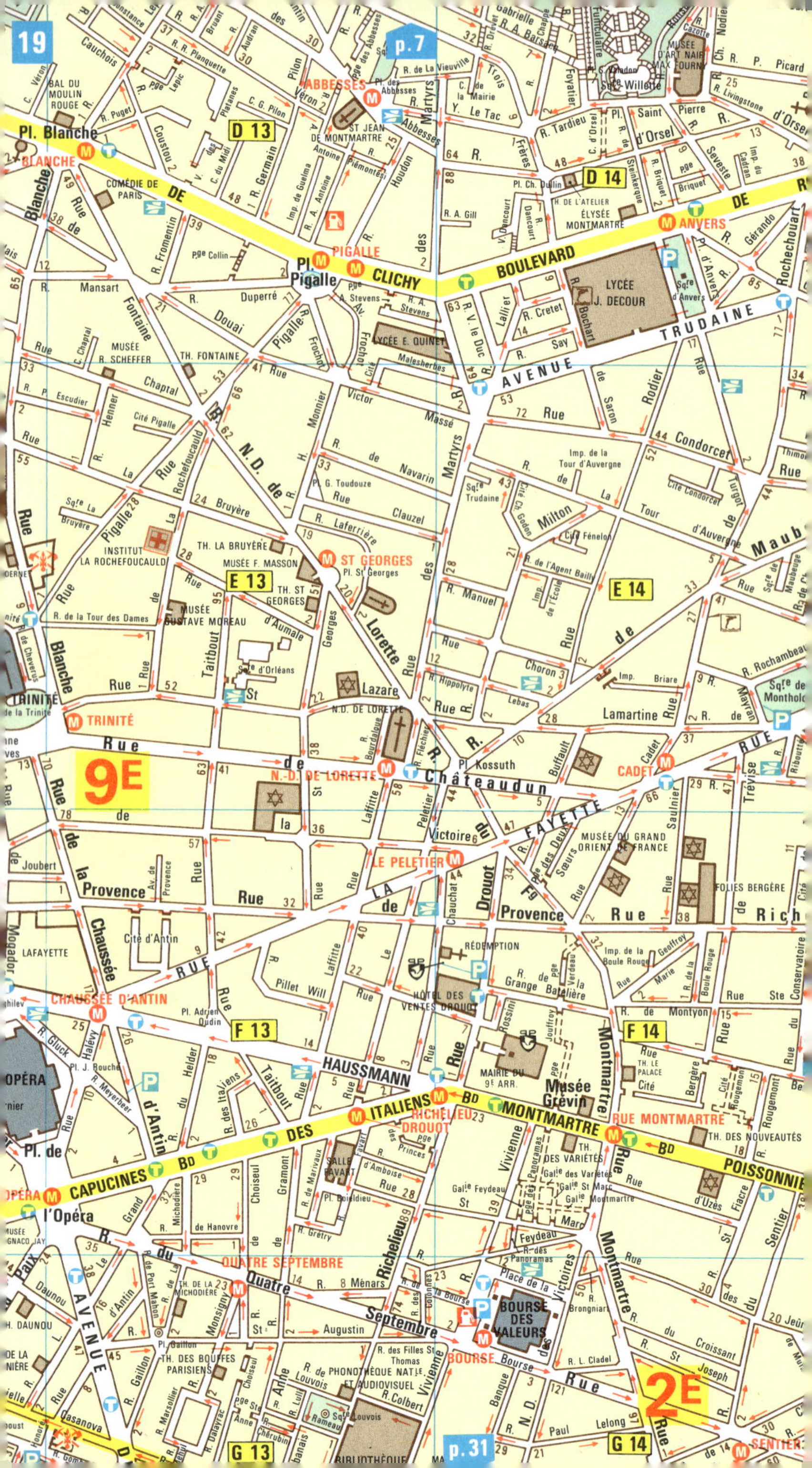

p. 8
p. 32
D 15
D 16
E 15
E 16
F 15
F 16
G 15
G 16
10E
BOULEVARD DE LA CHAPELLE
BARBES ROCHECHOUART
LA CHAPELLE
TH. DES BOUFFES DU NORD
Sq.re de Jessaint
Sq.re de la Chapelle
Pl. de la Chapelle
R. Jessaint
R. de Chartres
R. de Tombouctou
R. Fleury
R. de Charbonnière
R. de la Goutte d'Or
R. Caplat
R. des Islettes
R. de Sofia
R. Belhomme
R. Bervic
BOULEVARD
LARIBOISIÈRE
R. Ambroise Paré
R. de Maubeuge
R. G. Patin
R. du Delta
Dunkerque
Rue Poissonnière
Fg Poissonnière
Sq.re Pétrelle
Pétrelle
R. Lentonnet
Condorcet
Rocroy
Vincent de Paul
GARE DU NORD
Pl. de Roubaix
GARE DU NORD (RER)
R. de Compiègne
Bd de Denain
Quentin
Rue de Dunkerque
Faubourg St Denis
R. Perdonnet
R. Louis
R. Cail
LYCÉE COLBERT
HÔPITAL FERNAND WIDAL
R. Demarquay
Girard
Rue du Château Landon
CHÂTEAU LANDON
R. des 2 Gares
d'Alsace
LYCÉE TECHN. JULES SIEGFRIED
ST VINCENT DE PAUL
R. Fénelon
R. Bossuet
Belzunce
Sq.re St Vincent de Paul
Pl. Franz Liszt
d'Abbeville
Semard
LYCÉE LAMARTINE
Bellefond
Rue La Fayette
Pl. de Valenciennes
R. de Valenciennes
MAGENTA
R. des Petits Hôtels
P.ge Delanos
GARE DE L'EST
Pl. du 11 Nov. 1918
Rue du 8 Mai 1945
GARE DE L'EST
R. St Laurent
Av. de Verdun
Sq.re de Verdun
Imp. Boutron
POISSONNIÈRE
Rue d'Hauteville
Rue de Chabrol
RENCONTRE
Cité de Chabrol
P.ge de la Ferme St Lazare
Cour de la Ferme St Lazare
HÔPITAL ST LAZARE
Sq.re A. Satragne
R. des Messageries
Cité Paradis
Rue de Paradis
MUSÉE DU CRISTAL
MUSÉE DE LA PUBLICITÉ
R. Martel
R. de la Fidélité
Bd DE STRASBOURG
R. Sibour
ST LAURENT
Sq.re St Laurent
Square Villemin
Rue des Récollets
P.ge des Récollets
Cité Bonhoure
Sampaix
Rue Martin
R. Jarry
P.ge du Désir
P.ge Dubail
Cité St Martin
R. des Vinaigriers
R. Legouvé
Lancry
QUAI
Rue des Petites Écuries
Écuries
Faubourg St Denis
R. G. Laumain
CONSERVATOIRE NAT. SUP. D'ART DRAMATIQUE
Passage des Petites Écuries
Cour des Petites Écuries
Rue d'Enghien
CHÂTEAU D'EAU
P.ge Reilhac
R. de Nancy
R. Hittorff
Cité Hittorff
Cité de Magenta
Lucien
P.ge des Marais
Rue de l'Échiquier
Passage Brady
P.ge de l'Industrie
R. de Metz
MAIRIE DU 10E ARR.
P.ge du Marché
R. Bouchardon
R. Bullet
Rue du Château d'Eau
JACQUES BONSERGENT
Pl. J. Bonsergent
TH. DU GYMNASE MARIE BELL
BONNE NOUVELLE
Bd DE BONNE NOUVELLE
R. de Mazagran
TH. ANTOINE S. BERRIAU
R. G. Goublier
Riverin
Cité Riverin
Taylor
Chausson
R. P. Dupont
R. de Lancry
Rue de Magenta
ST MARTIN DES CHAMPS
C. du Wauxhall
BOURSE DU TRAVAIL
P.te ST DENIS
STRASBOURG ST DENIS
BOBINO-ELDORADO
P.te ST MARTIN
R. Martini
R. 90
TH. DE LA RENAISSANCE
TH. DE LA P.TE ST MARTIN
Cité René Boulanger
Rue René Boulanger
Pl. J. Strauss
BOULEVARD ST MARTIN
RÉPUBLIQUE
Rue Meslay
P.ge Meslay
P.ge des Orgues
P.ge du Pont aux Biches
Notre Dame de Nazareth
Imp. de la Planchette
Bd ST DENIS
Apolline
Blondel
SÉBASTOPOL
R. Salomon de Caus
R. de Tracy
P.ge du Ponceau
Cour du Roi
P.ge Lemoine
Rue Ste Foy
P.ge Ste Foy
R. d'Alexandrie
R. Dussoubs
Galerie du Caire
Pl. du Caire
Rue du Caire
R. St Spire
Rue de Cléry
P.ge de Cléry
R. des Degrés
R. St Philippe
N.D. DE BONNE NOUVELLE
R. de la Lune
Beauregard
R. N.D. de Recouvrance
R. Thorel
R. de la Ville Neuve
Aboukir
R. St Denis
Sq.re J. Bidault

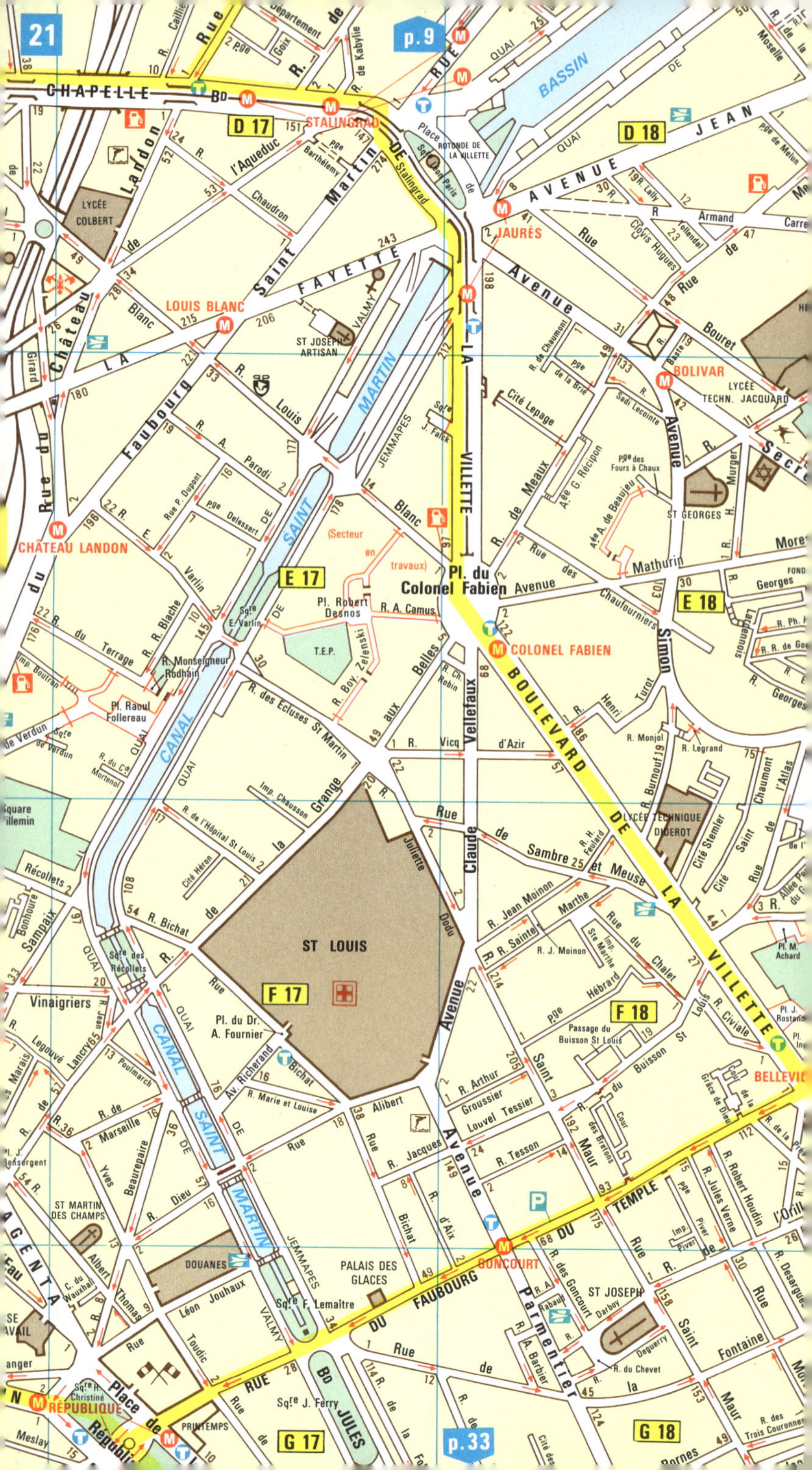

22
p. 10
p. 34
D 19
D 20
E 19
E 20
F 19
F 20
G 19
G 20
LAUMIÈRE
CIMETIÈRE DE LA VILLETTE
T.E.P.
Vaudremer
Carrières
DES BUTTES-CHAUMONT
MAIRIE DU 19e ARR.
Pl. A. Carrel
Av. Moderne
R. Meynadier
Crimée
Manin
Rue Manin
Rue David
Rue Armand Carrel
Cavendish
Pailleron
ST PIERRE
R. J. Ménans
R. Gaston Pinot
R. Blanche Antoinette
Imp. Grimaud
V. M. Rollinat
Hidalgo
Miguel
Général
ST FRANÇOIS D'ASSISE
R. de la Liberté
PARC DES BUTTES CHAUMONT
BOTZARIS
Botzaris
RÉSERVOIRS DES BUTTES CHAUMONT
R. de l'Encheval
V. A. Robida
Compans
Rue d'Hautpoul
Cité Florentine
Villette
Rue des Annelets
Rozier
Arthur
Crimée
BUTTES CHAUMONT
Av. du Gal San Martin
R. du Plateau
R. du Tunnel
Alouettes
R. Hassard
R. Préault
R. Carducci
Fessart
Rue des Solitaires
Place des Fêtes
St JEAN BAPTISTE DE BELLEVILLE
R. Delouvain
V. de l'Adour
Mélingue
Pradier
V. du Parc
Sqre Bolivar
Clavel
Av. Simon Bolivar
Rue Bolivar
R. Barrelet de Ricou
Lauzin
Rue des Dunes
Cité Jandelle
Passage Gauthier
R. de l'Equerre
Rébeval
R. du Gal Lasalle
JOURDAIN
Rue de Belleville
R. du Jourdain
R. C. Berthaut
R. Jean B.
Dumay
Levert
R. Frédérick
PYRÉNÉES
Rue des Pyrénées
Rampal
G. d'Estrées
Allée Diane de Poitiers
Romains
BELLEVILLE
Cour Lesage
R. Jouye Rouve
Ottoz
Villa Faucheur
Rue des Envierges
R. du Transvaal
Couronnes
Rue de la Mare
R. de Savies
R. Emmery
Pl. du Guignier
Dénoyez
Rue Ramponeau
R. du Sénégal
Pge de Pékin
PARC DE BELLEVILLE
Vilin
R. Piat
Pge J. Lacroix
Plantin
Cité A. Loubeyre
C. Leroy
V. de l'Ermitage
Imp. L. Robert
Cascades
Rue Bisson
Tourtille
Pali Kao
Rue des Couronnes
BOULEVARD DE BELLEVILLE
R. du Moulin Joly
COURONNES
Allée Georges Rouault
Julien Lacroix
R. de l'Elysée
Ménilmontant
R. d'Eupatoria
Imp. de la Mare
Henri Chevreau
DOCUMENTATION SCIENTIFIQUE ET TECHN
Sqre du Nouveau Belleville
R. du Pressoir
Maronites
Timbaud
Vaucouleurs
Imp. Questre
Pge Commun
Liban
Dolet
Pl. M. Chevalier
Etienne
N.D. DE LA CROIX
Pl. de Ménilmontant
R. des Plâtrières
Panoyaux
R. de la Bidassoa
(Secteur en travaux)

p. 11
LE PRÉ SAINT GERVA
D'INDOCHINE
D 21
D 22
Porte Brunet
PORTE BRUNET
BOULEVARD
PORTE DU PRÉ ST GERVAIS
Square de la Butte du Chapeau Rouge
Pl. de Rhin et Danube
DANUBE
HÉROLD
SÉRURIER
d'Angers
Avenue de la
R. Émile Augier
Pl. du Gal Leclerc
MAIRIE
Grande Avenue
R. A. France
Sémanaz
Rue des Marchais
Alexander Fleming
PRÉ ST GERVAIS
D'ALGÉRIE
Mouzaïa
Av. de la Pte du Pré St Gervais
STE MARIE MÉDIATRICE
RÉSERVOIRS DES LILAS
E 22
BD SÉRURIER
E 21
Place des Fêtes
PL. DES FÊTES
R. Janssen
Rue de Bellevue
Rue du Pré Saint Gervais
Rue de Romainville
CLIN. DES MAUSSINS
PORTE DES LILAS
Rue Haxo
BELLEVILLE
RUE DE BELLEVILLE
TÉLÉGRAPHE
CIMETIÈRE DE BELLEVILLE
RÉSERVOIRS DE BELLEVILLE
Rue Pelleport
Rue du Docteur Potain
N.D. DES OTAGES
Borrégo
AVENUE GAMBETTA
(Secteur en travaux)
F 21
F 22
Rue Olivier Métra
Rue Pixérécourt
Rigoles
Rue Saint Fargeau
ST FARGEAU
Pl. St Fargeau
THÉATRE DE L'EST PARISIEN
RÉSERVOIRS DE MÉNILMONTANT
Sq.re de Ménilmontant
Rue Ménilmontant
N.D. DE LOURDES
Rue du Groupe Manouchian
Rue de l'Ermitage
DOCUMENTATION SCIENTIFIQUE ET TECHNIQUE
Rue des Pyrénées
Rue de l'Isle Adam
Orfila
Pl. Paul Signac
PELLEPORT
G 21
G 22
p. 35

Utilisez le plan MICHELIN à 1/15 000 « Banlieue de Paris Nord-Est » n° 19

Utilisez les plans MICHELIN à 1/15 000
« Banlieue de Paris : Nord-Ouest » n° 17, « Sud-Ouest » n° 21

25

G 1 | p.13 | G 2

VERSAILLES (15)

Carrefour Croix Catelan
Route de Suresnes
PRÉ CATELAN
CHÂLET DU PRÉ CATELAN

H 1 | H 2

Rond des Mélèzes
GARDE RÉPUBLICAINE À CHEVAL
BOULOGNE

l'Hippodrome
JEUX DE BOULES DE PASSY
PELOUSES DE ST CLOUD

J 1 | J 2

Butte Mortemart
BUTTE MORTEMART
Passy
d'Auteuil

K 1 | p.37 | K 2

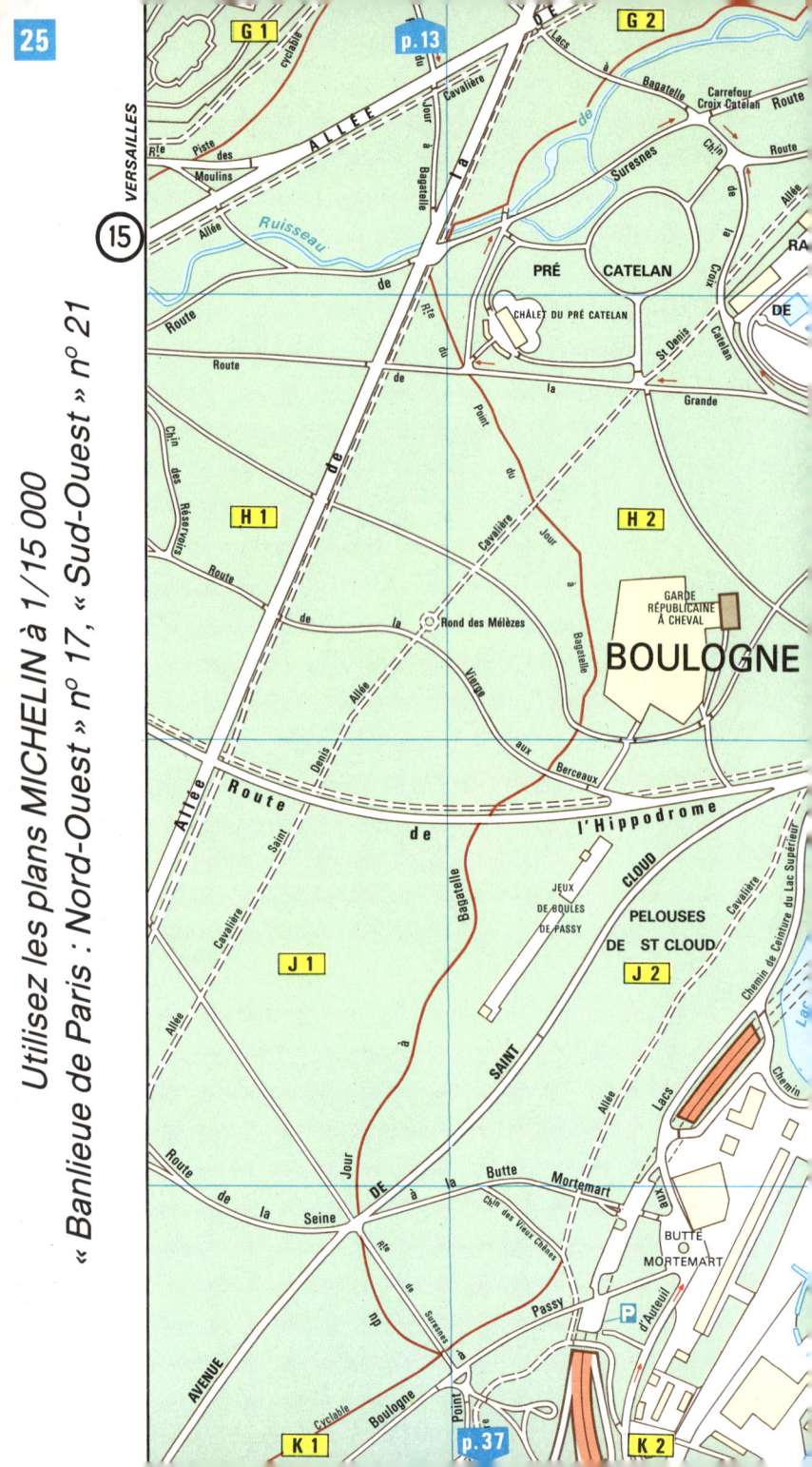

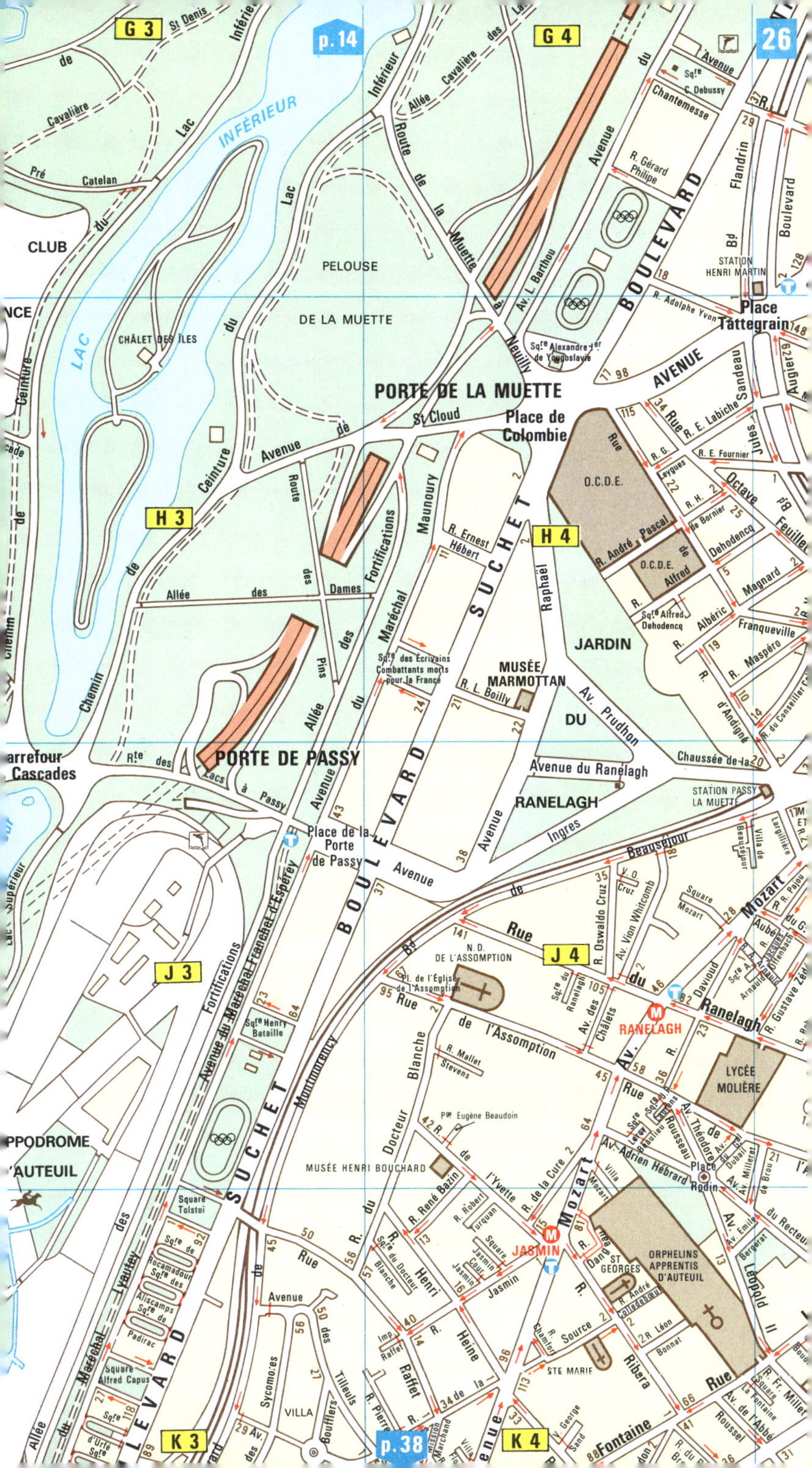

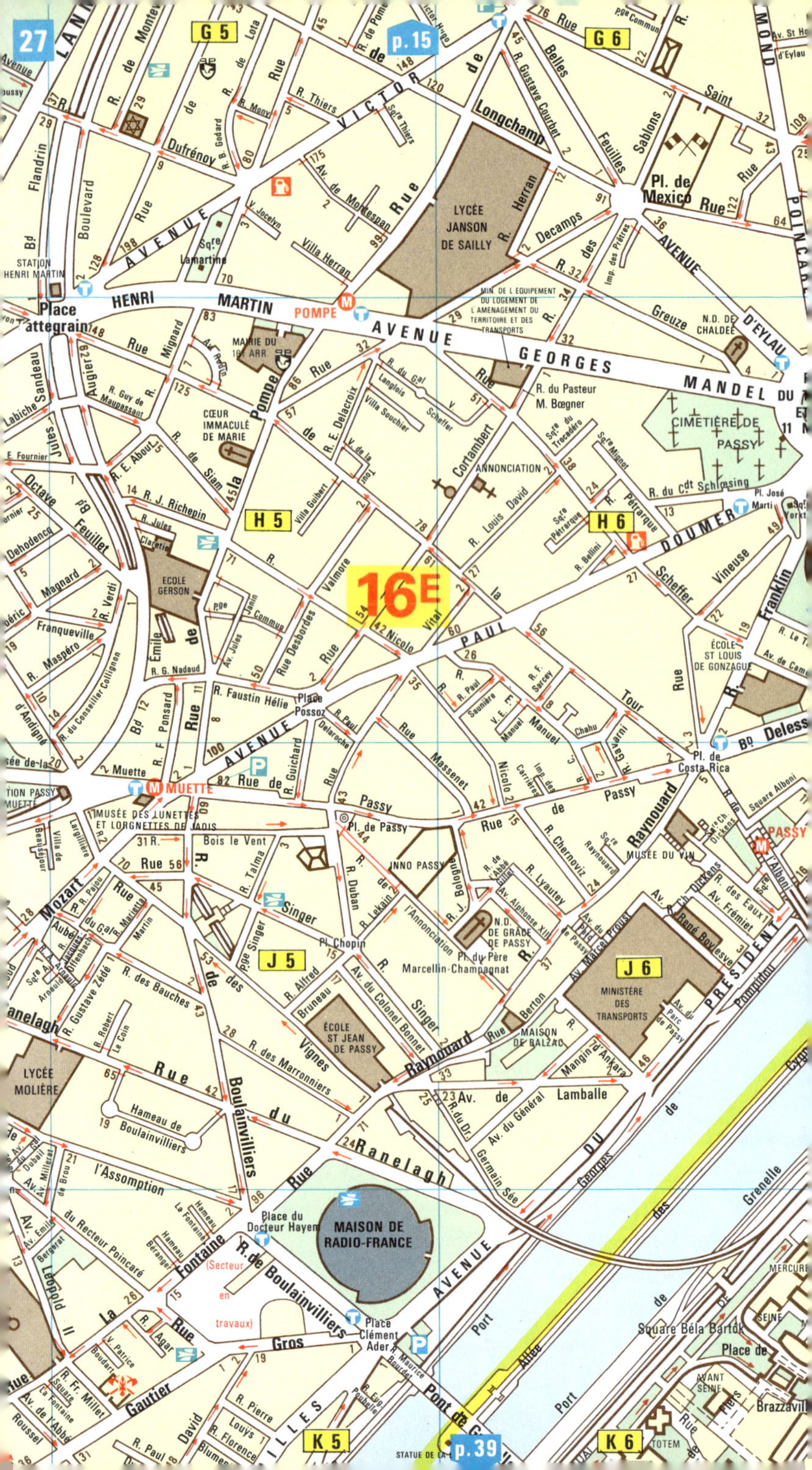

Paris Map - Area 28 (Tour Eiffel)

Grid references: G7, G8, H7, H8, J7, J8, K7, K8

Major Landmarks

- **TOUR EIFFEL**
- **PALAIS DE CHAILLOT**
- **JARDINS DU TROCADÉRO**
- **PALAIS DE TOKYO**
- **PALAIS GALLIERA**
- **MUSÉE GUIMET**
- **MINISTÈRE DU COMMERCE EXTÉRIEUR**
- **PARC DU CHAMP DE MARS**
- **UNION DE L'EUROPE OCCIDENTALE**
- **CONSEIL ÉCONOMIQUE ET SOCIAL**
- **DIRECTION JOURNAUX OFFICIELS**
- **DATAR**
- **CLIN. BIZET**
- **ST PIERRE DE CHAILLOT**
- **AMERICAN CATHEDRAL IN PARIS**
- **CRAZY HORSE**
- **TH. DES CHAMPS ELYSÉES**
- **ST ÉTIENNE**
- **ST LÉON**
- **VILLAGE SUISSE**

Métro / RER Stations

- BOISSIÈRE (M)
- IÉNA (M)
- ALMA MARCEAU (M)
- TROCADÉRO (M)
- PT. DE L'ALMA (R.E.R.)
- CHAMP DE MARS (R.E.R.)
- BIR HAKEIM (M)
- DUPLEIX (M)

Places

- Place Rochambeau
- Pl. d'Iéna
- Pl. de l'Alma
- Pl. de la Résistance
- Pl. de Varsovie
- Pl. Jacques Rueff
- Pl. du Général Gouraud
- Place Dupleix
- Pl. Brisson

Avenues, Rues, Ponts

- AVENUE DU PRÉSIDENT WILSON
- AVENUE GEORGE V
- AVENUE D'IÉNA
- AVENUE MARCEAU
- AVENUE DE NEW YORK
- AVENUE DE NATIONS UNIES
- Avenue des Nations Unies
- AVENUE RAPP
- AVENUE DE LA BOURDONNAIS
- AVENUE DE SUFFREN
- AVENUE DE LA MOTTE-PICQUET
- Avenue Charles Risler
- Avenue Élisée Reclus
- Av. Gustave Eiffel
- Av. Octave Gréard
- Av. du G'al Lambert
- Av. du G'al Tripier
- Av. de la Bourdonnais
- Av. E. Pouvillon
- BOULEVARD DE GRENELLE
- Pont d'Iéna
- Pont de l'Alma
- Passerelle Debilly
- Port de la Bourdonnais
- Port de Suffren
- Quai Branly
- R. Léo Delibes
- R. Hamelin
- R. Lübeck
- R. de Longchamp
- R. Boissière
- R. Goethe
- R. Léonce Reynaud
- R. Freycinet
- R. Pierre 1er de Serbie
- R. Quentin Bauchart
- R. Bizet
- R. Dr J. Bertillon
- R. Galilée
- R. Vernet
- R. Fresnel
- R. de la Manutention
- R. Brémontier
- R. Frères Périer
- R. de Sacy
- R. du G'al Camou
- R. Edmond Valentin
- R. Dupont des Loges
- R. Cler
- R. de Montessuy
- R. Sédillot
- R. Amélie
- R. Malar
- R. de l'Exposition
- R. Marinoni
- R. Jean Carriès
- R. Champfleury
- R. Desaix
- R. du Cap. Scott
- R. Saint Saëns
- R. Nélaton
- R. Rey
- R. Jean Rey
- R. Humblot
- R. Viala
- R. Fondary
- R. Sextius Michel
- R. Finlay
- R. Émeriau
- R. Mademoiselle
- R. Daniel Stern
- R. Clodion
- R. de Presles
- R. Alexis Carrel
- R. Gretry
- R. de Buenos-Aires
- R. Alasseur
- R. G. de Guingand
- R. Augereau
- R. Casimir Périer
- R. Cotin
- R. Dessousser
- R. Pondichéry
- R. Duplex
- Rue Fédération
- Rue du Docteur Finlay
- Rue Charles
- Rue de la Fédération

Page References

- p. 16
- p. 40
- 28

G 9
p. 17
G 10
CHAMPS ÉLYSÉES CLEMENCEAU
AVENUE MONTAIGNE
Rue Jean Goujon
CHURCH OF SCOTLAND
Imp. d'Antin
Pl. François 1er
Rue François 1er
Rue Bayard
CRAZY HORSE
TH. DES CHAMPS ÉLYSÉES
R. de la Renaissance
R. Chambiges
R. Boccador
R. Marot
Pge Commun
Cl. Marot
N.D. DE LA CONSOLATION
ST JEAN BAPTISTE
MARCEAU
Pl. de la Reine Astrid
Cours Albert 1er
Pl. du Canada
Pl. de l'Alma
Pont de l'Alma
FRANKLIN D. ROOSEVELT
Av. du Gal Eisenhower
Av. de Selves
Pl. Clemenceau
Sq.re J. Perrin
PALAIS DE LA DÉCOUVERTE
GRAND PALAIS
UNIVERSITÉ PARIS IV
PETIT PALAIS
Av. W. Churchill
Av. Ch. Girault
Av. Dutuit
Av. Edward
AVENUE DES CHAMPS
Cours la Reine
Port de la Conférence
Port des Champs Elysées
Pont des Invalides
Pont Alexandre III
Port du Gros Caillou
QUAI D'ORSAY
THE AMERICAN CHURCH IN PARIS
S.E.I.T.A
Pl. de Finlande
GARE PARIS INVALIDES
AÉROGARE DES INVALIDES
MIN. DES AFFAIRES ÉTRANGÈRES
R. Robert Esnault Pelterie
H 10
INVALIDES (R.E.R.)
Pl. de la Résistance
R. Cognacq Jay
R. du Colonel Combes
CLINIQUE ALMA
Av. Sully Prudhomme
R. Moissan
R. Henri
R. Desgenettes
Schuman S.E.I.T.A. MUSÉE
Rue de l'Université
AVENUE BOSQUET
Cité de l'Alma
Villa Bosquet
Passage
ST PIERRE DU GROS CAILLOU
H 9
Rue Malar
Rue Jean Nicot
Rue Saint Dominique
Pge Commun
Rue Surcouf
Rue Fabert
R. Constantine
ESPLANADE DES INVALIDES
AV. DU MAL GALLIENI
Rue de l'Université
R. E. Valentin
Rue Dupont des Loges
R. Sédillot
R. Landrieu
R. Pierre Villey
Rue Amélie
Pge Jean Nicot
R. de la Comète
Rue de Grenelle
BD DE LA TOUR MAUBOURG
Pl. des Invalides
R. de Talleyrand
INSTITUT GÉOGRAPHIQUE NATIONAL
Rue
R. de l'Exposition
Sq.re du Gros Caillou
Sq.re de Robiac
R. Augereau
Pge de l'Union
R. Valadon
Cité Négrier
ST JEAN
R. E. Psichari
Pl. Santiago du Chili
LA TOUR MAUBOURG
Sq.re Santiago du Chili
Square d'Ajaccio
MIN. DES AFFAIRES SOCIALES ET DE L'EMPLOI
BD DES INVALIDES
VARENNE
Rue de Varenne
AVENUE DE LA MOTTE PICQUET
Champ de Mars
R. Bosquet
R. Cler
R. Duvivier
R. Chevert
R. Bougainville
MUSÉE DE L'ARMÉE
HÔTEL DES INVALIDES
ST LOUIS
J 10
MUSÉE DE L'ORDRE DE LA LIBÉRATION
MUSÉE RODIN
J 9
Pge de la Vierge
R. de Belgrade
R. Deschanel
Rue du Bourdonnais
R. Savorgnan de Brazza
Av. Fr. Le Play
R. L. Codet
R. J. Granier
Rue
ÉCOLE MILITAIRE
Pl. de l'École Militaire
Jardin de l'Intendant
ÉGLISE DU DÔME
7E
Avenue de Tourville
Pl. Vauban
Pl. D. Cochin
CHAMP DE MARS
Av. Joffre
Place de la
AVENUE LOWENDAL
R. Bixio
AVENUE DE SÉGUR
AV. DE BRETEUIL
AV. DE VILLARS
BOULEVARD
LYCÉE VICTOR DURUY
ÉCOLE SUP.RE DE GUERRE
ÉCOLE MILITAIRE
ÉCOLE SUP.RE D'INTENDANCE
MIN. DE LA SANTÉ ET DE LA FAMILLE SECR.T D'ÉTAT A LA SÉCURITÉ SOCIALE
Rue d'Estrées
Pl. André Tardieu
ST FRANÇOIS XAVIER
Rue Monsieur
Pl. de Fontenoy
SECR.T D'ÉTAT À LA MER
SECR.T D'ÉTAT AUX POSTES ET TÉLÉCOMMUNICATIONS
Pl. El Salvador
V. de Ségur
MICHELIN
Pl. du Prés.t Mithouard
ST FRANÇOIS XAVIER
MIN. DE LA COOPÉRATION
K 9
p. 41
K 10
BD DU
AV. DE SAXE
AVENUE DE SUFFREN
R. Abbé Roger Derry
Rue Oudinot

p. 18
G 11
G 12
H 11
H 12
J 11
J 12
K 11
K 12
p. 42
ESPACE PIERRE CARDIN
HÔTEL CRILLON
HÔTEL DE LA MARINE
CONCORDE
PLACE DE LA CONCORDE
OBÉLISQUE
ÉLYSÉES
JEU DE PAUME
COUR DES COMPTES
N.D. DE L'ASSOMPTION
Pl. M. Barrès
Place Vendôme
LA COLONNE
Imp. Gomboust
RUE DE RIVOLI
R. de Castiglione
Saint Honoré
ST ROCH
Pl. des Pyramides
TUILERIES
JARDIN DES TUILERIES
MUSÉE DE L'ORANGERIE
Terrasse du Bord de l'Eau
Quai des Tuileries
Port de la Concorde
Pont de la Concorde
SEINE
MUSÉE DES ARTS DÉCORATIFS
JARDIN DU CARROUSEL
ARC DE TRIOMPHE DU CARROUSEL
Pont Royal
Pont du Carrousel
Pont Solférino
QUAI ANATOLE FRANCE
GARE D'ORSAY (R.E.R.)
Pl. Henry de Montherlant
MUSÉE D'ORSAY
CAISSE DES DÉPÔTS ET CONSIGNATIONS
LA DOCUMENTATION FRANÇAISE
QUAI VOLTAIRE
ASSEMBLÉE NATIONALE
CHAMBRE DES DÉPUTÉS
Bd Saint Germain
MIN. DU COMMERCE, DE L'ARTISANAT ET DES SERVICES
C.N.R.S.
GRANDE CHANCELLERIE LÉGION D'HONNEUR
Rue de Lille
Rue de l'Université
Rue de Verneuil
Rue de Bellechasse
SECRᵀ D'ETAT AUX PROBLÈMES DU PACIFIQUE SUD
MINISTÈRE DE LA DÉFENSE
Pl. J. Bainville
SOLFÉRINO
BASILIQUE STE CLOTILDE
Sq. S. Rousseau
Rue Saint Dominique
MAIRIE DU 7ᵉ ARR.
MIN. DE L'ÉDUCATION NATLE
SECRᵀ D'ÉTAT AUX ANCIENS COMBATTANTS
MIN. DE L'INDUSTRIE DES POSTES ET TÉLÉCOMMUNICATIONS ET DU TOURISME
SECRᵀ D'ÉTAT AU TOURISME
MINISTÈRE DE L'AGRICULTURE
PENTEMONT
MIN. DE L'ÉCONOMIE DES FINANCES ET DE LA PRIVATISATION
MIN. DU BUDGET
ST THOMAS D'AQUIN
Pl. St Thomas d'Aquin
E.N.A.
ÉCOLE NATLE DES PONTS ET CHAUSSÉES
UNIVERSITÉ PARIS V
INSTITUT DES LANGUES ET CIVILISATIONS ORIENTALES
Rue de Grenelle
RUE DU BAC
MIN. DES RELATIONS AVEC LE PARLEMENT
SECRᵀ D'ETAT AUX DROITS DE L'HOMME
FONTAINE DES QUATRE SAISONS
MUSÉE DINA VIERNY
HÔTEL MATIGNON
Rue de Varenne
Rue Vaneau
BOULEVARD RASPAIL
INSTITUT D'ÉTUDES POLITIQUES
MUSÉE DU PROTESTANTISME
Sq. Taras Chevtchenko
ST GERMAIN DES PRÉS
ACADÉMIE DE CHIRURGIE
Square Chaise Récamier
SECRᵀ D'ÉTAT A LA FRANCOPHONIE
SÉMIN. DES MISSIONS ÉTRANGÈRES
Sq. des Missions Étrangères
Rue de Babylone
Square Boucicaut
SÈVRES BABYLONE
Rue de Sèvres
Carref. de la Croix Rouge
ST SULPICE
Rue de Rennes
MAIRIE DU 6ᵉ ARR.
Jardin de Babylone
BON MARCHÉ
ST IGNACE
Pl. A. Deville
Cherche Midi
R. Coëtlogon
de Mézières

p. 19

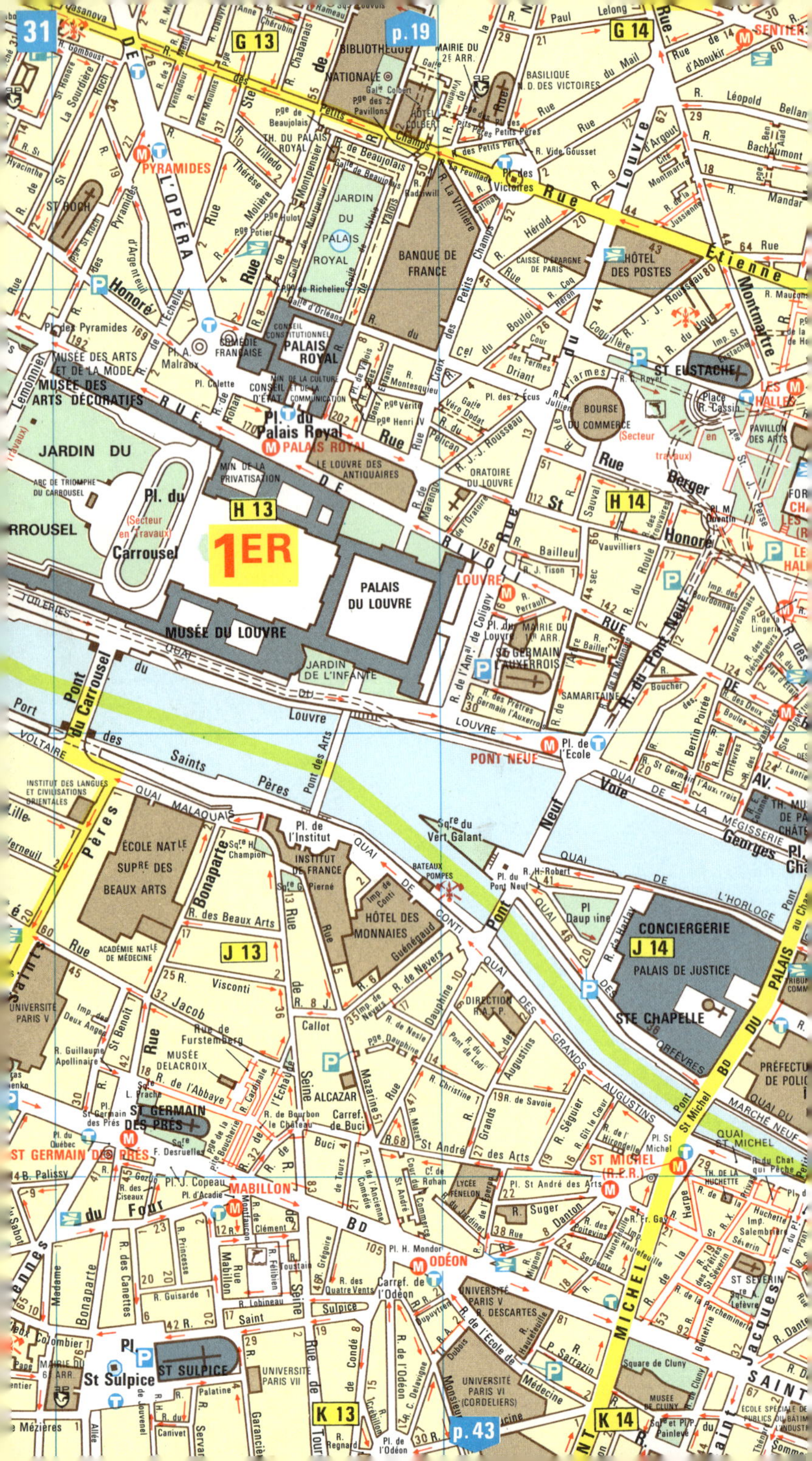

G 13
G 14
H 13
H 14
J 13
J 14
K 13
K 14
1ER
BIBLIOTHEQUE NATIONALE
MAIRIE DU 2E ARR.
BASILIQUE N.D. DES VICTOIRES
SENTIER
PYRAMIDES
ST ROCH
JARDIN DU PALAIS ROYAL
BANQUE DE FRANCE
HÔTEL DES POSTES
Pl. des Victoires
Rue Etienne Marcel
Rue du Louvre
Rue Montmartre
Rue Réaumur
Rue de Richelieu
Rue Ste Anne
Rue Villedo
Rue Thérèse
Rue Molière
Rue des Pyramides
AV. DE L'OPÉRA
Rue St Honoré
Pl. des Pyramides
COMÉDIE FRANÇAISE
PALAIS ROYAL
CONSEIL CONSTITUTIONNEL
CONSEIL D'ÉTAT
MIN. DE LA CULTURE ET DE LA COMMUNICATION
Pl. A. Malraux
Pl. Colette
MUSÉE DES ARTS ET DE LA MODE
MUSÉE DES ARTS DÉCORATIFS
Pl. du Palais Royal
PALAIS ROYAL
LE LOUVRE DES ANTIQUAIRES
MIN. DE LA PRIVATISATION
JARDIN DU CARROUSEL
ARC DE TRIOMPHE DU CARROUSEL
Pl. du Carrousel
(Secteur en Travaux)
PALAIS DU LOUVRE
MUSÉE DU LOUVRE
JARDIN DE L'INFANTE
Rue de Rivoli
ORATOIRE DU LOUVRE
BOURSE DU COMMERCE
ST EUSTACHE
LES HALLES
PAVILLON DES ARTS
Rue Berger
Rue du Pont Neuf
LOUVRE
ST GERMAIN L'AUXERROIS
MAIRIE DU 1er ARR.
SAMARITAINE
Quai du Louvre
Quai des Tuileries
Pont du Carrousel
Pont des Arts
Pont Neuf
PONT NEUF
Pl. de l'École
Quai de la Mégisserie
Quai Voltaire
Quai Malaquais
Quai de Conti
INSTITUT DES LANGUES ET CIVILISATIONS ORIENTALES
ÉCOLE NATLE SUPRE DES BEAUX ARTS
ACADÉMIE NATLE DE MÉDECINE
Pl. de l'Institut
INSTITUT DE FRANCE
HÔTEL DES MONNAIES
Sq. du Vert Galant
BATEAUX POMPES
Pl. Dauphine
CONCIERGERIE
PALAIS DE JUSTICE
STE CHAPELLE
Quai de l'Horloge
Quai des Orfèvres
Quai des Grands Augustins
Quai St Michel
Bd du Palais
Rue Bonaparte
Rue de Seine
Rue Jacob
Rue Visconti
Rue Mazarine
Rue Dauphine
DIRECTION R.A.T.P.
MUSÉE DELACROIX
ALCAZAR
Carref. de Buci
ST GERMAIN DES PRÉS
UNIVERSITÉ PARIS V
MABILLON
Rue du Four
Bd St Germain
ODÉON
Carref. de l'Odéon
LYCÉE FÉNELON
ST MICHEL (R.E.R.)
Bd St Michel
ST SÉVERIN
UNIVERSITÉ PARIS V R. DESCARTES
UNIVERSITÉ PARIS VI (CORDELIERS)
UNIVERSITÉ PARIS VII
Pl. St Sulpice
ST SULPICE
MAIRIE DU 6E ARR.
Square de Cluny
MUSÉE DE CLUNY
ÉCOLE SPÉCIALE DE TRAVAUX PUBLICS DE L'INDUSTRIE
Rue St Jacques
Rue de Vaugirard

p. 43

p. 20
G 15
G 16
H 15
H 16
J 15
J 16
K 15
K 16
p. 44
3E
4E
CONSERVATOIRE NATIONAL DES ARTS ET MÉTIERS
Sq.re Émile Chautemps
RÉAUMUR SÉBASTOPOL
ST NICOLAS DES CHAMPS
ARTS ET MÉTIERS
TEMPLE
LYCÉE TURGOT
TH. DU MARAIS
STE ÉLISABETH
Sq.re du Temple
MAIRIE DU 3E ARR.
LYCÉE TECHN. DES ARTS APPLIQUÉS
CARREAU DU TEMPLE
TOUR DE JEAN SANS PEUR
ÉTIENNE MARCEL
ST LEU ST GILLES
MUSÉE DE LA MAGIE DES AUTOMATES
MUSÉE DE LA MUSIQUE MÉCANIQUE
Jardin St Aignan
MUSÉE DE LA CHASSE ET DE LA NATURE
STE CROIX ST JEAN
Jardin de l'Hôtel Salé
MUSÉE PICASSO
RAMBUTEAU
CENTRE NATL D'ART ET DE CULTURE G. POMPIDOU
Pl. Georges Pompidou
Pl. E. Michelet
I.R.C.A.M.
Pl. I. Stravinsky
ST MERRI
ARCHIVES DE FRANCE
CRÉDIT MUNICIPAL
NOTRE DAME DES BLANCS MANTEAUX
MUSÉE DE LA SERRURE
CENTRE CULTUREL DU MARAIS
MUSÉE KWOK ON
MUSÉE CARNAVALET
BIBLIOTHÈQUE HISTORIQUE DE LA VILLE DE PARIS
TOUR ST JACQUES
Sq.re de la Tour St Jacques
CHÂTELET
BAZAR DE L'HÔTEL DE VILLE
BILLETTES
HÔTEL DE VILLE
MAIRIE DE PARIS
Pl. de l'Hôtel de Ville
ASSISTANCE PUBLIQUE
Pl. Baudoyer
MAIRIE DU 4E ARR.
Pl. St Gervais
Sq.re Couperin
ST GERVAIS ST PROTAIS
MÉMORIAL DU MARTYR JUIF INCONNU
LYCÉE SOPHIE GERMAIN
TRIBUNAL ADM.TIF
CITÉ INTERNATLE DES ARTS
Sq.re A. Schweitzer
BIBLIOTHÈQUE FORNEY
HÔTEL DE SENS
ST PAUL
ST PAUL ST LOUIS
LYCÉE CHARLEMAGNE
Pl. du Marché Ste Catherine
HÔTEL DIEU
CITÉ
Place du Parvis Notre Dame
NOTRE DAME
Square Jean XXIII
Square de l'Ile de France
ÎLE ST LOUIS
ST LOUIS EN L'ILE
MUSÉE MICKIEWICZ
MUSÉE DE L'ASSISTANCE PUBLIQUE
PONT MARIE
ÉCOLE MASSILLON
Sq.re H. Galli
Pl. Maubert
Boulevard de Sébastopol
Rue de Turbigo
Rue Réaumur
Rue Beaubourg
Rue du Temple
Rue des Archives
Rue Rambuteau
Rue de Rivoli
Rue des Francs Bourgeois
Quai de l'Hôtel de Ville
Quai de Bourbon
Quai d'Anjou
Quai de Béthune
Quai d'Orléans
Quai des Célestins
Quai de Gesvres
Quai de Montebello
Port des Célestins
Voie Georges Pompidou
Pont d'Arcole
Pont Notre Dame
Pont Louis Philippe
Pont Marie
Pont St Louis
Pont de la Tournelle
Pont de Sully
Bd Pont de Sully
Rue Vieille du Temple
Rue de Montmorency
Rue Michel Le Comte
Rue St Martin
Rue Quincampoix
Rue du Renard
Rue St Denis
Rue des Lombards
Rue de la Verrerie
Rue Ste Croix de la Bretonnerie
Rue des Blancs Manteaux
Rue des Rosiers
Rue François Miron
Rue St Antoine
Rue St Paul
Rue Charlemagne
Rue du Cloître Notre Dame
Rue des Deux Ponts
Rue St Louis en l'Ile
Rue Charlot
Rue de Bretagne
Rue Pastourelle
Rue des Gravilliers
Rue Chapon
Rue au Maire
Rue Volta
Rue Notre Dame de Nazareth
Rue Meslay
Rue Vaucanson
Rue Montgolfier
Rue Borda
Rue Conté
Rue Dupetit Thouars
Rue Perrée
Rue de la Perle
Rue de Thorigny
Rue Elzévir
Rue Payenne
Rue Pavée
Rue Malher
Rue de Sévigné
Rue des Lions St Paul
Rue Beautreillis
Rue du Petit Musc
Rue des Jardins St Paul
Rue de Lobau
Rue Victoria

G 17
G 18
H 17
H 18
J 17
J 18
K 17
K 18
p. 21
p. 45
AVENUE DE LA RÉPUBLIQUE
BOULEVARD DU TEMPLE
BD DES FILLES DU CALVAIRE
BOULEVARD BEAUMARCHAIS
BD RICHARD LENOIR
BOULEVARD RICHARD LENOIR
BD VOLTAIRE
JULES FERRY
Avenue Parmentier
Oberkampf
Rue du Faubourg St Antoine
Rue St Antoine
Rue de la Roquette
Rue du Chemin Vert
Rue de Bretagne
Rue Amelot
Rue de Turenne
BOULEVARD BOURDON
BOULEVARD HENRI IV
PLACE DE LA BASTILLE
COLONNE DE JUILLET
Pl. des Vosges
Square Louis XIII
MAISON DE VICTOR HUGO
MUSÉE CARNAVALET
MUSÉE PICASSO
CIRQUE D'HIVER BOUGLIONE
ST DENYS DU ST SACREMENT
CARREAU DU TEMPLE
ÉCOLE DES FRANCS BOURGEOIS
CAISSE NATLE DES MONUMENTS HISTORIQUES ET DES SITES
LYCÉE TECHNIQUE DES MÉTIERS DU VÊTEMENT
THÉATRE DE LA BA
QUINZE VINGTS
PRÉFECTURE DE PARIS
PARIS ARSENAL
Square Richard Lenoir
Square Bréguet Sabin
TEMPLE
OBERKAMPF
PARMENTIER
FILLES DU CALVAIRE
ST SÉBASTIEN FROISSART
ST AMBROISE
RICHARD LENOIR
CHEMIN VERT
BRÉGUET SABIN
BASTILLE
SULLY MORLAND
LEDRU ROLLIN
PRINTEMPS
(Secteur en travaux)

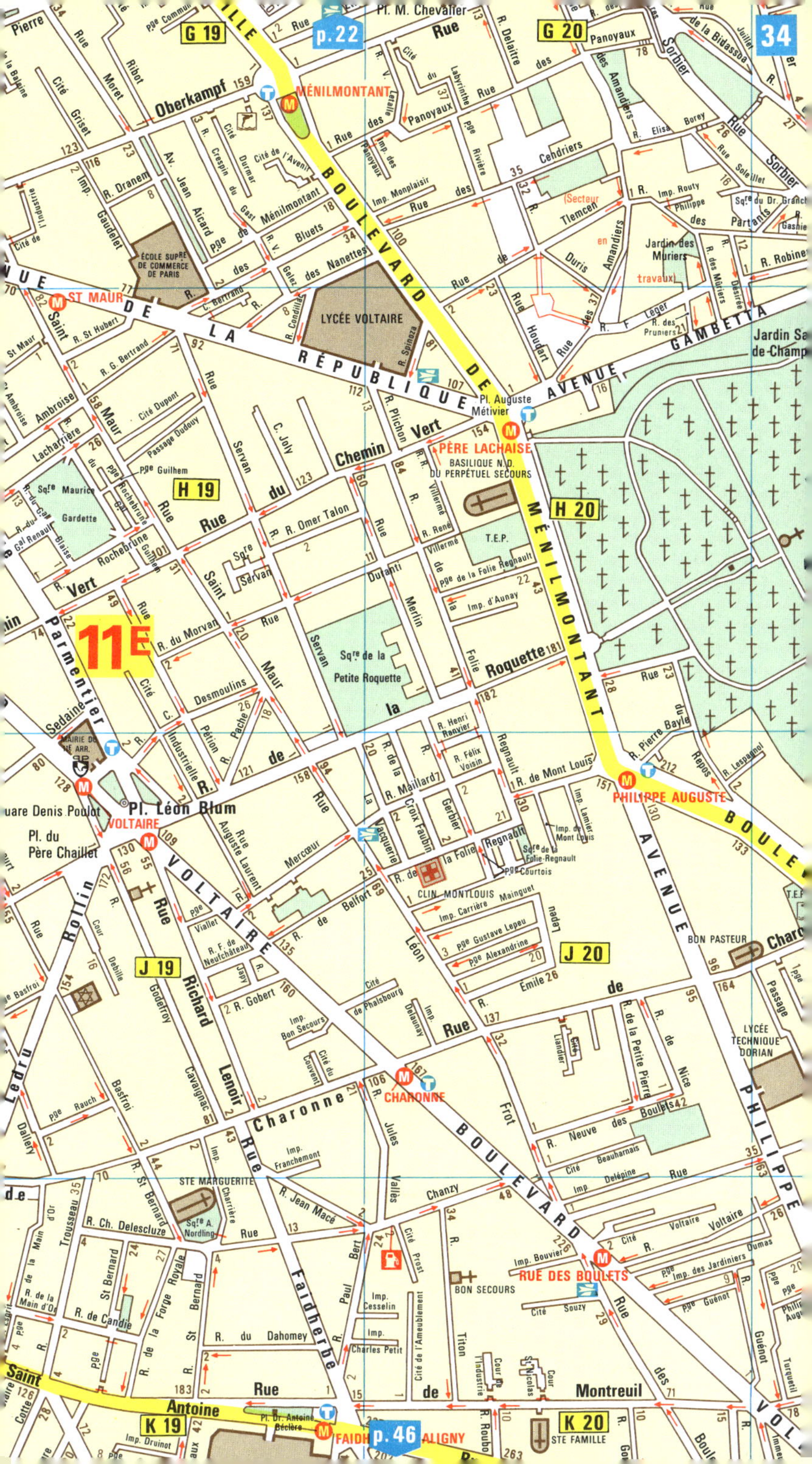

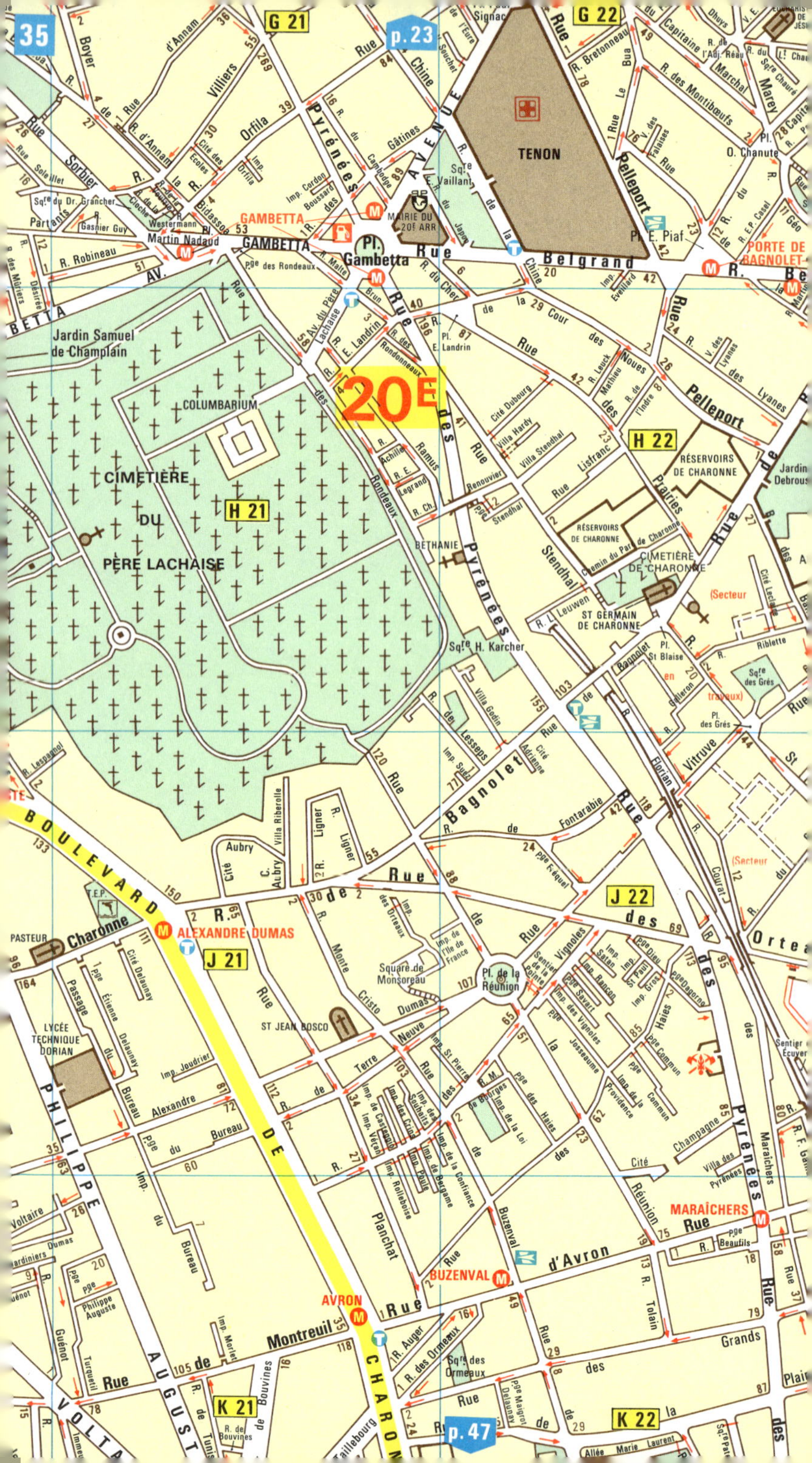

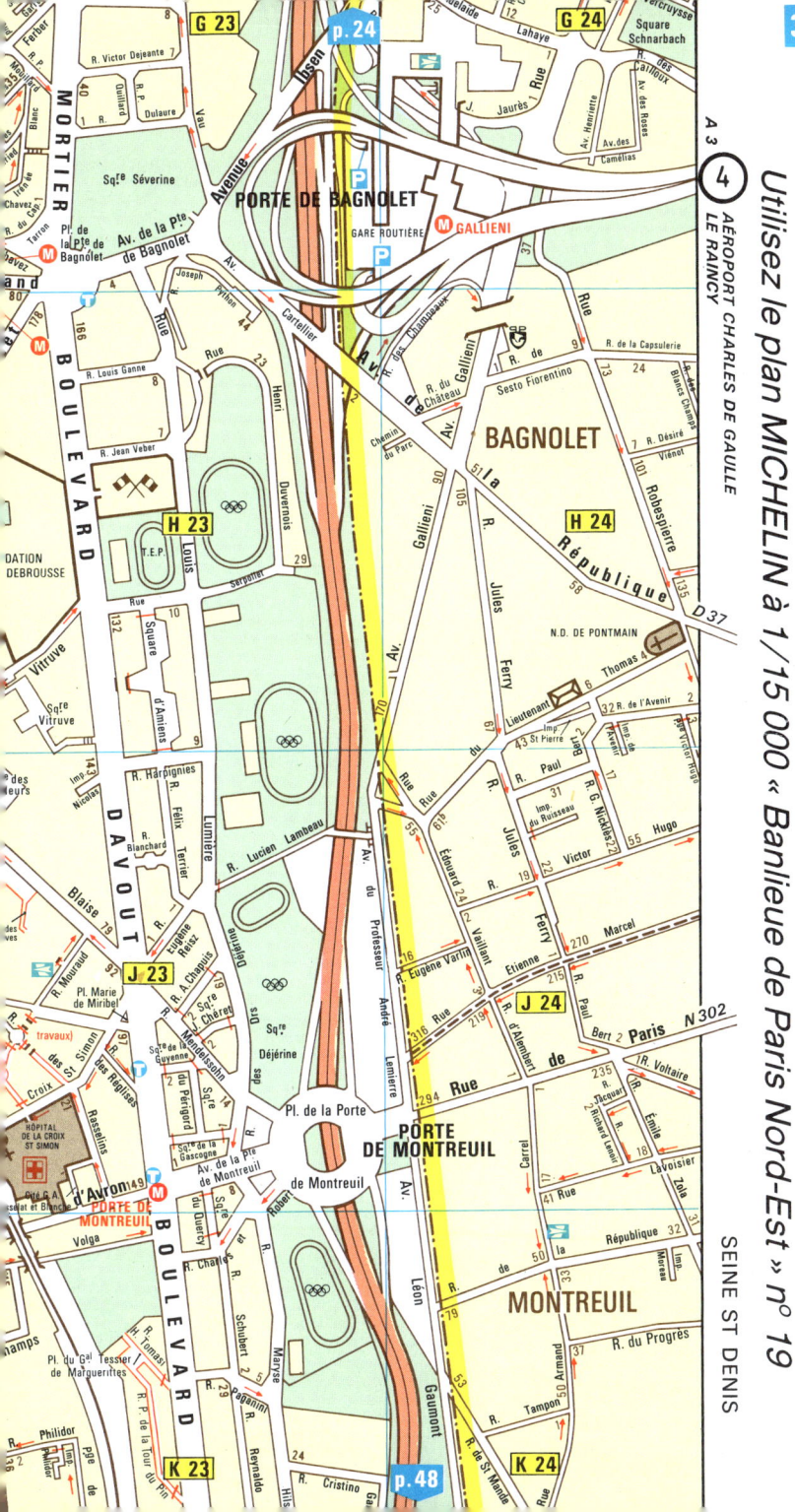

Utilisez le plan MICHELIN à 1/15 000 « Banlieue de Paris Nord-Est » n° 19

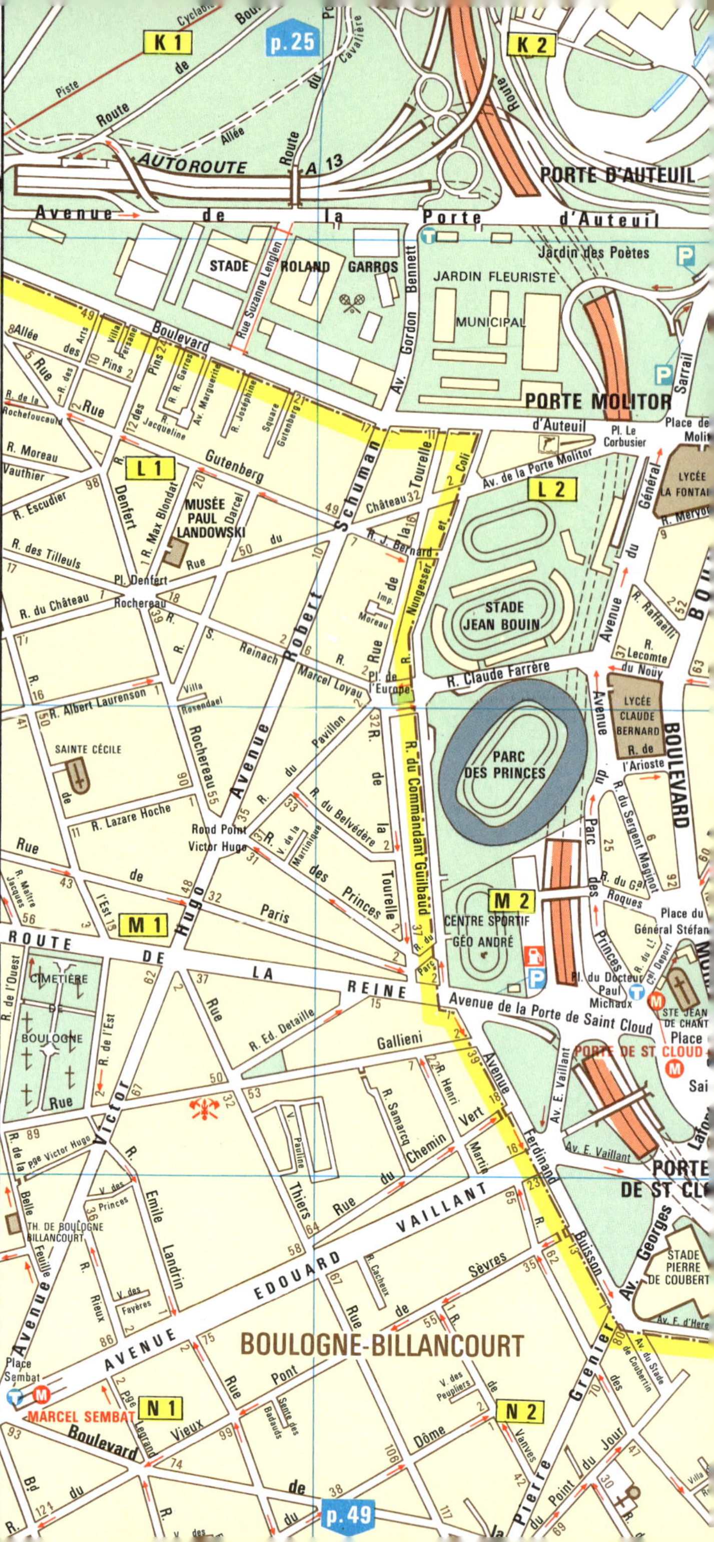

Utilisez le plan MICHELIN à 1/15 000 « Banlieue de Paris Sud-Ouest » nº 21

14 RAMBOUILLET-DREUX MANTES-ROUEN

HAUTS DE SEINE

14 N 307 Vers

13 RAMBOUILLET VERSAILLES N10

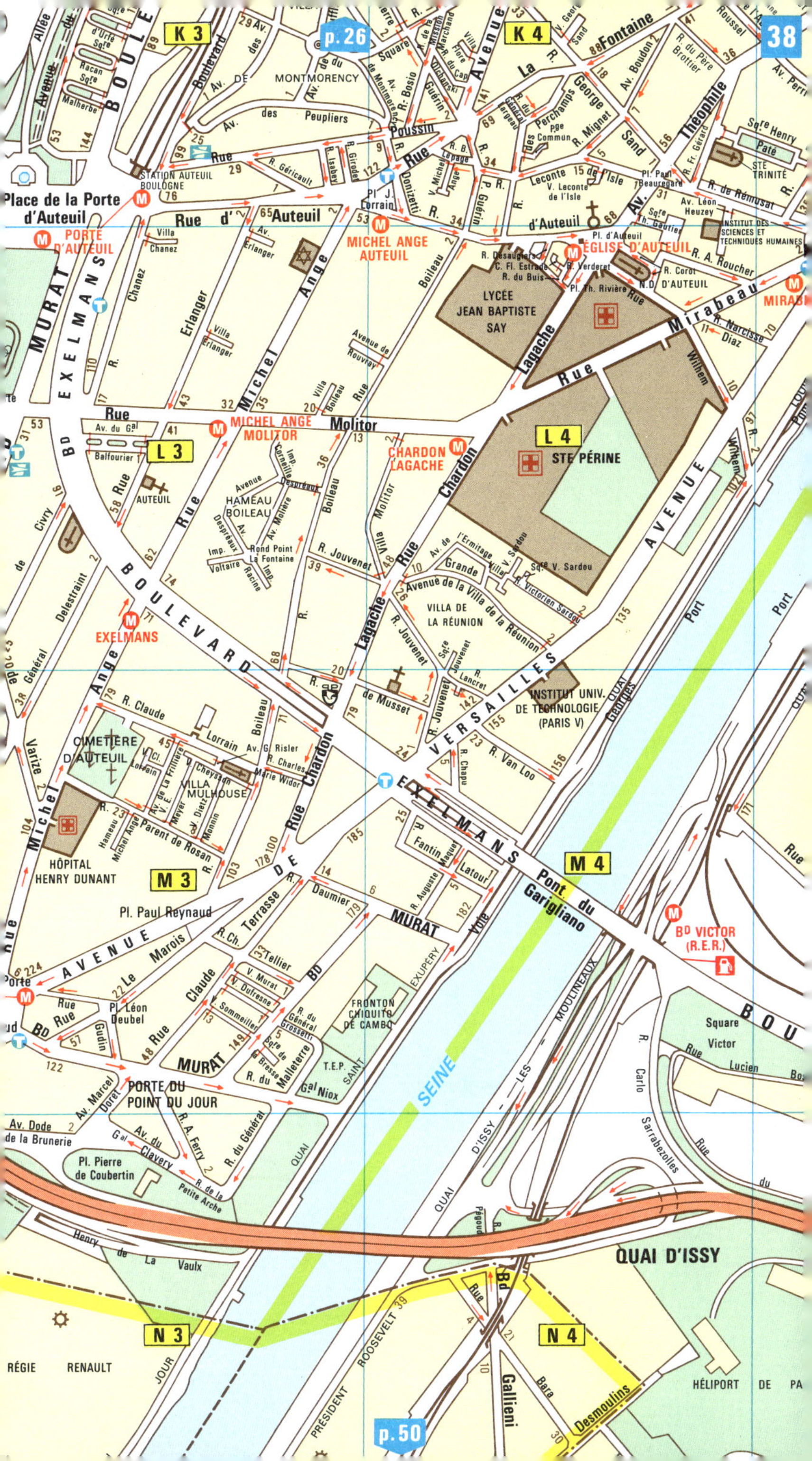
K 3
K 4
L 3
L 4
M 3
M 4
N 3
N 4
p. 26
p. 50
Place de la Porte d'Auteuil
PORTE D'AUTEUIL
STATION AUTEUIL BOULOGNE
MONTMORENCY
Av. des Peupliers
Rue d'Auteuil
MICHEL ANGE AUTEUIL
Rue Poussin
Pl. J. Lorrain
R. Boileau
R. Desaugiers
C. Fl. Estrade
R. du Buis
LYCÉE JEAN BAPTISTE SAY
R. Verderet
ÉGLISE D'AUTEUIL
Pl. Th. Rivière
N.D. D'AUTEUIL
R. Corot
R. A. Roucher
Rue Mirabeau
R. Narcisse Diaz
Théophile
Sq. Henry Paté
STE TRINITÉ
R. de Rémusat
INSTITUT DES SCIENCES ET TECHNIQUES HUMAINES
Av. Léon Heuzey
Pl. Paul Beauregard
Leconte de l'Isle
R. Mignet
Perchamps
Fontaine
BD EXELMANS
MURAT
R. Chanez
Villa Chanez
R. Erlanger
Villa Erlanger
Rue Michel Ange
Rue Molitor
MICHEL ANGE MOLITOR
Av. du Gal Balfourier
AUTEUIL
Rue Chardon Lagache
CHARDON LAGACHE
STE PÉRINE
Wilhem
HAMEAU BOILEAU
Rond Point La Fontaine
Imp. Racine
R. Jouvenet
Villa Molitor
Av. de l'Ermitage
Grande Villa
Sq. V. Sardou
R. Victorien Sardou
Avenue de la Villa de la Réunion
VILLA DE LA RÉUNION
AVENUE DE VERSAILLES
R. de Musset
R. Lancret
INSTITUT UNIV. DE TECHNOLOGIE (PARIS V)
R. Van Loo
R. Chapu
BOULEVARD EXELMANS
EXELMANS
Delestraint
Rue de Civry
Général Varize
R. Claude Lorrain
CIMETIÈRE D'AUTEUIL
Av. G. Risler
R. Charles Marie Widor
VILLA MULHOUSE
R. Parent de Rosan
HÔPITAL HENRY DUNANT
Pl. Paul Reynaud
R. Ch. Terrasse
R. Daumier
R. Fantin
Latour
Pont du Garigliano
Bd VICTOR (R.E.R.)
Quai Georges
Port
AVENUE Le Marois
Claude
R. Tellier
BD MURAT
Pl. Léon Deubel
Rue Gudin
FRONTON CHIQUITO DE CAMBO
T.E.P.
Gal Niox
R. du Gal Malleterre
PORTE DU POINT DU JOUR
Av. Marcel Doret
Av. Dode de la Brunerie
Av. du Gal Clavery
R. A. Ferry
R. de la Petite Arche
R. du Général
Pl. Pierre de Coubertin
Henry de La Vaulx
SEINE
QUAI D'ISSY LES MOULINEAUX
R. Carlo Sarrabezolles
Square Victor
Rue Lucien
QUAI D'ISSY
Bd Galliéni
Bara
Desmoulins
PRÉSIDENT ROOSEVELT
RÉGIE RENAULT
HÉLIPORT DE PA

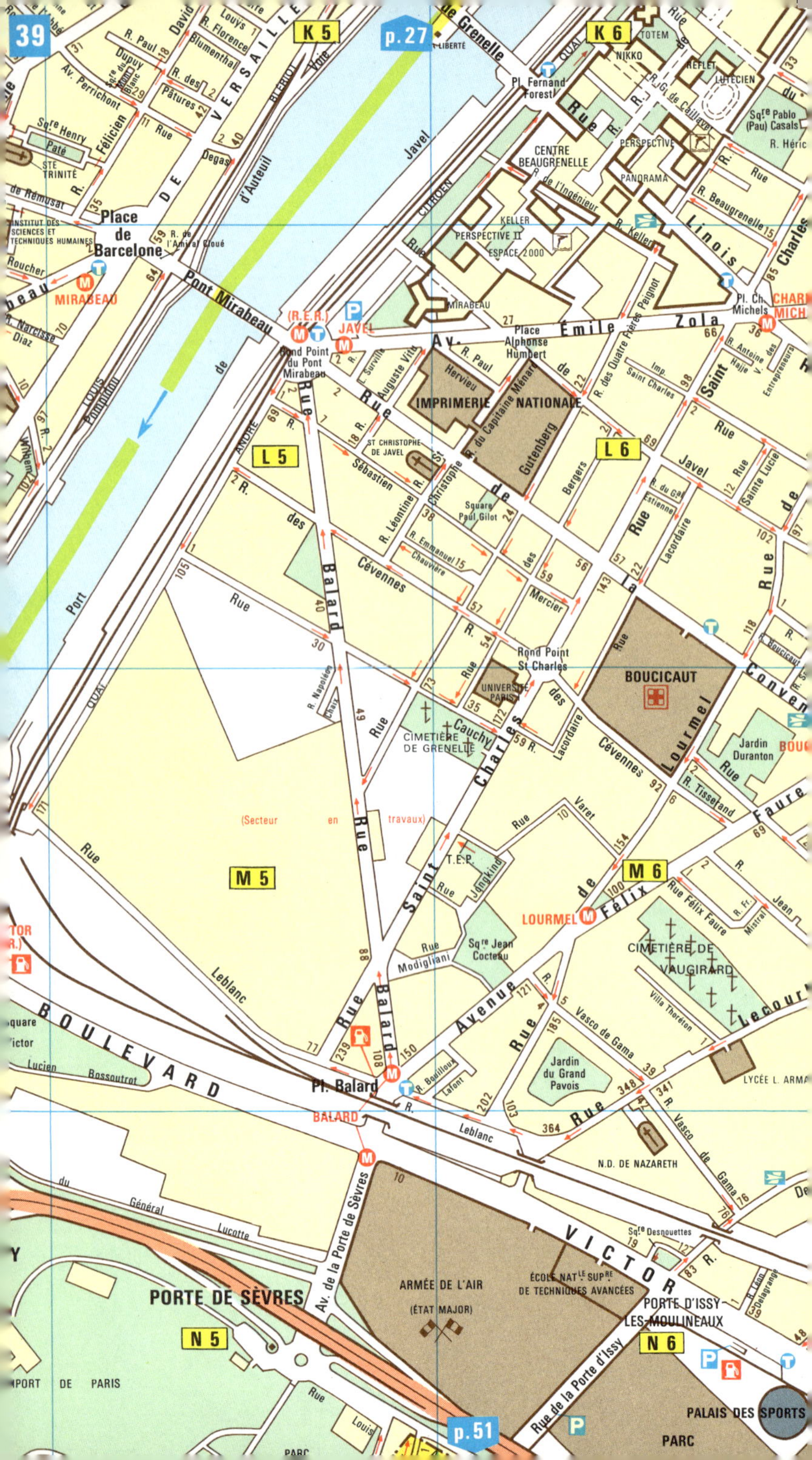

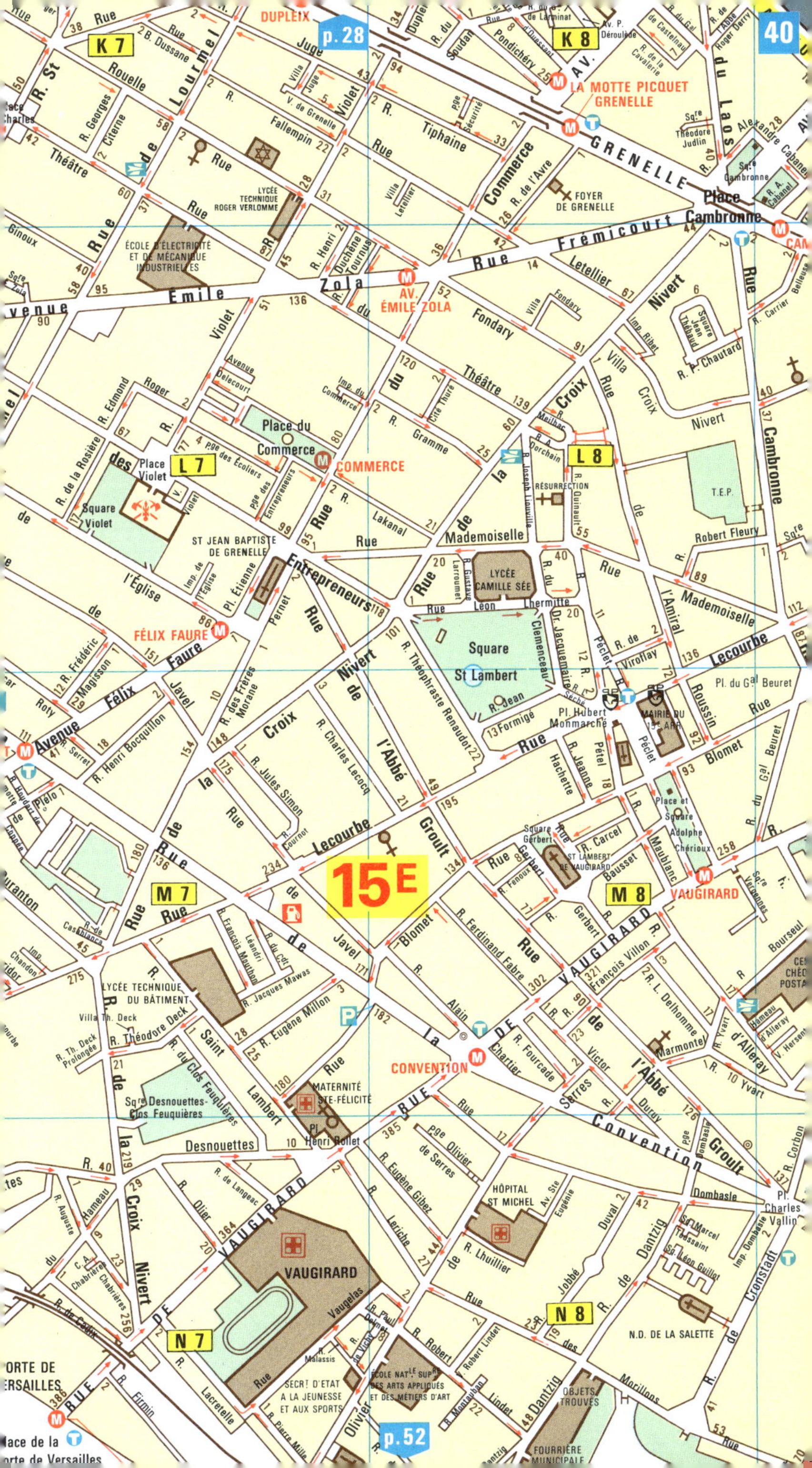

41
K 9
K 10
p. 29
U.N.E.S.C.O.
ET TÉLÉCOMMUNICATIONS
MICHELIN
AVENUE DE SUFFREN
AVENUE DE SAXE
AV. DE SÉGUR
AV. DE DUQUESNE
BD DES INVALIDES
Place de Breteuil
Place Cambronne
CAMBRONNE
SÉGUR
BOULEVARD GARIBALDI
SÈVRES LECOURBE
Pl. Henri Queuille
Rue de Sèvres
NECKER
ENFANTS MALADES
L 9
L 10
U.N.E.S.C.O. (ANNEXE)
INSTITUT NATl. DES JEUNES AVEUGLES
MINISTERE DEPARTEM ET TERRITO D'OUTRE-
LYCÉE BUFFON
LYCÉE TECHNIQUE FRESNEL
Imp. de l'Enfant Jésus
Imp. Ronsin
BOULEVARD PASTEUR
PASTEUR
Rue Lecourbe
Rue Blomet
Rue Cambronne
RUE DES VOLONTAIRES
VOLONTAIRES
RUE DE VAUGIRARD
Square Blomet
PASTEUR
HÔPITAL ST JACQUES
INSTITUT PASTEUR
ST JEAN BAPTISTE DE LA SALLE
ÉCOLE SUPÉRIEURE D'INGÉNIEURS EN ÉLECTROTECHNIQUE ET ÉLECTRONIQUE
M 9
M 10
Square Necker
T.E.P.
CENTRE CHÈQUES POSTAUX
SECRt D'ETAT A LA FORMATION PROFESSIONNELLE
R. Vigée Lebrun
R. Falguière
R. du Cotentin
Pl. d'Alleray
Pl. Falguière
Jardin Alleray - Labrouste
Pl. W. Kandinsky
Rue de la Procession
Pl. Charles Vallin
Rue de Vouillé
Pl. du Gal Monclar
N 9
N 10
CLINIQUE CHIRURGICALE LABROUSTE
Jardin du Moulin de la Vierge
Rue Vercingétorix
Rue de Gergovie
p. 53

p. 30
K 11
K 12
L 11
L 12
M 11
M 12
N 11
N 12
p. 54
LAENNEC
CLINIQUE JEAN DE DIEU
VANEAU
Rue de Vaneau
Rue Rousselet
Rue Pierre Leroux
R. d'Olivet
Rue de Sèvres
Rue du Cherche Midi
Sq.re St Romain
R. St Romain
CAISSE NAT.LE D'ÉPARGNE
R. St Jean Baptiste de la Salle
R. Mayet
MUSÉE HÉBERT
R. J. Ferrandi
Rue de Rennes
R. Régis
R. de Bérite
R. J.F. Gerbillon
R. de l'Abbé Grégoire
Rue Dupin
SÉMINAIRE ST SULPICE
Rue Saint Placide
R. du Regard
RASPAIL
R. Coëtlogon
Rue d'Assas
INSTITUT CATHOLIQUE DE PARIS
ST JOSEPH DES CARMES
R. Cassette
R. de Mézières
R. H.
Chevalier
Séminaire
R. Jean Bart
R. Madame
ÉCOLE BOSSUET
Guynemer
RENNES
VAUGIRARD
ST PLACIDE
Fleurus
LUXEMBOURG
ALLIANCE FRANÇAISE
R. Duguay Trouin
R. Huysmans
ÉCOLE ST SULPICE
ÉCOLE SUDRIA
R. Blaise Desgoffe
R. Littré
RUE DE
Ade Maintenon
BOULEVARD
Rue Falguière
FALGUIÈRE
COLLÈGE STANISLAS
Montparnasse
N.-D. DES CHAMPS
Pl. P. Lafue
LUCERNAIRE BERTHOMMÉ LE GUILLOCHET
Notre Dame des Champs
R. Vavin
Av. Vavin
AVENUE DU MAINE
R. d'Alençon
ÉCOLE NATIONALE DU GÉNIE RURAL ET DES EAUX ET FORÊTS
Imp. de l'Astrolabe
Imp. du Mont Tonnerre
Imp. Garnier
MUSÉE BOURDELLE
Bourdelle
Place du 18 Juin 1940
DU MONTPARNASSE
Imp. Robiquet
N.D. DES CHAMPS
THÉÂTRE DE POCHE MONTPARNASSE
R. de Cicé
R. Stanislas
Pl. et Sq.re Ozanam
Sainte Beuve
Vavin
R. Bréa
R. Jules Chaplain
R. de la Gr.de Chaumière
UNIVERS. DE DROIT PARIS
R. de l'Arrivée
MONTPARNASSE BIENVENÜE
GALERIES LAFAYETTE
Rue du Départ
Pge des Épinettes
R. d'Odessa
DIRECTION DE L'AVIATION CIVILE
Pl. Bienvenüe
TÉLÉCOMMUNICATIONS
TOUR MONTPARNASSE
Pl. R. Dautry
VAVIN
Pl. P. Picasso
BD DU MONTPARNASSE
R. de Chevreuse
R. Paul Séjourné
BOULEVARD
INNO
R. Poinsot
R. Jolivet
Gaîté
EDGAR QUINET
Rue Delambre
Sq.re Delambre
R. Huyghens
LYCÉE PAUL BERT
L. Robert
GARE MONTPARNASSE
VAUGIRARD
Sq.re Gaston Baty
R. du Maine
Imp. de la Gaîté
EDGAR QUINET
LYCÉE TECHNIQUE D'ÉTAT
R. Campagne Première
Mouchotte
Modigliani
(Secteur Travaux)
Rue Vandamme
TH. MONTPARNASSE
R. Larochelle
TH. LA GAÎTÉ MONTPARNASSE
R. de la Gaîté
R. René
Terrasse
Cdt
GAÎTÉ
R. Vercingétorix
CIMETIÈRE DU MONTPARNASSE
R. Richard
RASPAIL
R. d'Enfer
Pge
HÔPITAL
Place de Catalogne
Rue Jean Zay
R. de l'Ouest
Imp. de l'Ouest
Pl. Brancusi
HÔPITAL LÉOPOLD BELLAN
Imp. Lebouis
R. Lebouis
Losserand
R. A. Mie
R. Émile
ÉCOLE SPÉCIALE D'ARCHITECTURE
Schœlcher
Rue Froidevaux
Pge Fermat
R. Cels
Imp. Cels
R. Fermat
R. Deparcieux
R. Roger
R. Gassendi
Les Colonnes
R. J. Guesde
R. Texel
Pge de Vanves
TH. DE PLAISANCE
R. de l'Abbé Soulange Bodin
R. Niepce
Raymond
Château
Pge des Arts
R. Maison Dieu
R. Édouard Jacques
R. Asseline
Pge de la Tour de Vanves
Sq.re de l'Aide Sociale
Rue Daguerre
Pl. de Moro Giafferi
R. Didot
Square Ste Léonie
Imp. Ste Léonie
R. Maurice Ripoche
R. du Château
Pge Tenaille
R. Charles Divry
R. Sivel
R. Danville
Liancourt
V. Louvat
Lalande
R. E. Pelletan
R. Boulard
R. V.A. Simon
R. Victor Considérant
AÉROPORT DE PARIS
Sq.re J. Antoine
PLACE DENFERT ROCHEREAU
Sq.re Georges Lamarque
Sq.re Claude-Nicolas Ledoux
DENFERT ROCHEREAU
R. de Grancey
Sq.re de Mig
R. Pernety
Plaisance
R. Boyer Barret
R. Maindron
R. de l'Eure
R. Severo
Rue Durouchoux
MAIRIE DU 14E ARR.
Pl. et Sq.re Ferdinand Brunot
R. Saillard
R. Ernest Cresson
LECLERC
Henri

6E
PALAIS DU LUXEMBOURG SÉNAT
PETIT LUXEMBOURG
Sq.re F. Poulenc
FONTAINE DE MÉDICIS
JARDIN DU LUXEMBOURG
Place Edmond Rostand
LUXEMBOURG (R.E.R.)
BOULEVARD SAINT MICHEL
Rue Soufflot
PANTHÉON
Place du Panthéon
SORBONNE UNIVERSITÉS PARIS III ET PARIS IV
COLLÈGE DE FRANCE
LYCÉE LOUIS LE GRAND
COLLÈGE STE BARBE
UNIVERSITÉS PARIS I - PARIS II ET PARIS V
MAIRIE DU 5E ARR.
LYCÉE ST LOUIS
Rue de Vaugirard
Rue Auguste Comte
ÉCOLE NATLE SUPRE DES MINES
LYCÉE MONTAIGNE
INSTITUT INTERNATIONAL D'ADMINISTRATION PUBLIQUE
UNIVERSITÉ PARIS V
UNIVERSITÉ DE DROIT (PARIS II)
MUSÉE ZADKINE
Rue Michelet
Jardin R. Cavelier-de-La-Salle
Jardin Marco Polo
Pl. E. Denis
ÉCOLE ALSACIENNE
INSTITUT NATIONAL DE JEUNES SOURDS
LYCÉE LAVOISIER
ST JACQUES DU HAUT PAS
INSTITUT DE GÉOGRAPHIE
ÉCOLE NATLE SUPRE DE CHIMIE
INSTITUT DU RADIUM
INSTITUT CURIE
ÉCOLE NATLE SUPRE DES ARTS DÉCORATIFS
ÉCOLE NORMALE SUPÉRIEURE
ÉCOLE SUP. DE PHYSIQUE ET INDUSTRIEL
SCHOLA CANTORUM
Rue Gay Lussac
Rue Saint Jacques
Rue Claude Bernard
VAL DE GRÂCE
Pl. A. Laveran
PORT ROYAL (R.E.R.)
BOULEVARD DU MONTPARNASSE
BOULEVARD DE PORT ROYAL
MATERNITÉ PORT ROYAL CLINIQUE BAUDELOCQUE
COCHIN
CLINIQUE CHIRURGICALE PÉAN
HÔPITAL ST VINCENT DE PAUL
OBSERVATOIRE DE PARIS
BUREAU DES LONGITUDES
AÉROPORTS DE PARIS
AVENUE DENFERT ROCHEREAU
AVENUE DE L'OBSERVATOIRE
Rue du Faubourg Saint Jacques
Rue de la Santé
Rue Méchain
INSTITUT PROTESTANT DE THÉOLOGIE
MAISON D'ARRÊT DE LA SANTÉ
BD ARAGO
PLACE DENFERT ROCHEREAU
DENFERT ROCHEREAU
STATION DENFERT ROCHEREAU (R.E.R.)
ST JACQUES
BOULEVARD SAINT JACQUES
Pl. de l'Ile de Sein
Sq.re de l'Abbé Migne
K 13
K 14
L 13
L 14
M 13
M 14
N 13
N 14

p. 31
p. 55

44
p. 32
p. 56
K 15
K 16
L 15
L 16
M 15
M 16
N 15
N 16
5E
Pl. Maubert
MAUBERT MUTUALITÉ
ST NICOLAS DU CHARDONNET
PALAIS DE LA MUTUALITÉ
GERMAIN
TOURNELLE
Tournelle
Pont de Sully
BÉTHUNE
Sq. Barye
INSTITUT DU MONDE ARABE
QUAI
MUSÉE DE LA SCULPTURE EN PLEIN AIR
Jardin
Saint
Tino
Henri
R. de Schomberg
PARADIS LATIN
R. des Écoles
R. Lemoine
R. Cardinal Lemoine
R. d'Arras
MIN. DE LA RECHERCHE ET DE L'ENSEIGNEMENT SUPÉRIEUR
Sq. P. Langevin
Jardin de Navarre
Jardin de Boncourt
ST ÉTIENNE DU MONT
R. St Etienne du Mont
R. Clovis
R. Descartes
R. Thouin
CARDINAL LEMOINE
UNIVERSITÉS PARIS VI-PARIS VII PIERRE ET MARIE CURIE
Place Jussieu
JUSSIEU
R. des Fossés Saint Bernard
R. Cuvier
MÉNAGERIE
R. Jussieu
R. Guy de la Brosse
PARIS VI PARIS VII
R. des Boulangers
Sq. des Arènes de Lutèce
ARÈNES DE LUTÈCE
Sq. Capitan
R. des Arènes
Pl. E. Mâle
R. Linné
JARDIN DES PLANTES
ÉCOLE NATIONALE L. LUMIÈRE
Rue Rollin
Rue Monge
Pl. de la Contrescarpe
R. St Médard
R. Blainville
R. Lacépède
R. de Navarre
Sq. Ortolan
R. Ortolan
R. Gracieuse
Pot de Fer
R. Mouffetard
R. Tournefort
MAISON FRATERNELLE
Pl. Monge
MONGE
R. Dolomieu
R. du Puits de l'Ermite
Pl. du Puits de l'Ermite
R. Quatrefages
R. de la Clef
R. Larrey
R. G. Desplas
CLIN. GEOFFROY ST HILAIRE
R. Geoffroy
INSTITUT MUSULMAN ET MOSQUÉE
R. Daubenton
MUSEUM NATIONAL D'HISTOIRE NATURELLE
R. Buffon
R. Nicolas Houël
Cité d'Austerlitz
R. Pestalozzi
R. de l'Épée de Bois
R. Calvin
R. Lhomond
Sq. Vermenouze
Pge des Postes
R. Père Teilhard de Chardin
Pge des Patriarches
R. des Patriarches
R. de Mirbel
R. Marché des Patriarches
R. de l'Arbalète
R. Censier
R. du Fer à Moulin
R. Santeuil
UNIVERSITÉ PARIS III
R. de Candolle
Pl. B. Halpern
CENSIER DAUBENTON
R. Poliveau
R. de l'Essai
CLIN. ST FRANÇOIS
INSTITUT NATl. AGRONOMIQUE
ST MÉDARD
Sq. St Médard
R. E. Quénu
R. de Bazeilles
Sq. Adanson
R. Scipion
Sq. Scipion
R. Vésale
R. du Petit Moine
R. de la Collégiale
R. des Fossés St Marcel
Imp. du Marché aux Chevaux
R. St Hilaire
BOULEVARD SAINT MARCEL
R. Wallons
R. R. Panhard
ST MARCEL
FONDATION DU GARDIEN DE LA PAIX
R. J. Breton
R. Jeanne d'Arc
R. Duméril
R. Broca
R. Pascal
R. de Valence
AVENUE
BOULEVARD ROYAL
PORT ROYAL
R. Reine Blanche
R. M. Peter
R. du Jura
R. Pirandello
R. Oudry
R. Le Brun
Rue Banquier
ÉCOLE DE CHIMIE PHYSIQUE BIOLOGIE DE PARIS
R. Titien
R. des Marmousets
R. des Gobelins
GOBELINS
R. Rubens
CAMPO FORMIO
R. de Campo Formio
R. Esquirol
R. Jeanne d'Arc
BOULEVARD DE L'HÔPITAL
ARAGO
R. Berbier du Mets
R. Gustave Geffroy
R. Émile Deslandres
MANUFACTURE DES GOBELINS
LYCÉE TECHNIQUE J. LURÇAT
Cité des Gobelins
R. Véronèse
R. Primatice
R. Coypel
R. Philippe de Champagne
R. Watteau
R. Pinel
Pl. Pinel
Sq. G. Mesureur
ÉCOLE NATle SUPre D'ARTS ET MÉTIERS
R. Ed. Manet
R. Pichon
R. Vallet
Imp. du Petit Modèle
Av. Stéphen Pichon
R. Fagon
MOBILIER NATIONAL
R. Croulebarbe
R. Hovelacque
R. Abel
R. des Cordelières
Square René Le Gall
LYCÉE RODIN
AV. DES GOBELINS
BOULEVARD

45

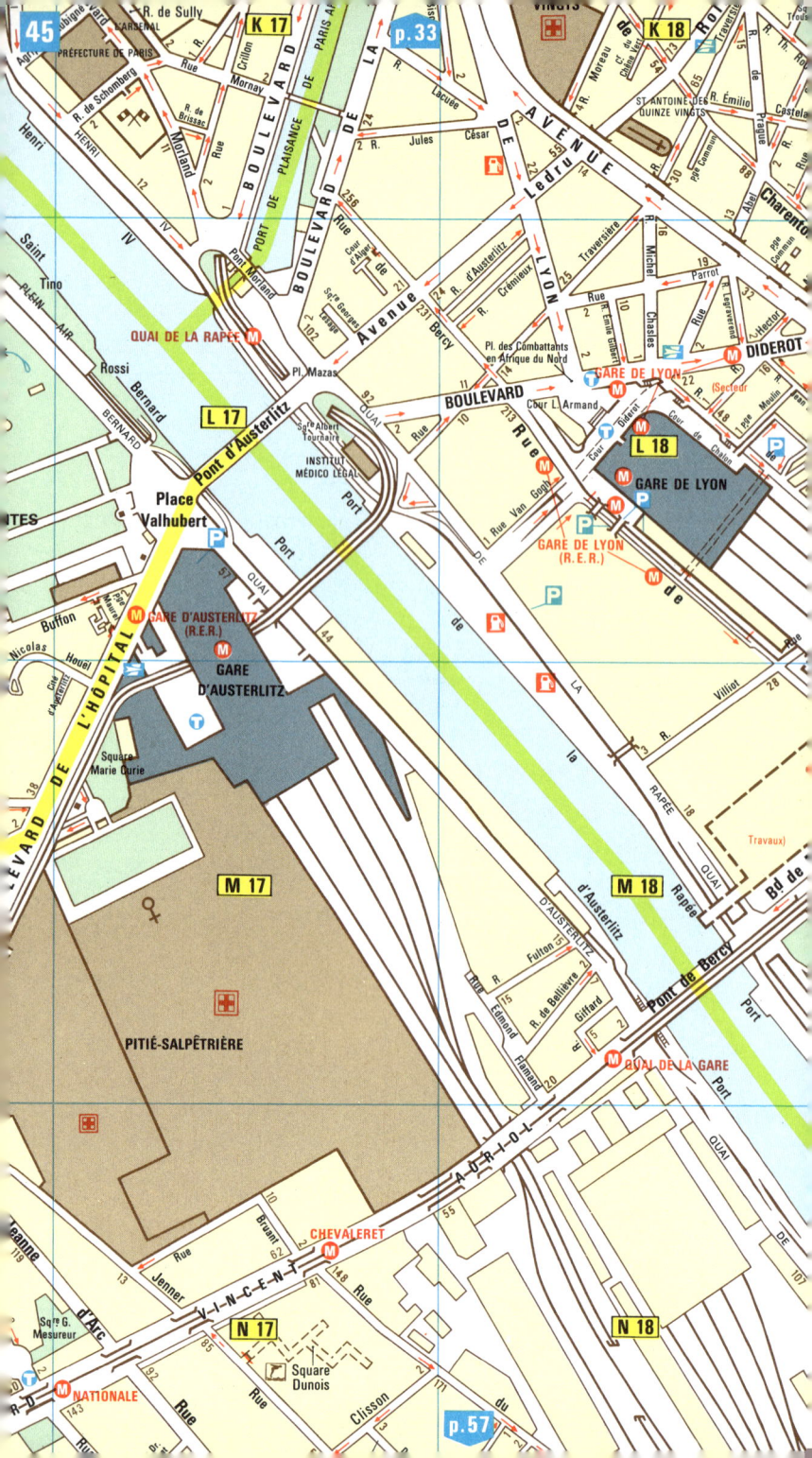

K 17 | **p. 33** | **K 18**

PRÉFECTURE DE PARIS
R. de Sully
R. de Schomberg
R. de Brissac
R. Mornay
BOULEVARD DE LA BASTILLE
AVENUE LEDRU
ST-ANTOINE DES QUINZE VINGTS
R. Moreau
R. Émilio Castelar
R. de Prague
HENRI IV
Morland
PORT DE PLAISANCE
Pont Morland
Sq Georges Lesage
R. Jules César
R. Lacuée
Rue Parrot
Charenton
R. Traversière
R. Crémieux
R. d'Austerlitz
AVENUE DAUMESNIL
R. Michel Chasles
R. Hector Malot
R. Legraverend

QUAI DE LA RAPÉE (M)
Pl. Mazas
Cour d'Alger
Pl. des Combattants en Afrique du Nord
GARE DE LYON (M) **DIDEROT**

L 17 | **L 18**

Pont d'Austerlitz
Sq Albert Tournaire
INSTITUT MÉDICO LÉGAL
BOULEVARD
Cour L. Armand
R. de Bercy
R. de Chalon
Rue Van Gogh
GARE DE LYON
GARE DE LYON (R.E.R.)

Place Valhubert
QUAI
PORT
Bernard
Buffon
Nicolas Houël
Cuvier
GARE D'AUSTERLITZ (R.E.R.) (M)
GARE D'AUSTERLITZ
Square Marie Curie

M 17 | **M 18**

PITIÉ-SALPÊTRIÈRE
R. Fulton
R. de Bellièvre
R. Gifford
R. Edmond Flamand
Pont de Bercy
QUAI de la RAPÉE
QUAI d'Austerlitz
Travaux
Bd de
QUAI DE LA GARE

BOULEVARD VINCENT AURIOL

CHEVALERET (M)
R. Bruant
R. Jenner
Sq Jeanne d'Arc
Sq G. Mesureur
NATIONALE (M)
Square Dunois
Rue Clisson

N 17 | **N 18**

p. 57

K 19
K 20
L 19
L 20
M 19
M 20
N 19
N 20
12E
p. 34
p. 58
Rue du Faubourg Saint Antoine
Pl. Dr. Antoine Béclère
HERBE CHALIGNY
STE FAMILLE
Place d'Aligre
ST ANTOINE
CENTRE NATL DE TRANSFUSION SANGUINE
Imp. Druinot
Pge Brulon
Pge Driancourt
Imp. Crozatier
Imp. Barrier
R. Beccaria
Rue Chaligny
R. Claude Tillier
Pge du Génie
R. Gonnet
Rue Boulets
R. Chevreul
BOULEVARD DIDEROT
REUILLY DIDEROT
R. Rondelet
R. Pierre Bourdan
Cour St Eloi
Square St Charles
LYCÉE TECHNIQUE BOULLE
Rue de Reuilly
Cour d'Alsace Lorraine
Mousset
Imp. Mousset
Pge Commun
R. du Sergent
DIACONESSES
Rue de Crozatier
Pge Abel Leblanc
Av. de Corbera
Rue de Charenton
Imp. Érard
R. Érard
R. Eugénie Eboué
R. du Cel
Rozanoff
R. d'Artagnan
Pl. M. de Fontenay
ST ÉLOI
MONTGALLET
Pge Stinville
Pge Montgallet
R. Montgallet
T.E.P.
R. Ste Claire Deville
R. Ch. Nicolle
Cité Moynet
R. Ebelmen
Rue Rambouillet
Ruelle Bidault
Pl. du Cel Bourgoin
R. Raguinot
Gatbois
Pge Gatbois
travaux)
Rue de Chalon
AVENUE DAUMESNIL
R. Charles Bossut
Ruelle des Hébrard
R. du Congo
R. Baulant
Pge du Charolais
Rue Charolais
R. Descos
MAIRIE DU 12E ARR.
R. Bignon
R. Elisa Lemonnier
R. Dubrunfaut
R. Pleyel
R. Dugommier
Ruelle de la Planchette
Boulevard de Bercy
DUGOMMIER
Sqre Jean Morin
Rue Proudhon
R. des Fonds Verts
Rue Coriolis
(Secteur
Pl. du Bataillon du Pacifique
Sqre Bercy Chambertin
R. de Chambertin
BERCY
Rue Corbineau
GARE DE PARIS-BERCY
PALAIS OMNISPORTS DE PARIS-BERCY
R. Mâcon
R. Dessort
R. de Cognac
ENTREPOTS
Barsac
Cour Léopold
Cour Gallois
Cour Chablis
R. du Médoc
Cour Margaux
Cour Château
Champagne
R. de Blaye
Chablis
Pommard
Place Lachambeaudie
N.D. DE LA NATIVITÉ
Rue de Dijon
Rue Laurent
Crépier
Baulant
Rue Vieille de la Garonne
Rue Gabriel Lamé
Rue Neuve de l'Yonne
Soulages
Chamonard
St Emilion
Thorins
R. des Maconnais
Nicolaï
Garonne
Avenue du Petit Château
Rue Abel
Rue du Roussillon
Pont de Tolbiac
Quai de Bercy
Port de la Gare
Bercy

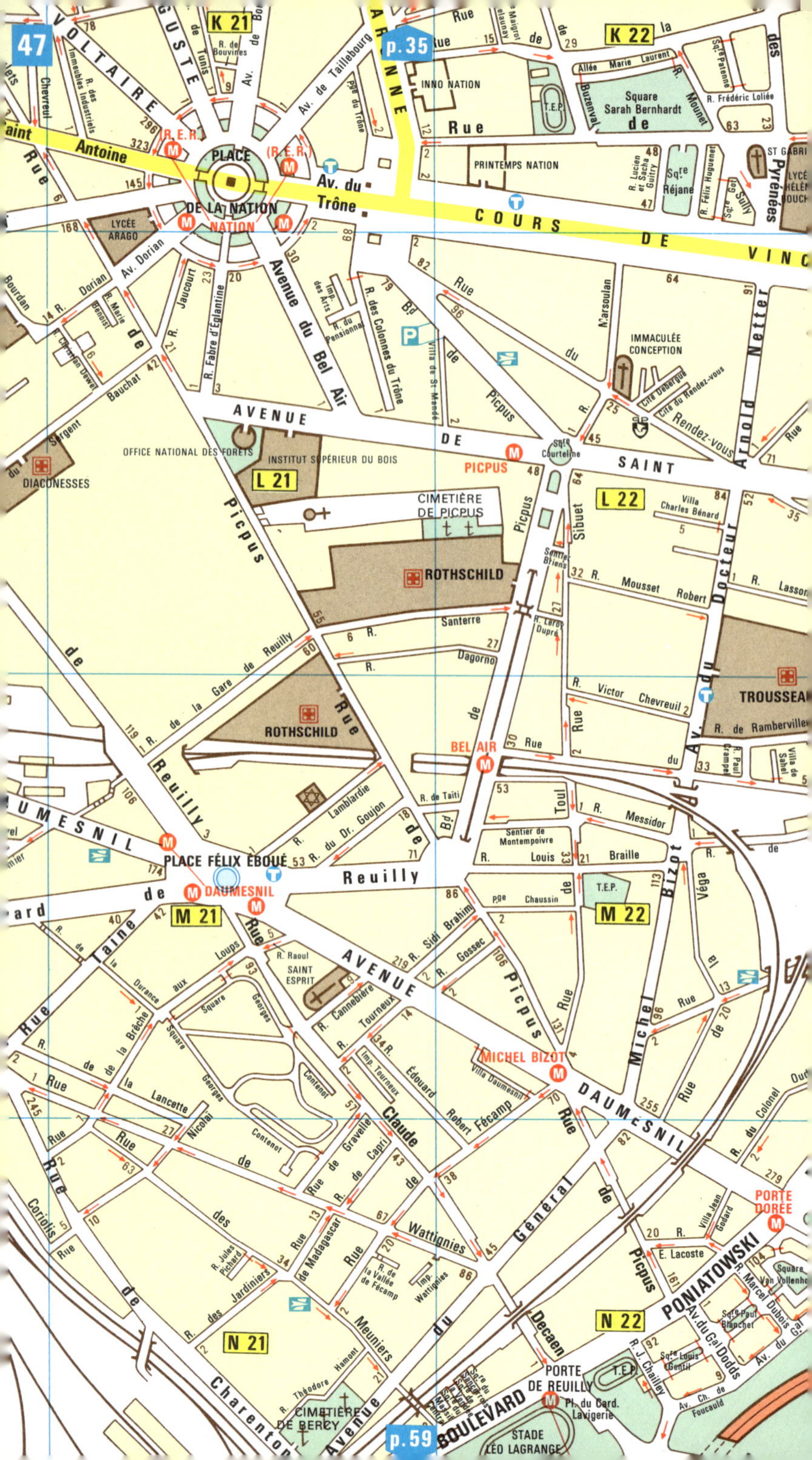
K 21
K 22
L 21
L 22
M 21
M 22
N 21
N 22
PLACE DE LA NATION
NATION
(R.E.R.)
Rue Saint Antoine
Bd Voltaire
Av. du Trône
COURS DE VINCENNES
INNO NATION
PRINTEMPS NATION
Square Sarah Bernhardt
Sq.re Réjane
T.E.P.
LYCÉE ARAGO
Av. Dorian
R. Dorian
R. Jaucourt
R. Fabre d'Églantine
Avenue du Bel Air
R. des Colonnes du Trône
Villa de St Mandé
Rue de Picpus
Marsoulan
IMMACULÉE CONCEPTION
Cité du Rendez-vous
R. du Rendez-vous
Rue Arnold Netter
Rue Bauchat
Rue du Sergent
DIACONESSES
OFFICE NATIONAL DES FORÊTS
INSTITUT SUPÉRIEUR DU BOIS
AVENUE DE SAINT MANDÉ
PICPUS
Sq.re Courteline
CIMETIÈRE DE PICPUS
ROTHSCHILD
R. Santerre
R. Dagorno
Sentier Briens
R. Sibuet
Villa Charles Bénard
R. Mousset Robert
R. Lasson
Av. du Docteur
TROUSSEAU
R. Victor Chevreuil
R. de Rambervillers
R. de la Gare de Reuilly
Rue de Reuilly
BEL AIR
R. de Taiti
R. Lamblardie
R. du Dr. Goujon
R. Messidor
Sentier de Montempoivre
R. Louis Braille
R. Michel Bizot
R. de la Véga
DAUMESNIL
PLACE FÉLIX ÉBOUÉ
R. de Toul
T.E.P.
Rue de Reuilly
Pge Chaussin
R. Sidi Brahim
R. Gossec
R. Raoul
SAINT ESPRIT
R. Cannebière
R. Tourneux
Imp. Tourneux
R. Édouard Robert
R. de Fécamp
Villa Daumesnil
MICHEL BIZOT
AVENUE DAUMESNIL
Rue Claude Decaen
R. de la Durance
R. aux Loups
Square Georges Contenot
R. de la Brèche
R. de la Lancette
R. Nicolaï
Rue de Gravelle
R. de Capri
Rue de Wattignies
Rue du Général Michel Bizot
Rue de Picpus
R. du Colonel Oudot
PORTE DORÉE
BOULEVARD PONIATOWSKI
R. Marcel Dubois
Square Van Vollenhoven
Av. du Gal Dodds
R. J. Chailley
Av. Ch. de Foucauld
E. Lacoste
Villa Jean Godard
Rue Coriolis
R. Jules Pichard
Rue de Madagascar
R. des Jardiniers
Rue des Meuniers
R. de la Vallée de Fécamp
Imp. Wattignies
R. Théodore Hamont
CIMETIÈRE DE BERCY
Rue de Charenton
Avenue du Général
PORTE DE REUILLY
Pl. du Card. Lavigerie
STADE LÉO LAGRANGE
BOULEVARD

p. 35
p. 59

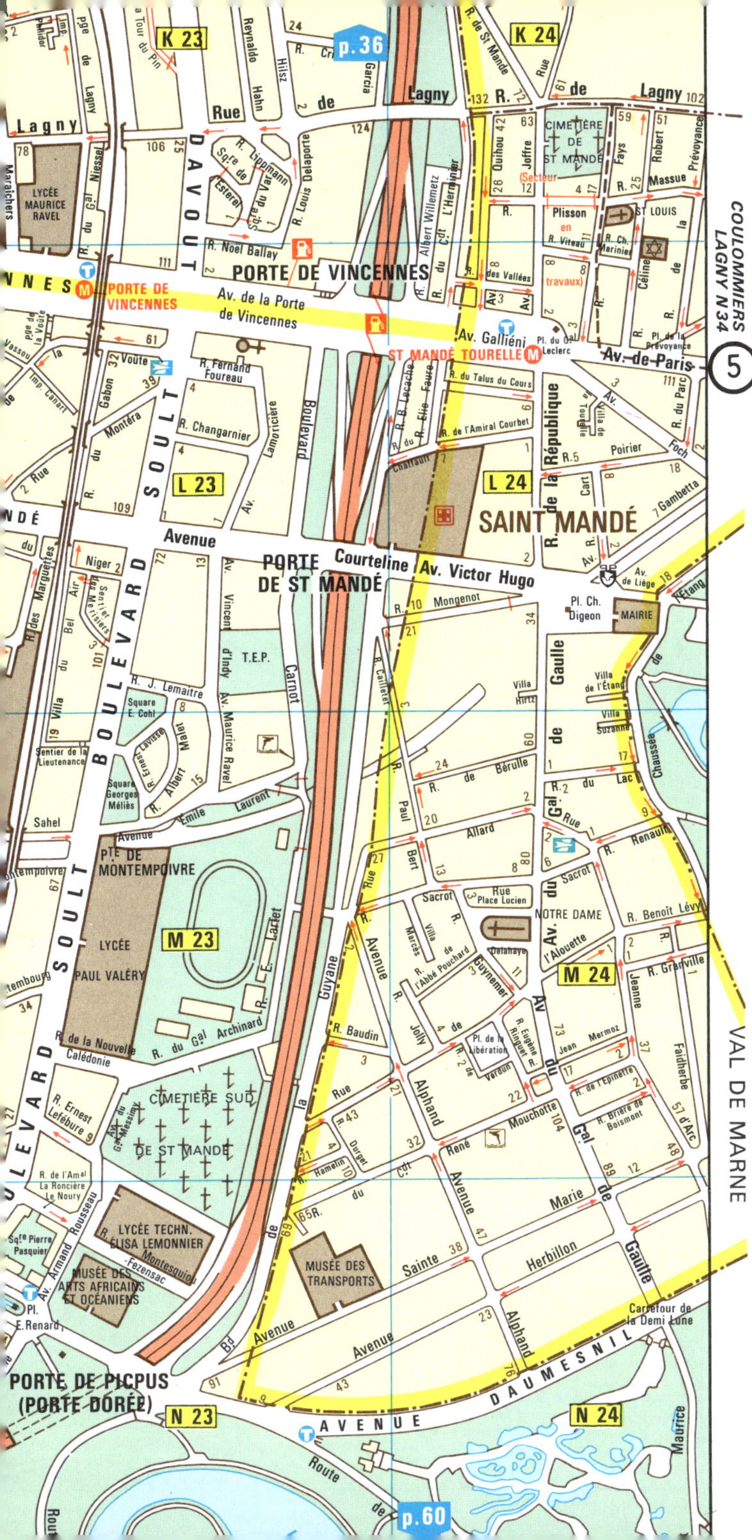

En préparation : plan MICHELIN à 1/15 000 « Banlieue de Paris Sud-Est » n° 23

Utilisez le plan MICHELIN à 1/15 000 « Banlieue de Paris Sud-Ouest » n° 21

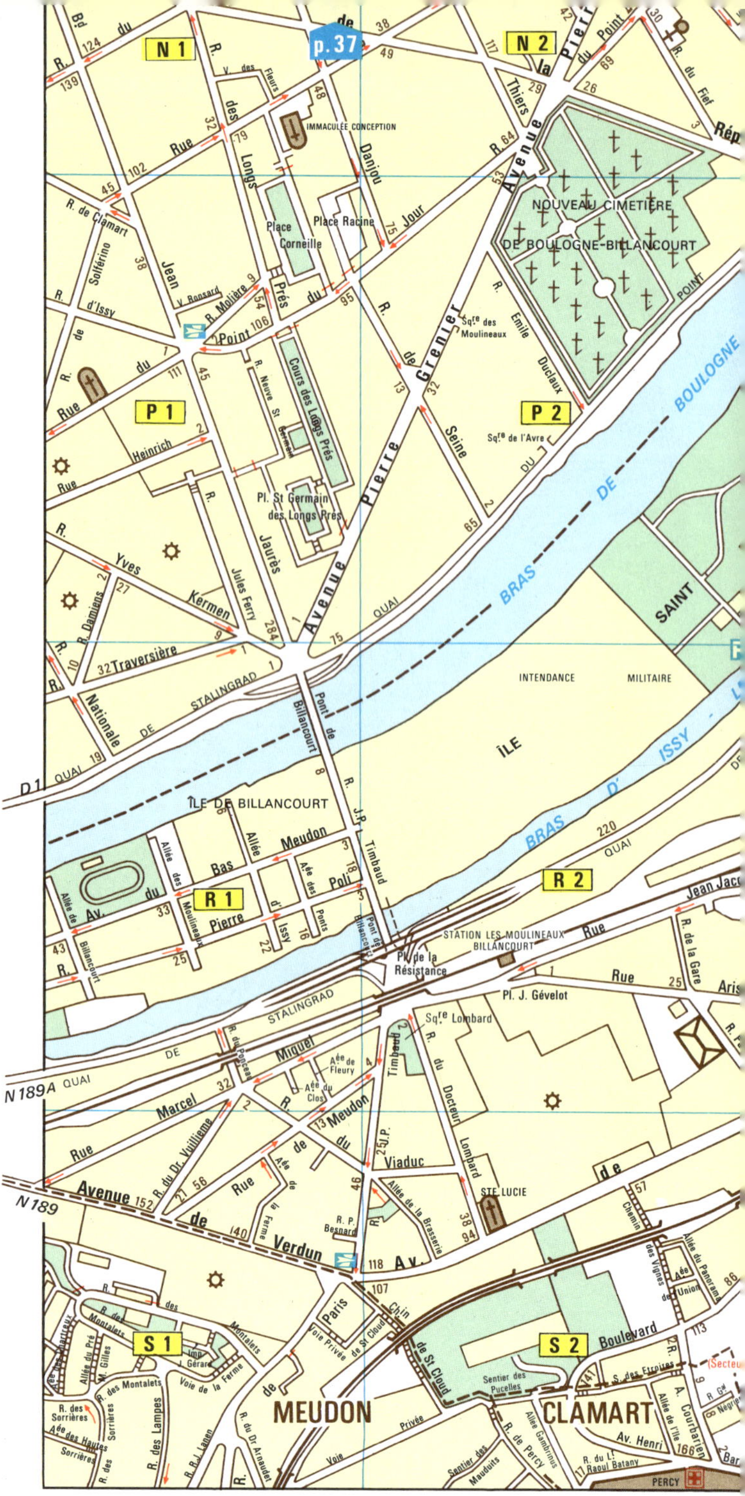

ISSY-LES-MOULINEAUX

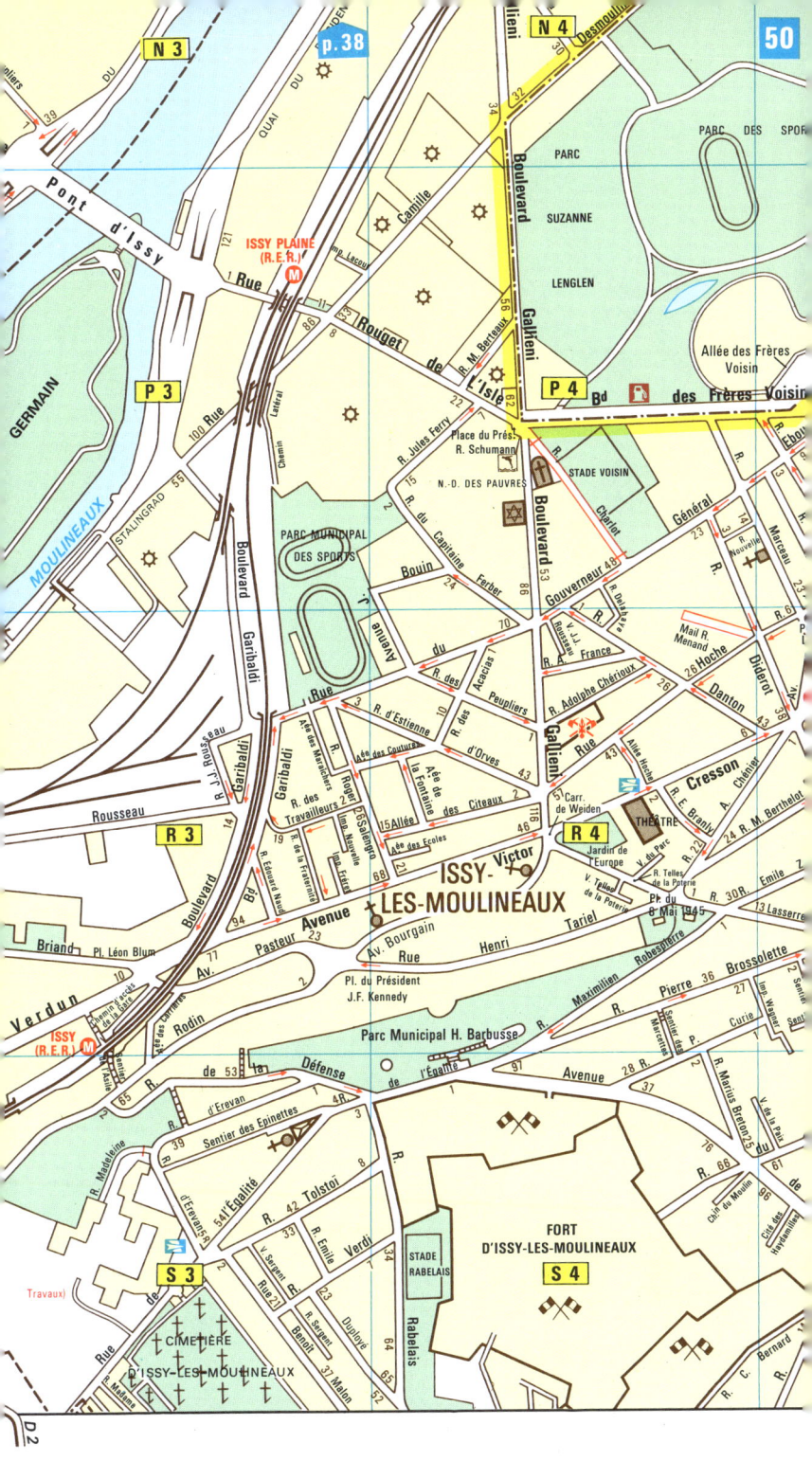

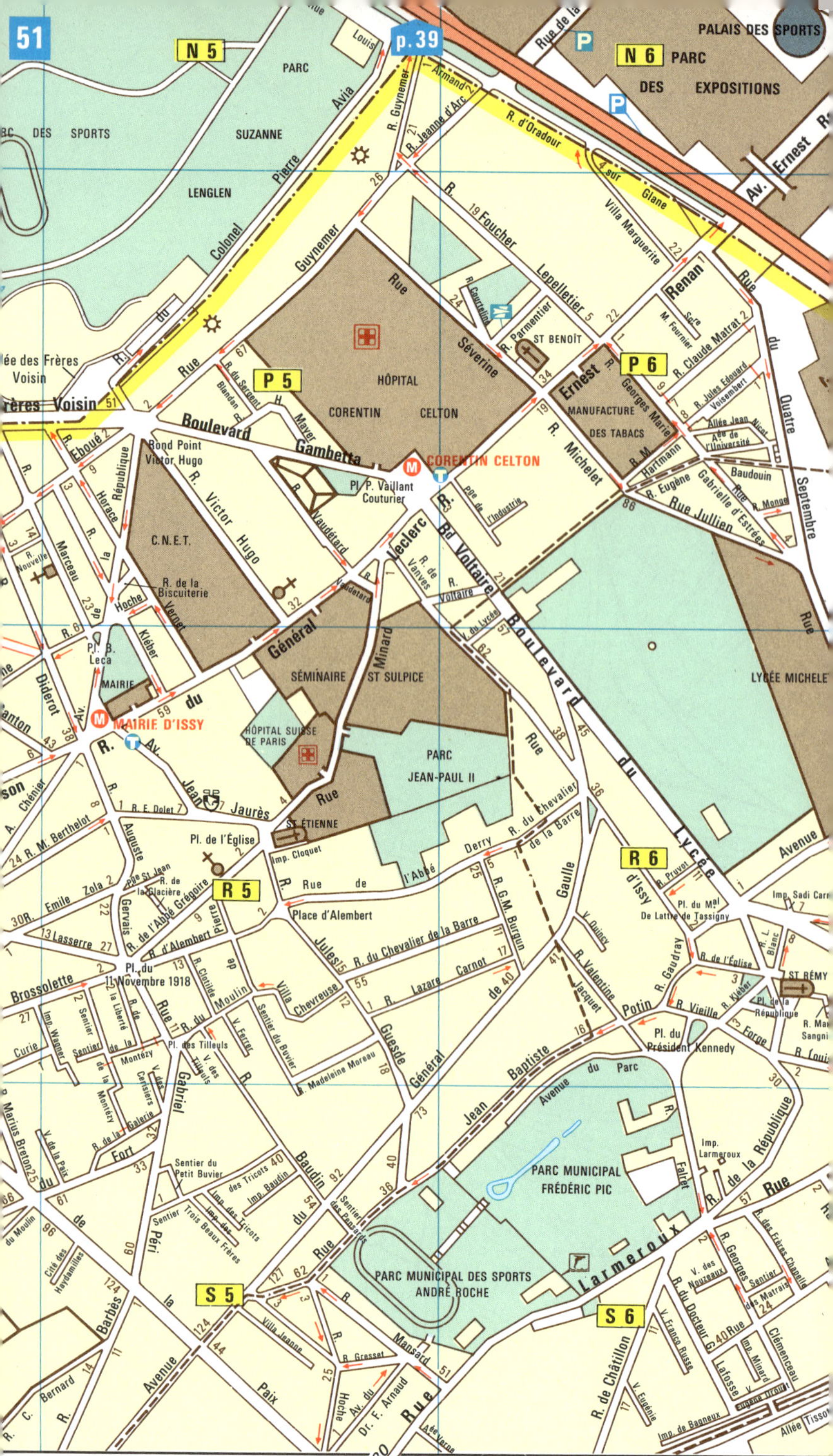

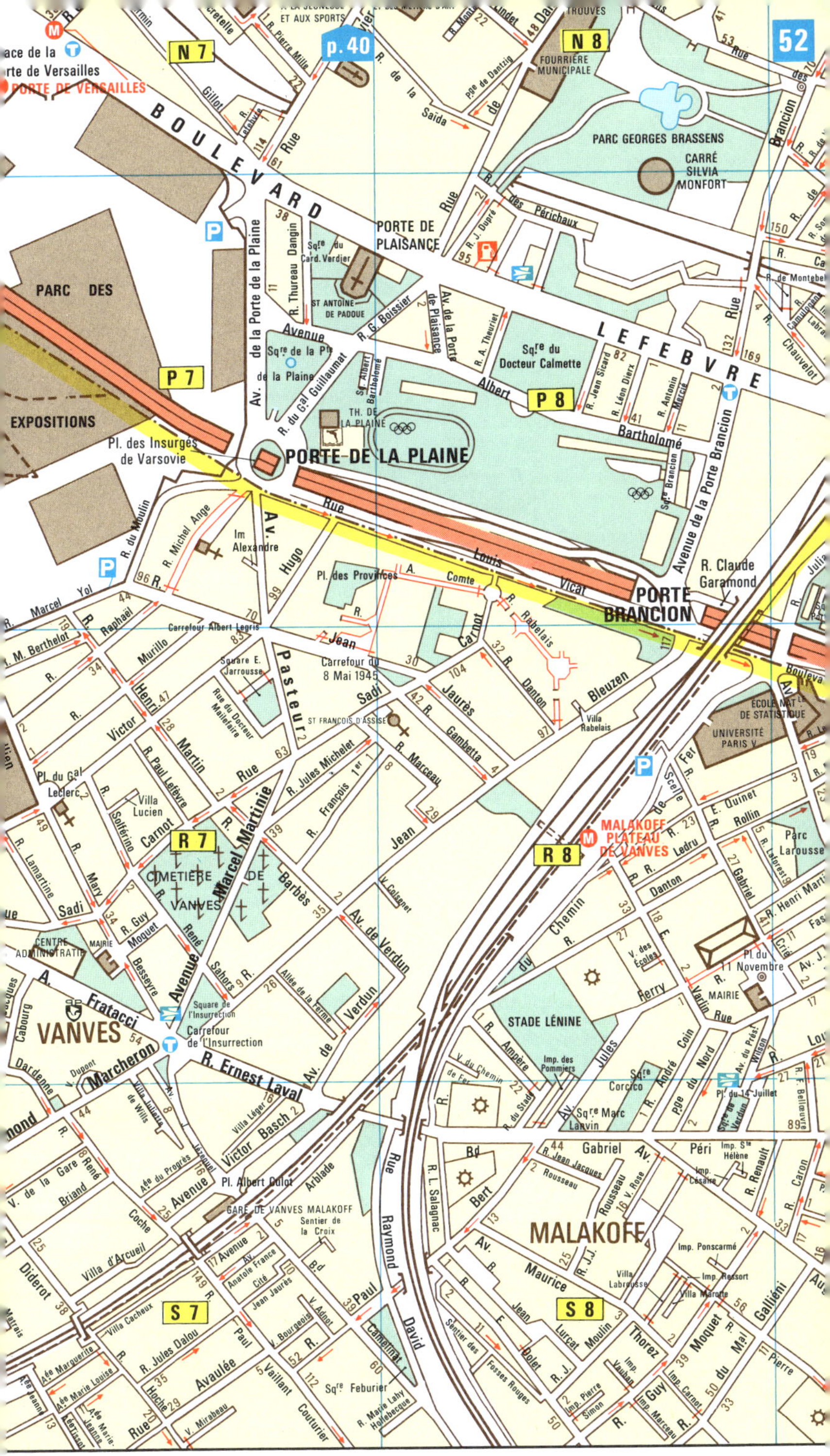
N 7
p. 40
N 8
P 7
P 8
R 7
R 8
S 7
S 8
Place de la Porte de Versailles
PORTE DE VERSAILLES
BOULEVARD LEFEBVRE
PARC DES EXPOSITIONS
FOURRIÈRE MUNICIPALE
PARC GEORGES BRASSENS
CARRÉ SILVIA MONFORT
PORTE DE PLAISANCE
R. de la Saïda
R. des Périchaux
R. J. Dupré
R. Thureau Dangin
Sq^re du Card. Verdier
ST ANTOINE DE PADOUE
R. G. Boissier
Av. de la Porte de Plaisance
R. A. Theuriet
Sq^re du Docteur Calmette
Rue Albert Bartholomé
R. Jean Sicard
R. Léon Dierx
R. Antonin Mercié
Av. de la Porte de la Plaine
Sq^re de la Porte de la Plaine
R. du Gal Guillaumat
Sq. Albert Bartholomé
TH. DE LA PLAINE
PORTE DE LA PLAINE
Pl. des Insurgés de Varsovie
Sq^re Brancion
Avenue de la Porte Brancion
R. Claude Garamond
PORTE BRANCION
Rue Louis Vicat
R. du Moulin
R. Michel Ange
Im Alexandre
Av. Hugo
Pl. des Provinces
A. Comte
R. Rabelais
R. Marcel Yol
R. Raphaël
Carrefour Albert Legris
R. M. Berthelot
R. Murillo
Square E. Jarrousse
Rue Pasteur
Carrefour du 8 Mai 1945
Jean Jaurès
R. Danton
Bleuzen
Villa Rabelais
ÉCOLE NAT^LE DE STATISTIQUE
UNIVERSITÉ PARIS V
Rue du Docteur Maifeiare
R. Henri Martin
Victor
ST FRANÇOIS D'ASSISE
R. Gambetta
R. Marceau
R. Jules Michelet
R. François 1er
Jean
R. Paul Lefèvre
Villa Lucien
R. Solférino
Carnot
Pl. du Gal Leclerc
R. Lamartine
R. Mary
Sadi
CIMETIÈRE DE VANVES
Marcel Martinie
Barbès
V. Colonel
Av. de Verdun
MALAKOFF PLATEAU DE VANVES
Chemin de Fer
R. Ledru
R. Danton
Rollin
E. Quinet
R. Lafforest
Parc Larousse
R. Gabriel
R. Henri Martin
CENTRE ADMINISTRATIF
MAIRIE
R. Guy Moquet
Besseyre
René
Sahors
Allée de la Ferme
Verdun
V. des Écoles
Ferry
Pl. du 11 Novembre
MAIRIE
Varlin Rue
STADE LÉNINE
A. Fratacci
VANVES
Cabourg
Dardenne
Square de l'Insurrection
Carrefour de l'Insurrection
R. Ernest Laval
Av. de Verdun
Marcheron
V. Dupont
Villa Juliette de Wills
Villa Léger
Victor Basch
R. Ampère
Imp. des Pommiers
V. du Chemin de Fer
R. du Stade
Jules
Sq^re Corcico
R. André Coin
Pge du Nord
Pl. du 14 Juillet
Av. du Prés. Wilson
R. F. Belleville
Av. Sq^re Marc Lanvin
Gabriel Péri
Imp. Ste Hélène
Imp. Césaire
R. Renault
R. Caron
Ade du Progrès
Avenue
Pl. Albert Culot
Arblade
GARE DE VANVES MALAKOFF
Sentier de la Croix
Rue Raymond David
R. L. Salagnac
Bd Bert
R. Jean Jacques Rousseau
V. Rose
MALAKOFF
Imp. Ponscarmé
Imp. Ressort
Villa Labrousse
Villa Marotte
Galliéni
V. de la Gare
René Briand
Coche
Villa d'Arcueil
Diderot
Avenue Anatole France
Cité Jean Jaurès
Bd
Av. Maurice Thorez
R. Jean Lurçat
R. J. Moulin
Imp. Vaudan
Moquet
R. du Mal
Villa Cacheux
R. Jules Dalou
Paul Avaulée
Vaillant Couturier
V. Bourgeois
V. Adnot
Paul Cameliné
Sq^re Feburier
R. Marie Lahy Hollebecque
Sentier des Fosses Rouges
E. Dolet
Imp. Pierre Simon
Imp. Carnot
Imp. Marceau
Pierre
Hoche
V. Mirabeau
Rue
A^ee Marguerite
A^ee Marie Louise
A^ee Marie Jeanne

p. 41

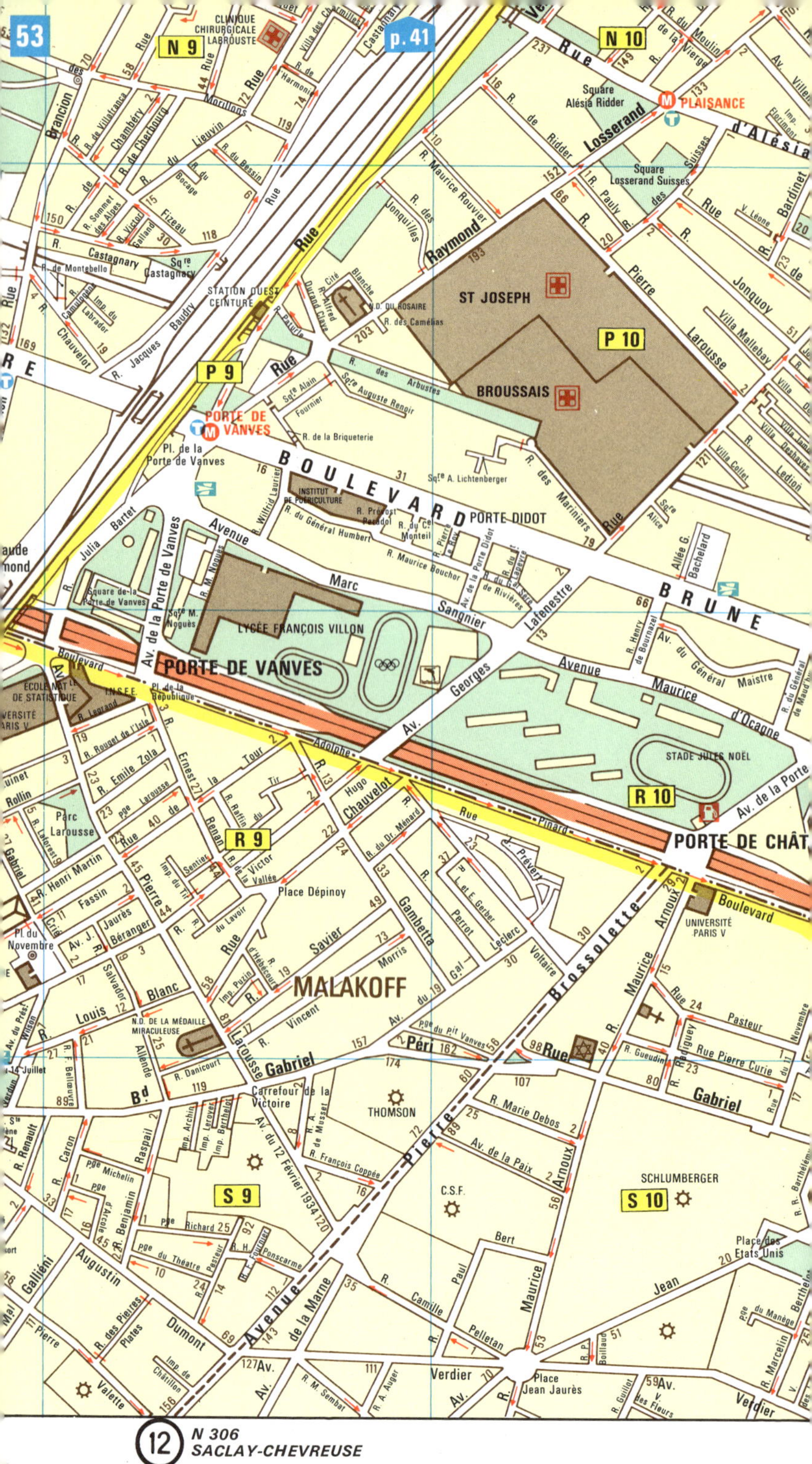

CLINIQUE CHIRURGICALE LABROUSTE
N 9
N 10
P 9
P 10
R 9
R 10
S 9
S 10
PLAISANCE
Square Alésia Ridder
Square Losserand Suisses
Rue Losserand
Rue d'Alésia
Rue Raymond Losserand
R. de Ridder
R. Maurice Rouvier
R. des Jonquilles
R. Pauly
R. Jonquoy
Villa Mallebay
Rue Pierre Larousse
Rue Brancion
R. de Chambéry
R. de Cherbourg
R. de Villafranca
R. du Bessin
R. du Bocage
R. Fizeau
R. Victor Galland
R. Sommet des Alpes
R. Castagnary
Sq. re Castagnary
R. de Montebello
Rue Chauvelot
R. Jacques Baudry
STATION OUEST CEINTURE
ST JOSEPH
BROUSSAIS
N.D. DU ROSAIRE
R. des Camélias
R. des Arbustes
Sq. re Auguste Renoir
Sq. re Alain Fournier
R. de la Briqueterie
PORTE DE VANVES
Pl. de la Porte de Vanves
BOULEVARD BRUNE
PORTE DIDOT
Sq. re A. Lichtenberger
R. des Mariniers
INSTITUT DE PUÉRICULTURE
R. Prévost Paradol
R. du Général Humbert
R. Maurice Bouchor
R. Wilfrid Laurier
Av. de la Porte Didot
Avenue Marc Sangnier
R. Julia Bartet
Square de la Porte de Vanves
Sq. re M. Noguès
LYCÉE FRANÇOIS VILLON
Av. de la Porte de Vanves
Lafenestre
Allée G. Bachelard
Avenue Maurice d'Ocagne
Av. du Général Maistre
Av. Georges
STADE JULES NOËL
PORTE DE CHÂT
Av. de la Porte
Rue Adolphe Pinard
Boulevard
ÉCOLE NAT. LE DE STATISTIQUE
I.N.S.E.E.
UNIVERSITÉ PARIS V
Pl. de la République
R. Legrand
R. Rouget de l'Isle
R. Emile Zola
Rue Ernest Renan
R. Hugo Chauvelot
R. du Dr. Ménard
Parc Larousse
R. Henri Martin
Fassin
Jaurès
Béranger
Rue Pierre Larousse
R. Raffin
Rue Victor
R. de la Vallée
Place Dépinoy
Savier
Gambetta
Morris
R. Perrot
R. L. et E. Gerber
Leclerc
Voltaire
Brossolette
Maurice Arnoux
MALAKOFF
Louis Blanc
N.D. DE LA MÉDAILLE MIRACULEUSE
Allende
Vincent
Av. du 19
Péri
Rue Gabriel
Rue 24 Pasteur
Rue Pierre Curie
Gabriel
R. Gueudin
Rue Danicourt
Carrefour de la Victoire
Av. du 12 Février 1934
R. A. de Musset
THOMSON
R. Marie Debos
Av. de la Paix
R. François Coppée
SCHLUMBERGER
C.S.F.
Bert
Camille
Paul
Pelletan
Maurice
Place des États Unis
Jean
R. Renault
R. Caron
R. Benjamin
Raspail
Richard
Augustin
Dumont
Avenue de la Marne
R. des Pierres Plates
Valette
Verdier
Place Jean Jaurès
R. Guillot
Av. des Fleurs
R. Marcelin
12
N 306
SACLAY-CHEVREUSE

14E

54

N 11 · p.42 · N 12

MOUTON DUVERNET

ST PIERRE DE MONTROUGE
ALÉSIA
P 11 · P 12

N.D. DE BON SECOURS

Pl. Victor Basch

Pl. de la Porte de Châtillon

PORTE DE MONTROUGE

PORTE D'ORLÉANS
GÉNÉRAL LECLERC

Place du 25 Août 1944

R 11 · R 12

CIMETIÈRE DE MONTROUGE

Square du Serment de Koufra

PORTE D'ORLÉANS

ÉCOLE NORMALE SUPÉRIEURE

PROVINCES DE FRANCE

Place de la Libération

MAIRIE

S 11 · S 12

MONTROUGE

N20 ÉTAMPES (11) HAUTS DE SEINE / VAL DE MA

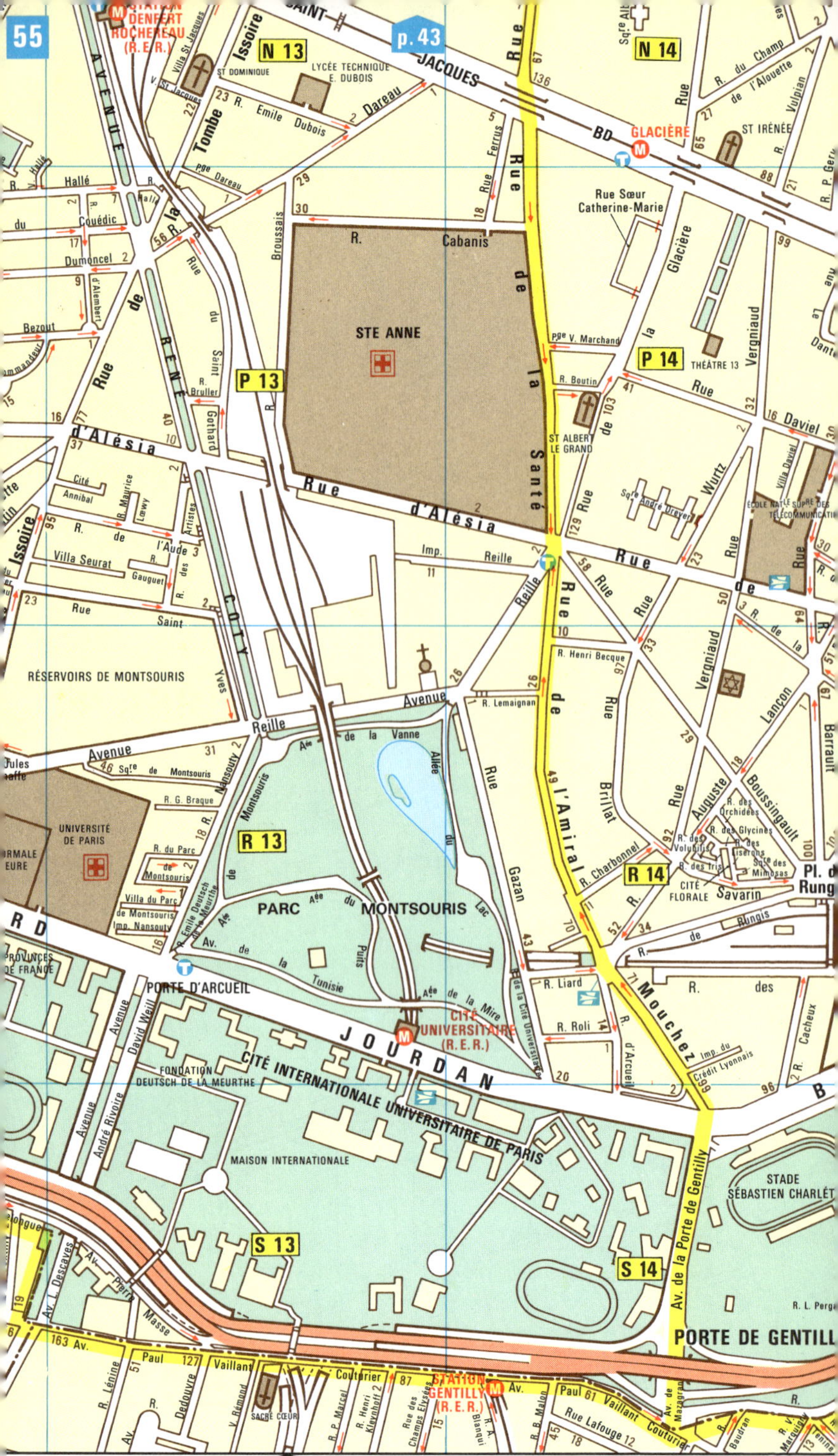
p. 43
N 13
N 14
P 13
P 14
R 13
R 14
S 13
S 14
STATION DENFERT ROCHEREAU (R.E.R.)
ST DOMINIQUE
LYCÉE TECHNIQUE E. DUBOIS
BD SAINT JACQUES
GLACIÈRE
ST IRÉNÉE
Rue Sœur Catherine-Marie
STE ANNE
R. Cabanis
Rue de la Santé
Pge V. Marchand
R. Boutin
ST ALBERT LE GRAND
THÉATRE 13
Rue Daviel
Rue Vergniaud
Rue de la Glacière
Rue Wurtz
Sq. André Dreyer
ÉCOLE NATLE SUPRE DES TÉLÉCOMMUNICATIONS
Rue d'Alésia
Imp. Reille
Avenue Reille
Rue de l'Amiral Mouchez
R. Henri Becque
Rue Brillat Savarin
Rue Gazan
R. Lemaignan
RÉSERVOIRS DE MONTSOURIS
Rue Saint Yves
Avenue René Coty
Rue d'Alésia
Rue de la Tombe Issoire
Rue Dareau
R. Emile Dubois
Villa Seurat
R. Gauguet
Cité Annibal
Sq. de Montsouris
R. G. Braque
R. du Parc de Montsouris
Villa du Parc de Montsouris
Imp. Nansouty
UNIVERSITÉ DE PARIS
PARC MONTSOURIS
Allée de la Vanne
Av. de la Tunisie
Aée de la Mire
Aée du Puits
Allée du Lac
PORTE D'ARCUEIL
BD JOURDAN
CITÉ UNIVERSITAIRE (R.E.R.)
CITÉ INTERNATIONALE UNIVERSITAIRE DE PARIS
FONDATION DEUTSCH DE LA MEURTHE
MAISON INTERNATIONALE
Avenue David Weill
Avenue André Rivoire
R. Liard
R. Roli
R. d'Arcueil
Imp. du Crédit Lyonnais
R. des Cacheux
R. Charbonnel
CITÉ FLORALE
R. des Orchidées
R. des Glycines
R. des Volubilis
R. des Iris
R. des Liserons
Sq. des Mimosas
R. Boussingault
Rue Auguste Lançon
Rue de Rungis
Pl. de Rungis
STADE SÉBASTIEN CHARLÉTY
Av. de la Porte de Gentilly
PORTE DE GENTILLY
R. L. Pergaud
Av. Paul Vaillant Couturier
STATION GENTILLY (R.E.R.)
SACRÉ CŒUR
Av. Pierre Masse
Av. L. Descaves
R. Lénine
R. Dedouvre
Rue Lafouge
R. Henri Kleynhoff
Rue des Champs Elysées
R. A. Blanqui
R. B. Malon
R. P. Marcel
Av. de Mazagran
R. Baudran

AÉROPORT D'ORLY-A 6B
ORLÉANS - CHARTRES - LYON (10)

CORBEIL (9) N7
FONTAINEBLEAU

13E
p. 45
N 17
N 18
P 17
P 18
R 17
R 18
S 17
S 18
NATIONALE
Place Jeanne d'Arc
N.D. DE LA GARE
Place Nationale
Pl. Souham
Pl. du Dr Navarre
Sq. F. Blumenthal
UNIVERSITÉ PARIS I (P. MENDES-FRANCE)
LYCÉE CLAUDE MONET
T.E.P.
CLINIQUE JEANNE D'ARC
Imp. Nationale
Imp. Bourgoin
Square Ivry-Regnault
Pl. A. Londres
Place de Vénétie
ST HIPPOLYTE
PORTE DE CHOISY
PORTE D'IVRY
Pl. du Dr. Yersin
Pl. de Port au Prince
CENTRE MÉDICO-CHIRURGICAL DE LA PORTE DE CHOISY
Allée du Vieux Moulin
N.D. DE L'ESPÉRANCE
Pl. du 8 Mai 1945
Square des Alliés
D'ITALIE
Rue de Tolbiac
BOULEVARD MASSÉNA
Avenue de Choisy
Avenue d'Ivry
Av. de la Porte d'Ivry
Av. de la Pte de Choisy
Avenue de Verdun
Rue Nationale
Rue du Château des Rentiers
Rue Jeanne d'Arc
Rue du Chevaleret
Rue Clisson
Rue Dunois
Rue Domrémy
Rue Xaintrailles
Rue Jean Colly
Rue de Patay
Rue Cantagrel
Rue Regnault
Rue Albert
Rue Eugène Oudiné
Rue Baudricourt
Rue Charles Moureu
Rue Edison
Rue Ponscarme
Rue Lahire
Rue Thomas
Boulevard Hippolyte Marquès
Avenue Claude Regaud
Av. J. Bédier
Rue Maurice Berteaux
Rue Voltaire
Rue Charles Leroy
N 305
N 7

58

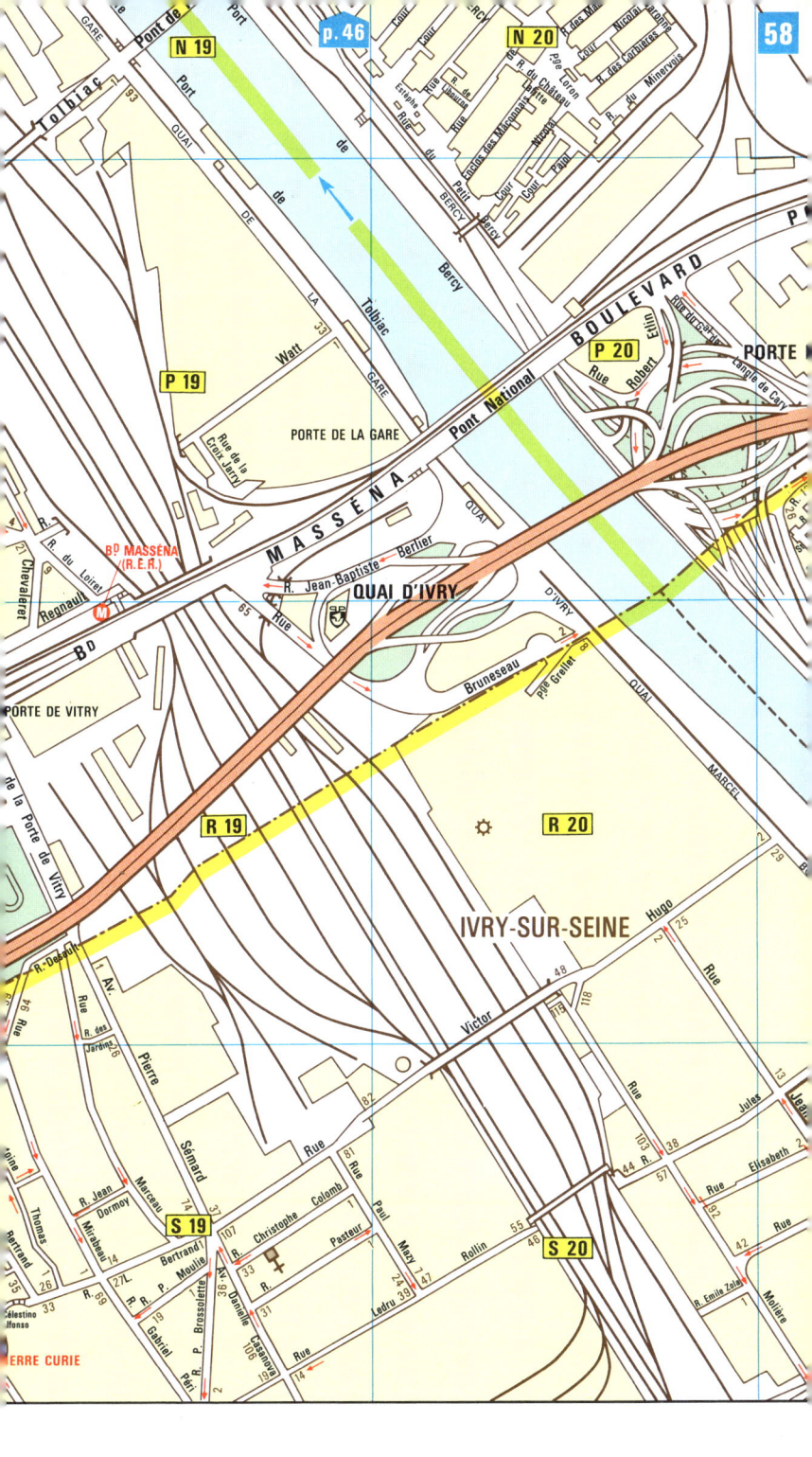

p. 46

N 19 · N 20 · P 19 · P 20 · R 19 · R 20 · S 19 · S 20

Tolbiac · Pont de Tolbiac · Quai de la Gare · Port de Bercy · Pont de Bercy

Watt · Rue de la Croix-Jarry · PORTE DE LA GARE · Pont National · Bd MASSÉNA (R.E.R.) · Regnault · Chevaleret · R. du Loiret · Bd MASSÉNA · R. Jean-Baptiste Berlier · QUAI D'IVRY · Quai d'Ivry · Bruneseau · Rue Pge Grellet · PORTE DE VITRY · Bd de la Porte de Vitry · Rue Robert Ellin · PORTE ... · angle de Cary · QUAI MARCEL

IVRY-SUR-SEINE

Hugo · Rue · Victor · R. Desgult · Av. · R. des Jardins · Pierre · Sémard · Rue · Jules · Élisabeth · R. Jean Dormoy · Moreau · Bertrand · Michelet · Colomb · Christophe · Pasteur · Paul May · Rollin · Rue · R. P. Brossolette · Danielle Casanova · Ledru · Molière · Gabriel Péri · R. Émile Zola · Thomas · Célestino Alfonso · PIERRE CURIE

59

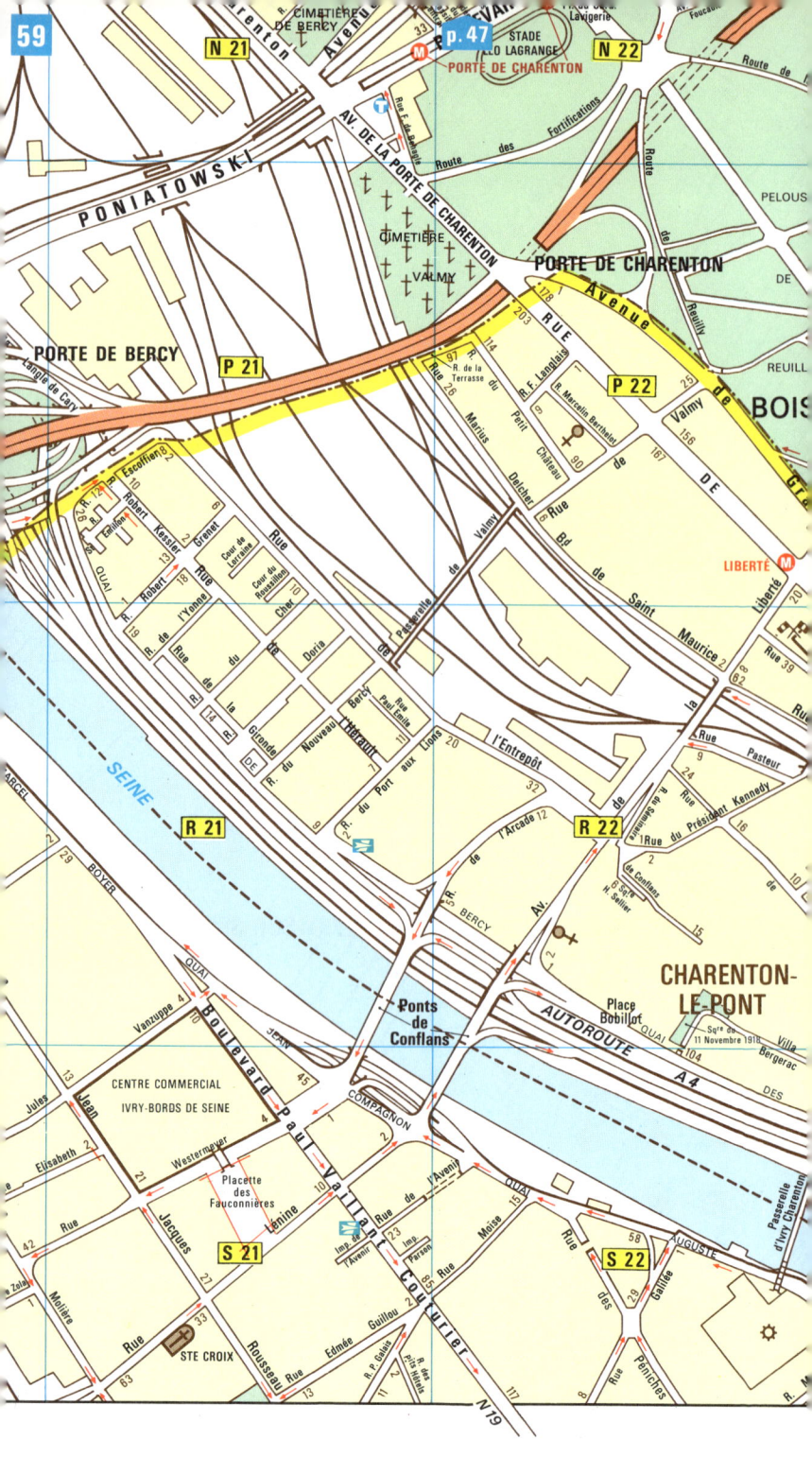

PORTE DE BERCY

PORTE DE CHARENTON

CHARENTON-LE-PONT

Ponts de Conflans

CENTRE COMMERCIAL IVRY-BORDS DE SEINE

Placette des Fauconnières

STE CROIX

SEINE

PONIATOWSKI

CIMETIÈRE DE BERCY

STADE LO LAGRANGE

CIMETIÈRE VALMY

Avenue de Reuilly

BOIS DE REUILLY

PELOUSE

LIBERTÉ

Place Bobillot
Sqre du 11 Novembre 1918
Villa Bergerac

Passerelle d'Ivry Charenton

AUTOROUTE A4

Boulevard Paul Vaillant COMPAGNON

QUAI JEAN

Vanzuppe

Westermeyer

Lénine

Rue de l'Avenir

Imp. Ferzon

QUAI AUGUSTE GAILLOT

Rue des Pêniches

Molière

Rue Jules Jean

Rue Élisabeth

Rue Jacques

AV. DE LA PORTE DE CHARENTON

Rue de Balagny

Route des Fortifications

R. de la Terrasse
R. F. Langlais
R. Marcelin Berthelot
R. Petit Château
Rue Delcher
Rue de Valmy
Bd de Saint Maurice
Rue 39
Rue Pasteur
Rue du Président Kennedy
Rue de Conflans
H. Sellier
Av. de BERCY
R. de l'Arcade
Rue Paul Émile Hérault
Rue du Port aux Lions
l'Entrepôt
R. du Nouveau Bercy
Doria
Girondo
Cher
R. de l'Yonne
Robert
Kessler
Grenet
Escoffier
Édition
Cour de Lorraine
Cour du Roussillon
Passerelle de Valmy
QUAI

N 21 · N 22 · P 21 · P 22 · R 21 · R 22 · S 21 · S 22

p. 47

PORTE DE CHARENTON

N 19

Dressée par la Manufacture Française des Pneumatiques MICHELIN
© MICHELIN et Cie, propriétaires-éditeurs, 1986
Sté en commandite par actions au capital de 700 millions de francs
R.C.S. Clermont-Ferrand B 855 200 507 - Place des Carmes-Déchaux 63 Clermont-Ferrand (France)
d'après les levés de l'Institut Géographique National
et les informations de la Préfecture de Paris

Imprimée en France - Gaston Maillet 93401 Saint-Ouen - Made in France - Dépôt légal 86-3

BOIS DE BOULOGNE

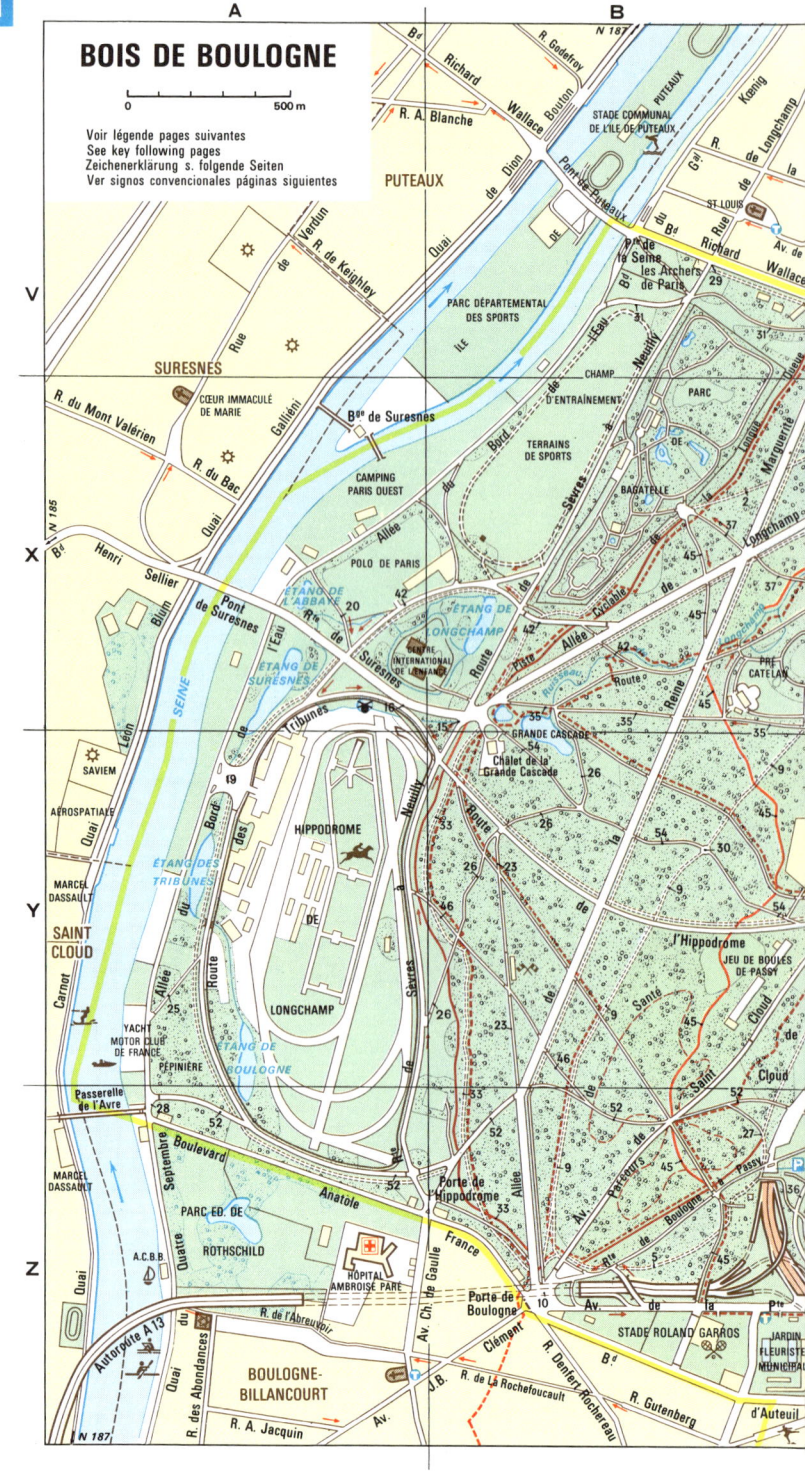

0   500 m

Voir légende pages suivantes
See key following pages
Zeichenerklärung s. folgende Seiten
Ver signos convencionales páginas siguientes

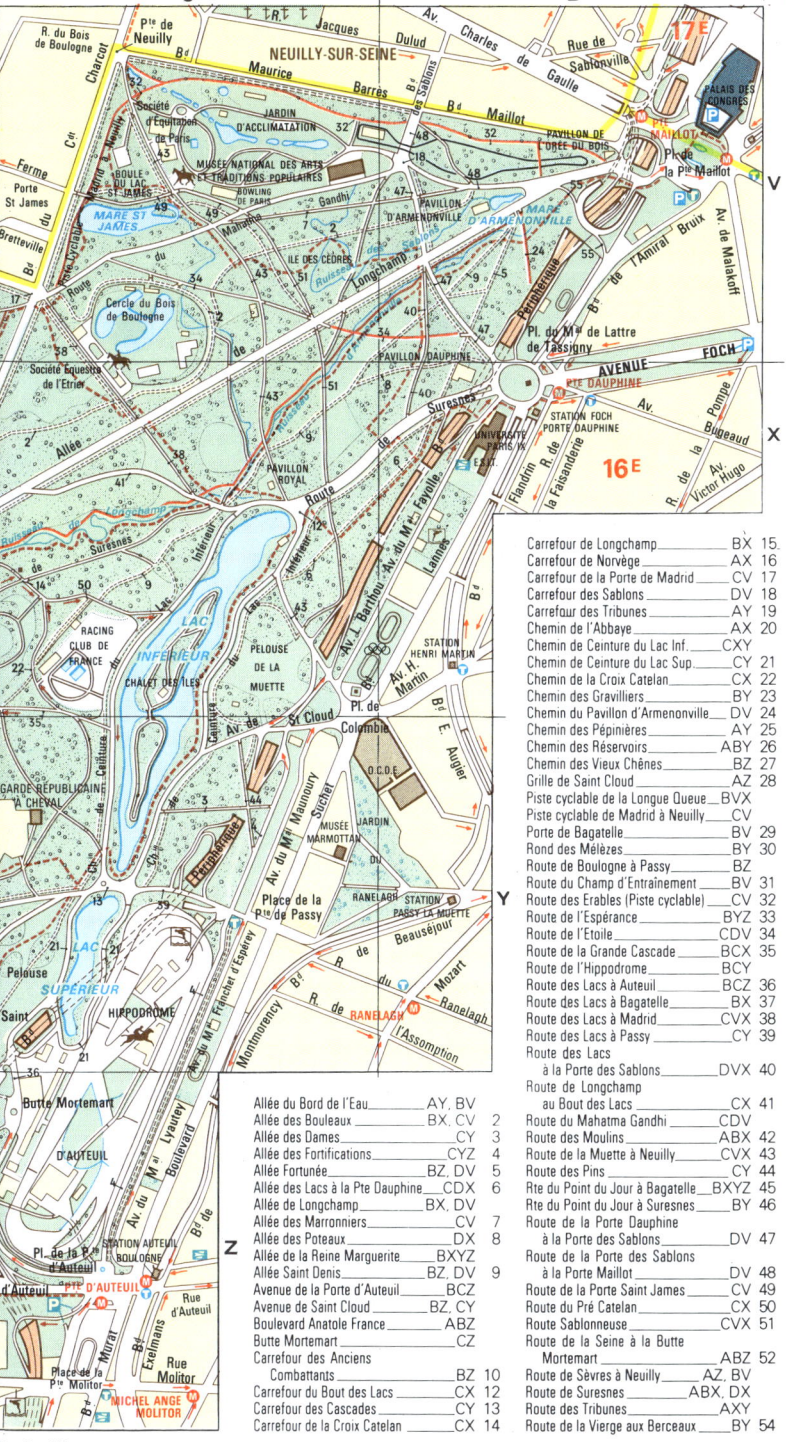

Carrefour de Longchamp	BX 15
Carrefour de Norvège	AX 16
Carrefour de la Porte de Madrid	CV 17
Carrefour des Sablons	DV 18
Carrefour des Tribunes	AY 19
Chemin de l'Abbaye	AX 20
Chemin de Ceinture du Lac Inf.	CXY
Chemin de Ceinture du Lac Sup.	CY 21
Chemin de la Croix Catelan	CX 22
Chemin des Gravilliers	BY 23
Chemin du Pavillon d'Armenonville	DV 24
Chemin des Pépinières	AY 25
Chemin des Réservoirs	ABY 26
Chemin des Vieux Chênes	BZ 27
Grille de Saint Cloud	AZ 28
Piste cyclable de la Longue Queue	BVX
Piste cyclable de Madrid à Neuilly	CV
Porte de Bagatelle	BV 29
Rond des Mélèzes	BY 30
Route de Boulogne à Passy	BZ
Route du Champ d'Entraînement	BV 31
Route des Erables (Piste cyclable)	CV 32
Route de l'Espérance	BYZ 33
Route de l'Etoile	CDV 34
Route de la Grande Cascade	BCX 35
Route de l'Hippodrome	BCY
Route des Lacs à Auteuil	BCZ 36
Route des Lacs à Bagatelle	BX 37
Route des Lacs à Madrid	CVX 38
Route des Lacs à Passy	CY 39
Route des Lacs à la Porte des Sablons	DVX 40
Route de Longchamp au Bout des Lacs	CX 41
Route du Mahatma Gandhi	CDV
Route des Moulins	ABX 42
Route de la Muette à Neuilly	CVX 43
Route des Pins	CY 44
Rte du Point du Jour à Bagatelle	BXYZ 45
Rte du Point du Jour à Suresnes	BY 46
Route de la Porte Dauphine à la Porte des Sablons	DV 47
Route de la Porte des Sablons à la Porte Maillot	DV 48
Route de la Porte Saint James	CV 49
Route du Pré Catelan	CX 50
Route Sablonneuse	CVX 51
Route de la Seine à la Butte Mortemart	ABZ 52
Route de Sèvres à Neuilly	AZ, BV
Route de Suresnes	ABX, DX
Route des Tribunes	AXY
Route de la Vierge aux Berceaux	BY 54

Allée du Bord de l'Eau	AY, BV
Allée des Bouleaux	BX, CV 2
Allée des Dames	CY 3
Allée des Fortifications	CYZ 4
Allée Fortunée	BZ, DV 5
Allée des Lacs à la Pte Dauphine	CDX 6
Allée de Longchamp	BX, DV
Allée des Marronniers	CV 7
Allée des Poteaux	DX 8
Allée de la Reine Marguerite	BXYZ
Allée Saint Denis	BZ, DV 9
Avenue de la Porte d'Auteuil	BCZ
Avenue de Saint Cloud	BZ, CY
Boulevard Anatole France	ABZ
Butte Mortemart	CZ
Carrefour des Anciens Combattants	BZ 10
Carrefour du Bout des Lacs	CX 12
Carrefour des Cascades	CY 13
Carrefour de la Croix Catelan	CX 14

Pa. At. 15

BOIS DE VINCENNES

- ═══ Allée praticable aux autos
  Alley open to cars - Kfz-Verkehr gestattet
  Permitido a los automóviles
- ═══ Allée réservée aux piétons - Footpath
  Nur für Fußgänger - Camino para peatones
- ─── Allée réservée aux cyclistes - Cyclists' path
  Radweg - Pista ciclista
- ----- Allée cavalière - Rides
  Reitweg - Camino de herradura
- ----- Sentier balisé - Waymarked footpath
  Markierter Fußweg - Sendero balizado

Allée des Buttes .... BU 2	Carrefour de la Patte d'Oie .... CU 18
Allée des Lapins .... BT 3	Carrefour des Sabotiers .... CT 19
Allée des Quatre Carrefours .... CU 4	Chaussée de l'Étang .... BT 20
Allée Royale .... CTU	Cours des Maréchaux .... CT 21
Avenue du Bel Air .... BT 6	Esplanade du Château .... CT
Avenue de la Belle Gabrielle .... DTU	Porte Jaune .... DT
Avenue des Canadiens .... DU 7	Rond Point de la Belle Étoile .... CU 22
Avenue de la Dame Blanche .... CDT 8	Rond Point Dauphine .... CT 23
Avenue Daumesnil .... BT	Rond Point Mortemart .... DU 24
Avenue de Fontenay .... DT	Rond Point de la Pyramide .... CT 25
Avenue de Gravelle .... ABCDU	Route Aimable .... BTU 26
Avenue des Minimes .... BCT	Route de l'Asile National .... BTU 28
Avenue de Nogent .... CDT	Route du Bac .... ABU 29
Avenue de la Pépinière .... CT 10	Route des Batteries .... BU 30
Avenue du Polygone .... BT 12	Route de la Belle Étoile .... CU 32
Avenue de Saint Maurice .... BTU 13	Route des Bosquets .... DT 34
Avenue des Tilleuls .... DT 14	Route de Bourbon .... CTU
Avenue du Tremblay .... CT, DU	Route Brûlée .... BT 35
Avenue des Tribunes .... BCU	Route de la Cascade .... DT 36
Carrefour de Beauté .... DU 15	Route de la Cavalerie .... CT 37
Carrefour de la Conservation .... BU 16	Route de la Ceinture du Lac Daumesnil .... ABTU
Carrefour de la Demi Lune .... BT 17	Route du Champ de Manœuvre .... CT

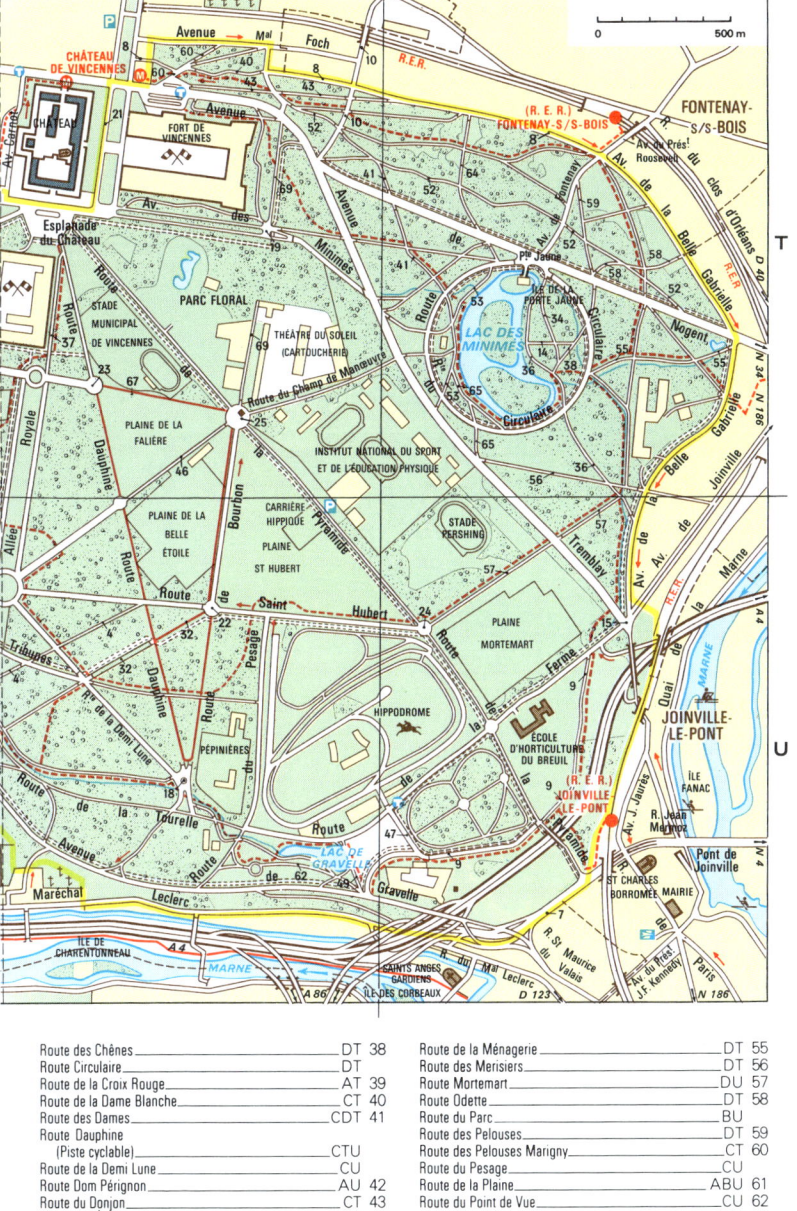

Route des Chênes	DT 38
Route Circulaire	DT
Route de la Croix Rouge	AT 39
Route de la Dame Blanche	CT 40
Route des Dames	CDT 41
Route Dauphine (Piste cyclable)	CTU
Route de la Demi Lune	CU
Route Dom Pérignon	AU 42
Route du Donjon	CT 43
Route de l'École de Joinville	DU 44
Route de l'Épine	BT 45
Route de l'Esplanade	BT 46
Route de la Faluère	CT 47
Route de la Ferme	CDU
Route du Fort de Gravelle	DU 48
Route des Fortifications	ATU 49
Route de la Gerbe	CU 50
Route du Grand Maréchal	CDT 52
Route du Grand Prieur	DT 53
Route du Lac de Saint Mandé	BT
Route Lemoine	BT 54
Route de la Ménagerie	DT 55
Route des Merisiers	DT 56
Route Mortemart	DU 57
Route Odette	DT 58
Route du Parc	BU
Route des Pelouses	DT 59
Route des Pelouses Marigny	CT 60
Route du Pesage	CU
Route de la Plaine	ABU 61
Route du Point de Vue	CU 62
Route de la Pompadour	BU 63
Route de la Porte Jaune	DT 64
Route de la Porte Noire	DT 65
Route de la Pyramide	CD, TU
Route de Reuilly	AU 66
Route Royale de Beauté (Piste cyclable)	CT 67
Route du Ruisseau	BU 68
Route des Sabotiers	CT 69
Route Saint Hubert	CU
Route Saint Louis	BU
Route de la Tourelle	BT, CU

LA DÉFENSE

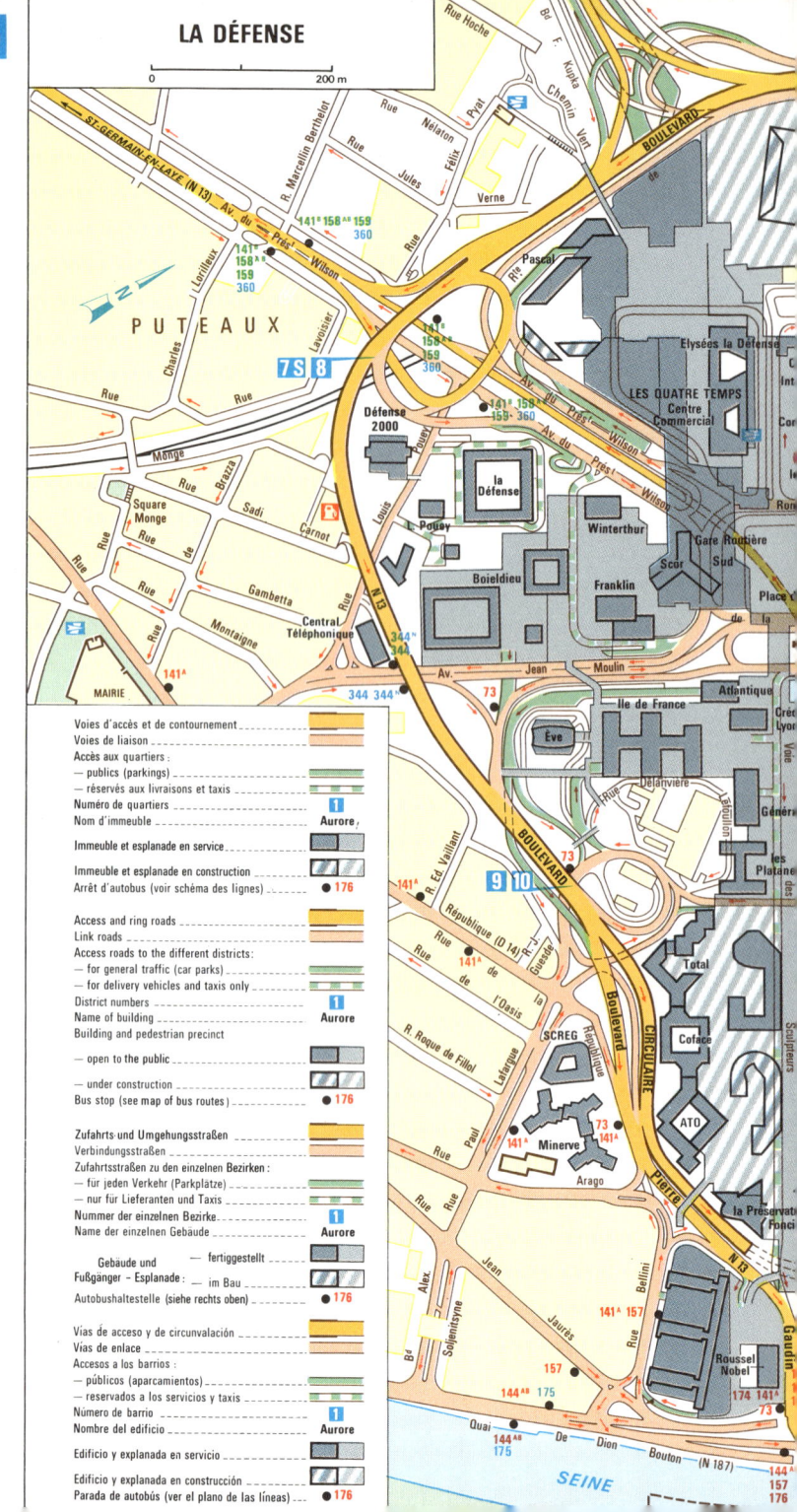

0 — 200 m

PUTEAUX

Rue Hoche, Bd F. Kuhn, Chemin Vert, BOULEVARD
Rue Nelaton, Rue Pyrat
R. Marcellin Berthelot
Rue Jules, Rue Félix, Rue Verne
Av. du Prés¹ Wilson – ST-GERMAIN-EN-LAYE (N 13)
141ᴬ 158ᴬᴮ 159 360
Rue Lamireux
141 158ᴬ 159 360
Rue Lavoisier
Rue Pascal
Elysées la Défense
141ᴬ 158ᴬᴮ 159 360
7 S 8
Défense 2000
141ᴬ 158ᴬᴮ 159 360 – Av. du Prés¹ Wilson
LES QUATRE TEMPS Centre Commercial
Rue Charles, Rue Monge, Rue Brezza
Square Monge
Rue Sadi Carnot
Rue Louis Pouey
la Défense
Winterthur
Gare Routière Sud
Scor
Place
Rue Gambetta
Boieldieu
Franklin
Rue Montaigne
Central Téléphonique
141ᴬ
344ᴬ 344
N 13
MAIRIE
Av. Jean Moulin
344 344ᴬ
73
Ile de France
Atlantique
Éve
Délanvière
Génér
les Platanes

Voies d'accès et de contournement
Voies de liaison
Accès aux quartiers :
— publics (parkings)
— réservés aux livraisons et taxis
Numéro de quartiers — **1**
Nom d'immeuble — Aurore
Immeuble et esplanade en service
Immeuble et esplanade en construction
Arrêt d'autobus (voir schéma des lignes) — ● 176

141ᴬ R. Ed. Vaillant
9 10
BOULEVARD
République (D 14)
Rue de l'Oasis
141ᴬ
Total
R. Roque de Fillol
R. Lafargue
SCREG
République
Coface
CIRCULAIRE
ATO
Rue Paul Arago
141ᴬ Minerve 141ᴬ 73
Pierre
la Préservat Fonci

Access and ring roads
Link roads
Access roads to the different districts :
— for general traffic (car parks)
— for delivery vehicles and taxis only
District numbers — **1**
Name of building — Aurore
Building and pedestrian precinct
— open to the public
— under construction
Bus stop (see map of bus routes) — ● 176

Zufahrts- und Umgehungsstraßen
Verbindungsstraßen
Zufahrtsstraßen zu den einzelnen Bezirken :
— für jeden Verkehr (Parkplätze)
— nur für Lieferanten und Taxis
Nummer der einzelnen Bezirke — **1**
Name der einzelnen Gebäude — Aurore
Gebäude und — fertiggestellt
Fußgänger - Esplanade : — im Bau
Autobushaltestelle (siehe rechts oben) — ● 176

Rue Alex, Bd Soljenitsyne, Rue Jean, Rue Jaurès, Rue Bellini
141ᴬ 157
157
Roussel Nobel
144ᴬᴮ 175
174 141ᴬ
Número de barrio — **1**
Nombre del edificio — Aurore
Edificio y explanada en servicio
Edificio y explanada en construcción
Parada de autobús (ver el plano de las líneas) — ● 176

Quai De Dion Bouton (N 187) 144ᴬᴮ 157 176
SEINE
Gaudin
N 13

Vías de acceso y de circunvalación
Vías de enlace
Accesos a los barrios :
— públicos (aparcamientos)
— reservados a los servicios y taxis

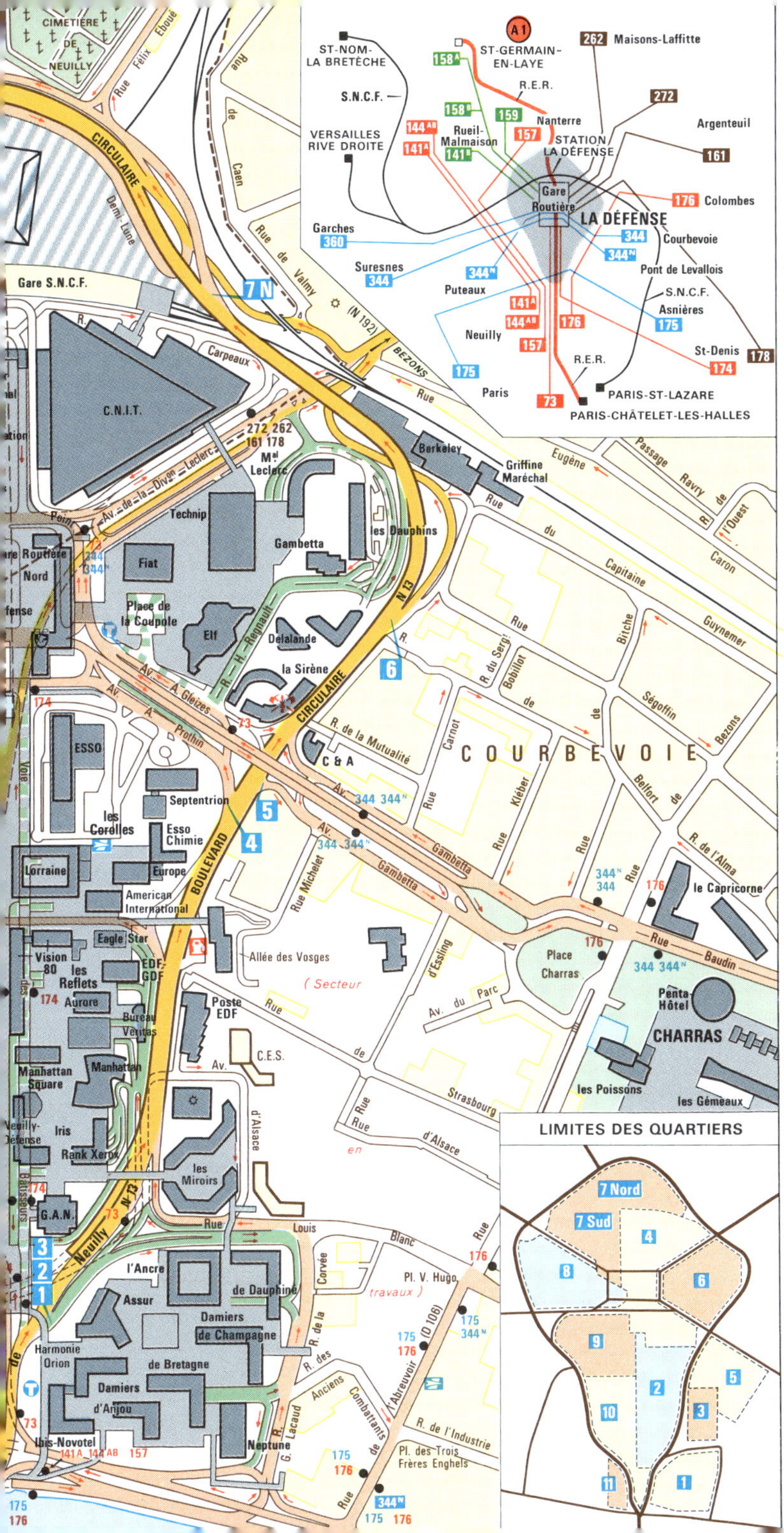
CIMETIÈRE DE NEUILLY
Rue Félix Eboué
CIRCULAIRE
Demi-Lune
Rue de Caen
Rue de Valmy
(N 192)
7 N
Gare S.N.C.F.
R. Carpeaux
C.N.I.T.
272 262
161 178
Mal Leclerc
Av. de la Div. Leclerc
Point
Technip
Gambetta
les Dauphins
Fiat
Place de la Coupole
Elf
R. H. Regnault
Delalande
la Sirène
N 13
6
Av. A. Gleizes
Av. A. Prothin
ESSO
Septentrion
les Corolles
Esso Chimie
Europe
Lorraine
American International
5
4
BOULEVARD CIRCULAIRE
C & A
R. de la Mutualité
Av. Gambetta
344 344N
Rue Michelet
Eagle Star
Vision 80
les Reflets
Aurore
EDF-GDF
Bureau Veritas
Poste EDF
Allée des Vosges
(Secteur
C.E.S.
Manhattan Square
Manhattan
Iris
Rank Xerox
Neuilly-Défense
les Miroirs
Av. d'Alsace
G.A.N.
3
2
1
N 13
Boulevard de Neuilly
Rue Louis Blanc
l'Ancre
Assur
de Dauphiné
Damiers de Champagne
Harmonie
Orion
de Bretagne
Damiers d'Anjou
Ibis-Novotel
Neptune
141A 144AB 157
175
176
Rue de Strasbourg
Rue en travaux)
Rue de la Corvée
R. des Anciens Combattants
G. Lacaud
Rue de l'Abreuvoir (D 106)
Pl. V. Hugo
R. de l'Industrie
Pl. des Trois Frères Enghels
Rue d'Alsace
COURBEVOIE
Rue Eugène Caron
Rue du Capitaine Guynemer
Passage Ravry
R. de l'Ouest
Rue Bezons
Berkeley
Griffine Maréchal
Rue de Bitche
R. du Sergt Bobillot
Rue de Ségoffin
Rue Carnot
Rue Kléber
Rue de Belfort
Rue de Bezons
R. de l'Alma
Rue d'Essling
Av. du Parc
le Capricorne
Place Charras
Rue Baudin
Penta Hôtel
CHARRAS
les Poissons
les Gémeaux
A1
ST-GERMAIN-EN-LAYE
ST-NOM-LA BRETÈCHE
S.N.C.F.
R.E.R.
262 Maisons-Laffitte
272
Argenteuil
161
158A
158B
159
Nanterre
144AB
141A
Rueil-Malmaison
157
141B
VERSAILLES RIVE DROITE
STATION LA DÉFENSE
Gare Routière
LA DÉFENSE
176 Colombes
Garches
360
344 Courbevoie
344N
Suresnes
344
Puteaux
Pont de Levallois
S.N.C.F.
Asnières
175
Neuilly
St-Denis
178
174
R.E.R.
Paris
73
PARIS-ST-LAZARE
PARIS-CHÂTELET-LES-HALLES
LIMITES DES QUARTIERS
7 Nord
7 Sud
4
8
6
9
5
2
10
3
11
1

AÉROPORT D'ORLY

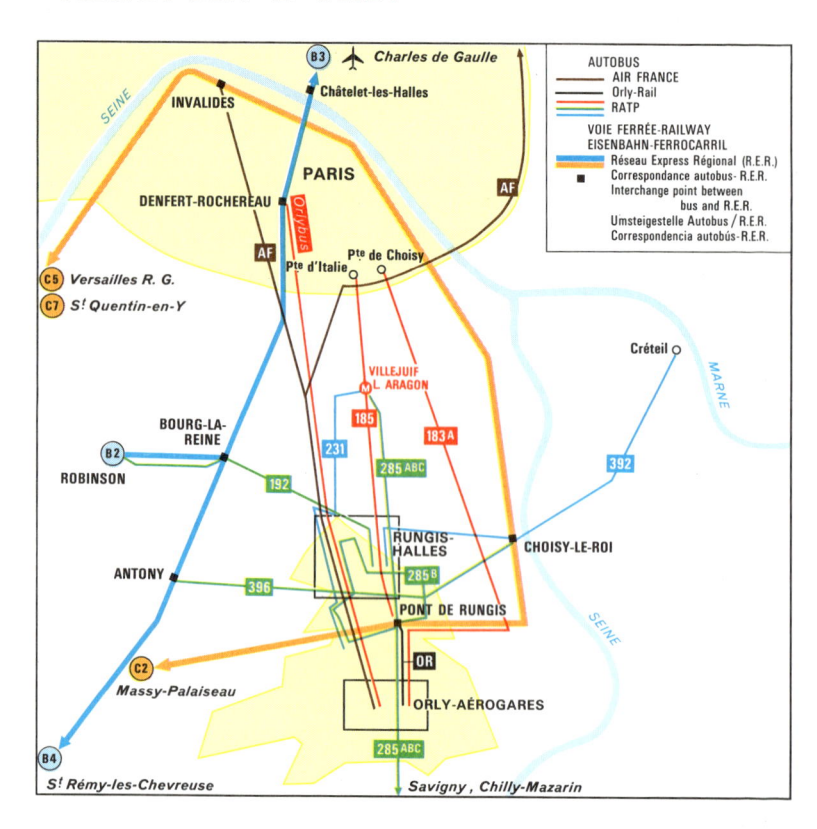

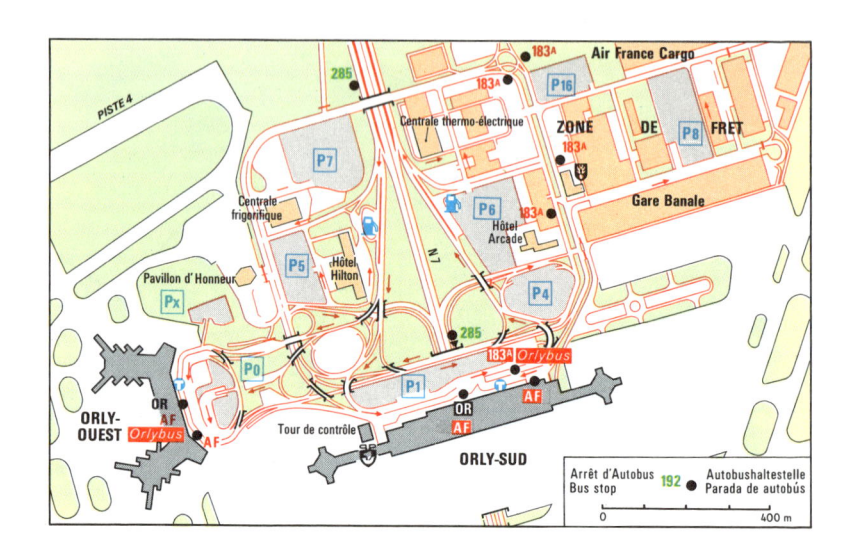

MARCHÉ DE RUNGIS

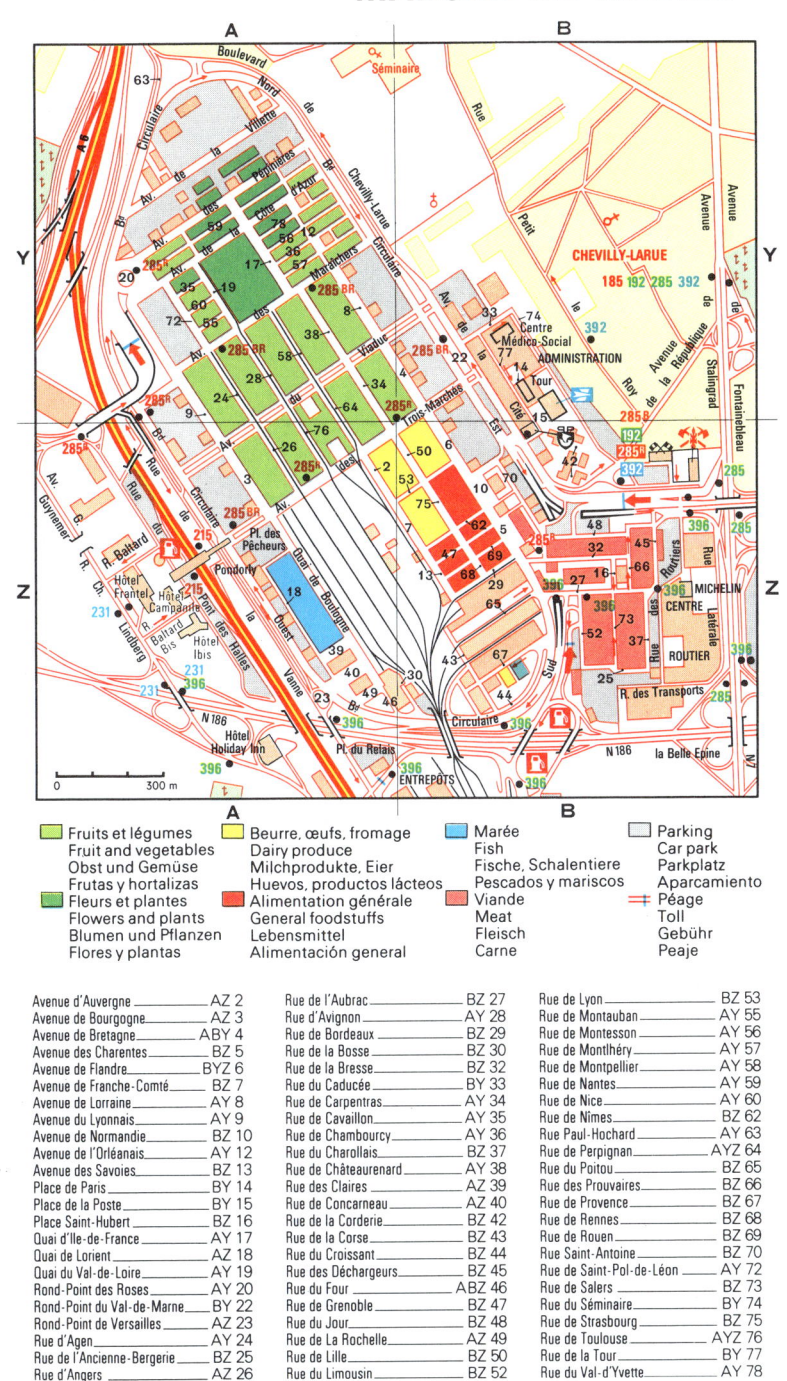

	Fruits et légumes Fruit and vegetables Obst und Gemüse Frutas y hortalizas		Beurre, œufs, fromage Dairy produce Milchprodukte, Eier Huevos, productos lácteos		Marée Fish Fische, Schalentiere Pescados y mariscos		Parking Car park Parkplatz Aparcamiento
	Fleurs et plantes Flowers and plants Blumen und Pflanzen Flores y plantas		Alimentation générale General foodstuffs Lebensmittel Alimentación general		Viande Meat Fleisch Carne		Péage Toll Gebühr Peaje

Avenue d'Auvergne	AZ 2	Rue de l'Aubrac	BZ 27	Rue de Lyon	BZ 53
Avenue de Bourgogne	AZ 3	Rue d'Avignon	AY 28	Rue de Montauban	AY 55
Avenue de Bretagne	ABY 4	Rue de Bordeaux	BZ 29	Rue de Montesson	AY 56
Avenue des Charentes	BZ 5	Rue de la Bosse	BZ 30	Rue de Montlhéry	AY 57
Avenue de Flandre	BYZ 6	Rue de la Bresse	BZ 32	Rue de Montpellier	AY 58
Avenue de Franche-Comté	BZ 7	Rue du Caducée	BY 33	Rue de Nantes	AY 59
Avenue de Lorraine	AY 8	Rue de Carpentras	AY 34	Rue de Nice	AY 60
Avenue du Lyonnais	AY 9	Rue de Cavaillon	AY 35	Rue de Nîmes	BZ 62
Avenue de Normandie	BZ 10	Rue de Chambourcy	AY 36	Rue Paul-Hochard	AY 63
Avenue d'Orléanais	AY 12	Rue du Charollais	BZ 37	Rue de Perpignan	AYZ 64
Avenue des Savoies	BZ 13	Rue de Châteaurenard	AY 38	Rue du Poitou	BZ 65
Place de Paris	BY 14	Rue des Claires	AZ 39	Rue des Prouvaires	BZ 66
Place de la Poste	BY 15	Rue de Concarneau	AZ 40	Rue de Provence	BZ 67
Place Saint-Hubert	BZ 16	Rue de la Corderie	BZ 42	Rue de Rennes	BZ 68
Quai d'Ile-de-France	AY 17	Rue de la Corse	BZ 43	Rue de Rouen	BZ 69
Quai de Lorient	AZ 18	Rue du Croissant	BZ 44	Rue Saint-Antoine	BZ 70
Quai du Val-de-Loire	AY 19	Rues des Déchargeurs	BZ 45	Rue de Saint-Pol-de-Léon	AY 72
Rond-Point des Roses	AY 20	Rue du Four	ABZ 46	Rue de Salers	BZ 73
Rond-Point du Val-de-Marne	BY 22	Rue de Grenoble	BZ 47	Rue du Séminaire	BY 74
Rond-Point de Versailles	AZ 23	Rue du Jour	BZ 48	Rue de Strasbourg	BZ 75
Rue d'Agen	AY 24	Rue de La Rochelle	AZ 49	Rue de Toulouse	AYZ 76
Rue de l'Ancienne-Bergerie	BZ 25	Rue de Lille	BZ 50	Rue de la Tour	BY 77
Rue d'Angers	AZ 26	Rue du Limousin	BZ 52	Rue du Val-d'Yvette	AY 78

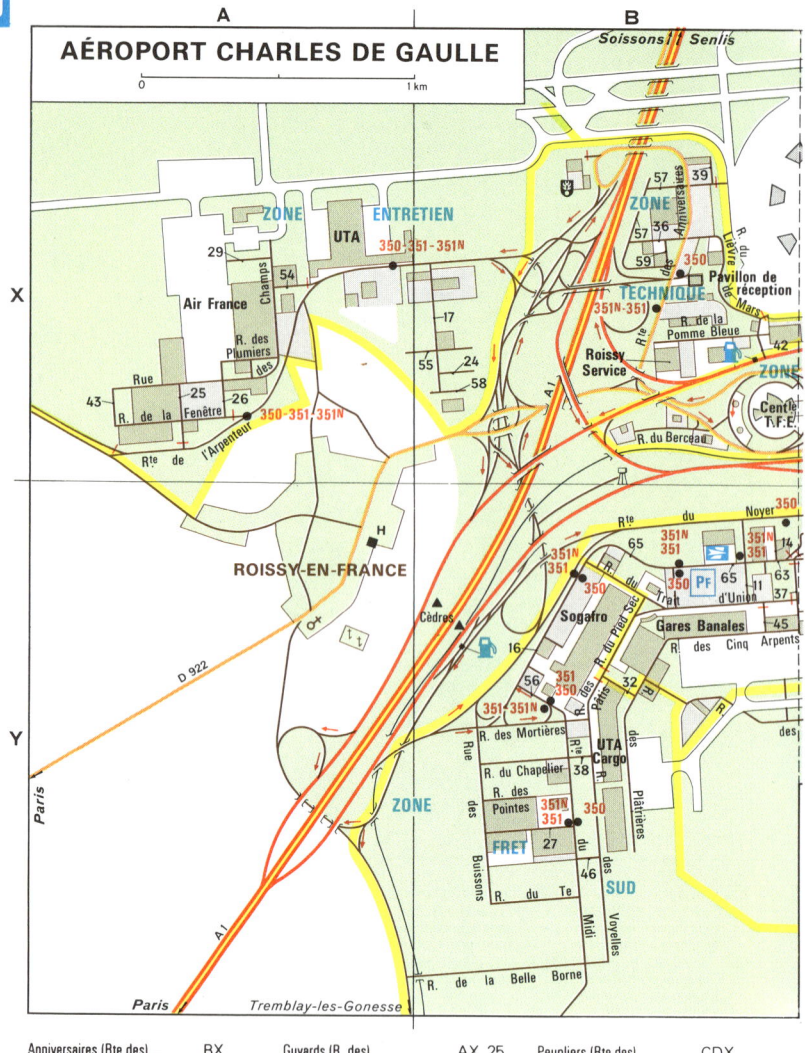

AÉROPORT CHARLES DE GAULLE

Anniversaires (Rte des) — BX	Guyards (R. des) — AX 25	Peupliers (Rte des) — CDX
Archet (R. de l') — CX 2	Hache (R. de la) — AX 26	Pied Sec (R. du) — BY
Arpenteur (Rte de l') — AX	Jeune Fille (R. de la) — BY 27	Plâtrières (R. des) — BY
Badauds (Rte des) — CX	Joncs (R. des) — DX 28	Plumiers (R. des) — AX
Belle Borne (R. de la) — BY	Justice (R. de la) — AX 29	Pointes (R. des) — BY
Berceau (R. du) — BX	Laves (R. des) — CY 30	Poirier (R. du) — CY 51
Bruyères (R. des) — CX 7	Lièvre de Mars (R. du) — BX	Pomme Bleue
Buissons (R. des) — BY	Loup (R. du) — BY 32	(R. de la) — BX
Champs (R. des) — AX	Machines (R. des) — BCY	Postes (R. des) — CX 53
Chapelier (R. du) — BY	Métronome (R. du) — CX 34	Puits (R. du) — AX 54
Chapitre (R. du) — BY 11	Midi (Rte du) — BY	Registre (R. du) — BX 55
Chesneau (R. du) — DX 12	Miroir (R. des) — BX 36	Remblai (R. du) — BY 56
Cinq Arpents (R. des) — BY	Mortières (R. des) — BY	Remise (R. de la) — BX 57
Collets (R. des) — BY 14	Mots (R. des) — BY 37	Ruisseau (R. du) — BX 58
Commune (Rte de la) — BCX 15	Mouettes (R. des) — BY 38	Ségur (R. de) — BX 59
Deux Cèdres (R. des) — BY 16	Moulin (R. du) — BX 39	Signe (R. du) — CX 60
Deux Sœurs (R. des) — BX 17	Néflier (R. du) — CX 40	Soleil (R. du) — CY 61
Échelle (R. de l') — CX 18	Noyer du Chat (Rte du) — BCY	Tarteret (R. du) — BY 63
Épinette (Rte de l') — CX	Or (R. de l') — BX 42	Té (R. du) — BY
Fenêtre (R. de la) — AX	Orient (R. d') — AX 43	Terres Noires (R. des) — BY 65
Fer (R. du) — CX 21	Orme (R. de l') — DX	Trait d'Union (R. du) — BY
Ferme (Rte de la) — CY	Palans (R. des) — BY 45	Verseau (R. du) — CX 67
Grand Rond (R. du) — BCX 23	Pâtis (R. des) — BY	Vignes (R. des) — CY
Grave (R.) — BX 24	Pélican (R. du) — BY 46	Voyelles (R. des) — BY

70

Itinéraires directs:		Direkte Zufahrt:	
Autoroute	Aérogares 1 et 2	Autobahn	Abfertigungsgebäude 1 und 2
D 902	Aérogares 1 et 2	D 902	Abfertigungsgebäude 1 und 2

Recommended itineraries:		Acceso Directo:	
Motorway	Terminals 1 and 2	Autopista	Terminales 1 y 2
D 902	Terminals 1 and 2	D 902	Terminales 1 y 2

AÉROGARE 1
PA
350
351

Tour de contrôle
Rte des Badauds
18
350
351
351N
R.te de l'Epinette

UNITÉ CENTRALE
40 67 Peupliers
Hôtel Arcade
Gare R.E.R.
PG
350
351
351N

ZONE CENTRALE EST
28
R. de l'Orme
12

X

CENTRALE OUEST
PB
34
53 7
23 21 2
351N-351
Hôtel
60 Sofitel
15

Terminal B
PH
350
PTAB
351
Terminal A

AÉROGARE 2

du Chat
51 ZONE
Air France Cargo
30
61 R. des Vignes
Servair
Ferme
351N 351
350
R.te de la

NORD

Machines

Y

AUTOBUS
- AIR FRANCE
- APTR
- RATP

VOIE FERRÉE-RAILWAY
EISENBAHN-FERROCARRIL
- (SNCF)
- (RER) Réseau Express Régional
- ● ■ Correspondance autobus-voie ferrée
  Interchange point between bus and train
  Bus- bzw. Eisenbahnanschluß
  Correspondencia autobús-ferrocarril

Chantilly
14-24 LOUVRES
Othis 14-06
Oissery 14-05
Meaux 14-06
Crépy-en-Valois

14-32 GOUSSAINVILLE
AÉROGARE N°1
B3 GARE R.E.R.
AÉROGARE N°2

14-08 Sarcelles-Lochères
GARGES
B5 MITRY-CLAYE
VILLEPARISIS-MITRY 14-09
VERT-GALANT
AULNAY-SOUS-BOIS

14-06 Fort d'Aubervilliers

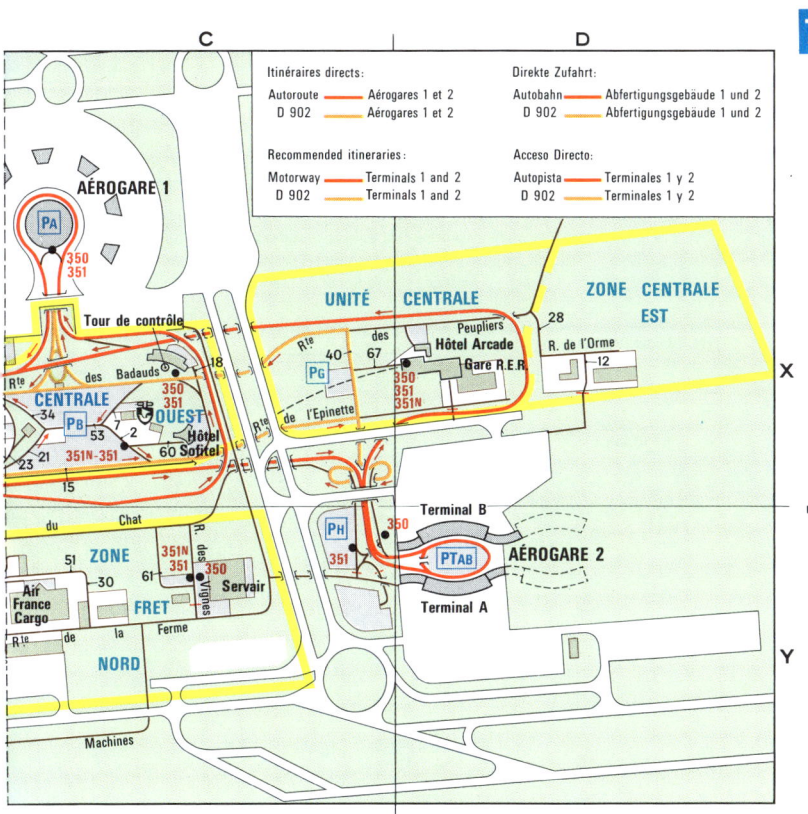

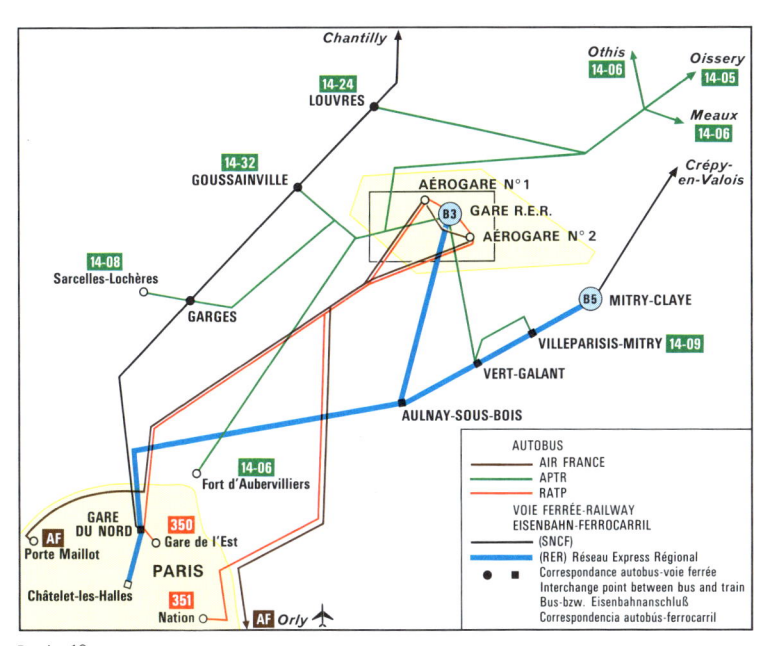

GARE DU NORD
AF Porte Maillot
350 Gare de l'Est
PARIS
Châtelet-les-Halles
351
Nation
AF Orly ✈

Pa. At. 16

GARONOR

- A — Dépannage tous véhicules — Vehicle repairs — Reparaturdienst für alle Fahrzeuge — Taller de reparación
- B — Pièces détachées PL — Spare parts — LKW-Ersatzteile — Repuestos
- C — Pneumatiques — Tyres — Reifen — Neumáticos
- D — Location véhicule — Vehicle hire — Autovermietung — Coches de alquiler
- E — Station lavage — Vehicle wash — Autowaschanlage — Lavado
- F — Pesage véhicule — Weigh-bridge — Fahrzeugwaage — Báscula
- G — Service médical — Infirmary — Ärztlicher Hilfsdienst — Servicio médico

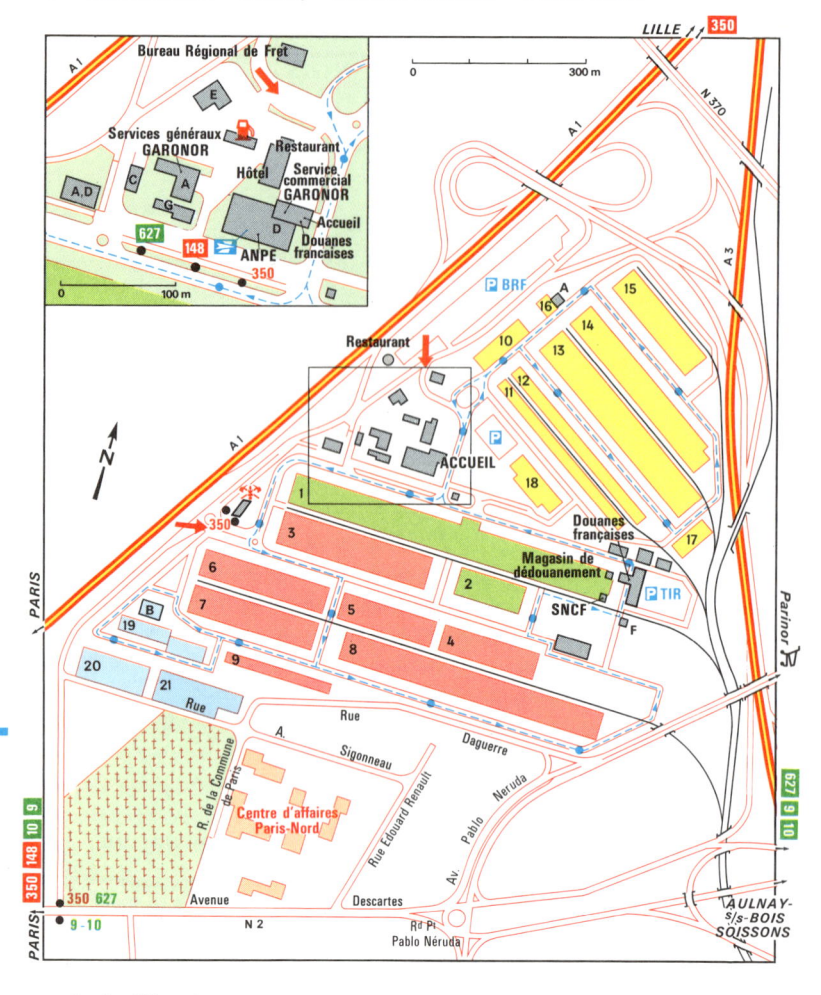

● Arrêt d'Autobus
Bus stop — Autobushaltestelle — Parada de autobus

- 148 (RATP) — Église de Pantin — GARONOR
- 350 (RATP) — Gare de l'Est — GARONOR — Aéroport Charles-de-Gaulle
- 627 (TRA-RATP) — Aulnay-sous-Bois — Blanc-Mesnil — GARONOR
- 9 (APTR) — Fort d'Aubervilliers — GARONOR — Aulnay-sous-Bois (Rose des Vents)
- 10 (APTR) — Fort d'Aubervilliers — GARONOR — Aulnay-sous-Bois (Vélodrome)

Navette intérieure — Shuttle service — Interne Autobuslinie — Autobús de Servicio interior

PORT DE GENNEVILLIERS
(PORT AUTONOME DE PARIS)

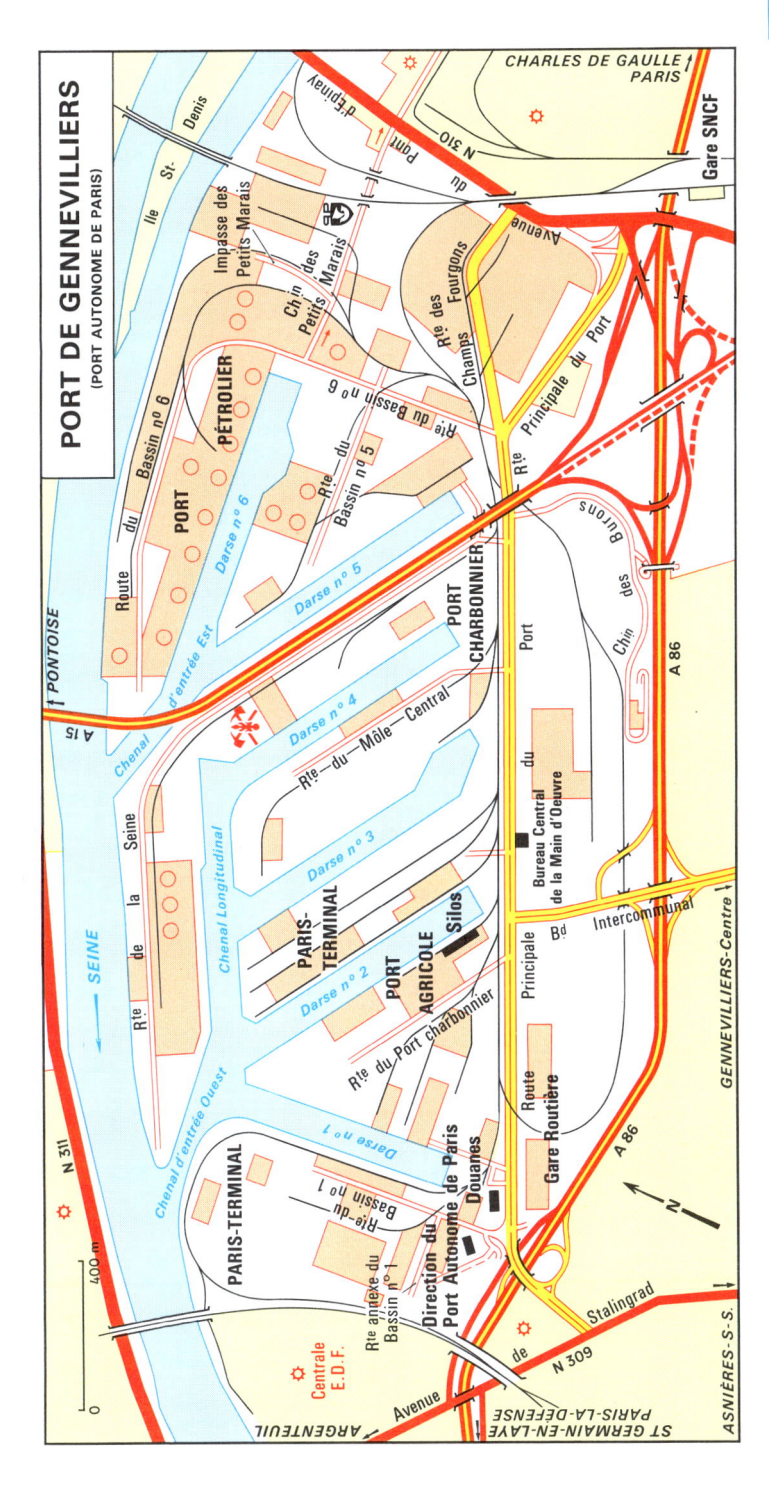

LIGNES URBAINES D'AUTOBUS (par sections)
LIST OF CITY BUSES (showing stages)

Service général de 7 h à 20 h 30 — Normal service from 7 am to 8.30 pm

service assuré jusqu'à minuit ■ buses running to midnight

service assuré les dimanches et fêtes ● buses running on Sundays and holidays

20 ● Gare St-Lazare — Opéra — Sentier/Poissonnière-Bonne Nouvelle — République — Bastille — Gare de Lyon.

21 ■ ● Gare St-Lazare — Opéra — Palais Royal — Châtelet — Gare du Luxembourg — Berthollet-Vauquelin — Glacière-Auguste Blanqui — Pte de Gentilly.

22 Opéra — Pasquier-Anjou/Gare St-Lazare — Haussmann-Courcelles — Ch. de Gaulle-Etoile — Trocadéro — La Muette-Gare de Passy — Chardon Lagache-Molitor/Pt Mirabeau — Pte de St-Cloud.

24 Gare St-Lazare — Concorde — Pt du Carrousel/Pt Royal — Pt Neuf — Maubert-Mutualité/Pt de l'Archevêché — Gare d'Austerlitz — Bercy-Rapée — Pt National — Charenton-Pt de Conflans — Alfort-Ecole Vétérinaire.

26 ● Gare St-Lazare — Carrefour de Châteaudun — La Fayette-St-Quentin-Gare du Nord/Magenta-Maubeuge-Gare du Nord — Jaurès-Stalingrad — Botzaris-Buttes Chaumont — Pyrénées-Ménilmontant — Pyrénées-Bagnolet — Cours de Vincennes.

27 ● Gare St-Lazare — Opéra — Palais Royal — Pt Neuf — Gare du Luxembourg — Berthollet-Vauquelin — Pl. d'Italie — Nationale — Pte de Vitry (■ : Pt Neuf — Pte de Vitry).

28 ● Gare St-Lazare — St-Philippe du Roule/Matignon-St-Honoré — Pt des Invalides — Ecole Militaire — Breteuil — Losserand — Pte d'Orléans.

29 Gare St-Lazare — Opéra — E. Marcel-Montmartre — Archives-Rambuteau/Archives-Haudriettes — Bastille — Gare de Lyon/Daumesnil-Diderot — Daumesnil-F. Eboué — Pte de Montempoivre.

30 ● Gare de l'Est — Barbès-Rochechouart — Pigalle — Pl. de Clichy — Malesherbes-Courcelles — Ch. de Gaulle-Etoile — Trocadéro.

31 ■ ● Gare de l'Est — Barbès-Rochechouart — Mairie du 18ᵉ — Vauvenargues — Brochant-Cardinet — Jouffroy-Malesherbes — Ch. de Gaulle-Etoile.

32 Gare de l'Est — Carrefour de Châteaudun — Gare St-Lazare — St-Philippe du Roule/Matignon-St-Honoré — Marceau-Pierre 1ᵉʳ de Serbie — Trocadéro — La Muette - Gare de Passy — Pte de Passy.

38 Gare de l'Est — Réaumur-Arts et Métiers/Réaumur-Sébastopol — Châtelet — Gare du Luxembourg — Denfert Rochereau — Pte d'Orléans (■ ● : Châtelet — Pte d'Orléans).

39 Gare de l'Est — Poissonnière-Bonne Nouvelle/Sentier — Richelieu-4 Septembre — Palais Royal — St-Germain des Prés — Hôp. des Enfants Malades — Mairie du 15ᵉ/Vaugirard-Favorites — Pte de Versailles.

42 Gare du Nord — Carrefour de Châteaudun/Le Peletier — Opéra — Concorde — Alma-Marceau — Champ de Mars — Charles Michels — Balard-Lecourbe.

43 Gare du Nord — Carrefour de Châteaudun — Gare St-Lazare — Haussmann-Courcelles — Ternes — Pte des Ternes — Neuilly-St-Pierre — Pt de Neuilly — Neuilly-Pl. de Bagatelle (● : Gare St-Lazare — Neuilly-Bagatelle).

46 ● Gare du Nord — Gare de l'Est — Goncourt — Voltaire-L. Blum — Faidherbe-Chaligny — Daumesnil-F. Eboué — Pte Dorée — St-Mandé-Demi Lune-Zoo (service partiel jusqu'au Parc floral d'avril à septembre).

47 Gare du Nord — Gare de l'Est — Réaumur-Arts et Métiers/Réaumur-Sébastopol — Châtelet — Maubert-Mutualité — Censier-Daubenton — Pl. d'Italie — Pte d'Italie — Le Kremlin Bicêtre-Hôpital (service partiel jusqu'au Fort de Bicêtre).

48 Gare du Nord — Petites Ecuries/Cadet — Richelieu-4 Septembre/Réaumur-Montmartre — Palais Royal — St-Germain des Prés — Gare Montparnasse/pl. du 18 Juin 1940 — Institut Pasteur — Pte de Vanves.

49 Gare du Nord — Carrefour de Châteaudun — Gare St-Lazare — St-Philippe du Roule/Matignon-St-Honoré — Pt des Invalides — Ecole Militaire — Mairie du 15ᵉ/Vaugirard-Favorites — Pte de Versailles.

52 ● Opéra — Concorde/Boissy d'Anglas — St-Philippe du Roule — Ch. de Gaulle-Etoile — Belles Feuilles — La Muette — Pte d'Auteuil — Boulogne-Château — Pt de St-Cloud (■ : Ch. de Gaulle-Etoile — Pte d'Auteuil).

53 Opéra — Gare St-Lazare — Legendre — Pte d'Asnières — Levallois Perret-G. Eiffel.

54 République — Gare de l'Est — Barbès-Rochechouart — Pigalle — La Fourche — Pte de Clichy — Clichy-Landy-Martre/Clichy-Casanova — Asnières Gennevilliers-Gabriel Péri.

56 Pte de Clignancourt — Barbès-Rochechouart — Gare de l'Est — République — Voltaire-L. Blum — Nation — Pte de St-Mandé — Vincennes-les Laitières — Chât. de Vincennes.

57 Gare de Lyon — Gare d'Austerlitz — Pl. d'Italie — Poterne des Peupliers — Mairie de Gentilly.

58 Hôtel de Ville — Pt Neuf — Palais du Luxembourg — Gare Montparnasse/pl. du 18 Juin 1940 — Château - Mairie du 14ᵉ — Pte de Vanves — Vanves-Lycée Michelet.

60 Gambetta — Borrégo — Botzaris — Ourcq-Jaurès — Crimée — Ordener-Marx Dormoy — Mairie du 18ᵉ — Pte de Montmartre.

61 Gare d'Austerlitz — Ledru Rollin-Fbg St-Antoine — Roquette-Père Lachaise — Gambetta — Pte des Lilas — Pré St-Gervais-Pl. Jean Jaurès.

62 ■ ● Cours de Vincennes — Daumesnil-F. Eboué — Pt de Tolbiac — Italie-Tolbiac — Glacière-Tolbiac — Alésia-Gal. Leclerc — Vercingétorix — Convention-Vaugirard — Convention-St-Charles — Chardon Lagache-Molitor/Michel Ange-Auteuil — Pte de St-Cloud.

174

STÄDTISCHE AUTOBUSLINIEN (nach Streckenabschnitten)
LÍNEAS URBANAS (por secciones)

Normaler Busverkehr von 7 bis 20.30 Uhr — Circulación general de 7 h a 20 h 30

Busverkehr bis 24 Uhr ■ servicio hasta las 24 h

Busverkehr auch an Sonn- und Feiertagen ● servicio los domingos y festivos

63 ■ ● Gare de Lyon — Gare d'Austerlitz — Monge-Mutualité/Maubert-Mutualité — St-Sulpice/St-Germain des Prés — Solférino-Bellechasse — Pt des Invalides-Quai d'Orsay — Alma-Marceau — Trocadéro — Pte de la Muette-Henri-Martin.

65 Gare d'Austerlitz — Bastille — République — Gare de l'Est — Pl. Chapelle — Pte de la Chapelle — Aubervilliers-La Haie Coq — Mairie d'Aubervilliers (● : Pte de la Chapelle — Mairie d'Aubervilliers).

66 Opéra — Gare St-Lazare/Rome-Haussmann — Sq. des Batignolles — Pte Pouchet — Clichy-Bd V. Hugo.

67 Pigalle — Carrefour Châteaudun — Richeleu-4 Septembre/Réaumur-Montmartre — Palais Royal/Louvre-Rivoli — Hôtel de Ville — St-Germain-Cardinal Lemoine — Buffon-Mosquée — Pl. d'Italie — Pte de Gentilly.

68 Pl. de Clichy — Trinité — Opéra — Pt Royal — Sèvres-Babylone — Vavin — Denfert Rochereau — Pte d'Orléans — Montrouge-Etats Unis/Montrouge-Verdier-République — Montrouge-Cim. Bagneux (● : Pte d'Orléans — Montrouge-Cim. Bagneux).

69 Gambetta — Roquette-Père Lachaise — Bastille — Hôtel de Ville — Palais Royal/Pt Carrousel — Grenelle-Bellechasse/Solférino-Bellechasse — Invalides-La Tour Maubourg/La Tour Maubourg-St-Dominique — Champ de Mars.

70 Hôtel de Ville — Pt Neuf — St-Sulpice/St-Germain des Prés — Hôp. des Enfants Malades — Peclet — Charles Michels — Pl. du Dr Hayem.

72 Hôtel de Ville — Palais Royal/Pt Carrousel — Concorde — Alma-Marceau — Pt Bir Hakeim — Pt Mirabeau — Pte St-Cloud — Boulogne Billancourt-J. Jaurès — Pt St-Cloud (● : Concorde — ■ : Pte St-Cloud — Pt St-Cloud).

73 Gare d'Orsay — Concorde — Rond Point des Champs Elysées — Ch. de Gaulle-Etoile — Pte Maillot — Neuilly-Hôtel de Ville — Pt de Neuilly — La Défense.

74 Hôtel de Ville — Louvre-Rivoli — Réaumur-Montmartre/Richelieu-4 Septembre — Carrefour de Châteaudun — La Fourche — Pte de Clichy — Clichy-V. Hugo — Clichy-Hôp. Beaujon (■ ● : Pte Clichy — Hôp. Beaujon).

75 Pt Neuf — Archives-Haudriettes/Grenier St-Lazare — République — Grange aux Belles — Armand Carrel-Mairie du 19ᵉ — Pte de Pantin.

76 Louvre — Hôtel de Ville — Bastille — Charonne-Ph. Auguste — Pte de Bagnolet — Mairie de Bagnolet — Bagnolet-Malassis.

80 ■ ● Mairie du 15ᵉ — Ecole Militaire — Alma-Marceau — Matignon-St-Honoré/St-Philippe du Roule — Gare St-Lazare — Damrémont-Caulaincourt — Mairie du 18ᵉ (*les dimanches et fêtes seulement, prolongement de ligne Mairie du 18ᵉ* — Mairie du 15ᵉ *jusqu'à la* Pte de Versailles).

81 Châtelet — Palais Royal — Opéra — Trinité, Gare St-Lazare — La Fourche — Pte de St-Ouen.

82 ● Gare du Luxembourg — Pl. du 18 juin 1940 — Oudinot — Ecole Militaire — Champ de Mars — Kléber-Boissière — Pte Maillot — Neuilly-St-Pierre — Neuilly-Hôpital Américain.

83 Pl d'Italie — Gobelins — Observatoire — Sèvres-Babylone — Solférino — Pt des Invalides/Gare des Invalides — St-Philippe du Roule — Ternes — Pte de Champerret — Levallois-Pl. de la Libération.

84 Panthéon — Gare du Luxembourg — Sèvres-Babylone — Solférino-Bellechasse — Concorde — St-Augustin — Courcelles — Pte de Champerret.

85 Gare du Luxembourg — Châtelet — Louvre-Rivoli — Réaumur-Montmartre/Richelieu-4 Septembre — Cadet/Carrefour de Châteaudun — Muller — Pte Clignancourt — Mairie St-Ouen (■ ● : Pte Clignancourt — Mairie St-Ouen).

86 St-Germain des Prés — Mutualité — Bastille — Faidherbe-Chaligny — Pyrénées/Pte de Vincennes — St-Mandé-Tourelle — St-Mandé-Demi Lune-Zoo.

87 Champ de Mars — Ecole Militaire — Duroc-Oudinot/Vaneau-Babylone — St-Germain des Prés/St-Sulpice — Mutualité — Bastille — Gare de Lyon — Charenton-Wattignies — Porte de Reuilly.

89 Gare d'Austerlitz — Cardinal Lemoine-Monge — Gare Luxembourg — Pl. du 18 Juin 1940 — Cambronne-Vaugirard/Vaugirard-Favorites — Pte de Plaisance — Vanves-Lycée Michelet.

91 ■ ● Gare Montparnasse — Observatoire-Port Royal — Gobelins — Gare d'Austerlitz — Bastille.

92 ■ ● Gare Montparnasse — Oudinot — Ecole Militaire — Alma-Marceau — Ch. de Gaulle-Etoile — Pte de Champerret.

94 Gare Montparnasse — Sèvres-Babylone — Solférino-Bellechasse — Concorde — St-Augustin — Malesherbes-Courcelles — Pte d'Asnières — Levallois-Av. de la République.

95 ■ ● Gare Montparnasse — St-Germain des Prés — Palais Royal — Opéra — Gare St-Lazare — Damrémont-Caulaincourt — Pte de Montmartre.

96 ● Gare Montparnasse — St-Germain des Prés — St-Michel — Hôtel de Ville — Turenne-Francs Bourgeois — Parmentier-République — Pyrénées-Ménilmontant — Pte des Lilas (■ : Châtelet — Pte des Lilas).

PC ● Pte Auteuil — Pte Passy — Longchamp — Pte Maillot — Pte Champerret — Pte Clichy — Pte St-Ouen — Pte Clignancourt — Pte Chapelle — Pte Villette — Pte Chaumont — Pte Lilas — Pte Bagnolet — Pte Vincennes — Pte Charenton — Pte Vitry — Pte Italie — Cité Universitaire — Pte Orléans — Pte Vanves — Pte Versailles — Bd Victor — Pte Auteuil (■ les samedis, dimanches, fêtes et veilles de fêtes).

Montmartrobus ● Pigalle — Sacré-Cœur — Mairie du 18ᵉ.

175

PARIS AUTOBUS

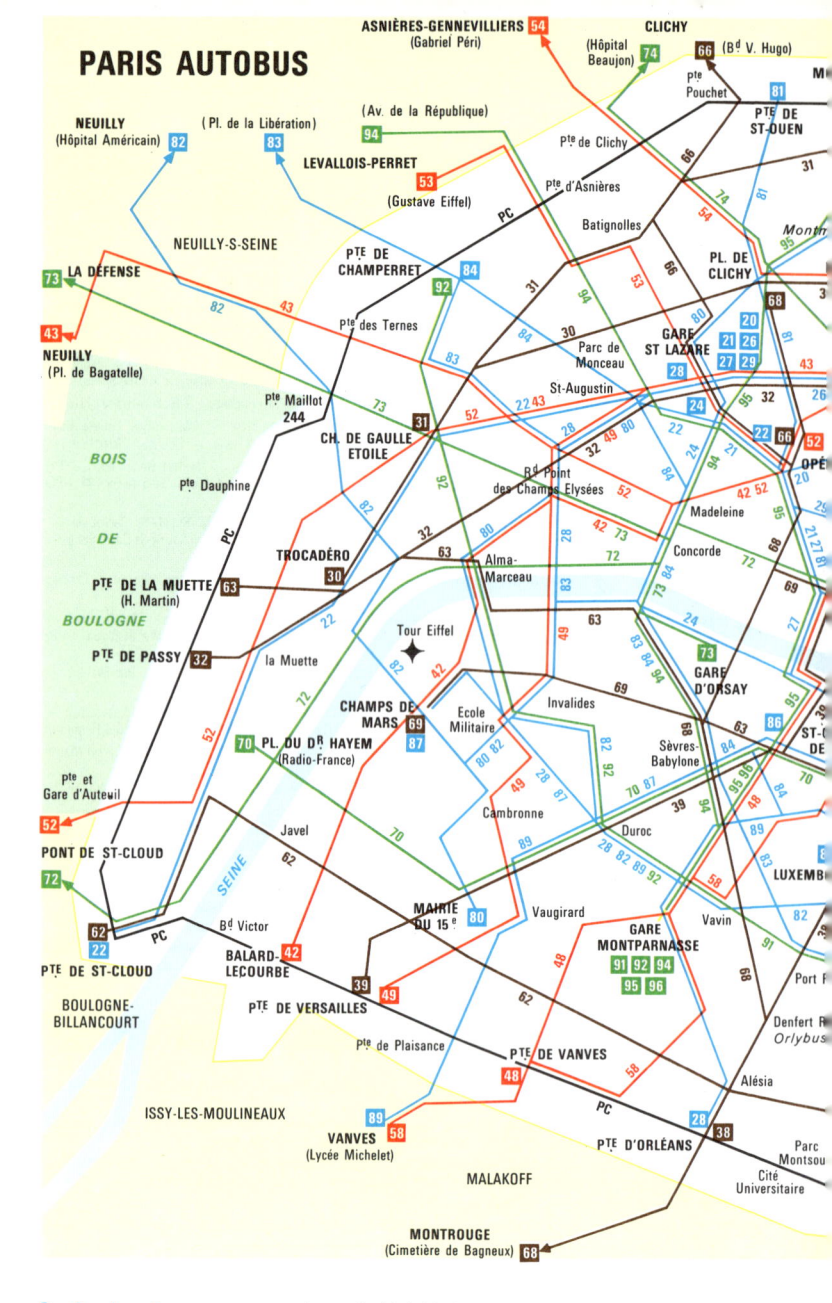

Service de nuit : *un passage par heure de 1 h à 6 h du matin.*
Night services : *hourly between 1 and 6 am.*

NA	Châtelet – Rivoli – Louvre – Opéra – Madeleine – Concorde – Champs Élysées – Pl. Charles de Gaulle-Étoile – Pte Maillot – Pt de Neuilly.
NB	Châtelet – Rivoli – Louvre – Opéra – St-Lazare – Av. Villiers – Pte Champerret – Levallois-Mairie.
NC	Châtelet – Rivoli – Louvre – Bourse – Pigalle – Pl. Clichy – Pte Clichy – Clichy-Mairie.
ND	Châtelet – Rivoli – Louvre – Bourse – Le Peletier – Gare du Nord – Bd Barbès – Pte de Clignancourt – St-Ouen-Mairie.
NE	Châtelet – Bd Sébastopol/R. Beaubourg – Gare de l'Est – Stalingrad – Pte Pantin – Pantin-Église.

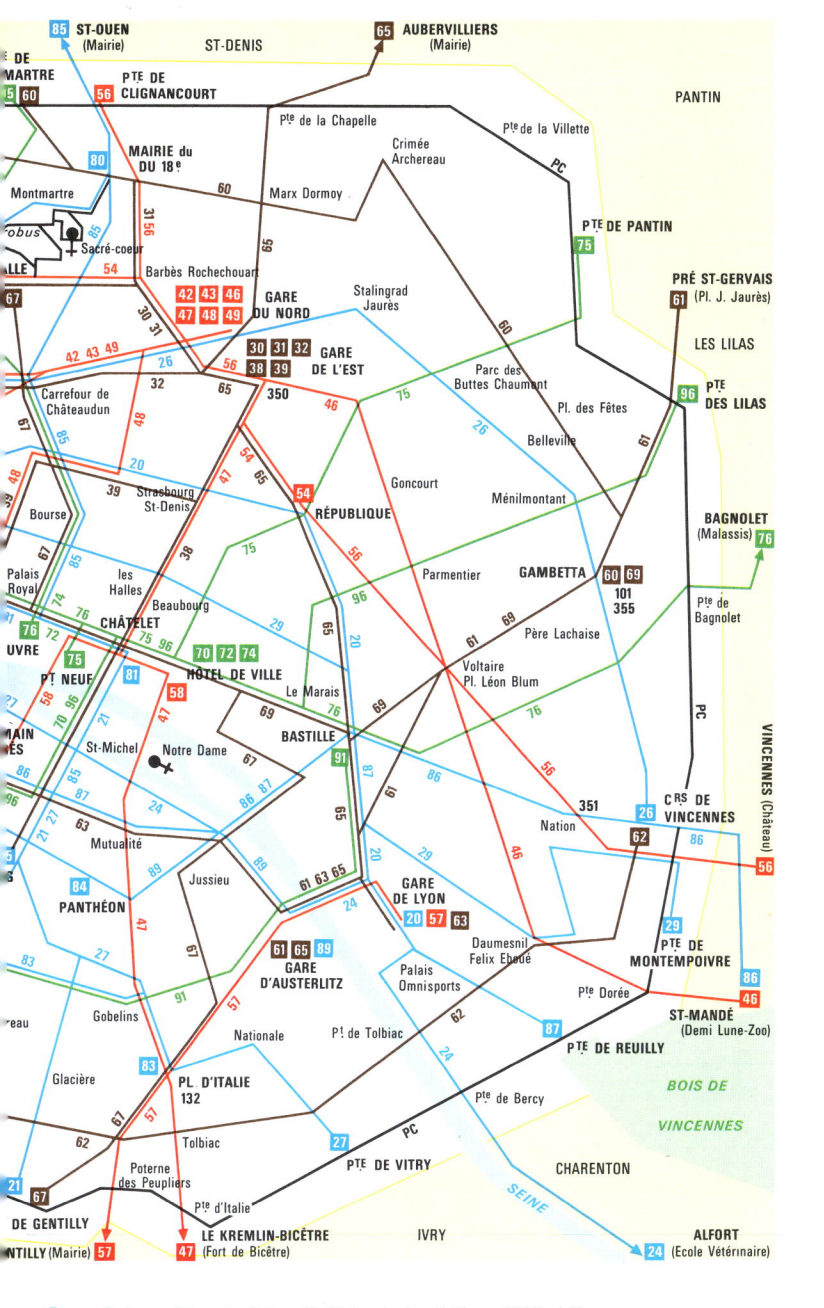

Busverkehr nachts : *eine Fahrt stündlich zwischen 1 Uhr und 6 Uhr früh.*
Líneas nocturnas : *todas las horas de 1 h a 6 h de la mañana.*

NF	Châtelet — Bd Sébastopol/R. Beaubourg — R. Réaumur — République — R. du Fg du Temple/Couronnes — R. de Belleville — Pte Lilas — Les Lilas-Mairie.
NG	Châtelet — Bd Sébastopol/R. Beaubourg — R. Réaumur — République — Bd Voltaire — Père Lachaise — Pl. Gambetta — Pte Bagnolet — Montreuil-Mairie.
NH	Châtelet — St-Gervais/Rivoli — R. St-Antoine — Bastille — Nation — Château Vincennes.
NJ	Châtelet — Bd St-Michel — Denfert Rocherau — Pte d'Orléans.
285 R	Châtelet — Pte Italie — Marché de Rungis *(du lundi matin au samedi matin)*.

177

RÉSEAU EXPRESS RÉGIONAL (R E R)

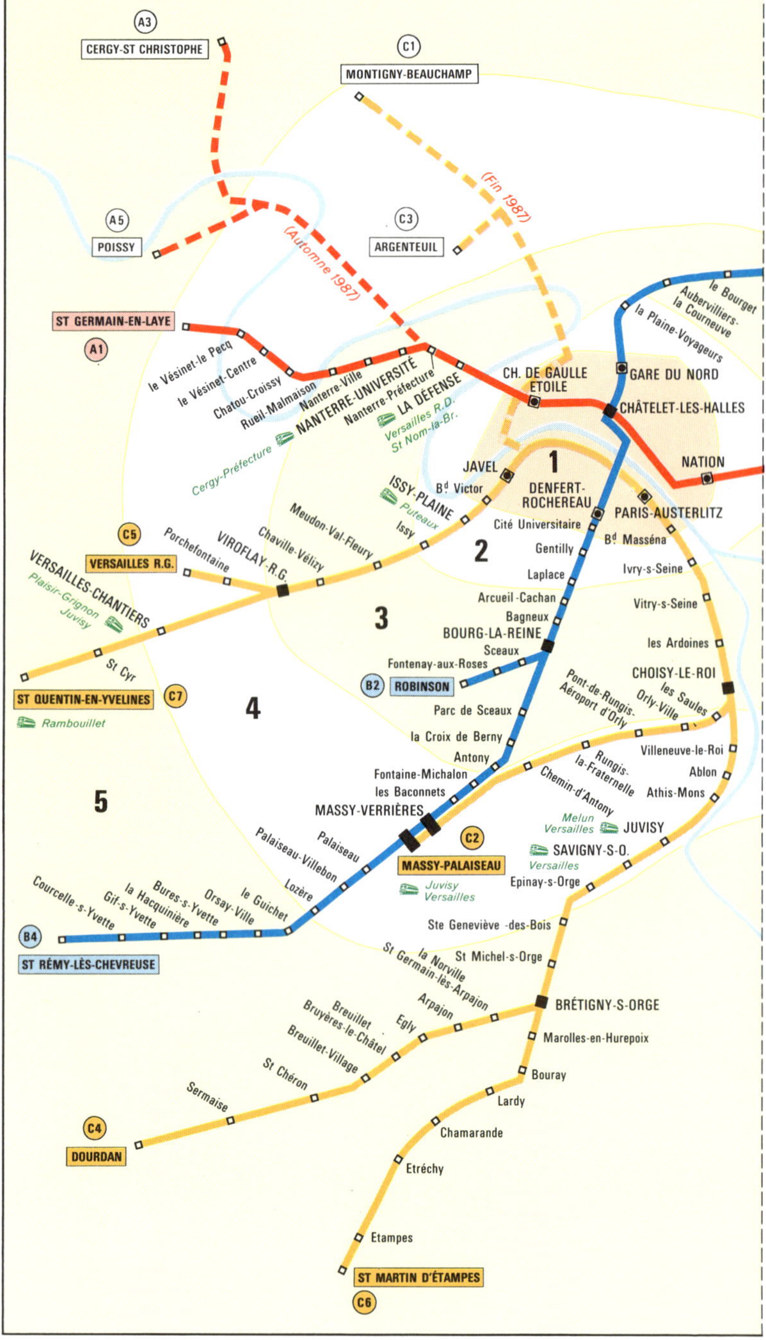

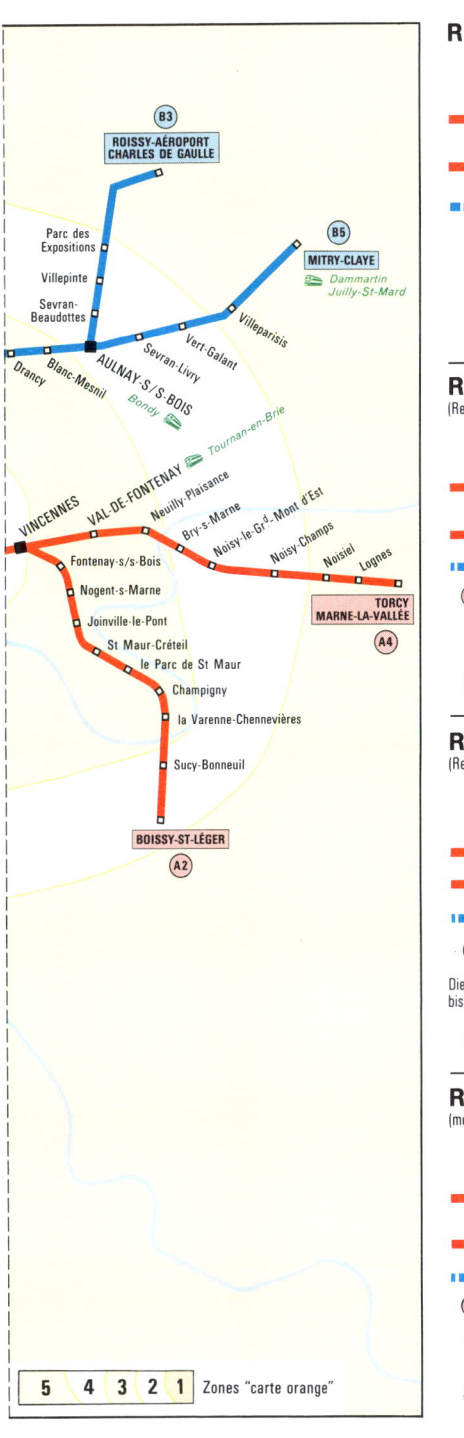

R.E.R.   MÉTRO

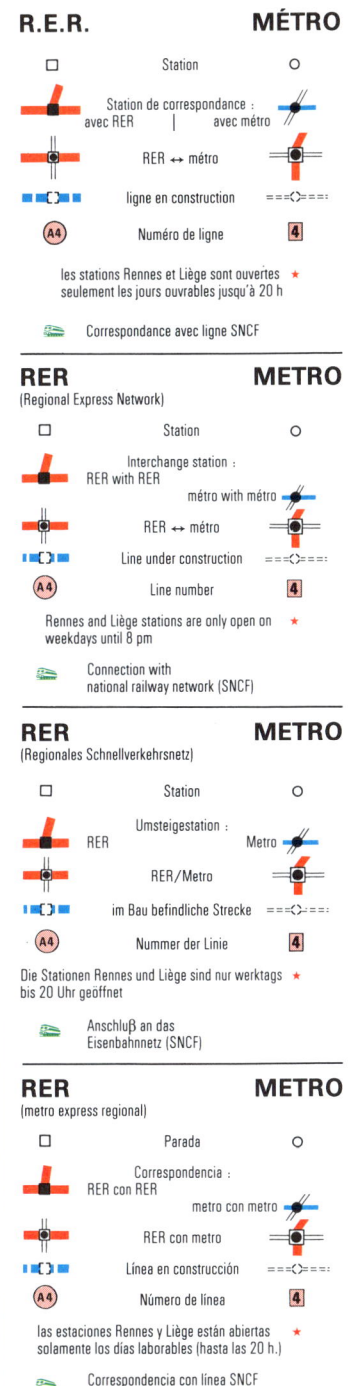

□   Station   ○

Station de correspondance :
avec RER | avec métro

RER ↔ métro

ligne en construction

(A4)   Numéro de ligne   4

les stations Rennes et Liège sont ouvertes ★
seulement les jours ouvrables jusqu'à 20 h

Correspondance avec ligne SNCF

RER   METRO
(Regional Express Network)

□   Station   ○

Interchange station :
RER with RER

métro with métro

RER ↔ métro

Line under construction

(A4)   Line number   4

Rennes and Liège stations are only open on ★
weekdays until 8 pm

Connection with
national railway network (SNCF)

RER   METRO
(Regionales Schnellverkehrsnetz)

□   Station   ○

Umsteigestation :
RER   Metro

RER/Metro

im Bau befindliche Strecke

(A4)   Nummer der Linie   4

Die Stationen Rennes und Liège sind nur werktags ★
bis 20 Uhr geöffnet

Anschluβ an das
Eisenbahnnetz (SNCF)

RER   METRO
(metro express regional)

□   Parada   ○

Correspondencia :
RER con RER

metro con metro

RER con metro

Línea en construcción

(A4)   Número de línea   4

las estaciones Rennes y Liège están abiertas ★
solamente los días laborables (hasta las 20 h.)

Correspondencia con línea SNCF
(ferrocarriles franceses)

Map labels (left):

- ROISSY-AÉROPORT CHARLES DE GAULLE (B3)
- Parc des Expositions
- Villepinte
- Sevran-Beaudottes
- Drancy
- Blanc-Mesnil
- AULNAY-S/S-BOIS
- Sevran-Livry
- Bondy
- Vert-Galant
- Villeparisis
- MITRY-CLAYE (B5)
- Dammartin Juilly-St-Mard
- Tournan-en-Brie
- VINCENNES
- VAL-DE-FONTENAY
- Neuilly-Plaisance
- Bry-s-Marne
- Noisy-le-Gd-Mont d'Est
- Noisy-Champs
- Noisiel
- Lognes
- TORCY MARNE-LA-VALLÉE (A4)
- Fontenay-s/s-Bois
- Nogent-s-Marne
- Joinville-le-Pont
- St Maur-Créteil
- le Parc de St Maur
- Champigny
- la Varenne-Chennevières
- Sucy-Bonneuil
- BOISSY-ST-LÉGER (A2)

| 5 | 4 | 3 | 2 | 1 | Zones "carte orange" |

MÉTRO

MONTIGNY-BEAUCHAMP C1
(Fin 1987)
ARGENTEUIL C3
GABRIEL-PERI (Asnières-Gennevilliers) 13B
ST GERMAIN-EN-LAYE A1
CERGY-PONTOISE POISSY (Automne 1987)
3 PONT DE LEVALLOIS-BÉCON
Mairie de Clichy
Mairie de St Ouen
Garibaldi
Pte de St Ouen
Pte de Clichy
Guy Môquet
Brochant
LA FOURCHE
Anatole France
Louise Michel
Pte de Champerret
Péreire
Wagram
Malesherbes
VILLIERS
PL. CLICHY
Blanche
Rome
Liège
St Georges
N.D. de Lorette
Trinité
la Défense
PONT DE NEUILLY 1
les Sablons
Pte Maillot
Argentine
Courcelles
Monceau
Europe
Ternes
ST LAZARE
St Augustin
HAVRE CAUMARTIN
CHAUSSÉE D'ANTIN
MIROMESNIL
2 Pte DAUPHINE
6 Ch. de Gaulle ÉTOILE
George V
St Philippe du Roule
AUBER
4 Septembre
OPÉRA
MADELEINE
Victor Hugo
Kléber
FRANKLIN D. ROOSEVELT
Boissière
CONCORDE
Pyramides
TROCADÉRO
Rue de la Pompe
Iéna
Alma Marceau
CHPS-ÉLYSÉES Clemenceau
Tuileries
PALAIS ROYAL
Muette
Pt de l'Alma
INVALIDES
Chambre des Députés
Pont Neuf
Ranelagh
Passy
Latour Maubourg
Solférino
Quai d'Orsay
Varenne
Jasmin
BIR-HAKEIM
Ecole Militaire
Rue du Bac
St Germain des Prés
CHAMP-DE-MARS
St François Xavier
SÈVRES BABYLONE
Dupleix
MICHEL ANGE AUTEUIL
Eglise d'Auteuil
LA MOTTE PICQUET Grenelle
Ségur
Vaneau
Mabillon
ODÉON
Pte d'Auteuil
JAVEL
DUROC
Rennes
St Sulpice
Mirabeau
Charles Michels
Emile Zola
Cambronne
St Placide
N.D. des Champs
Boulogne-Jean-Jaurès
MICHEL ANGE MOLITOR
Chardon Lagache
Commerce
Falguière
Félix Faure
Sèvres Lecourbe
Luxembourg
Exelmans
Boucicault
PASTEUR
MONTPARNASSE BIENVENUE
Vavin
BOULOGNE P. DE ST CLOUD (Rhin-et-Danube) 10
Bd Victor
Lourmel
Vaugirard
Volontaires
Edgar Quinet
RASPAIL
Port Royal
Pte de St Cloud
BALARD 8
Gaîté
Convention
Pernety
DENFERT ROCHEREAU
Marcel Sembat
Pte de Versailles
Plaisance
Mouton Duvernet
St Jacques
Billancourt
Corentin Celton
Pte de Vanves
Alésia
Malakoff-Plateau de Vanves
PONT DE SÈVRES 9
MAIRIE D'ISSY 12
4 Pte D'ORLÉANS Général Leclerc
Cité Universitaire
Malakoff-Rue E. Dolet
CHÂTILLON-MONTROUGE 13
C5 VERSAILLES R.G.
C7 ST QUENTIN-EN-YVELINES
ROBINSON B2
ST RÉMY-LÈS-CHEVREUSES B4

B3 ROISSY-AÉROPORT CHARLES-DE-GAULLE
B5 MITRY-CLAYE
13 ST DENIS-BASILIQUE (Hôtel-de-Ville)
St Denis-Pte de Paris
Carrefour Pleyel
7 LA COURNEUVE-8 MAI 1945 (5-1987)
FORT D'AUBERVILLIERS
Aubervilliers-Pantin Quatre Chemins
BOBIGNY-Pablo Picasso (Préfecture-Hôtel du Département)
5
Pte de la Villette
Corentin Cariou
Crimée
Riquet
Eglise de Pantin
Bobigny-Pantin Raymond Queneau
Hoche
Pte de Pantin
Laumière
Ourcq
Pte DE CLIGNANCOURT
4
Simplon
Pte DE LA CHAPELLE
12
Jules Joffrin
MARCADET POISSONNIERS
Marx Dormoy
Lamarck Caulaincourt
Château Rouge
Abbesses
LA CHAPELLE
STALINGRAD
Anvers
PIGALLE
BARBÈS ROCHECHOUART
JAURÈS
7B
LOUIS-BLANC
GARE DU NORD
Poissonnière
Cadet
Le Peletier
Château Landon
GARE DE L'EST
Bolivar
Buttes Chaumont
Danube
Botzaris
PRÉ-ST-GERVAIS
7B
MAIRIE DES LILAS
11
Colonel Fabien
Télégraphe
Jourdain
Pte DES LILAS
3B
RICHELIEU DROUOT
Château d'Eau
Jacques Bonsergent
Pyrénées
PLACE DES FÊTES
Rue Montmartre
STRASBOURG ST DENIS
Goncourt
BELLEVILLE
St Fargeau
Pelleport
Bonne Nouvelle
Bourse
Sentier
Temple
RÉPUBLIQUE
Couronnes
3B
GAMBETTA
GALLIENI
3
Etienne Marcel
RÉAUMUR SÉBASTOPOL
ARTS ET MÉTIERS
Parmentier
Ménilmontant
Pte de Bagnolet
St Maur
LES HALLES
CHÂTELET-LES HALLES
Filles du Calvaire
OBERKAMPF
PÈRE LACHAISE
9
MAIRIE DE MONTREUIL
Louvre
Rambuteau
St Sébastien Froissart
Richard Lenoir
St Ambroise
Philippe Auguste
CHÂTELET
11
HÔTEL DE VILLE
Chemin Vert
Voltaire
Alexandre Dumas
Croix de Chavaux
Robespierre
Cité
St Paul
Bréguet Sabin
Charonne
Avron
Pte de Montreuil
TORCY (Marne-la-Vallée)
A4
Pont Marie
BASTILLE
R. des Boulets
Maraichers
Buzenval
ST MICHEL
Cluny
(Fin 1987)
Sully Morland
Ledru Rollin
Pte de Vincennes
St Mandé Tourelle
VINCENNES
Faidherbe Chaligny
NATION
2
6
REUILLY DIDEROT
Bérault
1
A2
BOISSY-ST-LÉGER
CHÂTEAU DE VINCENNES
Maubert Mutualité
Cardinal Lemoine
JUSSIEU
Quai de la Rapée
GARE DE LYON
Picpus
Montgallet
Bel Air
Monge
Bercy
Dugommier
Censier Daubenton
St Marcel
GARE D'AUSTERLITZ
10
DAUMESNIL
Michel Bizot
Campo-Formio
Quai de la Gare
Porte Dorée
Gobelins
Chevaleret
Glacière
Nationale
Pte de Charenton
Corvisart
PLACE D'ITALIE
5
Tolbiac
Bd Masséna
Liberté
Pte d'Ivry
Charenton Ecoles
MAISON BLANCHE
Pte de Choisy
Pierre Curie
Pte d'Italie
7
MAIRIE D'IVRY
Alfort-École Vétérinaire
Maisons-Alfort-Stade
Maisons-Alfort-les-Juilliottes
Kremlin-Bicêtre
Créteil-l'Échat-Hôp. H. Mondor
Villejuif-Léo Lagrange
Créteil-Université
Villejuif-Paul Vaillant Couturier (Hôpital Paul Brousse)
MASSY-PALAISEAU C2
DOURDAN C4
ST MARTIN D'ÉTAMPES C6
8
CRÉTEIL-PRÉFECTURE (Hôtel-de-Ville)
7
VILLEJUIF Louis Aragon

NOTES

MANUFACTURE FRANÇAISE DES PNEUMATIQUES MICHELIN
Société en commandite par actions au capital de 700 000 000 de francs
Place des Carmes-Déchaux - 63 Clermont-Ferrand (France)
R.C.S. Clermont-Fd B 855 200 507
© Michelin et Cie, Propriétaires-Éditeurs 1986
Dépôt légal 9-86 - ISBN 2.06.000.118-8

Printed in France 7-86-50
Photocomposition : KAPPA, Coulommiers - Impression : MAME, Tours n° 12311.